新養護概説

＜第13版＞

［編集代表］

采女智津江

少年写真新聞社

2

はじめに

　「養護概説」は、新たな時代に向けた教員養成の改善方策について教育職員養成審議会答申（第一次答申 平成9年7月）等を受けて、養護教諭の役割の拡大に伴う資質を担保するために、養護教諭の養成カリキュラムの改善が行われた際に、新設された科目です。（新たな科目区分として「養護又は教職に関する科目」を設け、従来「学校保健」に包含されている養護教諭の職務に関する内容を独立させ、科目「養護概説」が新設されました。）

　「養護概説」は、上記の答申から「養護教諭の職務に関する事項について概説したもの」と捉えることができ、養護教諭を理解する上で重要な科目であると考えます。

　本書『新養護概説』は、学校教育全体の構造、学校教育・学校保健の関係法令、教育行政の仕組み等の学校教育の基本的事項や、養護教諭の職務に関する事項について概説し、養護教諭養成機関では「養護概説」2単位の教科書として、現職養護教諭には参考図書として活用いただけるように編集しました。さらに近年、中央教育審議会答申「子どもの心身の健康を守り、安全・安心を確保するために学校全体としての取組を進めるための方策について」（平成20年1月）、学校保健安全法（平成21年4月1日施行）、学習指導要領の改訂（小・中学校：平成29年、高等学校：平成30年）など、学校保健や教育においても新たな方針等が示されました。養護教諭の職務等の明確化が法においても行われたことから、求められている養護教諭の役割に対応できるように編集してあります。

　今回は、新型コロナ ウイルス感染症の感染拡大をはじめとする社会の急激な変化の中で再認識された学校の役割や課題を踏まえ，予測困難な時代の学校教育の方向性について「令和の日本型学校教育の構築を目指して（答申）令和3年1月」が示されたことや、養護教諭の職務に関しても「養護教諭及び栄養教諭の標準的な職務の明確化に係る学校管理規則の参考例等の送付について（通知）令和5年7月」において参考例等が示された事を受け、これらの意向に沿うように本書を改訂しました。

　児童生徒等の心身の健康課題の解決に向けて、地域社会が連携して児童生徒等の健康づくりに取り組んでいくことが求められているので、本書を、養護教諭を目指す学生や養成機関のみならず現職の養護教諭、関係教職員など多くの関係者の方々にご活用いただき、児童生徒等の健康の保持増進に役立てていただけたら幸いです。

　おわりに本書の出版に当たり、ご尽力いただきました少年写真新聞社の野本雅央さんをはじめ関係者の方々に心より感謝申し上げます。

令和6年2月
著者一同

目次

4

7

凡例：○常用漢字の使用を原則とし、専門用語等は例外とした。

　　　○表及び図は、各章ごとに通し番号を付けた。

　　　○引用文は「　」でくくり、原文を掲載した。

　　　　著者了解のもとに一部修正した部分については、それを明示した。

　　　○出典は、著者、文献名、発行元、発行年の順で表記した。

　　　○「参考文献・引用資料」は、著者名、文献名、発行元、発行年の順で表記した。

　　　　ただし、著者と発行元が同一の場合は、著者名を省略した。

　　　○本文中に掲載した法令について

　　　※2023年11月1日現在、e-Gov上で確認しています。

　　　※特に表記のない場合：当該条文全文を収載

　　　　（抜粋）：条文の一部を掲載

　　　　（前略）（中略）（後略）：条文の前後・途中を省略

　　　　（要約）：条文の要点を掲載

　　　※ 数字（例①）：原文に無く、本書で便宜的に付けた号番号

　　　○小学校の「保健領域」、中学校の「保健分野」、高校の「科目『保健』」を、一括して「教科保健」とした。

第1章　学校教育と学校保健

1　教育の目的は、教育基本法で定められ、学校教育法でそれぞれの学校段階の目的及び目標を示している。

2　教育課程は、各学校段階での学校教育の目的及び目標を実現するため、学校教育法等の関係する法令並びに学習指導要領に基づいて、各学校が編成する。

3　学校における健康教育は、学校保健、学校安全、学校給食（食育）に関する指導を包括するものであり、相互に密接な関連を図りながら教育活動全体を通じて進められるものである。

4　学習指導要領の理念は、「生きる力」を育むため、「何のために学ぶのか」という学習の意義を共有しながら、授業の創意工夫や教科書等の教材の改善を引き出していけるよう、①知識及び技能、②思考力、判断力、表現力等、③学びに向かう力、人間性等の三つの柱で整理されている。

5　学校における健康教育は、学習指導要領の総則「体育・健康に関する指導」の項で、その基本方針が示されており、ヘルスプロモーションの考え方が大幅に取り入れられている。

6　学校保健計画の立案にあたっては、学校保健の3領域（保健教育、保健管理、保健組織活動）を相互に関連を持たせた総合的な計画を立て、計画・実施・評価・改善（PDCAサイクル）を適切に行っていくことが重要である。

7　養護教諭は平成7年3月の学校教育法施行規則の一部改正により、保健主事への登用の道が開かれたため、その役割が大きくなっている。

第1節 教育行政

　教育行政とは、国、地方公共団体が、公教育のための諸条件を整備・確立し、教育政策を運営することである。

　教育行政については、教育基本法第16条において、「教育は、不当な支配に服することなく、この法律及び他の法律の定めるところにより行われるべきもの」であり、「国と地方公共団体との適切な役割分担及び相互の協力の下、公正かつ適正に行われなければならない」と規定している。教育行政をつかさどる主な機関は、国では文部科学省、地方公共団体では、教育委員会である。

1　国及び文部科学省の行政機構

　文部科学省は、国家行政組織法に基づいて設置されている。その任務は、文部科学省設置法により「教育の振興及び生涯学習の推進を中核とした豊かな人間性を備えた創造的な人材の育成、学術の振

興、科学技術の総合的な振興並びにスポーツ及び文化に関する施策の総合的な推進を図るとともに、宗教に関する行政事務を適切に行うこと」としている。（図1−1）参照のこと。

2　文部科学省の内部部局と主な事務（「文部科学省の概要」（パンフレット）2019年より）

　文部科学省は、2001年（平成13年）1月中央省庁の再編成により、当時の文部省と科学技術庁が統合されてできた省庁である。大臣官房、総合教育政策局、初等中等教育局、高等教育局、科学技術・学術政策局、研究振興局、研究開発局、国際統括官、スポーツ庁、文化庁の各部局で構成されている。

1）総合教育政策局
（1）教育改革の推進　（2）教育を支える専門人材の育成　（3）「生涯にわたる学び」の推進
（4）「地域における学び」の推進　（5）「ともに生きる学び」の推進

2）初等中等教育局
①「生きる力」の育成　②教職員指導体制の整備　③学校における働き方改革
④児童生徒への修学支援
⑤いじめ等の問題行動等への対応、体罰禁止の徹底、キャリア教育の推進
⑥特別支援教育の推進について　⑦情報教育・グローバル社会を生き抜く力の推進
⑧幼児教育の振興　⑨教科書の充実　⑩新しい時代にふさわしい教育制度の柔軟化の推進
⑪学校健康教育の充実　⑫高等学校教育改革

3）高等教育局
①大学・大学院等の振興　②奨学金事業　③私立学校の振興　④大学の国際化と留学生交流の推進

4）科学技術・学術政策局
①科学技術・学術に関する基本的な政策の企画・立案　②科学技術に関する調査・評価等
③科学技術関係人材の育成　④科学技術に関する国際活動の戦略的推進
⑤イノベーション創出に向けた人材、知、資金の好循環システムの構築
⑥研究開発基盤の強化

5）研究振興局
①学術研究・基礎研究の推進
②ライフサイエンス分野における研究開発の推進
③情報科学技術分野における研究開発の推進
④ナノテクノロジー・材料科学技術分野における研究開発の推進
⑤素粒子・原子核分野における研究開発の推進

6）研究開発局
①宇宙・航空分野の研究開発の推進　②原子力分野の研究開発の推進
③環境エネルギー分野の研究開発の推進
④海洋・極域分野の研究開発の推進　⑤地震・防災分野の研究開発の推進

7）スポーツ庁
①スポーツ庁の創設　②スポーツを通じた健康増進　③障害者スポーツの振興
④スポーツを通じた地域・経済活性化　⑤学校における体育・運動部活動の充実
⑥国際競技力の向上　⑦2020年東京オリンピック・パラリンピック競技大会の開催準備
⑧スポーツを通じた国際交流・協力

9

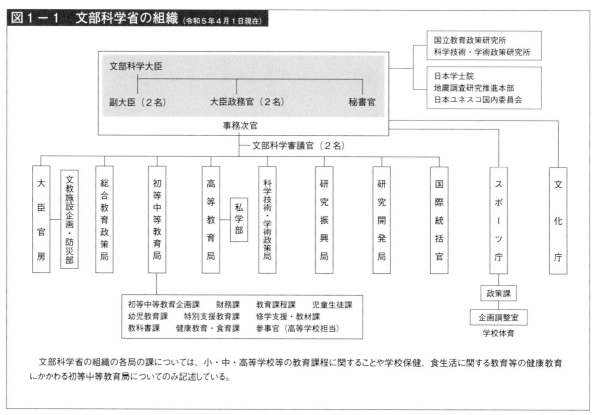

図1−1　文部科学省の組織（令和5年4月1日現在）

文部科学大臣

副大臣（2名）　　　大臣政務官（2名）　　　秘書官

事務次官

文部科学審議官（2名）

国立教育政策研究所
科学技術・学術政策研究所

日本学士院
地震調査研究推進本部
日本ユネスコ国内委員会

大臣官房

文教施設企画・防災部

総合教育政策局

初等中等教育局

高等教育局

私学部

科学技術・学術政策局

研究振興局

研究開発局

国際統括官

スポーツ庁

文化庁

政策課

企画調整室
学校体育

初等中等教育企画課　　財務課　　　教育課程課　　児童生徒課
幼児教育課　　特別支援教育課　　修学支援・教材課
教科書課　　健康教育・食育課　　参事官（高等学校担当）

　文部科学省の組織の各局の課については、小・中・高等学校等の教育課程に関することや学校保健、食生活に関する教育等の健康教育にかかわる初等中等教育局についてのみ記述している。

出典：「文部科学省ホームページ」2023年・「スポーツ庁ホームページ」2023年より作成

8）文化庁

①文化芸術政策の総合的推進　②芸術文化の振興　③日本博　④文化財の保存・活用
⑤国際文化交流と国際協力の推進　⑥新しい時代に対応した著作権施策の推進
⑦国語施策と外国人に対する日本語教育施策の推進　⑧宗務行政

9）大臣官房

文部科学省全体の政策の総合調整

（一般管理事務、政策評価、情報公開、広報、情報処理、国際関係事務、国際援助協力等の総括事務）

10）国際統括官

文部科学省の海外との窓口（ユネスコ国内委員会の事務局）

11）大臣官房文教施設企画・防災部

①安全・安心な学校施設の整備推進と災害対応・災害復旧　②国立大学等施設の整備推進

3　教育委員会制度

　教育委員会は、都道府県及び市町村等に置かれる合議制の執行機関であり、生涯学習、教育、文化、スポーツ等の幅広い施策を展開している。

〈教育委員会制度の仕組み〉

①教育委員会は、地域の学校教育、社会教育、文化、スポーツ等に関する事務を担当する機関として、全ての都道府県及び市町村等に設置されている。
②首長から独立した行政委員会として位置付けられている。
③教育委員会は、教育行政における重要事項や基本方針を決定し、それに基づいて教育長が具体の事務を執行する。
④月1～2回の定例会のほか、臨時会や非公式の協議会を開催する。
⑤教育長及び教育委員は、地方公共団体の長が議会の同意を得て任命する。任期は教育長は3年、教育委員は4年、再任できる。

第2節　学校保健関係法令

1　教育の目的

　教育基本法に示されている目的（人格の完成、14頁参照）を受けて、学校教育法で各学校段階での教育の目的と目標を示している。学校教育法では、学校は、公の性質を持つものであって、国または地方公共団体の外、法律に定める法人のみが、これを設置することができるとしている。現在、幼稚園、小学校、中学校、義務教育学校、高等学校、中等教育学校、特別支援学校（盲学校、聾学校、養護学校）、大学及び高等専門学校を学校としている。

＜各学校段階における教育の目的と目標＞

1）幼稚園

> 学校教育法 （昭和22年3月31日公布、令和4年6月22日最終改正）
> 第22条　幼稚園は、義務教育及びその後の教育の基礎を培うものとして、幼児を保育し、幼児の健やかな成長のために適当な環境を与えて、その心身の発達を助長することを目的とする。

11

2）小学校

学校教育法（同上）

（義務教育の目標）

第21条　一　学校内外における社会的活動を促進し、自主、自律及び協同の精神、規範意識、公正な判断力並びに公共の精神に基づき主体的に社会の形成に参画し、その発展に寄与する態度を養うこと。

二　学校内外における自然体験活動を促進し、生命及び自然を尊重する精神並びに環境の保全に寄与する態度を養うこと。

三　我が国と郷土の現状と歴史について、正しい理解に導き、伝統と文化を尊重し、それらをはぐくんできた我が国と郷土を愛する態度を養うとともに、進んで外国の文化の理解を通じて、他国を尊重し、国際社会の平和と発展に寄与する態度を養うこと。

四　家族と家庭の役割、生活に必要な衣、食、住、情報、産業その他の事項について基礎的な理解と技能を養うこと。

五　読書に親しませ、生活に必要な国語を正しく理解し、使用する基礎的な能力を養うこと。

六　生活に必要な数量的な関係を正しく理解し、処理する基礎的な能力を養うこと。

七　生活にかかわる自然現象について、観察及び実験を通じて、科学的に理解し、処理する基礎的な能力を養うこと。

八　健康、安全で幸福な生活のために必要な習慣を養うとともに、運動を通じて体力を養い、心身の調和的発達を図ること。

九　生活を明るく豊かにする音楽、美術、文芸その他の芸術について基礎的な理解と技能を養うこと。

十　職業についての基礎的な知識と技能、勤労を重んずる態度及び個性に応じて将来の進路を選択する能力を養うこと。

第29条　小学校は、心身の発達に応じて、義務教育として行われる普通教育のうち基礎的なものを施すことを目的とする。

第30条　小学校における教育は、前条に規定する目的を実現するために必要な程度において第21条各号に掲げる目標を達成するよう行われるものとする。

また、これらの掲げる目標の達成に資するよう、教育を行うにあたり、児童の体験的な学習活動、特にボランティア活動など社会奉仕体験活動、自然体験活動その他の体験活動の充実に努めるものとする。この場合において、社会教育関係団体その他の関係団体及び関係機関との連携に十分配慮しなければならないこととしている（第31条、第49条、第62条、第70条、第82条）。

さらに、教科に関する事項は第33条及び第34条の規定に従い文部科学大臣が定めること、原則として文部科学大臣の検定を経た教科用図書又は文部科学省が著作の名義を有する教育用図書を使用しなければならないことも規定している。これらの規定は、中学校、高等学校等でも準用される。

3）中学校

中学校においても、小学校で示した学校教育法第21条（義務教育の目標）は小学校と同様に適用されるものである。

学校教育法（同上）

第45条　中学校は、小学校における教育の基礎の上に、心身の発達に応じて、義務教育として行われる普通教育を施すことを目的とする。

第46条　中学校における教育は、前条に規定する目的を実現するため、第21条各号に掲げる目標を達成するよう行われるものとする。

4）義務教育学校

> **学校教育法**（同上）
> 第49条の2　義務教育学校は、心身の発達に応じて、義務教育として行われる普通教育を基礎的なものから一貫して施すことを目的とする。
> 第49条の3　義務教育学校における教育は、前条に規定する目的を実現するため、第21条各号に掲げる目標を達成するよう行われるものとする。

5）高等学校

> **学校教育法**（同上）
> 第50条　高等学校は、中学校における教育の基礎の上に、心身の発達及び進路に応じて、高度な普通教育及び専門教育を施すことを目的とする。
> 第51条　高等学校における教育は、前条に規定する目的を実現するため、次に掲げる目標を達成するよう行われるものとする。
> 　一　義務教育として行われる普通教育の成果を更に発展拡充させて、豊かな人間性、創造性及び健やかな身体を養い、国家及び社会の形成者として必要な資質を養うこと。
> 　二　社会において果たさなければならない使命の自覚に基づき、個性に応じて将来の進路を決定させ、一般的な教養を高め、専門的な知識、技術及び技能を習得させること。
> 　三　個性の確立に努めるとともに、社会について、広く深い理解と健全な批判力を養い、社会の発展に寄与する態度を養うこと。

6）中等教育学校

13

> **学校教育法**（同上）
> 第63条　中等教育学校は、小学校における教育の基礎の上に、心身の発達及び進路に応じて、義務教育として行われる普通教育並びに高度な普通教育及び専門教育を一貫して施すことを目的とする。
> 第64条　中等教育学校における教育は、前条に規定する目的を実現するため、次に掲げる目標を達成するよう行われるものとする。
> 　一　豊かな人間性、創造性及び健やかな身体を養い、国家及び社会の形成者として必要な資質を養うこと。
> 　二　社会において果たさなければならない使命の自覚に基づき、個性に応じて将来の進路を決定させ、一般的な教養を高め、専門的な知識、技術及び技能を習得させること。
> 　三　個性の確立に努めるとともに、社会について、広く深い理解と健全な批判力を養い、社会の発展に寄与する態度を養うこと。
> 第67条　中等教育学校の前期課程における教育は、第63条に規定する目的のうち、小学校における教育の基礎の上に、心身の発達に応じて、義務教育として行われる普通教育を施すことを実現するため、第21条各号に掲げる目標を達成するよう行われるものとする。
> 　②　中等教育学校の後期課程における教育は、第63条に規定する目的のうち、心身の発達及び進路に応じて、高度な普通教育及び専門教育を施すことを実現するため、第64条各号に掲げる目標を達成するよう行われるものとする。

7）特別支援学校

> **学校教育法**（同上）
>
> 第72条　特別支援学校は、視覚障害者、聴覚障害者、知的障害者、肢体不自由者又は病弱者（身体虚弱者を含む。以下同じ。）に対して、幼稚園、小学校、中学校又は高等学校に準ずる教育を施すとともに、障害による学習上又は生活上の困難を克服し自立を図るために必要な知識技能を授けることを目的とする。

2　学校教育と学校保健関係法令

学校保健活動を推進していくにあたり、押さえておくべき主な教育関係法令について次に述べる。

1）日本国憲法

国の最高法規である日本国憲法は、第2次世界大戦後の昭和21年11月に公布された。前文には、「（前略）日本国民は、国家の名誉にかけ、全力をあげてこの崇高な理想と目的を達成することを誓ふ。」とあり、象徴天皇制、戦争の放棄、国民主権、国民の権利及び義務、国会、内閣、司法、財政などについて規定されている。

学校教育に関する事項としては、第25条に「健康」、第26条に「教育」において、国民の権利や義務について規定している。

> **日本国憲法**（昭和21年11月3日公布）
>
> 第25条　すべて国民は、健康で文化的な最低限度の生活を営む権利を有する。
> 第26条　すべて国民は、法律の定めるところにより、その能力に応じて、ひとしく教育を受ける権利を有する。
> 　　　2　すべて国民は、法律の定めるところにより、その保護する子女に普通教育を受けさせる義務を負ふ。義務教育は、これを無償とする。

2）教育基本法

旧教育基本法は、日本国憲法の精神に則り、教育の目的を明示して新しい日本の教育を確立するために、昭和22年3月に公布・施行された。学校教育法や社会教育法などすべての教育法規の基本となる法律である。制定からすでに半世紀以上経過しており、現状から教育の根本を見直す必要があるとし、平成18年12月に全部を改正し、今日求められる教育の目的や理念、教育の実施に関する基本を定めるとともに、国及び地方公共団体の責務を明らかにした。

概要は、第1章「教育の目的及び理念」（教育の目的、目標、生涯学習の理念、教育の機会均等）、第2章「教育の実施に関する基本」（義務教育、学校教育、大学、私立学校、教員、家庭教育、幼児期の教育、社会教育、学校・家庭及び地域住民等の相互の連携協力、政治教育、宗教教育）、第3章「教育行政」（教育行政、教育振興基本計画）などについて規定している。

> **教育基本法**（昭和22年3月31日公布、平成18年12月22日全部改正）
>
> （教育の目的）
> 第1条　教育は、人格の完成を目指し、平和で民主的な国家及び社会の形成者として必要な資質を備えた心身ともに健康な国民の育成を期して行われなければならない。
> （教育の目標）
> 第2条　一　幅広い知識と教養を身に付け、真理を求める態度を養い、豊かな情操と道徳心を培うとともに、健やかな身体を養うこと。

14

3）学校教育法

　学校教育法は、日本の学校教育の根幹を定めた法律である。教育基本法の改正（平成18年）を受けて、平成19年に学校教育法の改正が行われた。今回の改正の趣旨は、改正教育基本法において明確にされた教育理念に基づき、義務教育の目標を定め、各学校種の目的及び教育の目標を見直すとともに、学校の組織運営体制及び指導体制の充実を図るため、学校に置くことのできる職として新たに副校長等を設けるなどにより、学校教育の一層の充実を図るとしている。

　概要は、第1章「総則」（学校の範囲、学校の設置者、設置基準、学校の管理・経費負担、児童生徒及び学生の懲戒、健康診断の実施等）、第2章「義務教育」（就学義務、修業年限、義務教育の目標等）、第3章「幼稚園」、第4章「小学校」、第5章「中学校」、第5章の二「義務教育学校」、第6章「高等学校」、第7章「中等教育学校」、第8章「特別支援教育」（各校種の目的、目標、教員の役割・配置等）などについて規定している。

学校教育法（昭和22年3月31日公布、令和4年6月22日最終改正）

（第1章　総則）

第1条　この法律で、学校とは、幼稚園、小学校、中学校、義務教育学校、高等学校、中等教育学校、特別支援学校、大学及び高等専門学校とする。

第12条　学校においては、別に法律で定めるところにより、幼児、児童、生徒及び学生並びに職員の健康の保持増進を図るため、健康診断を行い、その他その保健に必要な措置を講じなければならない。

（第2章　義務教育）

第21条　〈義務教育の目標（詳細については p.34を参照のこと）〉

　　　　八　健康、安全で幸福な生活のために必要な習慣を養うとともに、運動を通じて体力を養い、心身の調和的発達を図ること。

（第4章　小学校）

第30条　②　前項（略）の場合においては、生涯にわたり学習する基盤が培われるよう、基礎的な知識及び技能を習得させるとともに、これらを活用して課題を解決するために必要な思考力、判断力、表現力その他の能力をはぐくみ、主体的に学習に取り組む態度を養うことに、特に意を用いなければならない。

第37条　小学校には、校長、教頭、教諭、養護教諭及び事務職員を置かなければならない。
　　　　（教員の役割・配置については、第2部 第1章「養護教諭の歴史」を参照のこと。）

4）学校教育法施行規則

　学校教育法施行規則は、第1章「総則」（学校の設置廃止、校長、副校長及び教頭の資格、指導要録〈学習及び健康診断票の作成〉、出席簿の作成、懲戒、学校に備えておかなければならない表簿）、第2章「義務教育」（学齢簿の作成等）、第3章「幼稚園」、第4章「小学校」（設備、編制、校務分掌、教務主任、学年主任、保健主事、事務長、事務主任、職員会議、学校評議員、教育課程、教育課程の基準〈学習指導要領〉、成績評価、卒業証書、学校評価等）、第5章「中学校」（生徒指導主事、進路指導主事、教育課程等）、第5章の二「義務教育学校並びに中学校併設型小学校及び小学校併設型中学校」、第6章「高等学校」、第7章「中等教育学校並びに併設型中学校及び併設型高等学校」、第8章「特別支援教育」、第9章「大学」などについて規定している。

　学校保健に関連が深い事項は、学校の施設設備における保健室の設置規定、学校に備えておかなければならない表簿では、学校医執務記録簿、学校歯科医執務記録簿、学校薬剤師執務記録簿の規定、健康診断に関する表簿、保健主事の規定などである。保健主事は、従来は、教諭をもって充てることになっていたが、近年のいじめや不登校などの現代的な健康課題の解決に向けて養護教諭への期待が高まり、平成7年3月の改正により、養護教諭の保健主事への登用の道が開けたことや、平成12年に校長の資格要件が緩和されたことから養護教諭の管理職登用の道が開けたことも特記すべき事項である。

> **学校教育法施行規則**
> （昭和22年５月23日公布、令和５年３月31日最終改正）
> 第１条　学校には、その学校の目的を実現するために必要な校地、校舎、校具、運動場、図書館又は図書室、保健室その他の設備を設けなければならない。
> 第24条　校長は、その学校に在学する児童等の指導要録（学習及び健康の状況を記録した書類の原本をいう。）を作成しなければならない。（抜粋）
> 第28条　学校において備えなければならない表簿は、概ね次のとおりとする。（抜粋）
> 　　　　二　学則、日課表、教科用図書配当表、学校医執務記録簿、学校歯科医執務記録簿、学校薬剤師執務記録簿及び学校日誌
> 　　　　四　指導要録、その写し及び抄本並びに出席簿及び健康診断に関する表簿
> 　　　②　前項の表簿（第24条第２項の抄本又は写しを除く。）は、別に定めるもののほか、５年間保存しなければならない。ただし、指導要録及びその写しのうち入学、卒業等の学籍に関する記録については、その保存期間は、20年間とする。
> 第45条　小学校においては、保健主事を置くものとする。
> 　　　２　前項の規定にかかわらず、第４項に規定する保健主事の担当する校務を整理する主幹教諭を置くときその他特別の事情のあるときは、保健主事を置かないことができる。
> 　　　３　保健主事は、指導教諭、教諭又は養護教諭をもつて、これに充てる。
> 　　　４　保健主事は、校長の監督を受け、小学校における保健に関する事項の管理に当たる。
> 　　　（中学校は第79条、高等学校は第104条、中等教育学校は第113条、特別支援学校は第135条で準用について規定されている）
> 第50条　小学校の教育課程は、国語、社会、算数、理科、生活、音楽、図画工作、家庭、体育及び外国語の各教科（以下この節において「各教科」という。）、特別の教科である道徳、外国語活動、総合的な学習の時間並びに特別活動によって編成するものとする。
> 第52条　小学校の教育課程については、この節に定めるもののほか、教育課程の基準として文部科学大臣が別に公示する小学校学習指導要領によるものとする。
> 第66条　小学校は、当該小学校の教育活動その他の学校運営の状況について、自ら評価を行い、その結果を公表するものとする。
> 第67条　小学校は、前条第１項の規定による評価の結果を踏まえた当該小学校の児童の保護者その他の当該小学校の関係者（当該小学校の職員を除く。）による評価を行い、その結果を公表するよう努めるものとする。

注）小学校のみ記載

5）文部科学省設置法

　この法律は、文部科学省の設置並びに任務及びこれを達成するため必要となる明確な範囲の所掌事務の範囲を定めるとともに、その所掌する行政事務を能率的に遂行するため必要な組織を定めることを目的に制定されている。

　文部科学省設置法第４条十二では、「学校保健（学校における保健教育及び保健管理をいう。）…」と明記されている。学校においては、保健教育、保健管理を円滑に実施するための保健組織活動が加わり、学校保健活動が行われている。

> **文部科学省設置法**　（平成11年７月16日公布、令和４年６月22日最終改正）
> （所掌事務）
> 第４条　文部科学省は、前条第１項（略）の任務を達成するため、次に掲げる事務をつかさどる。
> 　　　　十二　学校保健（学校における保健教育及び保健管理をいう。）、学校安全（学校における安全教育及び安全管理をいう。）、学校給食及び災害共済給付（学校の管理下における幼児、児童、生徒及び学生の負傷その他の災害に関する共済給付をいう。）に関すること。

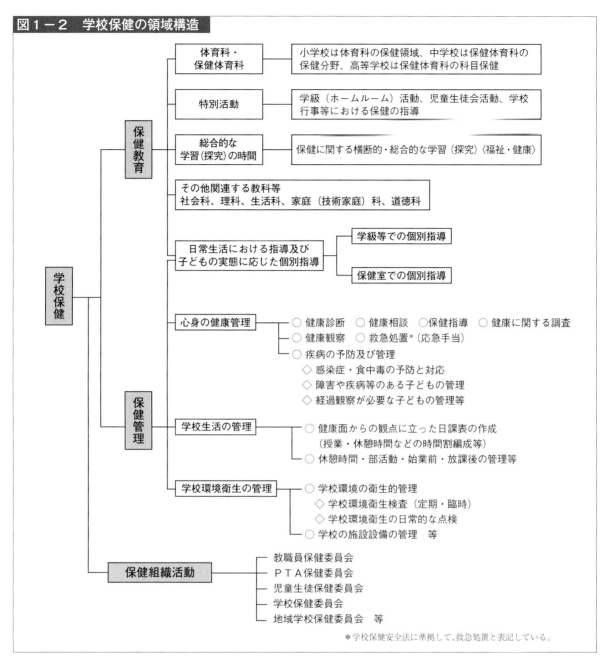

図1-2　学校保健の領域構造

（図の内容）

学校保健
├ 保健教育
│　├ 体育科・保健体育科 ── 小学校は体育科の保健領域、中学校は保健体育科の保健分野、高等学校は保健体育科の科目保健
│　├ 特別活動 ── 学級（ホームルーム）活動、児童生徒会活動、学校行事等における保健の指導
│　├ 総合的な学習（探究）の時間 ── 保健に関する横断的・総合的な学習（探究）〈福祉・健康〉
│　├ その他関連する教科等　社会科、理科、生活科、家庭（技術家庭）科、道徳科
│　└ 日常生活における指導及び子どもの実態に応じた個別指導
│　　　├ 学級等での個別指導
│　　　└ 保健室での個別指導
├ 保健管理
│　├ 心身の健康管理
│　│　○ 健康診断　○ 健康相談　○ 保健指導　○ 健康に関する調査
│　│　○ 健康観察　○ 救急処置*（応急手当）
│　│　○ 疾病の予防及び管理
│　│　　◇ 感染症・食中毒の予防と対応
│　│　　◇ 障害や疾病等のある子どもの管理
│　│　　◇ 経過観察が必要な子どもの管理等
│　├ 学校生活の管理
│　│　○ 健康面からの観点に立った日課表の作成（授業・休憩時間などの時間割編成等）
│　│　○ 休憩時間・部活動・始業前・放課後の管理等
│　└ 学校環境衛生の管理
│　　　○ 学校環境の衛生的管理
│　　　　◇ 学校環境衛生検査（定期・臨時）
│　　　　◇ 学校環境衛生の日常的な点検
│　　　○ 学校の施設設備の管理　等
└ 保健組織活動
　　├ 教職員保健委員会
　　├ ＰＴＡ保健委員会
　　├ 児童生徒保健委員会
　　├ 学校保健委員会
　　└ 地域学校保健委員会　等

＊学校保健安全法に準拠して、救急処置と表記している。

6）学校保健安全法

　学校保健安全法は、学校における保健管理・安全管理の中核となる法律である。養護教諭の職務は、学校保健安全法をはじめ関係法規により実施されるものが多いため、養護教諭は関係法規を十分に理解した上で職責を果たしていくことが重要である。詳細については、巻末の参考7「中央教育審議会答申及び学校保健法の一部改正の概要」を参照のこと。

　概要は、第1章「総則」（目的、学校の定義、国及び地方公共団体の責務）、第2章「学校保健」（第1節 学校の管理運営等〈学校保健における設置者の責務、学校保健計画の策定、学校環境衛生基準、保健室〉、第2節 健康相談等〈健康相談、保健指導、医療機関との連携〉、第3節 健康診断〈就学時の健康診断、児童生徒等の健康診断、職員の健康診断、健康診断の方法及び技術的基準等、保健所との連絡〉、第4節 感染症の予防〈出席停止、臨時休業、文部科学省令への委任〉、第5節 学校保健技師並びに学校医、学校歯科医及び学校薬剤師〈学校保健技師、学校医、学校歯科医及び学校薬剤師〉、第6節 地方公共団体の援助及び国の補助〈地方公共団体の援助、国の補助〉）、第3章「学校安全」（学校安全に関する学校の設置者の責務、学校安全計画の策定等、学校環境の安全の確保、地域の関係機関等との連携）などについて規定している。

> 学校保健安全法 （昭和33年4月10日公布、平成27年6月24日最終改正）
> （目的）
> 第1条　この法律は、学校における児童生徒等及び職員の健康の保持増進を図るため、学校
> 　　　　における保健管理に関し必要な事項を定めるとともに、学校における教育活動が安全
> 　　　　な環境において実施され、児童生徒等の安全の確保が図られるよう、学校における安
> 　　　　全管理に関し必要な事項を定め、もつて学校教育の円滑な実施とその成果の確保に資
> 　　　　することを目的とする。

7）学校保健安全法施行令（昭和33年6月10日公布、平成27年12月16日最終改正）

　学校保健安全法施行令は、就学時健康診断の時期、検査の項目、保護者への通知、就学時健康診断票、保健所と連絡すべき場合、出席停止の指示、出席停止の報告、感染症又は学習に支障を生ずるおそれのある疾病、要保護者に準ずる程度に困窮している者、補助の基準などについて規定している。

8）学校保健安全法施行規則（昭和33年6月13日公布、令和5年4月28日最終改正）

　学校保健安全法施行規則は、第1章「環境衛生検査等」（環境衛生検査、日常における環境衛生）、第2章「健康診断」（第1節 就学時の健康診断〈方法及び技術的基準、就学の健康診断票〉、第2節 児童生徒等の健康診断〈時期、検査項目、方法及び技術的基準、健康診断票、事後措置、臨時の健康診断、保健調査〉、第3節 職員の健康診断〈時期、検査の項目、方法及び技術的基準、健康診断票、事後措置、臨時の健康診断〉）、第3章「感染症の予防」（感染症の種類、出席停止の期間の基準、出席停止の報告事項、感染症の予防に関する細目）、第4章「学校医、学校歯科医及び学校薬剤師の職務執行の準則」（学校医の職務執行の準則、学校歯科医の職務執行の準則、学校薬剤師の職務執行の準則）、第5章「国の補助」、第6章「安全点検等」（安全点検、日常における環境の安全）、第7章「雑則」などについて規定している。

9）その他の教育関係法令
　①公立義務教育諸学校の学級編制及び教職員定数の標準に関する法律
　②幼稚園設置基準
　③小学校設置基準
　④中学校設置基準
　⑤高等学校設置基準
　⑥公立高等学校の適正配置及び教職員定数の標準等に関する法律
　⑦教育職員免許法
　⑧教育公務員特例法　等

10）子どもの健康にかかわる法令
　①児童福祉法（昭和22年12月12日公布）
　②児童憲章（昭和26年5月5日制定）
　③児童の権利に関する条約（平成6年5月16日公布）
　④児童虐待の防止等に関する法律（平成12年5月24日公布）
　⑤健康増進法（平成14年8月2日公布）
　⑥発達障害者支援法（平成16年12月10日公布）
　⑦食育基本法（平成17年6月17日公布）
　⑧自殺対策基本法（平成18年6月21日公布）
　⑨障害を理由とする差別の解消の推進に関する法律（平成25年6月26日公布）
　⑩いじめ防止対策推進法（平成25年6月28日公布）
　⑪こども基本法（令和4年6月22日公布）
　⑫こども家庭庁設置法（令和4年6月22日公布）
　⑬LGBT理解増進法(令和5年6月23日公布)

3　教育課程と学習指導要領

1）学習指導要領

　学校教育法施行規則において、教育課程の編成については、「教育課程の基準として文部科学大臣が別に公示する学習指導要領によるものとする」と規定されており、公教育として日本国内どこに住んでいても、ある程度共通した内容が教えられるように、教育課程の内容について基準や方針を示している。（第52条、第74条、第84条、第109条、第129条）

　現在の学校教育は、生きる力（自ら学び自ら考える力など）の育成、教育内容の厳選と基礎・基本の確実な定着、特色ある教育、開かれた学校づくり等を目指している。学習指導要領には、「幼稚園教育要領」、「小学校学習指導要領」、「中学校学習指導要領」、「高等学校学習指導要領」、「特別支援学校学習指導要領」などがある。

　養護教諭は、校種別の教育課程及び教科保健（小学校は体育の保健領域、中学校は保健体育の保健分野、高等学校は保健体育の科目保健、以下「教科保健」という）、社会、理科、家庭等の教科、特別活動、特別の教科である道徳、総合的な学習の時間等の指導の内容を把握した上で、発達段階に応じた健康教育を推進していく必要がある。

2）教育課程の編成

　教育課程は、前述した各学校段階での学校教育の目的及び目標を実現するため、学校教育法施行規則等の関係する法令並びに教育課程の基準である学習指導要領に基づいて、各学校が編成する。

　学校教育法施行規則で関連する規定には、次のようなものがある。（抜粋）

学校教育法施行規則（昭和22年5月23日公布、令和5年3月31日最終改正）

第50条　小学校の教育課程は、国語、社会、算数、理科、生活、音楽、図画工作、家庭、体育及び外国語の各教科（以下この節において「各教科」という。）、特別の教科である道徳、外国語活動、総合的な学習の時間並びに特別活動によつて編成するものとする。
　　　　2　私立の小学校の教育課程を編成する場合は、前項の規定にかかわらず、宗教を加えることができる。この場合においては、宗教をもつて前項の道徳に代えることができる。

第51条　小学校（略）の各学年における各教科、特別の教科である道徳、外国語活動、総合的な学習の時間及び特別活動のそれぞれの授業時数並びに各学年におけるこれらの総授業時数は、別表第1（略）に定める授業時数を標準とする。

第52条　小学校の教育課程については、この節に定めるもののほか、教育課程の基準として文部科学大臣が別に公示する小学校学習指導要領によるものとする。

第53条　小学校においては、必要がある場合には、一部の各教科について、これらを合わせて授業を行うことができる。

第54条　児童が心身の状況によつて履修することが困難な各教科は、その児童の心身の状況に適合するように課さなければならない。

第72条　中学校の教育課程は、国語、社会、数学、理科、音楽、美術、保健体育、技術・家庭及び外国語の各教科（以下本章及び第七章中「各教科」という。）、特別の教科である道徳、総合的な学習の時間並びに特別活動によつて編成するものとする。

第73条　中学校（略）の各学年における各教科、特別の教科である道徳、総合的な学習の時間及び特別活動のそれぞれの授業時数並びに各学年におけるこれらの総授業時数は、別表第2（略）に定める授業時数を標準とする。

第74条　中学校の教育課程については、この章に定めるもののほか、教育課程の基準として文部科学大臣が別に公示する中学校学習指導要領によるものとする。

第83条　高等学校の教育課程は、別表第3（略）に定める各教科に属する科目、総合的な学習の時間及び特別活動によつて編成するものとする。

第84条　高等学校の教育課程については、この章に定めるもののほか、教育課程の基準として文部科学大臣が別に公示する高等学校学習指導要領によるものとする。

4　学校における健康教育

1）学校における健康教育とは

　文部科学省では、学校における健康教育は、学校保健、学校安全、学校給食に関する指導を包括するものととらえており、相互に密接な関連を図りながら教育活動全体を通じて進めることとしている。

　今日、子どもを取り巻く心身の健康・安全をめぐる状況には、厳しいものがあり、このような中で、養護教諭及び保健主事（兼務養護教諭を含む）は、学校における健康教育全体の要としていっそう幅広く重要な役割を果たすよう期待されている。

保健体育審議会答申（平成9年）

　3　学校健康教育（学校保健・学校安全・学校給食）

　（前略）学校保健、学校安全及び学校給食のそれぞれの果たす機能を尊重しつつも、それらを総合的にとらえるとともに、とりわけ教育指導面においては、保健教育、安全教育及び給食指導などを統合した概念を健康教育として整理し、児童生徒の健康課題に学校が組織として一体的に取り組む必要がある。

2）「生きる力」とは

「生きる力」は、平成8年7月の中央教育審議会（文部省）第一次答申で、少子高齢化、国際化、情報化など変化の激しいこれからの社会を生きる子どもたちには、「生きる力」をはぐくむことが必要であると提言され、「生きる力」をはぐくむことは学習指導要領の理念となった。「生きる力」とは、「確かな学力」「豊かな人間性」「健康と体力」の三つの要素からなる力である。

生きる力

○基礎的な知識・技能を習得し、それらを活用して、自ら考え、判断し、表現することにより、さまざまな問題に積極的に対応し、解決する力（確かな学力）

○自らを律しつつ、他人とともに協調し、他人を思いやる心や感動する心などの豊かな人間性（豊かな人間性）

○たくましく生きるための健康や体力（健康・体力）

3）学校における健康教育推進の考え方

（1）学校における健康教育のねらいは学習を通した子どもの自立

　心身ともに健康な国民の育成は、崇高な教育の目的であり、健康、安全で幸福な生活のために必要な習慣を養い、心身の調和的な発達を図ることは、学校における教育の目標である。近年の児童生徒等の心身の健康の課題が深刻かつ多様になってきていることなどから、健康教育の重要性がいっそう高まってきていることは言うまでもない。

　学校における健康教育のねらいは、子どもが、自らの健康の課題を把握し、的確に思考・判断して、適切な意志決定・行動選択を行って、生活行動や環境を改善していく資質や能力を身に付けることができるようにすることにある。子ども自らが、学習によって健康の課題に気付き、生活行動や環境を改善し、他律的な健康管理から自律的な健康管理ができるようにし、主体的に健康な生活を実現していく、つまり、自立させていくことにある。

（2）学校健康教育はヘルスプロモーションの理念に沿って

　WHO（世界保健機関）は、世界保健憲章（1946年）で、健康を、「単に病気や虚弱でないというだけでなく、身体的、精神的及び社会的に完全に良好な状態である。」と定義している。

　さらに、アルマ・アタ宣言（1978年）において、「国が提供する保健サービスと個人、家庭及び地域住民の積極的な参加によって、世界中の人々が社会的、経済的に生産的な生活ができる生活水準の達成を目指すこと」を宣言している。続いて、ヘルスプロモーションに関するオタワ憲章（1986年）において、ヘルスプロモーションの理念を提唱している。

　ヘルスプロモーションとは、「人々が自らの健康とその決定要因（2005年バンコク憲章で追加修正）をコントロールし、改善することができるようにするプロセスである。身体的、精神的、社会的に完全に良好な状態に到達するためには、個人や集団が望みを確認・実現し、ニーズを満たし、環境を改善し、環境に対処することができなければならない。それ故、健康は、生きる目的ではなく、毎日の生活の資源である。健康は、身体的な能力であると同時に、社会的・個人的資源であることを強調する積極的な概念なのである。それ故、ヘルスプロモーションは、保健部門だけの責任にとどまらず、健康なライフスタイルをこえて、well-being（生き方や在り方、生きがい等の意）にもかかわるものである」。（島内憲夫編著『ヘルスプロモーション講座』順天堂大学ヘルスプロモーション・リサーチ・センター、2005年）

　学校における健康教育は、平成10年7月の教育課程審議会答申を基に行われているものであるが、それは平成9年9月の保健体育審議会答申で提唱されたこのような健康観（ヘルスプロモーションの理念）を子どもたちにはぐくみ、発育発達等に応じて具現化する（実践力を育成する）ことをねらいとしている。健康は人生や生活にとって大切なもので、それは、自分自身の生活習慣や生活行動を改善したり、環境に積極的に働きかけ、より良くつくりかえるなど不断の努力によって得られるということを学習や体験を通して理解し、健康に良い行動が実践できるようにすることを目指しているのである。このことは、「生きる力」をはぐくむことと軌を一にしている。

　学習指導要領に沿って、ヘルスプロモーションの理念に基づいた学校における健康教育をいっそう充実することによって、「生きる力」をはぐくむことにつながっていくものと言える。

（3）学習指導要領の総則「体育・健康に関する指導」の趣旨に沿ってＱＯＬ（生活の質）の向上を目指す

　学校における健康教育は、前述したように学校保健、学校安全及び学校給食（食）に関する指導を包括したものであり、それらの管理と表裏一体として進められるものである。学習指導要領の総則「体育・健康に関する指導」の項で、体力の向上と合わせてその基本方針が次のように示されている。（丸数字は、著者加筆　小学校・中学校、高等学校の学習指導要領とも基本同内容）

小学校学習指導要領の総則2（3）（平成29年3月告示）

　学校における体育・健康に関する指導を、児童の発達の段階を考慮して、①学校の教育活動全体を通じて適切に行うことにより、健康で安全な生活と豊かなスポーツライフの実現を目指した教育の充実に努めること。特に、学校における食育の推進並びに体力の向上に関する指導、安全に関する指導及び②心身の健康の保持増進に関する指導については、③体育科、④家庭科及び特別活動の時間はもとより、各教科、道徳科、外国語活動及び総合的な学習の時間などにおいても⑤それぞれの特質に応じて適切に行うよう努めること。また、それらの指導を通して、⑥家庭や地域社会との連携を図りながら、⑦日常生活において適切な体育・健康に関する活動の実践を促し、⑧生涯を通じて健康・安全で活力ある生活を送るための基礎が培われるよう配慮すること。

○学校における健康教育の実施にあたっての留意点

　ア　学校の教育活動全体、つまり、教科、道徳科、特別活動、総合的な学習（探究）の時間など教育課程内及び教育課程外の活動も含む。

　イ　心身の健康の保持増進に関する指導については教育課程に位置付けて行う。

　ウ　教科保健は、「中核」あるいは「基礎・基本」として、健康教育の要となっている。

　エ　その他の教育活動は、家庭科や特別活動のほか、理科、社会科などの関連教科、道徳科、外国語活動及び総合的な学習（探究）の時間がある。それらの指導や日常生活での体験等と合わせて、実践力の育成が図られるようにする。

　オ　それぞれの特質に応じて適切に行うように努める。

　カ　家庭や地域社会との連携を図る。

　キ　日常生活において適切な体育・健康に関する活動の実践を促す。

21

ク　生涯を通じて、健康・安全で活力ある生活を送るための基礎が培われ一人一人の「生活の質（QOL）」の向上が図れるような実践力を育成する。

ケ　人生のさまざまなライフステージにおいて、健康・安全に関心を持ち、課題に直面した場合に、的確な思考・判断や適切な意志決定・行動選択ができるようにすることを目指している。

○関連教科等の特質

ア　教科保健〔学習指導要領に示した内容〕

　　教科保健（保健教育）は、学校における健康教育の要となるものである。学習指導要領に示されている内容を発達段階に即して履修する。児童生徒に具体の教材を通して、事象の背後に潜む普遍的な原理や原則を見つけたり、病気の予防や生活習慣の改善等につながる思考力・判断力・表現力等や知識・技能を身に付ける。その学習の過程の中で、また、結果として学びに向かう力や人間性等の向上が図られたり、適切な意思決定や行動選択につながる実践的で深い理解に導くことが必要となる。

イ　関連教科〔学習指導要領に示した内容〕

　　教科保健と同様に、健康・安全や食に関して、各教科の目標と内容に則して学習する。

ウ　道徳科〔人格形成の基盤となる道徳性や豊かな人間性を培う〕

　　教育活動全体で生命尊重、人や社会とのかかわり、生き方や在り方などについて、幅広く豊かに学習する。

エ　特別活動〔具体的な問題の解決や実践によって補充・深化・統合する活動〕

　　当面している、あるいは近い将来当面するであろう問題について、解決の方法を考えたり、具体的に解決したりしながら実践を通して学んでいく活動である。学校行事、学級（ホームルーム）活動、クラブ活動（小学校のみ）、児童会・生徒会活動、集団や個別での指導がある。

オ　総合的な学習（探究）の時間〔「生きる力」をはぐくむための特色ある活動〕

　　子どもの主体的な学びの中で、問題解決能力を育成する。課題の選択、学習集団、学習の場・方法、指導体制等について創造的に検討し、自然体験、生活体験や社会体験などを豊富に取り入れる。

　　その際、教育活動の質の向上と学習の効果の最大化を図るため、カリキュラム・マネジメントを確立する。

4）学校保健計画

（1）学校保健計画の策定

　　学校においては、各学校の教育目標を達成させるため各種の計画が立てられる。その中の一つが学校保健計画である。各学校の教育目標を受け、その具現化を図るため学校保健目標（重点目標）を立て実施されるものである。学校保健計画は、学校保健安全法に規定されており策定が義務付けられているとともに、教育課程全体を見据えた総合的な計画を立てることが求められている。法に示されている学校保健計画に記載すべき事項は、①児童生徒及び職員の健康診断　②環境衛生検査　③児童生徒等に対する指導　④その他保健に関する事項である。

　　学校における体育・健康に関する指導は、学校教育活動全体を通じて適切に行われるものであることから、組織的に展開しその効果を上げるためには、学校保健計画を立て全教職員に周知を図り、理解と協力が得られるようにすることが重要である。

　　立案にあたっては、学校保健の3領域である保健教育・保健管理・保健組織活動を踏まえて相互に関連を図った総合的な計画を立てることが大切である。日本学校保健会調査(令和2年度)によると、計画を立て評価を行っている学校は、全体で31.7％であり、計画は立てているが評価を行っていない学校が少なからず見られた。

22

学校保健安全法（昭和33年４月10日公布、平成27年６月24日最終改正）

（学校保健計画の策定等）

第５条　学校においては、児童生徒等及び職員の心身の健康の保持増進を図るため、児童生徒等及び職員の健康診断、環境衛生検査、児童生徒等に対する指導その他保健に関する事項について計画を策定し、これを実施しなければならない。

（２）学校保健計画の作成手順

　　　学校保健計画は、保健主事（教諭又は兼務養護教諭）により立案され、保健部等の関係組織で検討されたのち職員会議を経て校長により決裁される。次に作成手順の例を示す。

例：学校保健計画の作成手順

①学校教育目標を確認する。

②児童生徒の健康課題を的確に把握する。

③学校保健目標を確認する。

④本年度の重点目標を設定する。

　○学校保健計画は単年度計画であることから、その年度の重点目標を設定し、重点化した課題等に対して、課題解決を図るための具体的な計画を立てる。

⑤学校保健計画の原案を作成する（Plan）。

　○評価計画を同時に立てる。

⑥原案を保健部及び関係組織等に提案し、意見を求める。

　○原案修正

⑦職員会議に学校保健計画案を提案し、意見を求める。

　○教職員に周知を図る。

⑧実施（Do）

　○計画に基づいて実施する。

⑨評価（Check）

　○評価計画に基づいて、経過評価及び結果・成果評価の両方で行う。

⑩改善（Action）

　○次年度の計画に評価結果を生かし、改善を図る。

（３）学校保健の評価

①学校保健の評価の考え方

　　　学校保健活動は、学校教育目標の具現化を図るための活動であり、結果として子どもの心身の健康の保持増進につながるものでなければならない。したがって、その評価は、計画の立案から実施に至るまでの経過、手順や方法、内容及び活動の成果等について総合的に実施し、次の活動の改善につながるように配慮して行わなければならない。

　　　評価の実施にあたっては、学校経営評価の一環として、全教職員が参加し、学校の実情に即して、学校保健計画（保健教育、保健管理、保健に関する組織活動等）について、学校保健目標及び年度の重点目標に照らして、具体的な評価の観点及び内容を設定して実施できるようにする。その際、養護教諭は、保健主事（養護教諭が兼務している場合は職員保健部）と協力し、評価の観点及び内容の設定、評価の実施、評価結果の分析等を行うために積極的な役割を果たしていくことが必要である。

②学校保健の評価の観点

　ア　子どもの成長、変容する姿を教育活動の中でどのようにとらえたか。

　イ　教職員一人一人がどのように共通理解し、協力して教育活動にあたったか。

　　ウ　学校が、家庭、地域社会とどのように連携・協力しあって教育活動にあたったか。
　③評価を実施する上での留意点
　　ア　保健教育の評価には、学習指導要領及び児童生徒指導要録の目標や評価の観点等に即して行う。
　　イ　保健管理は、学校保健安全法等の法令及び通知等に即して行う。
　　ウ　子どもの変容や数値結果などの実現の状況のみでなく、教師の指導、活動の過程、地域社会とのかかわり方も評価できるようにする。
　　エ　各学校の実情なども勘案して、評価の分担や方法を工夫する。
　　オ　評価の結果を次の活動に生かすようにする。
　　カ　評価結果の活用や公表にあたっては、個人情報の保護、人権やプライバシーに抵触しないよう十分留意する。　　等

（4）保健主事の役割
　昭和47年12月に出された文部省保健体育審議会の答申には、保健主事の役割について次のように述べられ、平成9年9月の答申においてもその重要性と資質の向上が提言されている。

> 　保健主事は、学校保健委員会の運営にあたるとともに、養護教諭の協力のもとに学校保健計画の策定の中心となり、また、その計画に基づく活動の推進にあたっては、一般教員はもとより、体育主任、学校給食主任、学校医、学校歯科医および学校薬剤師等すべての職員による活動が組織的かつ円滑に展開されるよう、その調整にあたる役割を持つものである。

　さらに、中教審答申（平成20年1月）においては、保健主事の役割について次のように提言されている。

> ①　保健主事は、学校保健と学校全体の活動に関する調整や学校保健計画の作成、学校保健に関する組織活動の推進（学校保健委員会の運営）など学校保健に関する事項の管理に当たる職員であり、その果たすべき役割はますます大きくなっている。
> 　このことから、保健主事は充て職であるが、学校における保健に関する活動の調整にあたる職員として、すべての教職員が学校保健活動に関心を持ち、それぞれの役割を円滑に遂行できるように指導・助言することが期待できる教員の配置を行うことやその職務に必要な資質の向上が求められている。
> ②　保健主事の職務に必要な能力や資質向上のためには、国が学校保健のマネジメントに関し具体的な事例の紹介や演習などによる実践的な研修プログラムを開発し、保健主事研修会、とりわけ新任の保健主事研修会で実施できるようにするなど研修の充実を図ることが求められる。また、研修会においては、『保健主事のための手引き』※や事例集などの教材を活用するなど、資質向上に向けた取組の充実を図る必要がある。

　したがって、保健主事は学校における保健に関する活動の調整にあたる教員として、すべての教職員が学校保健活動に関心を持ち、それぞれの役割を円滑に遂行できるようにする。
　なお、養護教諭は平成7年3月の学校教育法施行規則の一部改正により、保健主事への登用の道が開かれたため、保健主事を兼務している者が増加しているとともに、その役割が拡大している。

　　　　　　　　　　　　　　　※『保健主事のための実務ハンドブック−令和2年度改訂−』が最新版。

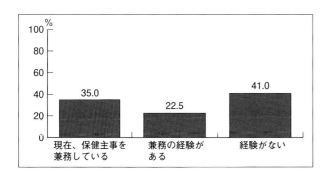

参考　現在保健主事を兼務している養護教諭
　日本学校保健会の令和２年度調査によると、現在、「保健主事を兼務している」が小・中・高等学校全体で35％、兼務の経験がある22.5％、経験がないが41％であった。

【参考文献・引用資料】

『保健主事に関する状況調査報告書』公益財団法人 日本学校保健会　2014年

『学校保健の課題とその対応―養護教諭の職務等に関する調査結果から―』公益財団法人 日本学校保健会　2012年

『保健室利用状況に関する調査報告書』公益財団法人 日本学校保健会　2013年

「保健室利用状況に関する調査報告書 平成28年度調査結果」公益社団法人 日本学校保健会　2018年

『保健主事のための実務ハンドブック』文部科学省　2010年

「保健主事のための実務ハンドブック－令和2年度改訂」公益社団法人 日本学校保健会　2021年

『学校保健委員会マニュアル』財団法人 日本学校保健会　2000年

『学校保健活動推進マニュアル』財団法人 日本学校保健会　2003年

『保健主事資質向上委員会報告書』（実態調査結果）財団法人 日本学校保健会　2002年

島内憲夫編著『ヘルスプロモーション講座』順天堂大学ヘルスプロモーション・リサーチ・センター　2005年

〈memo〉

表1-1　　　　　令和〇年度　学校保健年間計画例（小学校）

学校保健目標　自ら健康に気を付け、進んで問題を改善しようとする態度や実践力を育てる。
今年度の重点目標　系統性のある歯科保健活動を実施し、子どもたちが歯の大切さを理解し自らむし歯や歯周病の予防ができるようにする。

月	保健目標	学校保健関連行事	保健管理	
			対人管理	対物管理
4	自分の体の発育状態や健康状態について知ろう	・定期健康診断 ・大掃除	・保健調査 ・健康観察の確認と実施・健康相談 ・健康診断の計画と実施と事後措置（身体測定・内科検診、歯科検診、視力検査、聴力検査等） ・結核検診、運動器検診の問診 ・有所見者の生活指導 ・手洗いの励行	・清掃計画配布 ・大掃除 ・飲料水等の水質及び施設・設備の検査 ・雑用水の水質及び施設・設備の検査 ・机、いすの高さ、黒板面の色彩の検査
5	運動会を元気に迎えよう	・定期健康診断 ・運動会 ・新体力テスト ・避難訓練	・健康観察の実施（強化）・健康相談 ・健康診断の実施と事後措置（結核検診、耳鼻科検診、眼科検診、尿検査等） ・有所見者の生活指導 ・運動会前の健康調査と健康管理	・照度、まぶしさ、騒音レベルの検査 ・運動場の整備
6	歯を大切にしよう 梅雨時の健康に気をつけよう	・第1回学校保健委員会 ・歯と口の健康週間 ・プール開き ・心肺蘇生法	・健康観察の実施・健康相談 ・歯と口の健康の取組 ・水泳時の救急体制と健康管理 ・食中毒・感染症予防 ・熱中症予防	・水泳プールの水質及び施設・設備の衛生状態の検査
7	夏を元気に過ごそう	・個人懇談 ・大掃除	・健康観察の実施・健康相談 ・水泳時の救急体制と健康管理 ・夏休みの健康生活指導と健康管理	・換気、温度、相対湿度、浮遊粉じん、気流、一酸化炭素及び二酸化窒素の検査 ・ネズミ、衛生害虫等の検査 ・水泳プールの水質検査 ・揮発性有機化合物の検査 ・ダニ又はダニアレルゲンの検査 ・清掃用具の点検・整備
8 9	生活リズムを整えよう	・身長・体重測定 ・プール納め ・避難訓練 ・修学旅行6年	・健康観察の実施（強化）・健康相談 ・夏休みの健康調査 ・疾病治療状況の把握 ・修学旅行前の健康調査と健康管理 ・手洗いの励行	・日常点検の励行
10	目を大切にしよう	・目の愛護デー ・視力検査 ・就学時の健康診断 ・宿泊学習5年	・健康観察の実施・健康相談 ・目の健康について ・正しい姿勢について ・就学時の健康診断の協力 ・宿泊前の健康調査と健康管理	・照度、まぶしさ、騒音レベルの検査 ・雑用水の水質及び施設の検査
11	寒さに負けない体をつくろう	・第2回学校保健委員会 ・いい歯の日	・健康観察の実施・健康相談 ・屋外運動の奨励と運動後の汗の始末 ・かぜやインフルエンザの予防 ・歯と口の健康の取組	
12	室内の換気に注意しよう	・健康相談 ・個人懇談 ・大掃除	・健康観察の実施・健康相談 ・かぜの罹患状況把握 ・室内の換気及び手洗いの励行 ・冬休みの健康生活指導と健康管理	・大掃除の実施の検査
1	外で元気に遊ぼう	・身長・体重測定 ・避難訓練	・健康観察の実施（強化）・健康相談 ・冬休みの健康調査 ・屋外運動の奨励と運動後の汗の始末 ・かぜの罹患状況把握 ・疾病治療状況の把握	・日常点検の励行 ・換気、温度、相対湿度、浮遊粉じん、気流、一酸化炭素及び二酸化窒素の検査 ・雨水の排水溝等、排水の施設・設備の検査 ・ストーブ管理
2	かぜをひかないように健康管理をしよう	・第3回学校保健委員会 ・新入生説明会、一日入学	・健康観察の実施・健康相談 ・屋外運動の奨励 ・かぜの罹患状況把握 ・室内の換気及び手洗いの励行	・ストーブ管理
3	健康生活の反省をしよう	・耳の日 ・大掃除	・健康観察の実施 ・一年間の健康生活の反省 ・春休みの健康生活指導と健康管理 ・新年度の計画	・保健室の整備 ・学校環境衛生検査結果等のまとめと次年度への課題整理 ・清掃用具の点検・整備

26

○○小学校

月	保健教育				組織活動
	教科等	特別活動		個別・日常指導	
		学級活動	児童会活動		
4	・道徳「自分を見つめて（節度、節制）」1年）	・健康診断の目的・受け方 ・保健室の利用の仕方	・組織づくりと年間計画作成 ・係分担	・健康診断の受け方 ・保健室の利用の仕方 ・身体・衣服の清潔 ・トイレの使い方 ・手洗いの仕方	・組織づくり（職員保健部、PTA保健部、学校保健委員会等） ・保健だより等の発行（毎月）
5	・体育「心の健康」（5年） ・社会「人々の健康や生活環境を支える事業」（4年） ・道徳「自分を高めて（節度・節制）」（3年）	・せいけつな体（2年）	・歯と口の健康週間の計画	・歯みがきの仕方 ・基本的な生活習慣 ・遊具の正しい遊び方 ・光化学スモッグ、PM2.5 ・熱中症予防	・職員保健部会
6	・体育「病気の予防」（6年） ・家庭「衣服の着用と手入れ」（6年） ・道徳「いのちにふれて（生命の尊さ）」（2年）	・むし歯をふせごう（2年）	・歯と口の健康週間の活動 ・梅雨時の過ごし方 ・保健集会①	・むし歯の予防　・熱中症予防 ・手洗いの仕方 ・雨の日の過ごし方 ・食中毒の予防 ・体の清潔、プール ・光化学スモッグ、PM2.5	・第1回学校保健委員会の開催 ・職員保健部会 ・PTA保健部会 ・心肺蘇生法講習会
7	・体育「健康な生活」（3年） ・家庭「食事の役割」（5年）	・薬物乱用防止教育（5、6年）	・1学期の反省 ・保健集会②	・望ましい食生活 ・夏に多い病気の予防 ・歯みがき指導　・熱中症予防 ・夏の健康生活	・職員保健部会 ・個人懇談
8 9	・理科「人の体のつくりと運動」（4年） ・理科「人の体のつくりと働き」（6年） ・総合的な学習の時間「目指せ生き生き健康生活」（6年）	・よい姿勢（2年）	・2学期の活動計画 ・目の愛護デーの計画	・積極的な体力つくり ・基本的な生活習慣 ・運動後の汗の始末 ・歯みがき指導 ・熱中症予防	・職員保健部会 ・夏休みの健康状況把握
10	・体育「体の発育・発達」（4年） ・理科「動物の誕生」（5年） ・家庭「栄養を考えた食事」（5年）	・目を大切にしよう（4年）	・目の愛護デーの活動 ・保健集会③	・目の健康 ・正しい姿勢 ・けがの防止 ・積極的な体力つくり	・職員保健部会 ・学校保健に関する校内研修
11	・家庭「快適な住まい方」（6年） ・道徳「命を感じて（生命の尊さ）」（4年）	・みんなが輝く学級生活をつくるために（4年） ・永久歯を守ろう（3年）	・かぜ予防ポスターの作成 ・いい歯の日の活動	・かぜの予防 ・手洗いの指導	・第2回学校保健委員会の開催 ・職員保健部会 ・地域の健康祭りへの参加
12	・道徳「命をいとおしんで（生命の尊さ）」（6年）	・健康な生活を続けるために（6年）	・かぜ予防の啓発活動 ・2学期の反省	・かぜの予防 ・冬の健康生活 ・手洗いの指導	・職員保健部会 ・地区懇談会 ・個人懇談
1	・社会「我が国の国土の自然環境と国民生活との関連」（5年） ・道徳「自分をみがいて（節度、節制）」（5年）	・からだのせいけつ（1年）	・かぜ予防の啓発活動	・かぜの予防 ・外遊びについて ・歯みがき指導 ・手洗いの指導	・職員保健部会 ・冬休みの健康状況把握
2	・体育「けがの防止」（5年） ・生活「家庭生活：自分でできること」（1年）	・いのちのつながり（3年）	・耳の日の計画 ・保健集会④	・かぜの予防 ・外遊びについて ・歯みがき指導 ・手洗いの指導	・職員保健部会 ・第3回学校保健委員会の開催
3	・生活「家庭生活：自分の役割」（2年）	・早ね早おき朝ごはん（1年）	・耳の日の活動 ・1年間の反省	・耳の病気と予防 ・1年間の健康生活の反省 ・春の健康生活	・職員保健部会 ・1年間のまとめと反省

出典：『保健主事のための実務ハンドブック―令和2年度改訂―』公益財団法人 日本学校保健会　2021年　一部改変

27

第2部 養護教諭

第1章　養護教諭の歴史

第1節　養護教諭のこれまでの歴史

　日本は、戦後、社会経済の発展、生活様式の変化、保健衛生の向上、医療の進歩等に伴い、疾病構造も変化し、児童生徒の健康課題も結核やトラコーマなどの感染症から、肥満、う歯、視力低下等の慢性疾患に移り変わった。また、都市化、少子高齢化、情報化、国際化、温暖化等による社会環境や生活様式の急激な変化は、子どもたちの心身の健康に大きな影響を与え、いじめ、不登校、性に関する問題、喫煙、飲酒、薬物乱用、生活習慣病の兆候、アレルギー疾患、熱中症、新たな感染症（新型コロナウイルス感染症の拡大等）、災害や事件・事故、児童虐待、ネット依存、LGBTなどの問題が顕在化している。

　このような状況の中、複雑・多様化した現代的な心身の健康課題の解決に向けて養護教諭への期待が高まり、役割が拡大している現状がある。養護教諭を理解するにあたり、その歴史を振り返ることによって、これからの学校保健に求められている養護教諭の役割について述べてみたい。

1　学校看護婦の出現

　わが国は明治以降外国との関係が盛んになり、また、日清・日露戦争などで外来伝染病が発生し、国民の健康問題は多岐にわたっていた。当時、政府は児童の健康増進対策に取り組み、明治31年には公立学校に学校医を置く勅令が公布された。また、その頃、満州からの日清戦争帰還兵がもたらしたトラホームが全国に流行して学校でも多くの児童が罹患した。このような状況のなかで、明治38年、岐阜県の小学校でトラホームの検診をしたところ被患者率が高かったことから、全国に先がけて校費で看護婦が採用されトラホームの点眼・洗眼にあたり、顕著な効果をもたらした。

　その後、学校看護婦の活動が評価され徐々に増えていった。トラホーム罹患児に対する処置だけでなく、児童は言うに及ばず家庭訪問をして保護者にも保健指導を行っていた。しかし、学校看護婦の身分は不安定で、法文化されていないため一般教員に比べ待遇等にいろいろな不利益があり、これを解消するために有志が集まり、昭和11年、全国学校衛生婦促進連盟を結成し熱心な職制運動を展開した。

2　養護訓導

　昭和6年、満州事変が勃発し、政府は富国強兵の観点から青少年の健康に力を注ぎ、学校看護婦の職務内容も栄養の補給、肝油の投与、太陽燈の照射、乾布摩擦などを加えて拡大し、名称も学校衛生婦、学校養護婦等と呼ばれた。

　昭和16年、国民学校令（勅令第148号）により、学校看護婦から養護訓導となり長年の職制運動が実り、ようやく教育職員となった（筆者注：当時小学校教諭を訓導と呼んだ）。職務については、昭和4年に示された「学校看護婦ニ関スル件」を廃止し、養護訓導執務要項（文部大臣訓令、昭和17年7月）が示された。詳細については参考8「学校教育・学校保健・養護教諭に関する歴史と動向」を参照のこと。

3　養護教諭

　昭和20年、日本は第2次世界大戦の敗戦により、憲法をはじめとして新しい法律ができ、教育に関しては教育基本法、学校教育法が制定された。昭和22年に制定されたこの学校教育法によって養護教諭に名称変更され、現在に至っている。養護訓導の時と同じく、養護教諭は児童生徒の養護をつかさどると規定された。養護の解釈をめぐっていろいろな意見があったが、現在は、一般的に「児童生徒の健康の保持増進に関わるすべての活動」と理解されるようになった。詳細については、第2部第2章「養護教諭の職務」を参照のこと。

4　近年における職制の向上

　子どもたちの心身の健康問題の変化とともに、養護教諭の果たす役割が拡大していく中で、職制の改善が進んでいった。主なものは次の通りである。

（1）平成5年から30学級以上の学校に養護教諭の複数配置が始まる。

（2）学校教育法施行規則の一部改正（平成7年3月）により、養護教諭の保健主事登用の道が開ける。養護教諭が学校全体のいじめ対策において、より積極的な役割が果たせるように、保健主事に幅広く人材を求める観点から、保健主事には、教諭に限らず養護教諭も充てることができるようになる。

（3）教育職員免許法施行規則の一部改正（文部省令、平成10年7月施行）により、養護教諭は、兼職発令により保健の教科の領域にかかる授業を単独で担任することができるようになる。

（4）学校教育法施行規則の一部改正（文部省令、平成12年4月施行）により、幅広く人材が確保できるよう校長及び教頭の資格要件が緩和され、養護教諭の管理職登用の道が開ける。

（5）第7次義務教育諸学校教員配置改善計画等（平成13年）において、小学校は児童851人以上、中学校・高等学校は生徒801人以上、特別支援学校は61人以上の学校に、養護教諭の複数配置が認められる。

（6）学校保健法の一部改正（平成21年4月施行）が行われ、名称も学校保健安全法に改称され、

29

養護教諭の役割の明確化が図られた。新たに養護教諭その他の職員が行う健康相談、保健指導、健康観察が法に規定された。

第2節　法律における養護教諭に関する規定

1　学校教育法等における養護教諭にかかわる法規定

学校教育法 （昭和22年3月31日公布、令和4年6月22日最終改正）

（第1章　総則）

第1条　この法律で、学校とは、幼稚園、小学校、中学校、義務教育学校、高等学校、中等教育学校、特別支援学校、大学及び高等専門学校とする。

（第3章　幼稚園）

第27条　②幼稚園には、前項に規定するもののほか、副園長、主幹教諭、指導教諭、養護教諭、栄養教諭、事務職員、養護助教諭その他必要な職員を置くことができる。

（第4章　小学校）

第37条　小学校には、校長、教頭、教諭、養護教諭及び事務職員を置かなければならない。

　②　（略）

　③　第1項の規定にかかわらず、副校長を置くときその他特別の事情のあるときは教頭を、養護をつかさどる主幹教諭を置くときは養護教諭を、特別の事情のあるときは事務職員を、それぞれ置かないことができる。

　④　校長は、校務をつかさどり、所属職員を監督する。

　⑤　副校長は、校長を助け、命を受けて校務をつかさどる。

　⑥　副校長は、校長に事故があるときはその職務を代理し、校長が欠けたときはその職務を行う。（略）

　⑦　教頭は、校長（略）を助け、公務を整理し、及び必要に応じ児童の教育をつかさどる。

　⑧　（略）

　⑨　主幹教諭は、校長（副校長を置く小学校にあつては、校長及び副校長）及び教頭を助け、命を受けて校務の一部を整理し、並びに児童の教育をつかさどる。

　⑩　指導教諭は、児童の教育をつかさどり、並びに教諭その他の職員に対して、教育指導の改善及び充実のために必要な指導及び助言を行う。

　⑪　教諭は、児童の教育をつかさどる。

　⑫　養護教諭は、児童の養護をつかさどる。

　⑬　栄養教諭は、児童の栄養の指導及び管理をつかさどる。

　⑭〜⑯　（略）

　⑰　養護助教諭は、養護教諭の職務を助ける。

　⑱⑲　（略）

（第5章　中学校）

第49条　（略）第37条から（略）中学校に準用する。（略）

（第6章　高等学校）

第60条　②　高等学校には、前項に規定するもののほか、副校長、主幹教諭、指導教諭、養護教諭、栄養教諭、養護助教諭、実習助手、技術職員その他必要な職員を置くことができる。

（第7章　中等教育学校）

第69条　中等教育学校には、校長、教頭、教諭、養護教諭及び事務職員を置かなければならない。

（第8章　特別支援教育）

第82条　（略）第27条、（略）第37条（略）（（略）第49条（略）において準用する場合を含む。）、（略）第60条までの規定は特別支援学校に（略）準用する。（要約）

学校教育法施行規則 （昭和22年5月23日公布、令和5年3月31日最終改正）

第45条　小学校においては、保健主事を置くものとする。

　2　前項の規定にかかわらず、第4項に規定する保健主事の担当する校務を整理する主幹教諭を置くときその他特別の事情のあるときは、保健主事を置かないことができる。

　3　保健主事は、指導教諭、教諭又は養護教諭をもつて、これに充てる。

　4　保健主事は、校長の監督を受け、小学校における保健に関する事項の管理に当たる。

学校保健安全法 （昭和33年4月10日公布、平成27年6月24日最終改正）

第9条　養護教諭その他の職員は、相互に連携して、健康相談又は児童生徒等の健康状態の日常的な観察により、児童生徒等の心身の状況を把握し、健康上の問題があると認めるときは、遅滞なく、当該児童生徒等に対して必要な指導を行うとともに、必要に応じ、その保護者（学校教育法第16条に規定する保護者をいう。第24条及び第30条において同じ。）に対して必要な助言を行うものとする。

教育公務員特例法 （昭和24年1月12日公布、令和4年6月17日最終改正）

第2条　2　この法律において「教員」とは、公立学校の教授、准教授、助教、副校長（副園長を含む。以下同じ。）、教頭、主幹教諭（略）、指導教諭、教諭、助教諭、養護教諭、養護助教諭、栄養教諭（中略）及び講師をいう。（抜粋）

2　養護教諭の配置

　小学校・中学校については「公立義務教育諸学校の学級編制及び教職員定数の標準に関する法律」（義務教育学校標準法）、高等学校については「公立高等学校の適正配置及び教職員定数の標準等に関する法律」（高校標準法）によって定められている。

　この法律では、養護教諭の配置について小学校、中学校は3学級以上の学校に1人、小学校では児童数851人以上、中学校では801人以上、特別支援学校では61人以上で複数配置、高等学校では生徒数81から800人（全日制）までは1人、801人以上では複数配置されることになっている。

第3節　学校保健安全法及び答申等から見る養護教諭の役割

　養護教諭の役割については、昭和47年及び平成9年の保健体育審議会において主な役割が述べられている。続いて平成20年の中央教育審議会答申において、養護教諭の役割の明確化が図られ、この答申を踏まえて学校保健法の一部改正が行われ学校保健安全法となった。さらには令和5年7月には、「養護教諭及び栄養教諭の標準的な職務の明確化に係る学校管理規則の参考例等の送付について」の通知が文部科学省より出され、標準的な職務例が示された。これらの内容から、現在、求められている養護教諭の役割について述べる。

31

1　保健体育審議会及び中央教育審議会答申等

①保健体育審議会答申（昭和47年12月）	○文部大臣の諮問内容：「児童生徒等の健康の保持増進に関する施策について」 　養護教諭の役割については、「養護教諭は、専門的な立場からすべての児童生徒の実態を的確に把握して、疾病や情緒障害、体力、栄養に関する問題等心身の健康に問題を持つ児童生徒の個別の指導にあたり、また、健康な児童生徒についても健康の増進に関する指導にあたるのみならず、一般の教員の行う日常の教育活動にも積極的に協力する役割を持つものである。」
②保健体育審議会答申（平成9年9月）	○文部大臣の諮問内容：「生涯にわたる心身の健康の保持増進のための今後の健康に関する教育及びスポーツの振興の在り方について」 　養護教諭については、「児童生徒の心の健康問題の深刻化に伴い、児童生徒の身体的な不調の背景にいじめなどの心の健康問題がかかわっていること等のサインにいち早く気付く立場にある養護教諭の行うヘルスカウンセリング（健康相談活動）が一層重要な役割を持ってきている。」と述べられており、養護教諭の行う健康相談が広く周知されるに至った。
③中央教育審議会答申（平成20年1月）	○文部科学大臣の諮問内容：「子どもの心身の健康を守り、安全・安心を確保するために学校全体としての取組を進めるための方策について」 　養護教諭をはじめとする学校保健関係者の役割の明確化を図るとともに、全職員で組織的に学校保健活動を進めるにはどうしたらよいかについて、具体的な提言が行われた。本答申を受けて学校保健法の改正が行われた。半世紀ぶりに大幅な改正が行われ、名称も学校保健安全法と改称された。主な改正内容は、養護教諭等が行う健康相談、保健指導、健康観察が新たに規定されたことや、学校環境衛生基準の法制化、学校安全の充実（危機管理マニュアルの作成、心のケア等）などである。
④養護教諭及び栄養教諭の標準的な職務の明確化に係る学校管理規則の参考例等の送付について（通知）（令和5年7月）	令和5年1月の養護教諭及び栄養教諭の資質能力の向上に関する調査研究協力者会議の議論の取りまとめを踏まえ、養護教諭及び栄養教諭の標準的な職務の明確化を図るため、並びに養護教諭及び栄養教諭の標準的な職務の内容及びその例並びに職務の遂行に関する要綱の参考例が示された。

2　中央教育審議会答申（平成20年1月）

「子どもの心身の健康を守り、安全・安心を確保するために学校全体としての取組を進めるための方策について」抜粋

> Ⅱ学校保健の充実を図るための方策について
> ２．学校保健に関する学校内の体制の充実
> （１）養護教諭
> ①　養護教諭は、学校保健活動の推進に当たって中核的な役割を果たしており、現代的な健康課題の解決に向けて重要な責務を担っている。平成18年度の調査によると、子どもの保健室の利用者は、1日当たり小学校41人、中学校38人、高等学校36人であり、養護教諭の行う健康相談活動がますます重要となっている。また、メンタルヘルスやアレルギー疾患などの子どもの現代的な健康課題の多様化により、医療機関などとの連携や特別な配慮を必要とする子どもが多くなっているとともに、特別支援教育において期待される役割も増してきている。そのため、養護教諭がその役割を十分果たせるようにするための環境整備が必要である。
>
> ②　養護教諭の職務は、学校教育法で「児童生徒の養護をつかさどる」と定められており、昭和47年及び平成9年の保健体育審議会答申において主要な役割が示されている。それらを踏まえて、現在、救急処置、健康診断、疾病予防などの保健管理、保健教育、健康相談活動、保健室経営、保健組織活動などを行っている。
> 　また、子どもの現代的な健康課題の対応に当たり学級担任等、学校医、学校歯科医、学校薬剤師、スクールカウンセラーなど学校内における連携、また医療関係者や福祉関係者など地域

の関係機関との連携を推進することが必要となっている中、<u>養護教諭はコーディネーターの役割を担う必要がある。</u>

このような養護教諭に求められる役割を十分に果たせるよう、学校教育法における養護教諭の規定を踏まえつつ、養護教諭を中核として、担任教諭等及び医療機関など学校内外の関係者と連携・協力しつつ、学校保健も重視した学校経営がなされることを担保するような法制度の整備について検討する必要がある。

③　養護教諭が子どもの現代的な健康課題に適切に対応していくためには、常に新たな知識や技能などを習得していく必要がある。

現在、国レベルの研修会としては、全国養護教諭研究大会や各地域で実施する研修などにおいて、指導者を養成する研修などを実施している。各都道府県においては、地方交付税措置により養護教諭新規採用研修会や養護教諭10年経験者研修会が行われているが、子どもの心身の健康課題の多様化や養護教諭の役割の拡大に対応した、より体系的な研修を進めるに当たり、研修日数が少なく不十分な状況にあるといえる。そのため、国が研修内容のプログラム開発を行い、実践的な研修内容のモデルを示すなど、地方公共団体における研修体制の充実を推進する方策について検討をする必要がある。また、教育公務員特例法上の初任者研修を養護教諭も対象とすることについては、学校内において直ちに指導にあたる人材を確保することが困難であるなど課題があるが、④で記述している退職養護教諭や一部の地方公共団体で導入されている指導的な養護教諭による指導などの活用状況を踏まえつつ、新たに採用された養護教諭に対する研修の充実について、引き続き検討していくことが求められる。

④　養護教諭については一人配置が多いことから、初任者に対する研修を含め学校内外における研修に困難が生じたり、保健室来室者の増加や特別な配慮を必要とする子どもも多く、対応に苦慮している状況が見られる。現職養護教諭の育成や支援体制の充実を図るため、経験豊かな退職養護教諭などの知見を活用することについて検討を行うことが必要である。

⑤　深刻化する子どもの現代的な健康課題の解決に向けて、学級担任や教科担任等と連携し、養護教諭の有する知識や技能などの専門性を保健教育に活用することがより求められていることから、学級活動などにおける保健指導はもとより専門性を生かし、<u>ティーム・ティーチングや兼職発令を受け保健の領域にかかわる授業を行うなど保健学習への参画が増えており、養護教諭の保健教育に果たす役割が増している。</u>そのため、保健教育の充実や子どもの現代的な健康課題に対応した看護学の履修内容の検討を行うなど、教員養成段階における教育を充実する必要がある。

⑥　保健室へ来室する子どもの心身の健康課題が多様化しており、また、来室者が多い上に、一人当たりの対応時間も増加しているため、一人の養護教諭では、より良い対応を図ることが困難な状況にある。また、特別な配慮を必要とする子どもが多い状況にあり、学校、家庭、地域の関係機関との連携の推進が必要であることから、養護教諭の複数配置の促進などを図ることが必要である。なお、養護教諭の未配置校において、適切に学校保健活動を実施することが可能な体制を構築することが望まれる。

⑦　近年、社会的な問題となっているいじめや児童虐待などへの対応に当たっては、すべての教職員がそれぞれの立場から連携して組織的に対応するための校内組織体制の充実を図るとともに、家庭や、地域の関係機関等との連携を推進していくことが求められている。<u>養護教諭はその職務の特質からいじめや児童虐待などの早期発見・早期対応を図ることが期待されており、</u>国においても、これらの課題を抱える子どもに対する対応や留意点などについて、養護教諭に最新の知見を提供するなど、学校の取組を支援することが求められる。

33

⑧　子どもの健康づくりを効果的に推進するためには、<u>学校保健活動のセンター的役割を果たしている保健室の経営の充実を図ることが求められる。そのためには、養護教諭は保健室経営計画を立て、教職員に周知を図り連携していくことが望まれる。</u>また、養護教諭が充実した健康相談活動や救急処置などを行うための保健室の施設設備の充実が求められている。

＊保健室経営計画とは、当該学校の教育目標及び学校保健の目標などを受け、その具現化を図るために、保健室の経営において達成されるべき目標を立て、計画的・組織的に運営するために作成される計画。※下線は筆者が記入

　養護教諭の職務については、５項目に整理された。学校保健の３領域である保健管理、保健教育、保健組織活動に、保健室経営及び健康相談が加わっている。健康相談については、保健管理のみならず、児童生徒の人間形成においても大きな役割を果たしていることや、期待されている役割であることから独立した項目としてあげられている。

　また、課題としては、複数配置の促進、研修の充実、養成カリキュラムの充実などがあげられている。現在では、保健管理に学校環境衛生の日常的な点検が入り、健康相談活動を健康相談及び保健指導と表記している。また、養護教諭新規採用研修会や10年経験者研修会の名称を初任者研修、中堅教諭等資質向上研修としている。

3　学校保健安全法（平成21年４月公布／平成27年６月24日最終改正）における養護教諭の役割

　中教審答申（平成20年１月）を踏まえ、学校保健法の改正が行われた。学校保健法は昭和33年に制定され、大幅な改正は半世紀ぶりのことである。この改正により保健と安全の両方を規定した法律であることを明確化するため、学校保健法は「学校保健安全法」と名称変更された。

　平成20年の学校保健法の改正は、学校保健及び学校安全に関して、地域の実情や児童生徒等の実態を踏まえつつ各学校において共通して取り組まれるべき事項について規定の整備を図るとともに、学校の設置者並びに国及び地方公共団体の責務を定めたものである。養護教諭にかかわる主な条文は次の通りである。

○学校保健計画の策定等（第５条）

　学校においては、児童生徒等及び職員の心身の健康の保持増進を図るため、児童生徒等及び職員の健康診断、環境衛生検査、児童生徒等に対する指導その他保健に関する事項について計画を策定し、これを実施しなければならない。

・学校保健計画に盛り込むべき内容の例示に、「児童生徒等に対する保健に関する指導」が新たに追加された。教育課程を踏まえた総合的な学校保健計画の策定が求められた。

○保健室（第７条）

　学校には、健康診断、健康相談、保健指導、救急処置その他の保健に関する措置を行うため、保健室を設けるものとする。

・旧法では、健康診断、健康相談、救急処置だけの例示であったが、新しく保健指導が位置付けられたことにより養護教諭の職務の明確化が図られた。また、旧法では雑則にあった「保健室」が本章に位置付けられた。

○健康相談（第８条）

　学校においては、児童生徒等の心身の健康に関し、健康相談を行うものとする。

34

○保健指導（第9条）

> 　養護教諭その他の職員は、相互に連携して、健康相談又は児童生徒等の健康状態の日常的な観察により、児童生徒等の心身の状況を把握し、健康上の問題があると認めるときは、遅滞なく、当該児童生徒等に対して必要な指導を行うとともに、必要に応じ、その保護者（略）に対して必要な助言を行うものとする。

・健康状態の日常的な観察とは、健康観察のことであり、新たに健康観察が法に位置付けられた。これまで法的根拠がなかった健康観察が法の裏付けを得られたことや、養護教諭を中心として関係教職員と連携した保健指導、健康相談、健康観察の充実を図るとし、養護教諭等が行う保健指導、健康相談、健康観察が明確に法に規定された意義は大きい。

○地域の医療機関等との連携（第10条）

> 　学校においては、救急処置、健康相談又は保健指導を行うに当たっては、必要に応じ、当該学校の所在する地域の医療機関その他の関係機関との連携を図るよう努めるものとする。

・児童生徒の心身の健康問題を解決するにあたって医療機関等との連携を必要とする事例が増えている中、地域の医療機関等との連携が法に位置付けられ、保健管理等の充実が図られた。

○学校安全計画の策定等（第27条）

> 　学校においては、児童生徒等の安全の確保を図るため、当該学校の施設及び設備の安全点検、児童生徒等に対する通学を含めた学校生活その他の日常生活における安全に関する指導、職員の研修その他学校における安全に関する事項について計画を策定し、これを実施しなければならない。

・学校安全計画を充実させるため保健と安全をそれぞれ独立して立てることとなった。さらに、「児童生徒等に対する通学を含めた学校生活その他の日常生活における安全に関する指導」及び「職員の研修」が例示に追加された。

○危険等発生時対処要領の策定等（第29条）

> 　学校においては、児童生徒等の安全の確保を図るため、当該学校の実情に応じて、危険等発生時において当該学校の職員がとるべき措置の具体的内容及び手順を定めた対処要領（次項において「危険等発生時対処要領」という。）を作成するものとする。
> 2　校長は、危険等発生時対処要領の職員に対する周知、訓練の実施その他の危険等発生時において職員が適切に対処するために必要な措置を講ずるものとする。
> 3　学校においては、事故等により児童生徒等に危害が生じた場合において、当該児童生徒等及び当該事故等により心理的外傷その他の心身の健康に対する影響を受けた児童生徒等その他の関係者の心身の健康を回復させるため、これらの者に対して必要な支援を行うものとする。この場合においては、第10条の規定を準用する。

・危険等発生時対処要領の作成と職員への周知、訓練の実施、事件事故や災害により心理的外傷を受けた児童生徒及び保護者や職員の心のケアについて必要な支援を行うことなどが、新たに規定された。

4　「養護教諭及び栄養教諭の標準的な職務の明確化に係る学校管理規則の参考例等の送付について」（通知）（文部科学省令和5年7月5日）

　令和5年1月の養護教諭及び栄養教諭の資質能力の向上に関する調査研究協力者会議の議論の取りまとめを踏まえ、養護教諭及び栄養教諭の標準的な職務の明確化を図るため、並びに養護教諭及び栄養教諭の標準的な職務の内容及びその例並びに職務の遂行に関する要綱の参考例が示された。（詳細については、第2部 第2章「養護教諭の職務」参照）

5　これからの学校保健に求められている養護教諭の役割

　中教審答申及び学校保健安全法等から、養護教諭の主な役割を考察してみると次の通りである。

1）学校内及び地域の医療機関等との連携を推進する上でのコーディネーターの役割

2）養護教諭を中心として関係教職員等と連携した組織的な健康相談及び保健指導、健康観察の充実

3）学校保健のセンター的役割を果たしている保健室経営の充実（保健室経営計画の作成）

4）いじめや児童虐待など子どもの心身の健康問題の早期発見、早期対応

5）学級（ホームルーム）活動における保健指導をはじめ、TT（ティーム・ティーチング）や兼職発令による保健教育などへの積極的な授業参画

6）健康・安全にかかわる危機管理への対応
　　救急処置、心のケア、アレルギー疾患、感染症等

7）学校環境衛生の日常的な点検等への参画

8）専門スタッフ等との連携協働

9）健康診断結果等のICT活用

第4節 養護教諭としての基本的な職業倫理

　養護教諭の職業倫理とは、社会人及び教育職員として児童生徒の健康の保持増進にかかわる諸活動を推進していく上で、人権の尊重、平等な扱い、プライバシーの保護などの守るべき義務をいう。社会規範を守ることは当然ながら、その上で教員として特に児童生徒の健康にかかわる専門職として、以下の基本的な事項を遵守することが大切である。

◇　人権の尊重
　養護教諭は、個々の子どもの尊厳及び人権を遵守する。子どもの持つ権利を理解し、それを保証する姿勢を常に持つようにする。

◇　平等
　養護教諭は、国籍、信条、年齢、性別及び家庭環境、健康課題の性質、学業成績などにかかわらず、子どもに平等に接する。

◇　プライバシーの保護
　養護教諭は、子どもの健康に関する情報等、職務上知り得た個人情報については守秘義務を守る。

◇　関係者との協働
　養護教諭は、子どもの心身の健康の保持増進及び健康課題の解決にあたって、組織的に対応し、他の教職員や保健医療福祉などの関係機関、保護者等と協働して効果的な解決を図る。

◇　研鑽
　養護教諭は、主体的・自発的学習者として自己学習・研修・研究等を通して専門的知識や技術の習得に努める。

◇　健康
　養護教諭は、自身の心身の健康の保持増進に努める。

第5節 教育職員免許法と研修

1　養護教諭の免許取得と教育機関

　養護教諭免許が取得できる教育機関は、国立、公立、私立における4年制の大学や短期大学及び指定教員養成機関がある。養護教諭の免許状には、一種免許状、二種免許状及び専修免許状の種類がある。

表2−1　養護教諭免許状の種類と教育機関

教育機関　　免許状の種類		専修	一種	二種
大学院		○		
大学専攻科		○		
4年制大学			○	
短期大学専攻科			○	
短期大学				○
指定教員養成機関	養護教諭特別別科（1年制）		○	
	専修学校専門課程（2年制）			○

注　1）指定教員養成機関のうち、養護教諭特別別科（1年制）の入学資格は、看護師養成課程（3年以上）を修了していることが必要である。
　　2）その他、保健師免許を取得し、教育職員免許法施行規則第66条の6に定める科目を各2単位以上取得することで二種免許を取得する方法などがある。詳細は、教育職員免許法及び同施行規則等で確認すること。

2　養護教諭の免許取得に必要な科目

　養護教諭の免許取得には、教育職員免許法施行規則に定める必要な科目と法定単位数が規定されている（表2−3参照）。

　教育職員養成審議会答申を受けて、教育職員免許法が平成10年に一部改正され、「健康相談活動の理論及び方法」と、従来「学校保健」に包含されていた養護教諭の職務に関する内容を独立させた「養護概説」が新設された。

　教育公務員特例法等の一部を改正する法律（平成28年法律第87号）の成立による教育職員免許法（昭和24年法律第147号）の改正により、教育職員の普通免許状の授与を受けるために大学において修得することを必要とする単位数に係る科目区分が統合されたこと等を踏まえ、その単位の詳細や修得方法について規定する教育職員免許法施行規則（昭和29年文部省令第26号）について所要の改正が行われた。これを受けて教員育成における全国的な水準の確保を図るため、教職課程のコアカリキュラムが示された。

表2−2　教育職員免許状取得に必要な科目と法定単位数（教育職員免許法施行規則）

免許状の種類　　　　科目	小学校教諭			中学校教諭			高等学校教諭	
	専修免許状	一種免許状	二種免許状	専修免許状	一種免許状	二種免許状	専修免許状	一種免許状
教科に関する専門的事項に関する科目	30	30	16	28	28	12	24	24
各教科の指導法に関する科目又は教諭の教育の基礎的理解に関する科目	27	27	19	27	27	19	23	23
大学が独自に設定する科目	26	2	2	28	4	4	36	12
合計	83	59	37	83	59	35	83	59

3　現職研修について

1）研修の必要性

　教育公務員特例法第21条により「教育公務員は、その職責を遂行するために、絶えず研究と修養に努めなければならない。」と規定されている。発育・発達途上にある子どもを理解することも含め、

教育という営みは、担い手である教員の資質能力に負うところが大きい。したがって、教員には、継続的に学ぶという姿勢が求められる。養護教諭には、いじめ、不登校などの喫緊の健康課題を中心に教育課題の解決に向けた資質能力の向上がよりいっそう求められている。また、日々進歩している医療的知識と技術の習得や新たな健康問題の解決を図るための対応方法の習得等が必要であり、養護教諭の役割を遂行する上でも、研修は欠かせないものである。

教育公務員特例法（昭和24年１月12日公布、令和４年６月17日最終改正）

（研修）

第21条　教育公務員は、その職責を遂行するために、絶えず研究と修養に努めなければならない。

　　　　２　教育公務員の任命権者は、教育公務員（略）の研修について、それに要する施設、研修を奨励するための方途その他研修に関する計画を樹立し、その実施に努めなければならない。

（研修の機会）

第22条　教育公務員には、研修を受ける機会が与えられなければならない。

　　　　２　教員は、授業に支障のない限り、本属長の承認を受けて、勤務場所を離れて研修を行うことができる。

　　　　３　教育公務員は、任命権者の定めるところにより、現職のままで、長期にわたる研修を受けることができる。

（大学院修学休業の許可及びその要件等）

第26条　公立の小学校等の主幹教諭、指導教諭、教諭、養護教諭、栄養教諭、主幹保育教諭、指導保育教諭、保育教諭又は講師（以下「主幹教諭等」という。）で次の各号（省略）のいずれにも該当するものは、任命権者の許可を受けて、３年を超えない範囲内で年を単位として定める期間、大学（短期大学を除く。）の大学院の課程若しくは専攻科の課程又はこれらの課程に相当する外国の大学の課程（次項及び第28条第２項において「大学院の課程等」という。）に在学してその課程を履修するための休業（以下「大学院修学休業」という。）をすることができる。

２）資質向上に関する指標の策定

　中教審「これからの学校教育を担う教員の資質・能力の向上について」（答申）（H27.12）を踏まえ、教育公務員特例法等の一部を改正する法律（平成28年法律87号）が平成28年11月18日に成立した。改正の概要は次のとおりである。

　　教育公務員特例法の一部改正の概要

　　○　校長及び教員の資質の向上に関する指標の全国的整備

　　・文部科学大臣は、以下に述べる教員の資質向上に関する指標を定めるための必要な指針を策定する。

　　・教員等の任命権者（教育委員会等）は、教育委員会と関係大学等とで構成する協議会を組織し、指標に関する協議等を行い、指針を参酌しつつ、校長及び教員の職責、経験及び適正に応じてその資質の向上を図るための必要な指標を定めるとともに、指標を踏まえた教員研修計画を定めるものとする。

　　○　十年経験者研修の見直し

　　　　資質能力の向上に直接的に資する研修の観点からは、教育公務員特例法により任命権者が策定することとされている「資質の向上に関する指標」及び「教員研修計画」、更には令和５年度から任命権者が作成することとなった「研修等に関する記録」等を活用して、研修サイクルを実質化していくことが重要である。

参考：「公立の小学校等の校長及び教員としての資質の向上に関する指標の策定に関する指針」（文部科学省　令和４年８月31日改正）

出典：「養護教諭及び栄養教諭の資質能力の向上に関する調査研究協力者会議　議論の取りまとめ」文部科学省　2023年

3）研修の機会

　研修には国・都道府県や市（区）町村教育委員会が実施する研修と個人・グループ等での研修がある。国における研修会は、喫緊の重要課題について、都道府県教育委員会が行う研修に先行して行われるものである。都道府県等教育委員会が実施する研修は、新規採用養護教諭研修会、中堅教諭資質向上研修等があり、その他各都道府県等における研修が実施されている。さらに、各学校における校内研修、地域における研修、教育団体での研修等がある。個人又はグループによる研修では、自校の子どもの心身の健康問題をはじめ、子どもとのかかわりの中で必要と思われる内容を中心とした研修をすることが多い。

【参考文献・引用資料】

「教育職員養成審議会第3次答申」文部科学省　1999年

「養護教諭及び栄養教諭の標準的な職務の明確化に係る学校管理規則の参考例等の送付について」（通知）」（文部科学省 令和5年7月5日）

表2−3　養護教諭の免許取得に必要な科目と単位数 (教育職員免許法施行規則第9条第10条関係令和3年5月7日公布)

第一欄		養護及び教職に関する科目	各科目に含めることが必要な事項	養護教諭		
				専修免許状	一種免許状	二種免許状
最低修得単位数	第二欄	養護に関する科目	衛生学及び公衆衛生学（予防医学を含む。）	4	4	2
			学校保健	2	2	1
			養護概説	2	2	1
			健康相談活動の理論及び方法	2	2	2
			栄養学（食品学を含む。）	2	2	2
			解剖学及び生理学	2	2	2
			「微生物学、免疫学、薬理概論」	2	2	2
			精神保健	2	2	2
			看護学（臨床実習及び救急処置を含む。）	10	10	10
			小計	28	28	24
	第三欄	教育の基礎的理解に関する科目	教育の理念並びに教育に関する歴史及び思想	8	8	5
			教職の意義及び教員の役割・職務内容（チーム学校運営への対応を含む。）			
			教育に関する社会的、制度的又は経営的事項（学校と地域との連携及び学校安全への対応を含む。）			
			幼児、児童及び生徒の心身の発達及び学習の過程			
			特別の支援を必要とする幼児、児童及び生徒に対する理解			
			教育課程の意義及び編成の方法（カリキュラム・マネジメントを含む。）			
	第四欄	道徳、総合的な学習の時間等の内容及び生徒指導、教育相談等に関する科目	道徳、総合的な学習の時間及び特別活動に関する内容	6	6	3
			教育の方法及び技術（情報機器及び教材の活用を含む。）			
			生徒指導の理論及び方法			
			教育相談（カウンセリングに関する基礎的な知識を含む。）の理論及び方法			
	第五欄	教育実践に関する科目	養護実習	5	5	4
			教職実践演習	2	2	2
	第六欄	大学が独自に設定する科目		31	7	4
合計				80	56	42

注）上記のほか、教育職員免許法施行規則第66条の6により、「日本国憲法」「体育」「外国語コミュニケーション」「情報機器の操作」（各2単位）の修得が必要。

39

第2章　養護教諭の職務

第1節 養護教諭の職務を考えるにあたって

　第1章で養護教諭の歴史や求められている役割等について述べてきたが、ここでは職務について考察を深めたい。

　養護教諭の職務については、学校教育法第37条に「養護教諭は、児童の養護をつかさどる」と規定されている。また、昭和47年の保健体育審議会答申においては、養護教諭の役割について次のように述べている。「養護教諭は、専門的立場からすべての児童生徒の保健および環境衛生の実態を的確に把握して、疾病や情緒障害、体力、栄養に関する問題等心身の健康に問題を持つ児童生徒の個別の指導にあたり、また、健康な児童生徒についても健康の増進に関する指導にあたるのみならず、一

般教員の行なう日常の教育活動にも積極的に協力する役割を持つものである。」この答申により、養護教諭の職務は「児童生徒の健康の保持増進にかかわるすべての活動」と理解されるようになった。

近年の社会環境や生活様式の急激な変化は、子どもたちの心身に大きな影響を与え、いじめ、不登校などのメンタルヘルスに関する問題、性の問題行動、喫煙、飲酒、薬物乱用、基本的な生活習慣の乱れ、アレルギー疾患の増加、ネット依存などの健康問題が深刻化を増している。このような状況のなか、平成9年の保健体育審議会答申では、「ヘルスプロモーションの理念に基づいた健康教育の推進」が求められ、従来の役割のいっそうの充実に加え、現代的健康課題の解決に向けて養護教諭への期待が高まるとともに、養護教諭の健康相談の重要性が広く周知された。

これらに関連して、健康教育の推進のため、平成5年に養護教諭の複数配置が始まり、平成7年に保健主事への登用、平成10年に教諭等への兼職発令による教科保健への参画、平成12年には管理職への登用の道が開かれるなどの法的な整備がなされた。

また、中教審答申（平成20年1月）が出され、養護教諭の役割及び職務として、保健管理、保健教育、健康相談、保健室経営、保健組織活動などが示された。

さらに、「養護教諭及び栄養教諭の標準的な職務の明確化に係る学校管理規則の参考例等の送付について（通知）」（令和5年7月）において、養護教諭の標準的な職務の内容及びその例並びに職務の遂行に関する要綱の参考例が示された。その中には、「養護教諭の標準職務に掲げていない職務であっても、学校規模、教職員の配置数や経験年数、学校や地域の実情等に応じて養護教諭が担うことが必要と校長が認めるものについては、校務分掌に位置付けることが可能であること。その場合には、養護教諭の標準職務に掲げている職務を整理又は精査した上で実施することを前提とすることが適切である」と述べられている。

養護教諭の標準的な職務の内容及びその例並びに職務の遂行に関する要綱

（以下、養護教諭に関する部分のみ抜粋）

（目的）

第一条　この要綱は、○○立学校管理規則第△条に基づき、養護教諭の標準的な職務の内容及びその例を明らかにすること等を通じ、もってその専門性を発揮して職務を遂行できるようにすることを目的とする。

（養護教諭の標準職務）

第二条　養護教諭の標準職務は、別表第一に掲げるとおりとする。

（養護教諭の職務の遂行に係る留意事項）

第四条　養護教諭の職務の遂行に関し、校長が留意すべき事項は次に掲げるとおりとする。

（1）別表第一に掲げる養護教諭の標準職務は、校務の中で主として養護教諭が行う職務の範囲及びその職務に含まれる具体の業務を示したものであること。

（2）校長は、養護教諭の標準職務を参考に、校務分掌を定め、又は見直すこと。その際に、学校規模、教職員の配置数や経験年数、各学校や地域の実情等を踏まえつつ、養護教諭が担う職務の範囲が曖昧になったり、徐々に拡大したりしないよう、できる限り具体的に定めること。

養護教諭が業務を実施するに当たっては、校務分掌に基づき、教諭等や養護教諭、栄養教諭の間で適切に役割分担を図るとともに、事務職員や専門スタッフ、外部人材等との連携・協力等が求められること。

（3）養護教諭の標準職務に掲げていない職務であっても、学校規模、教職員の配置数や経験年数、学校や地域の実情等に応じて養護教諭が担うことが必要と校長が認めるものについては、校務分掌に位置付けることが可能であること。その場合には、養護教諭の標準職務に掲げている職務を整理又は精選した上で実施することを前提とすることが適切であること。

　養護教諭の特質として子どもの健康の保持増進に関して職務が広範囲に及ぶこと、さらに地域性や各学校の実情により、一律とはいかない面があることから、大枠で捉えることとした。

　以上の状況を鑑み、養護教諭の職務について整理した。

別表第一　　養護教諭の標準的な職務の内容及びその例

番	区分	職務の内容	職務の内容の例
1	主として保健管理に関すること	健康診断、救急処置、感染症の予防及び環境衛生等に関すること	健康診断の実施（計画・実施・評価及び事後措置） 健康観察による児童生徒の心身の健康状態の把握・分析・評価 緊急時における救急処置等の対応 感染症等の予防や発生時の対応及びアレルギー疾患等の疾病の管理 学校環境衛生の日常的な点検等への参画
		健康相談及び保健指導に関すること	心身の健康課題に関する児童生徒への健康相談の実施 健康相談等を踏まえた保健指導の実施 健康に関する啓発活動の実施
		保健室経営に関すること	保健室経営計画の作成・実施 保健室経営計画の教職員、保護者等への周知 設備・備品の管理や環境衛生の維持をはじめとした保健室の環境整備
		保健組織活動に関すること	学校保健計画の作成への参画 学校保健委員会や教職員の保健組織（保健部）等への参画
2	主として保健教育に関すること	各教科等における指導に関すること	各教科等における指導への参画（ティーム・ティーチング、教材作成等）

備考
（一）　養護教諭は、教育職員免許法（昭和二十四年法第百四十七号）附則第十四項に基づき、当分の間、その勤務する学校において、保健の教科の領域に係る事項の授業を担任する教諭又は講師となることができるとされており、兼職発令を受けることにより、養護教諭としてではなく、教諭・講師として当該職務を遂行することが可能である。

（二）　校長は、各学校や地域の実情を踏まえ、上記に掲げていない職務であっても、教諭等の標準的な職務の内容及びその例並びに教諭等の職務の遂行に関する要綱の別表番号2「主として学校の管理運営に関すること」に掲げるものを参考とした上で、養護教諭の職務とすることも可能である。

第２節 養護教諭の専門領域における職務内容

養護教諭の専門領域における主な職務内容
①　学校保健計画及び学校安全計画 　ア　学校保健計画の策定への参画と実施 　イ　学校安全計画の策定への参画と実施
②　保健管理 　ア　心身の健康管理 　　○　救急処置 　　　◇救急体制の整備と周知 　　　◇救急処置及び緊急時の対応 　　○　健康診断 　　　◇計画、実施、事後措置、評価 　　○　個人及び集団の健康課題の把握 　　　◇健康観察（欠席・遅刻・早退の把握を含む）による児童生徒の心身の健康状態の把握・分析・評価 　　　◇保健情報の収集及び分析 　　　◇保健室利用状況の分析・評価

　　○　疾病の管理と予防
　　　◇感染症・食中毒の予防と発生時の対応
　　　◇アレルギー疾患等、疾病及び障害のある児童生徒等の管理
　　　◇経過観察を必要とする児童生徒等の管理
　　○　その他
　イ　学校環境衛生の管理
　　○　学校環境衛生
　　　◇学校環境衛生の日常的な点検への参画と実施
　　　◇学校環境衛生検査（定期検査・臨時検査）への参画
　　○　校舎内・校舎外の安全点検
　　　◇施設設備の安全点検への参画と実施
　　○　その他

③　保健教育
　保健教育に関する事項
　ア　体育科・保健体育科の保健に関する学習
　イ　関連する教科における保健に関する学習
　ウ　特別活動（学級活動・ホームルーム活動、児童生徒会活動、学校行事、クラブ活動［小学校のみ]）における保健に関する学習
　エ　総合的な学習（探究）の時間における保健に関する学習
　オ　日常生活における指導及び子供の実態に応じた個別指導
　カ　啓発活動
　　　◇児童生徒等、教職員、保護者、地域住民及び関係機関等への啓発活動
　キ　その他

④　健康相談
　ア　心身の健康課題への対応
　　　◇健康相談の実施
　　　◇心身の健康課題の早期発見、早期対応
　　　◇支援計画の作成・実施・評価・改善
　　　◇いじめ、虐待、事件事故・災害時等における心のケア
　イ　児童生徒の支援等にあたっての関係者との連携
　　　◇教職員、保護者及び校内組織との連携
　　　◇学校医、学校歯科医、学校薬剤師、スクールカウンセラー（ＳＣ）、スクールソーシャルワーカー（ＳＳＷ）等の専門家との連携
　　　◇地域の医療機関等との連携
　ウ　その他

⑤　保健指導
　ア　対象者の把握
　　◇健康診断の結果、保健指導を必要とする者
　　◇保健室等での児童生徒等への対応を通して、保健指導の必要がある者
　　◇日常の健康観察の結果、保健指導を必要とする者
　　◇心身の健康に問題を抱えている者
　　◇健康生活の実践に関して問題を抱えている者
　　◇その他
　イ　心身の健康課題の把握と保健指導の目標設定
　ウ　指導方針・指導計画の作成と役割り分担
　エ　実施・評価

⑥　保健室経営
　ア　保健室経営計画の作成・実施・評価・改善
　イ　保健室経営計画の教職員、保護者等への周知
　ウ　保健室の設備備品の管理
　エ　諸帳簿等保健情報の管理
　オ　保健室の環境整備
　カ　その他

⑦　保健組織活動
　ア　学校保健計画の作成への参画
　イ　教職員保健委員会の企画・運営への参画と実施
　ウ　PTA 保健委員会活動への参画と連携
　エ　児童生徒保健委員会の指導
　オ　学校保健委員会、地域学校保健委員会等の企画・運営への参画と実施
　カ　地域社会（地域の関係機関、大学等）との連携
　キ　その他

⑧　その他
　　○児童生徒等の心身の健康にかかわる研究　等

出典：『学校保健の課題とその対応－養護教諭の職務等に関する調査結果から－令和２年度改訂－』公益財団法人日本学校保健会　2021年　一部改変

第３節 職務内容に関する解説

1　学校保健計画及び学校安全計画への参画

　学校保健計画は、学校保健安全法第５条にその作成が義務付けられている。「学校においては、児童生徒等及び職員の心身の健康の保持増進を図るため、児童生徒等及び職員の健康診断、環境衛生検査、児童生徒等に対する指導その他保健に関する事項について計画を策定し、これを実施しなければならない。」

　作成にあたっては、昭和47年の保健体育審議会答申において養護教諭の協力のもとに、保健主事が策定の中心になるとされている。養護教諭は、学校保健の専門職として計画・実施・評価・改善において積極的にかかわるものである。詳細については、第１部 第１章 第２節「３項４）学校保健計画」を参照のこと。

2　保健管理

　学校保健安全法の第１条に、「この法律は、学校における児童生徒等及び職員の健康の保持増進を図るため、学校における保健管理に関し必要な事項を定めるとともに、学校における教育活動が安全な環境において実施され、児童生徒等の安全の確保が図られるよう、学校における安全管理に関し必要な事項を定め、もつて学校教育の円滑な実施とその成果の確保に資することを目的とする。」と定められているように、子どもの健康は、学校の教育活動を行うにあたりその基礎となるものである。保健管理は、学校保健の中核となるものであり、養護教諭の専門性を大いに発揮する分野である。

　なお、保健管理は、「心身の健康管理」、「学校生活の管理」、「学校環境衛生の管理」の領域に分けられる。（図１－２「学校保健の領域構造」を参照）

　精神保健については、近年子どもの精神疾患（心身症、発達障害、学習障害、統合失調症、うつ病など）の増加が見られることから、養護教諭の精神保健へのかかわりが増大している。

　精神保健の問題には、心の領域、脳の領域、体の領域の３領域の問題があることから、総合的に見極めることが必要である。詳細については、第２部 第３章「保健管理」及び第４部「精神保健」を参照のこと。

3　保健教育

1）体育科、保健体育科の保健に関する指導

　学齢期における保健教育は、生涯を通じて心身ともに健康で安全な生活を送る基礎を培う重要な時

期であることから、学校における保健教育の一翼を担っている養護教諭は、教科保健や学級（ホームルーム）活動における保健に関する指導等との関連を図りながら、保健教育に関する年間計画、実施、評価について参画することが、第一次予防を重視する学校における健康教育の推進を図る上で重要である。

○養護教諭の活用

　　児童生徒の現代的な健康課題の解決に向けて、養護教諭の有する知識及び技能の専門性を教科保健に生かすことを目的に平成10年に教育職員免許法施行規則が改正され、養護教諭の免許状を有し3年以上勤務経験がある者で、現に養護教諭として勤務しているものは、保健の教科の領域に係る事項の教授を担任する教諭または講師となることができるようになった。つまり、「養護教諭」としてではなく「教諭」または「講師」として実施されるものであり、単独でも授業ができるようになったということである。なお、教科保健や関連教科等の授業において、TT（ティーム・ティーチング）で参画するにあたっては、兼職発令は必要としない。平成20年の中央教育審議会答申においても深刻化する児童生徒の現代的な健康課題の解決に向けて、学級担任や教科担任等と連携し、養護教諭の有する知識や技能などの専門性を保健教育に活用することが求められており、保健教育に果たす養護教諭の役割が大きくなっている。

　　参画するにあたっては、管理職の理解と協力を得て、校内の協力体制を確立し全職員の周知の上に保健室の機能が損なわれないように配慮して実施することが大切である。

○養護教諭が授業参画する意義
　ア　児童生徒の健康実態や生活実態を踏まえた指導ができる。
　イ　健康問題について実践的な方法が提示でき、児童生徒の主体的な姿勢や関心意欲を効果的に引き出すことができる。
　ウ　養護教諭が参画することにより、学級担任や教科担任との間で、児童生徒について共通理解が深まる。
　エ　養護教諭の持っている最新の保健情報や知見等、専門的な技能を取り入れた指導ができる。
　オ　指導後、児童生徒が養護教諭に相談に来たり質問に来たりするなど個別指導につなげることができる。

○参考：教育職員免許法　（平成10年7月施行、令和4年6月17日最終改正）

> 附則14　養護教諭の免許状を有する者（3年以上養護をつかさどる主幹教諭又は養護教諭として勤務したことがある者に限る。）で養護をつかさどる主幹教諭又は養護教諭として勤務しているものは、当分の間、第3条*の規定にかかわらず、その勤務する学校（幼稚園及び幼保連携型認定こども園を除く。）において、保健の教科の領域に係る事項（中略）の教授を担任する教諭又は講師となることができる。
> （*第3条　教育職員は、この法律により授与する各相当の免許状を有する者でなければならない。）

2）特別活動における保健の指導

　おもな指導場面は、学級（ホームルーム）活動や学校行事における保健の指導である。学級活動における保健の指導は、身近な健康問題や喫緊の課題などに対して実践的能力や態度の育成を図ることを目的としており、各学校が内容および時間を設定し、子どもの発達段階に即して実施する。教科保健との相違をとらえておく必要がある。実施計画の作成にあたっては、子どもの発達段階に即した内容とすることや教科保健等との関連を図り、効果的な指導を行うことが重要である。学習指導要領の解説書において、学級（ホームルーム）活動における健康に関する指導にあたっては、「内容によっては、養護教諭などの協力を得て指導に当たる必要がある。」と明記されており、養護教諭の積極的な参画が求められている。

図2-1　学級（ホームルーム）活動における保健の指導を実施している養護教諭

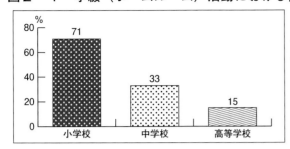

『2020年 養護教諭の職務に関する調査（令和2年度調査)』（公益財団法人 日本学校保健会）では、小学校は71％で、授業参画が定着していることがわかる。

3）総合的な学習（探究）の時間における保健の指導

　総合的な学習（探究）の時間は、横断的・総合的な学習や探究的な学習を通して、自ら課題を見付け、自ら学び、自ら考え、主体的に判断し、よりよく問題を解決する資質や能力を育成するとともに、学び方やものの考え方を身に付け、問題の解決や探究活動に主体的、創造的、協同的に取り組む態度を育て、自己の生き方を考えることができるようにすることを目的としている。

　学習活動は、学校の実態に応じて、①国際理解、情報、環境、福祉・健康などの横断的・総合的な課題についての学習活動、②児童の興味関心に基づく課題についての学習活動、③地域の人々の暮らし、伝統や文化など地域や学校の特色に応じた課題についての学習活動などを行うことから、健康教育と関連させることによって効果的な指導を行うことができるので、養護教諭は積極的に総合的な学習（探究）の時間における健康に関する企画に参画することが大切である。

4）啓発活動

　「ほけんだより」「保護者会」等による啓発活動を行うことは、健康教育を推進していく養護教諭の重要な役割である。また、健康増進法の制定により、各ライフステージ（母子保健、学校保健、成人保健、老人保健等）における健康教育を実施するにあたって関連を図りながら進めていくことが求められているなか、学校から地域社会へ情報発信し、学校における健康教育の取り組みや成果等に対して保護者や関係機関等の理解や協力を得られるようにすることが重要である。詳細については、第2部 第5章「保健教育」を参照のこと。

4　健康相談

　養護教諭の行う健康相談は、独自性が高く職務においてもその比重が高いことや、保健管理のみならず、子どもの健全な発育・発達・成長に大きく寄与しており、その役割が期待されていることから、養護教諭の職務内容として独立した項目として示してある。養護教諭の健康相談は、心身の健康問題の早期発見・早期対応を図るとともに、教職員、保護者等との連携をはじめ、学校医、学校歯科医、学校薬剤師、スクールカウンセラー（ＳＣ）、スクールソーシャルワーカー（ＳＳＷ）等の専門家との連携及び学校保健安全法に新しく位置付けられた地域の医療機関等との連携をも図っていくことが必要である。詳細については、第2部 第4章「健康相談及び保健指導」を参照のこと。

5　保健指導

　平成20年6月に行われた学校保健法の改正に伴い、新たに学校保健安全法に保健指導が位置付けられ、養護教諭を中心として、関係教職員等と連携した保健指導の充実が求められた。

　保健指導は、心身に健康問題のある子どもや健康的な生活習慣の実践等に関して適時または計画的に実施されるもので、個々の健康問題の解決及び自らの健康を適切に管理し改善していくなどの実践的能力や態度の育成を図る上で、重要な役割を持っている。

6　保健室経営

　養護教諭は、保健室を中心として学校保健活動を展開している。保健室は、学校保健活動のセンター的役割を果たす場所である。保健室経営は、学校教育目標を達成するための具現化を図り実施される

ものである。保健室経営は、学校経営の一翼を担うものであることから、養護教諭は、保健室経営計画を作成し、職員の共通理解のもとで保健室経営を行うことが必要である。

　先にも述べたが、平成20年1月中央教育審議会スポーツ・青少年分科会学校健康・安全部会の答申では、保健室経営計画について次のように述べている。「保健室経営計画とは、当該学校の教育目標及び学校保健の目標などを受け、その具現化を図るために、保健室の経営において達成されるべき目標を立て、計画的・組織的に運営するために作成される計画」、また、「子どもの健康づくりを効果的に推進するためには、学校保健活動のセンター的役割を果たしている保健室の経営の充実を図ることが求められる」とし、保健室経営の重要性が述べられている。保健室経営の評価については、養護教諭のみならず他者評価（教職員、学校医、保護者等）も行い、改善を図っていくことが大切である。詳細については、第2部 第6章「保健室経営」を参照のこと。

7　保健組織活動

　学校保健活動においては、保健教育と保健管理を円滑に実施するための保健組織活動が重要である。

　複雑・多様化した現代的な健康課題に対応していくためには、学校、家庭、地域の関係機関等との連携が不可欠である。学校保健委員会は、教職員、子ども、保護者、学校医等、地域の関係機関等が一堂に会して、子どもたちの健康問題を研究協議できる場である。保健主事は企画・運営の役割を担うが、養護教諭は専門的な立場から企画・調整・運営に協力する。また、養護教諭は、子どもの個別及び集団の健康問題を把握している専門的な立場から、「今、何が子どもたちに必要なのか」などの観点に立って具体的な提言をすることや学校医や関係機関等との連携においても中心的な役割を果たすことが求められる。詳細については、第2部 第7章「保健組織活動」を参照のこと。

8　教諭等の標準的な職務、主として学校の管理運営に関すること

　養護教諭の標準的な職務ではなくても、校長が各学校や地域の実態等を踏まえ、「教諭等の標準的な職務の内容及びその例」の別表番号2（表2−4）に掲げるものを参考にした上で、養護教諭の職務とすることを可能としている。その場合には、養護教諭の標準的な職務に掲げている職務を整理または精選した上で実施することを前提としている。

　　参考：「養護教諭及び栄養教諭の標準的な職務の明確化に係る学校管理規則の参考例等の送付について（通知）」文部科学省初等中等教育局　2023年

9　その他

　児童生徒等の心身の健康にかかわる研究（第6部「調査・研究・プレゼンテーションの進め方」参照）。

【参考文献・引用資料】

「中央教育審議会スポーツ・青少年分科会学校健康・安全部会答申」2008年

「チームとしての学校の在り方と今後の改善方策について(答申)」文部科学省　2015年

『現代的健康課題を抱える子供たちへの支援〜養護教諭の役割を中心として〜』文部科学省　2017年

『学校保健の課題とその対応ー養護教諭の職務等に関する調査結果からー令和2年度改訂ー』公益財団法人 日本学校保健会　2021年

「養護教諭及び栄養教諭の標準的な職務の明確化に係る学校管理規則の参考例等の送付について(通知)」文部科学省初等中等教育局　2023年

47

表２－４　教諭等の標準的な職務の内容及びその例

番号	区分	職務の内容	職務の内容の例
2	主として学校の管理運営に関すること	学校の組織運営に関すること	学校経営及び運営方針の策定への参画 各種委員会の企画及び運営 学年・学級運営 学校業務改善の推進
		学校評価に関すること	自己評価の企画及び実施 学校関係者評価等の企画及び実施 学校に関する情報の提供
		研修に関すること	校内研修の企画、実施及び受講 法定研修その他の職責を遂行するために必要な研修の受講
		保護者及び地域住民等との連携及び協力の推進に関すること	関係機関や外部人材、地域、保護者との連絡及び調整
		その他学校の管理運営に関すること	学校の保健計画に基づく児童生徒の指導 学校の環境衛生点検 学校の安全計画等に基づく児童生徒の安全指導及び安全点検

〈memo〉

〈memo〉

第3章　保健管理

1　保健管理は、子どもの心身の健康を支えるものであり、心身ともに健康な国民の育成を図るという教育目的の達成に向け、教育活動の円滑な実施とその成果の確保に資するものである。
2　保健管理は、学校保健領域における保健教育と並ぶ一領域である。
3　保健管理の領域は、心身の健康管理、学校生活の管理及び学校環境衛生の管理に分けられる。
4　保健管理は、学校教育計画及び学校保健計画に位置付けて推進を図ることが大切である。
5　保健管理は、全職員の共通理解のもとに実施されるものである。

　教育の場としての学校では、子どもの健康が学習能率向上の基礎となるものである。また、心身ともに発育・発達の途上である子どもが集団生活を行うところとして、健康に適した環境が必要である。そのため保健管理については、学校保健安全法等により規定されており、学校における保健管理に関して必要な事項を定め、子ども及び職員の健康の保持増進を図り、学校教育の円滑な実施とその成果の確保に資することを目的として定められている。

　管理と指導は表裏一体であり、保健教育および保健管理相互の関連を密接に図りながら健康教育を行うことが重要である。

〈memo〉

第1節 学校における救急処置

> 1　学校における救急処置の目的は、突発的な傷病の発生に対して適切な処置を行うことにより、児童生徒の生命を守り、傷病の悪化や二次災害を防止することによって、心身の安全・安心を確保し円滑な教育活動が行えるようにすることである。
> 2　学校における救急処置は、児童生徒の突発的な傷病に対する応急手当であり、あくまでも医療機関に引き継ぐまでの応急的なものである。
> 3　学校における救急処置は、児童生徒の教育の場で行われるものであることから、傷病の悪化や二次災害を防止するのみならず、児童生徒の発達段階に即した健康相談及び保健指導を行い、心身の健康問題の解決に向けて、理解と関心を深め、積極的に解決していこうとする自主的、実践的な態度の育成を目指している。
> 4　症状の的確な見極めと医療機関等への受診の必要性などについて適切な判断をくだせることが重要である。養護教諭は、日進月歩する医療・看護の知識や技術を確実に身に付けられるよう、日々研鑽を積むことが必要である。
> 5　平常時のみならず、災害や事件・事故など非常災害時における救急体制づくりをしておくことが重要である。そのためには、緊急時に適切な対応ができるように危機管理マニュアルの整備を行うとともに、職員研修の実施、個別の対応マニュアルの作成、防災・防犯訓練時にシミュレーションを実施するなどして、普段から職員が役割分担の下に行動できるようにしておくことが重要である。

1　学校における救急処置の目的

1）学校での突発的な傷病の発生に対して適切な処置を行うことにより、児童生徒の生命を守り、傷病の悪化の防止や二次災害を防止することによって、心身の安全・安心を確保し円滑な教育活動が行えるようにすることである。

2）学校における救急処置は、児童生徒の教育の場で行われるものであることから、傷病の悪化や二次災害を防止する（クライシス・マネジメント）のみならず、児童生徒の発達段階に即した保健指導を行い、心身の健康問題の解決に向けて、理解と関心を深め、自ら積極的に解決していこうとする自主的、実践的な態度の育成をも目的としている。

2　学校における救急処置の特質

1）学校は、教育機関であって医療機関ではないので、学校における救急処置は、正規の医療処置が行われるまでの応急的なものである。

2）学校は教育活動の場であることから、救急処置（応急手当）のみならず、それに伴う健康相談及び保健指導が特に重要である。健康相談及び保健指導は、心身の健康問題の解決に向けて、自分の健康問題に気付き、理解と関心を深め、自ら積極的に解決していこうとする自主的、実践的な態度の育成を目指している。

3　学校事故の特徴

　学齢期の子どもたちは、未知のものや新しいものへの創造・探究・挑戦など子どもの特徴的な行動により常に事故が起こりやすい危険性を有している。また、子どもは基本的に元気で活発であることが特徴であることから、予想しない偶発的な事故も起こりやすいので常に細心の注意を払うことが大切である。

学校では事故等の発生を防止するために安全教育（交通・防災・生活安全）が行われており、事故の発生を未然に防ぐ第一次予防の教育（リスク・マネジメント）が重要である。

4　学校における救急処置の範囲

1）医療機関へ送り込むまでの処置

（1）救命処置（ただちに処置をとらないと生命が危険に陥る傷病者に対する処置）

　　　気道の確保、呼吸の維持、心拍数の維持、出血の阻止、ショックの防止等

（2）一時的危機脱出措置、二次障害や重症化の恐れのある傷病者に対する処置

　　　意識障害、けいれん、呼吸困難に対する処置等

（3）保護者への引き渡し、または、医療機関へ受診するまでの処置

　　　骨折または捻挫部位の固定、包帯、熱傷・捻挫等外傷部位に対する冷却・罨法等の処置、消毒、保温・安静、その他苦痛・不安の軽減処置、搬送等

2）一般の医療の対象とならない程度の軽微な傷病の処置

　　学校内の救急処置の範囲や内容については、学校医等の指導助言のもとに、その範囲内で行う。

5　学校内における救急体制の確立

　　学校管理下で突発的に起こる傷病は、生命にかかわるような重いものから、軽微なものまで、多種多様であるが、常にどのような突発的な傷病にも適切な措置ができるように、救急体制を整えておくことが重要である。

　　そのためには、基本的な応急手当は全職員ができるようにしておくことや、学校全体の連絡・通報体制が確立されていることが必要である。

　　救急体制の種類には、校内での救急体制、旅行・集団宿泊的行事における救急体制、地震、火山、風水害などの災害発生時の救急体制等があるが、ここでは、校内での救急体制について述べる。

学校保健安全法（昭和33年4月10日公布、平成27年6月24日最終改正）

（保健室）

第7条　学校には、健康診断、健康相談、保健指導、救急処置その他の保健に関する措置を行うため、保健室を設けるものとする。

（地域の医療機関等との連携）

第10条　学校においては、救急処置、健康相談又は保健指導を行うに当たつては、必要に応じ、当該学校の所在する地域の医療機関その他の関係機関との連携を図るよう努めるものとする。

（学校安全計画の策定等）

第27条　学校においては、児童生徒等の安全の確保を図るため、当該学校の施設及び設備の安全点検、児童生徒等に対する通学を含めた学校生活その他の日常生活における安全に関する指導、職員の研修その他学校における安全に関する事項について計画を策定し、これを実施しなければならない。

（危険等発生時対処要領の作成等）

第29条　学校においては、児童生徒等の安全の確保を図るため、当該学校の実情に応じて、危険等発生時において当該学校の職員がとるべき措置の具体的内容及び手順を定めた対処要領（次項において「危険等発生時対処要領」という。）を作成するものとする。

　　2　校長は、危険等発生時対処要領の職員に対する周知、訓練の実施その他の危険等発生時において職員が適切に対処するために必要な措置を講ずるものとする。

　　3　学校においては、事故等により児童生徒等に危害が生じた場合において、当該児童生徒等及び当該事故等により心理的外傷その他の心身の健康に対する影響を受けた児童生徒等その他の関係者の心身の健康を回復させるため、これらの者に対して必要な支援を行うものとする。この場合においては、第10条の規定を準用する。

　救急体制の整備を図るにあたっては、校長のリーダーシップのもと養護教諭は保健部等の組織と連携し、校内研修や危機管理マニュアルの整備・見直しに参画し、養護教諭として指導的役割を果たすことが重要である。また、必要に応じて個別の対応マニュアルを作成して対応する。

　日ごろから、救急体制については教職員、児童生徒、保護者に周知を図り、理解と協力を得ておくことが重要であるとともに、防災訓練や防犯訓練時等を活用して訓練（シミュレーション）を行い、緊急事態が発生した時に実際に役割分担のトに適切な行動がとれるようにしておくことが大切である。

1）救急処置計画の作成
　年度はじめに、年間の救急処置計画を協議し職員会議で決定しておく。
（1）救急処置計画の主な内容
　　　救急処置に対する連絡体制、養護教諭の不在時の対応、役割分担、記録、応急手当研修の実施等。
（2）一般教員用応急手当規準の作成
　　　傷病者の症状を見てどのような処置をするのが適切かについて判断できる基準を作成する。また、学校の実態に即した処置規準を作成し教職員に共通理解を図り、さらにその基準を保健室や職員室等に掲示しておくなど活用しやすいようにしておく。
（3）校内連絡体制図を作成し、職員室、保健室等に掲示し、だれでもすぐにわかるようにしておく。
　　　傷病者にどのように対処し、「だれが」、「どこに」、「どんな方法で」、「どのような内容について」連絡するか、役割分担を決める。

2）保健室の救急体制
　学校における救急処置は、医療等の施設設備や医療従事者のいない場で対応することから、適確な知識や技術を要するといえる。そのため、症状の的確な見極めと医療機関等への受診の必要性などについて適切な判断をくだせることが重要である。そのため、養護教諭は、あらゆる機会を活用して救急処置に関する知識・技術の習得に努め、校内において子どもや教職員、保護者等に対して指導者となることができるように、日々研鑽を積むことが重要である。
（1）校内緊急連絡体制図及び学校医等緊急時に依頼できる医師の連絡先等が掲示され、活用しやすい状態にしておく（保健室及び職員室等に掲示）。
（2）救急材料、緊急持ち出し用救急鞄（袋）が整備され、養護教諭不在時にも活用できるように明示しておく。
（3）担架の位置が明示され、いつでも利用できるようにしておく。
（4）緊急連絡カードなどが持ち出ししやすい場所に用意されており、いつでも活用できるようにしておく。
（5）設備、備品、衛生材料等の整備。
　　　児童生徒の傷病や事故の実態、地域の医療体制などを踏まえて学校医等と相談の上、計画的に整備する。
（6）さらに、養護教諭不在時でも適切に対応できるように体制を整えておく。

> 緊急連絡カードの内容例
> 子どもの氏名、性別、生年月日、保護者名、住所、緊急連絡先、かかりつけの医院、病院、保健調査内容（既往歴、予防接種歴、アレルギー疾患の有無等）等

3）対応における留意点
（1）教職員に応急手当の技術を習得させるための研修の機会を設ける。心肺蘇生、ＡＥＤ（自動体外式除細動器）、エピペン®は、誰でも使えるようにしておく（平成26年3月26日文部科学省通知）。
（2）子どもたちには、保健教育を通して、簡単な応急手当ができるようにしておく。

53

（3）災害や事件・事故など緊急時の対応について、日ごろの訓練などを通して教職員・子ども・保護者等へ周知を図っておく。

（4）天窓からの落下事故や運動中の熱中症による死亡事故など、同様な原因による事故が幾度となく繰り返されている実態があることから、過去の教訓を生かすことが重要である。また、先入観による重大な見落としを引き起こすこともあることから、基本を踏まえた上でそれぞれの疾病や事故等への対応にあたることが大切である。

6　教職員の指導監督責任

　事故が発生した場合の教職員の指導監督責任については、国家賠償法第1条が適用される。その概要は、子どもが学校管理下にある間、担当教員は子どもの安全に対して配慮し、事故を防止する注意義務（法的義務）があること。また、教職員が故意または過失によって子どもに損害を加えたときは、国または公共団体が損害を賠償しなければならないことである。すなわち学校側が責任を負うこの法的な義務は「安全配慮義務」と言われている。

　学校事故を防ぐためには、平常時における安全教育・安全管理の充実が不可欠であり、子どもの安全の確保については、学校保健安全法に規定されている。具体的には本書の第5部「学校安全と危機管理」で述べる。

7　学校管理下における事故発生時の対応

　事故発生と同時に、そこに居合わせた者は、冷静に事故を把握し、迅速、しかも的確に事故処理にあたる。

1）第一発見者の行うこと

　患者の症状を確認し救急処置など適切な処置を行う。

> ①大声をあげて、応援を呼ぶ
> ②傷病者の症状の確認（意識、呼吸、出血等）
> ③AEDの手配、119番通報（直接又は誰かに依頼）
> ④救急処置
> ⑤現場を離れない

2）救急処置の対応の基本

（1）患者の安静を図り、不安と苦痛を和らげ、症状の悪化を防ぐための適切な救急処置を行う。

（2）けがの症状等を健康観察や問診などにより手早く正確に把握する。

（3）「人命尊重」、「生命の安全」を最優先し、一刻を争う手当を優先する。
　　　（呼吸停止、出血多量、ショック症状、意識不明等）

（4）医師の診断を阻害するような処置は避ける。

（5）地域の医療機関等との連携を日ごろから密にとっておく。

（6）記録は事故発生状況や処置、対応等について時間的経過に沿って、できるだけ詳細に行う。
　　※119番通報を行った場合は、電話を介した通信司令員の指示に従う。
　　※基本的な応急手当は、全職員が身につけておくことが必要である。

3）事後措置

（1）管理職、担任等の関係者への連絡・報告は速やかに行う。

（2）保護者への対応は、誠意ある態度で臨む。事実関係を確認し正確な説明を行う。

（3）重大な事故が発生した場合は、該当市町村教育委員会へ、速やかに報告する。
　　　その場合、学校は事故対策本部を設置し、報道等への対応は管理職とし、窓口・情報の一本化を図る。

（4）共済給付の手続きは速やかに行う。

（5）加害者がいる場合には、その子どもに対する心のケアも必要である。
（6）事故の教訓を学校全体の安全管理、安全指導に生かす。
　　　自校の事例を分析検討して今後に生かし、再発を防止する。

4）救急車の要請の目安と仕方
（1）救急車要請の目安
　　　① 意識喪失　　② ショック症状　　③ けいれん　　④ 激痛　　⑤ 多量出血
　　　⑥ 骨の変形　　⑦ 大きな開放創　　⑧ 広範囲な熱傷　　など
（2）救急車の呼び方と到着するまでに行うこと
★ 電話　119番「救急車をお願いします」

ア　学校名
イ　住所（学校所在地）
ウ　学校の場所と目標
エ　電話を掛けた人の名前
オ　事故の状況
カ　人数・学年・氏名・年齢・性別・発症の状況、症状の概要、学校で行った処置、原因など、
　　簡単明瞭な説明
キ　救急車の到着位置（体育館・運動場など）
ク　学校の入り口付近でサイレンを止めてもらう

★　救急車が到着するまでに行うこと

---

①到着予定時刻、学校で行っておくことなどを聞いておく
②救急車に連絡した電話は空けておく
③病院に行く準備（保護者に連絡、希望病院を聞く、緊急連絡カードの持参など）

　　　＊救急車を校門まで出迎えて誘導する。

★　救急車が到着したら

---

①患者の容態と行った処置を伝える
②希望する病院があれば伝える

　　　＊救急車には事故等の状況をよく把握している者が同乗する（2人同乗が望ましい）。

8　事故発生時チャートに沿ってのポイント

①事故発生（救急処置・緊急度の判断）

★　通報を受けて駆け付けた職員は、子どもの主訴をもとによく観察し、症状を把握する。
　　救急処置の優先順位を的確に判断する（AEDの準備、意識がない場合は、状況を知る子ども
　　に聞く等）。
★　患者を一人にしない、また、症状の急変を見逃さない。
★　周囲の子どもへの配慮と指導を行う。

②学級担任・管理職への連絡

★　「報告・連絡・相談」の三原則を守る。
★　要点を絞って簡潔に報告する。

③事故発生状況の把握
- ★　正確な情報をつかむ。
  本人からの聞き取りの有無にかかわらず、事故現場の周囲にいた子どもからも詳しく情報を得る。
- ★　記録を正確にとる。
  「いつ、どこで、だれが、何をしていて、どこが、どうなった」など、時間的経過に沿った症状や処置を具体的に記録する。

⬇

④保護者への連絡
- ★　保護者への連絡は、誠意ある態度で臨む。事実確認をしたうえで正確な説明を行う。
  保護者が学校に抱く不信感は、この連絡が適切に行われなかった場合が多い。
- ★　医療機関の選定は、慎重に行う。
  保護者と連絡のとれない場合の対応についても体制を整えておく。

⬇

⑤必要に応じて医療機関への連絡及び搬送（ときに救急車の要請）
- ★　医療機関での処置が速やかに行えるように、受診前に連絡をとっておくことが望ましい。
- ★　病院へ付き添うときに準備するもの（例）
  記録ノート、筆記用具、緊急連絡カード、保健調査票、小銭、携帯電話　など

⬇

⑥現場の状況確認
- ★　管理職・教職員・子どもらと必ず事故現場を見て確認する。

⬇

⑦保護者に状況報告・お見舞い
- ★　保護者への対応は、誠意ある態度で臨む（受容と共感の態度）。
- ★　共済給付の手続きについて保護者に説明する。

⬇

⑧全職員への事故報告・今後の対策の検討
- ★　事故後には、速やかにすべての教職員によって事故分析を行い、安全管理の内容や方法について改善し、類似の事故の再発を防止する。
- ★　全校の子どもの安全管理、安全指導に生かす。

⬇

⑨教育委員会報告
- ★　報告や事務手続きは、速やかに行う。
- ★　関係者（病院、救急車隊員等）へのお礼のあいさつ。

＊救急処置法等については、看護学で履修することからここでは省略する。

9　救急処置の評価

　救急処置及び救急体制については、常に振り返り事故防止に努めることが大切である。自己評価及び他者評価を行い総合的に評価し、事故予防、緊急時の体制整備の両面から改善を図っていくことが重要である。

1）評価の観点
（1）救急体制について全教職員の共通理解を図ったか。
（2）救急箱（鞄）、担架、AED等の整備及び位置が明示されており、周知されているか。
（3）事故発生時に教職員の役割分担の下に適切に行動できたか。
（4）傷病者等に対して的確な判断と処置ができたか。
（5）学校医や地域の医療機関等と連携ができたか。
（6）再発防止、保健指導など適切な事後措置が行えたか。

（7）管理職・担任など関係者への報告は適切に行えたか。

（8）関係事項の記録をとり、適切に保管し事故防止に生かしているか。

（9）応急手当等に関する校内研修が企画され実施されているか。

（10）要管理児童生徒について、教職員に周知され共通理解がされているか。

（11）必要時個別の対応マニュアルが作成され、組織的に対応しているか。等

【参考文献・引用資料】

出井美智子他共著『養護教諭のための学校保健』少年写真新聞社　2018年

『救急ガイドブック』学校保健研究会　2003年

『週刊教育資料　NO.885』日本教育新聞社　2005年

『週刊教育資料　NO.937』日本教育新聞社　2006年

『First aid that anyone can do』東京消防庁

参考　蘇生ガイドライン2020のＢＬＳ［一次救命処置］についての重要なポイント

（ガイドラインは５年ごとに更新される）

・傷病者に反応がない場合、あるいは反応の有無の判断に迷う場合、救助者は119番通報をして通信指令員の指示を仰ぐ。

・傷病者に反応がみられず、普段通りの呼吸がない、あるいは呼吸状態の判断に迷う場合には、胸骨圧迫による有害事象を恐れることなく、ただちに胸骨圧迫からCPR［心肺蘇生］を開始する。

・質の高い胸骨圧迫を行うことが重要である。胸骨圧迫の部位は胸骨の下半分とし、深さは胸が約５cm沈むように圧迫するが、６cmを超えないようにする。１分間あたり100～120回のテンポで胸骨圧迫を行い、圧迫解除時には完全に胸を元の位置に戻すため、力がかからないようにする。胸骨圧迫の中断を最小にする。

・訓練を受けていない救助者は、胸骨圧迫のみのCPRを行う。

・救助者が人工呼吸の訓練を受けており、それを行う技術と意思がある場合は、胸骨圧迫と人工呼吸を30：2の比で行う。とくに小児の心停止では、人工呼吸を組み合わせたCPRを行うことが望ましい。

・人工呼吸を2回行うための胸骨圧迫の中断は10秒以内とし、胸骨圧迫比率（CPR時間のうち、実際に胸骨圧迫を行っている時間の割合）をできるだけ大きく、最低でも60％とする。

・AED［自動体外式除細動器］が到着したら、すみやかに電源を入れて、電極パッドを貼付する。AEDの音声メッセージに従ってショックボタンを押し、電気ショックを行った後はただちに胸骨圧迫を再開する。

・CPRとAEDの使用は、救急隊など、二次救命処置（ALS）を行うことができる救助者に引き継ぐか、明らかに心拍再開（ROSC）と判断できる反応（普段どおりの呼吸や目的のある仕草）が出現するまで繰り返し続ける。　　　［　］内は略語の名称を編集部で追加。

出典：「JRC蘇生ガイドライン2020オンライン版」© 一般社団法人 日本蘇生協議会

参考　災害共済給付制度（令和5年4月1日現在）

1　災害共済給付制度とは

　日本スポーツ振興センター（以下、センターという）の災害共済給付制度とは、子どもが学校の管理下で「けが」などをした時に、保護者に対して給付金（災害共済給付）を支払う制度である。

2　加入契約

　学校・保育所の設置者が保護者等の同意を得て、センターとの間に災害共済給付契約を結び、共済掛金（保護者と設置者が負担）を支払うことによって行われる。

3　給付の対象となる災害の範囲

災害の種類	災害の範囲		
負傷	その原因である事由が学校の管理下で生じたもので、療養に要する費用の額が5,000円以上のもの		
疾病	その原因である事由が学校の管理下で生じたもので、療養に要する費用の額が5,000円以上のもののうち、文部科学省令で定めているもの ●学校給食等による中毒　●異物の嚥下又は迷入による疾病 ●ガス等による中毒　●漆等による皮膚炎 ●熱中症　●外部衝撃等による疾病 ●溺水　●負傷による疾病		
障害	学校の管理下の負傷及び上欄の疾病が治った後に残った障害で、その程度により、1級から14級に区分される		
死亡	学校の管理下において発生した事件に起因する死亡及び上欄の疾病に直接起因する死亡		
	突然死	運動などの行為に起因する突然死	
		運動などの行為と関連のない突然死	

4　給付等について

①供花料の支給：学校の管理下における死亡で、損害賠償を受けたことなどにより死亡見舞金を支給しないものに対し供花料（17万円）を支給します。

②へき地通院費：へき地にある学校（義務教育諸学校）の管理下における児童生徒の災害に対し、通院日数に応じ、1日当たり定額1,000円の通院費を支給します。

③歯牙欠損見舞金：学校の管理下における児童生徒等の負傷による1個以上の欠損（障害1.見舞金の対象となるものを除く）に対し、歯牙欠損見舞金として1歯につき8万円を支給。

④その他：

◎給付金支払いの時効…災害共済給付を受ける権利は、その給付事由が生じた日から2年間行わないときは、時効によって消滅します。

◎医療費の支給期間…同一の災害の負傷又は疾病について医療費の支給は、初診から最長10年間行われます。

◎給付の全部又は一部が行われない場合

・第三者の加害行為による災害で、その加害者から損害賠償を受けたとき（対自動車交通事故など）

・他の法令の規定による給付等を受けられるとき

・非常災害（地震、津波、洪水など）で一度に大勢の児童生徒が災害に遭い、給付金の支払が困難になったとき

・高等学校又は高等専修学校の生徒及び高等専門学校の学生の故意等による災害（自殺など）には給付が行われません。

　　　（ただし、いじめ、体罰その他の当該高校生等の責めに帰することができない事由により生じた強い心理的な負担により故意に死亡したとき等については、平成28年4月1日以後に生じた場合は、給付の対象となります。）

　　　また、重過失（単車通学におけるスピード違反など）による災害については、一部給付の減額が行われます。

⑤学校の管理下の範囲について

　　災害共済給付となる学校の管理下の範囲は、以下のような場合です。

◎学校が編成した教育課程に基づく授業を受けている場合（保育所等における保育中を含みます。）

◎学校の教育計画に基づく課外指導を受けている場合

◎休憩時間に学校にある場合、その他校長の指示又は承認に基づいて学校にある場合

◎通常の経路及び方法により通学する場合（保育所等への登園・降園を含みます。）

◎学校外で授業等が行われるとき、その場所、集合・解散場所と住居・寄宿舎との間の合理的な経路、方法による往復中

◎学校の寄宿舎にあるとき

＊上表の「療養に要する費用の額が5,000円以上のもの」とは、初診から治ゆまでの間の医療費総額（医療保険でいう10割分）が5,000円以上の場合をいいます。（医療保険でいう被保険者（家族）で、例えば病院に外来受診した場合、通常自己負担額は医療費総額の3割分となる。）

＊詳細については、関係法令「災害共済給付の基準に関する規程」、「障害等級認定の基準に関する規程」、「不服審査請求規程」などを参照のこと。

参考・引用：独立行政法人日本スポーツ振興センターホームページ（https://www.jpnsport.go.jp/anzen/saigai/tabid/86/default.aspx)2023 より抜粋

第2節 児童生徒の健康診断

> 1　保健管理の中核となるのが健康診断であり、その種類は、就学時の健康診断、児童生徒の定期の健康診断、臨時の健康診断がある。これらの健康診断は、法規や通達に基づいて実施されるものである。
> 2　健康診断は、学校行事の健康安全・体育的行事として特別活動に位置付けられている。
> 3　学校における健康診断はスクリーニング方式として行われている。
> 4　健康診断を、保健管理のみならず健康教育に生かすことが重要である。
> 5　公務支援システムを活用した健康診断結果の入力などのICT活用が求められている。

1　健康診断の法的根拠

1）健康診断の法的位置付け

健康診断は学校教育法及び学校保健安全法等に規定されている。

学校教育法（昭和22年3月31日公布、令和4年6月22日最終改正）

第12条　学校においては、別に法律で定めるところにより、幼児、児童、生徒及び学生並びに職員の健康の保持増進を図るため、健康診断を行い、その他その保健に必要な措置を講じなければならない。　　　　　注）「別に法律で定めるところ」の別の法律とは学校保健安全法をいう。

学校保健安全法（昭和33年4月10日公布、平成27年6月24日最終改正）

（目的）

第1条　この法律は、学校における児童生徒等及び職員の健康の保持増進を図るため、学校における保健管理に関し必要な事項を定めるとともに、学校における教育活動が安全な環境において実施され、児童生徒等の安全の確保が図られるよう、学校における安全管理に関し必要な事項を定め、もつて学校教育の円滑な実施とその成果の確保に資することを目的とする。

（児童生徒等の健康診断）

第13条　学校においては、毎学年定期に、児童生徒等（通信による教育を受ける学生を除く。）の健康診断を行わなければならない。

　　2　学校においては、必要があるときは、臨時に、児童生徒等の健康診断を行うものとする。

（保健所との連絡）

第18条　学校の設置者は、この法律の規定による健康診断を行おうとする場合その他政令で定める場合においては、保健所と連絡するものとする。

2）教育課程における位置付け

健康診断は、特別活動の学校行事における健康安全・体育的行事に位置付けられている。健康安全・体育的行事のねらいは、「児童自らが自己の発育や健康状態について関心をもち、心身の健康の保持増進に努めるとともに、身の回りの危険を予測・回避し、安全な生活に対する理解を深める。（中略）体力の向上を図る」（「小学校学習指導要領解説・特別活動編」文部科学省、2017年）としている。

2　定期の健康診断

1）健康診断の目的・役割

　児童生徒等の健康診断は、家庭における健康観察を踏まえ、学校生活を送るに当たり支障があるかどうかについて、医学的見地から疾病異常をスクリーニングし、児童生徒等の健康状態を把握するとともに、学校における健康課題を明らかにすることで、健康教育の充実に役立てる。具体的には、

（1）個々の子どもの健康上の問題点を早期に発見し、適正な健康管理・保健指導を行う。

（2）子どもたちの健康状態を把握し、学校における保健教育の基礎資料として活用する。

（3）健康診断を通して、自分の健康状態や問題に気づき、自ら積極的に問題解決しようとする態度を養う。

（4）子どもの健康について、保護者の意識・関心を高める機会とする等。

2）「学校保健安全法施行規則の一部改正等について」文部科学省スポーツ・青少年局長通知（平成26年4月30日／平成28年4月1日施行）より抜粋

①検査の項目並びに方法及び技術的基準（学校保健安全法施行規則第6条及び第7条関係）

ア　座高の検査について、必須項目から削除すること。

イ　寄生虫卵の有無の検査について、必須項目から削除すること。

ウ　「四肢の状態」を必須項目として加えるとともに、四肢の状態を検査する際は、四肢の形態及び発育並びに運動器の機能の状態に注意することを規定すること。

②保健調査（学校保健安全法施行規則第11条関係）

　学校医・学校歯科医がより効果的に健康診断を行うため、保健調査の実施時期を、小学校入学時及び必要と認めるときから、小学校、中学校、高等学校及び高等専門学校においては全学年（中等教育学校及び特別支援学校の小学部、中学部、高等部を含む）において、幼稚園及び大学においては必要と認めるときとすること。

③改正に係る留意事項

ア　身長曲線・体重曲線等の活用による発育の評価について

　　座高の検査を必須項目から削除したことに伴い、児童生徒等の発育を評価する上で、身長曲線・体重曲線等を積極的に活用することが重要となること。（次頁「参考」参照）

イ　寄生虫卵の有無の検査の必須項目からの削除に伴う留意事項について

　　寄生虫卵検査の検出率には地域性があり、一定数の陽性者が存在する地域もあるため、それらの地域においては、今後も検査の実施や衛生教育の徹底などを通して、引き続き寄生虫への対応に取り組む必要があること。

【参考】色覚の検査について

　学校における色覚の検査については、平成15年度より児童生徒等の健康診断の必須項目から削除し、希望者に対して個別に実施するものとしたところであるが、児童生徒等が自身の色覚の特性を知らないまま卒業を迎え、就職に当たって初めて色覚による就業規則に直面するという実態の報告や、保護者等に対して色覚異常及び色覚の検査に関する基本的事項についての周知が十分に行われていないのではないかという指摘もある。

　このため、平成14年3月29日付け文科ス第489号（通知・略）の趣旨を十分に踏まえた上で、

①学校医による健康相談において、児童生徒や保護者の事前の同意を得て個別に検査、指導を行うなど、必要に応じ、適切な対応ができる体制を整えること。

②教職員が、色覚異常に関する正確な知識を持ち、学習指導、生徒指導、進路指導等において、色覚異常について配慮を行うとともに、適切な指導を行うよう取り計らうこと等を推進すること。

　特に、児童生徒等が自身の色覚の特性を知らないまま不利益を受けることのないよう、保健調査に色覚に関する項目を新たに追加するなど、より積極的に保護者等への周知を図る必要があること。

61

参考　性別、年齢別、身長別標準体重（以下、身長別標準体重という）から判断する肥満及びやせ傾向
①肥満度の計算式と判定方法

肥満度＝〔実測体重(kg)－身長別標準体重(kg)〕／身長別標準体重(kg)×100（％）

上記の式から肥満度（過体重度）を計算する。
【判定基準】
○肥満
　　＋20％以上……肥満傾向
　　　　1. 肥満度が20％以上30％未満を軽度肥満
　　　　2. ＋30％以上50％未満を中等度肥満
　　　　3. ＋50％以上を高度の肥満
○やせ
　　－20％以下……やせ傾向
　　　　1. －20％以下をやせ
　　　　2. －30％以下は高度のやせ
②身長と体重の成長曲線

身長別標準体重を求める係数と計算式

年齢	男子		年齢	女子	
	a	b		a	b
5	0.386	23.699	5	0.377	22.750
6	0.461	32.382	6	0.458	32.079
7	0.513	38.878	7	0.508	38.367
8	0.592	48.804	8	0.561	45.006
9	0.687	61.390	9	0.652	56.992
10	0.752	70.461	10	0.730	68.091
11	0.782	75.106	11	0.803	78.846
12	0.783	75.642	12	0.796	76.934
13	0.815	81.348	13	0.655	54.234
14	0.832	83.695	14	0.594	43.264
15	0.766	70.989	15	0.560	37.002
16	0.656	51.822	16	0.578	39.057
17	0.672	53.642	17	0.598	42.339
標準体重＝a×身長(cm)－b					

出典：『児童生徒等の健康診断マニュアル（平成27年度改訂）』公益
財団法人 日本学校保健会　2015年

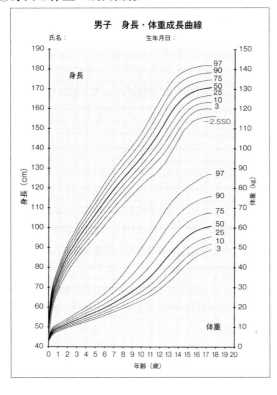

男子　身長・体重成長曲線

○図の中の上には上下7本の基準線があり、基準線に上から97、90、75、50、25、10、3の7つの数字がついている。これらの数字の単位はパーセンタイルである。

出典：『児童生徒等の健康診断マニュアル（平成27年度改訂）』
公益財団法人 日本学校保健会　2015年

③成長曲線作成が肥満傾向ややせ傾向の評価に有用な理由
　1　個々の児童生徒が持つ固有の成長パターンを評価することができる。
　2　身長と体重の成長曲線パターンと肥満度の推移を検討することで、単純性肥満、症候性肥満、体質性のやせ、思春期やせ、低身長、高身長、性早熟症＊・甲状腺機能低下症などの病的やせを発見することができる。
　　　＊性早熟症：一時的に身長の伸びがよく、子どもも保護者も喜んでいると、早期に身長が止まって低身長になる。

表２－５　学校における健康診断の種類

種類	実施時期	実施者	法及び規定条項
○就学時の健康診断	○学齢簿が作成された後翌学年初めから４月前（11月30日）（就学の手続きに支障がない場合にあっては３月前）までの間	市町村の教育委員会	○学校保健安全法 第11条 　　（就学時の健康診断の実施） 第12条（事後措置の実施） ○学校保健安全法施行令 第1条（実施時期） 第2条（検査項目） 第3条（保護者への通知） 第4条（就学時健康診断票） ○学校保健安全法施行規則 第3条（方法及び技術的基準） 第4条（就学時健康診断票）
○児童生徒等の健康診断 　①定期の健康診断 　②臨時の健康診断	①毎学年定期（６月30日まで） ②必要時	学　校	○学校保健安全法 第13条（児童生徒等の健康診断、 　　　　臨時の健康診断の実施） 第14条（事後措置の実施） ○学校保健安全法施行規則 第5条（実施時期） 第6条（検査項目） 第7条（方法及び技術的基準） 第8条（健康診断票） 第9条（事後措置） 第10条（臨時の健康診断） 第11条（保健調査）
○職員の健康診断	○健康診断の時期については、規則第５条の規定を準用する。この場合において、同条第１項中「６月30日まで」とあるのは、「学校の設置者が定める適切な時期に」と読み替えるものとする。	学校の設置者	○学校保健安全法 第15条（職員の健康診断の実施） 第16条（事後措置の実施） ○学校保健安全法施行規則 第12条（実施時期） 第13条（検査項目） 第14条（方法及び技術的基準） 第15条（健康診断票） 第16条（事後措置） 第17条（臨時の健康診断）

3）実施計画作成上の留意点

（1）前年度の評価・反省、課題を今年度の改善につなげる。

（2）法令による検査項目や諸検診実施要項等についての改正や変更がないかを確認する。

（3）実施計画の立案は、養護教諭が行う。

　　　定期健康診断の実施時期は、学校保健安全法施行規則第５条第１項の規定により「毎学年、６月30日までに行うものとする。」となっている。したがって、円滑に実施するためには、校内及び学校医・検査機関等との日程調整を図り、前年度中に実施期日を決定し、実施計画を作成する必要がある。

（4）原則として、学校保健安全法施行規則第６条第１項に規定されている項目について実施する。規定されている検査以外の項目を実施する場合は、設置者及び学校の責任で実施することになることから、保護者や児童生徒に検査の趣旨や目的を周知したうえで理解と同意を得て実施する。

（5）事前指導の実施。

63

　　　健康診断の必要性、検診内容、受診方法等について周知を図り、教育的効果を上げるためには、学級（ホームルーム）担任による事前指導及び当日の指導が重要である。さらに、養護教諭等による学校全体、学年、学級等での集団指導を行うことが効果的であることから、指導にあたっては計画的に実施するとともに、子どもの発達段階に即した指導を行うことが大切である。また、保健だよりなどの広報活動を通して子ども及び保護者に周知を図ることが大切である。

（６）検査・検診のための人的、物的手配等を確認する。

　　　円滑な実施のためには、検査機関等に確認しておくことが必要である。

（７）学校医、学校歯科医や検査機関等には、前日に確認をとるための連絡をする。

（８）検診会場等の確保が必要な場合には、他の教育活動との調整を図る。

（９）保健調査及び事前調査の実施。

　　　学校保健安全法施行規則第11条において、健康診断を的確かつ円滑に実施するためあらかじめ調査するものとなっている。また、学校医・学校歯科医及び検査機関等からの要請による事前調査が必要な場合があるので確認することが大切である。

　　　なお、子どもの健康に関する保健調査は、健康診断のみならず子どもの健康や生活状況などの把握、疾患や心の問題の早期発見などの重要な資料となる。

（10）検査用器具・器械に関する点検、補充、消毒等の確認と手配。

　　　健康診断が円滑に実施されるためには、事前の健診・検査用の機器や用具等の必要物品の点検、補充、消毒等の確認をするなどの準備が大切である。

（11）健康診断の実施にあたっての計画から評価、次年度の計画立案までの流れについては（表２－10）のとおりである。

（12）子どものプライバシーの保護や男女差への配慮が必要である（検査の実施方法、会場の設定等）。

（13）結果の処理や活用の際には、個人情報の管理を徹底する。　　等

４）事後措置

（１）法による規定

　　　事後措置に関しては、学校保健安全法及び学校保健安全法施行規則により次のように規定されている。

学校保健安全法（同上）

第14条　学校においては、前条（法第13条）の健康診断の結果に基づき、疾病の予防処置を行い、又は治療を指示し、並びに運動及び作業を軽減する等適切な措置をとらなければならない。

学校保健安全法施行規則（昭和33年６月13日公布、令和５年４月28日最終改正）

第９条　学校においては、法第13条第１項の健康診断を行つたときは、21日以内にその結果を幼児、児童又は生徒にあつては当該幼児、児童又は生徒及びその保護者（学校教育法第16条に規定する保護者をいう。）に、学生にあつては当該学生に通知するとともに、次の各号（一〜九）*に定める基準により、法第14条の措置をとらなければならない。

一　疾病の予防処置を行うこと。

二　必要な医療を受けるよう指示すること。

三　必要な検査、予防接種等を受けるよう指示すること。

四　療養のため必要な期間学校において学習しないよう指導すること。

五　特別支援学級への編入について指導及び助言を行うこと。

六　学習又は運動・作業の軽減、停止、変更等を行うこと。

七　修学旅行、対外運動競技等への参加を制限すること。

八　机又は腰掛の調整、座席の変更及び学級の編制の適正を図ること。

九　その他発育、健康状態等に応じて適当な保健指導を行うこと。

２　前項の場合において、結核の有無の検査の結果に基づく措置については、当該健康診断に当たつた学校医その他の医師が別表第一に定める生活規正の面及び医療の面の区分を組み合わせて決定する指導区分に基づいて、とるものとする。

＊（　）の中は著者追加

参考　学校保健安全法施行規則第9条第2項の規定による指導区分
別表第一

区　　分		内　　容
生活規正の面	A（要休業）	授業を休む必要のあるもの
	B（要軽業）	授業に制限を加える必要のあるもの
	C（要注意）	授業をほば平常に行ってよいもの
	D（健　康）	全く平常の生活でよいもの
医療の面	1（要医療）	医師による直接の医療行為を必要とするもの
	2（要観察）	医師による直接の医療行為を必要としないが、定期的に医師の観察指導を必要とするもの
	3（健　康）	医師による直接、間接の医療行為を全く必要としないもの

　心身に疾病又は異常が認められず、健康と認められる児童生徒等についても、健康診断の結果を通知し、当該児童生徒等の健康の保持増進に役立てることが大切である。
（2）健康診断結果の記録
　　　健康診断終了後、健康診断票に検診や検査の結果を記録する。健康診断の総合評価は学校医が行い、所見を所見欄に記入する。記録については学校の実態に応じて役割分担する。学級（ホームルーム）の子どもの健康状態を把握するうえで学級（ホームルーム）担任が記録することが望ましい。歯科健康診断票については、専門知識が必要なことから養護教諭が記録していることが多い。
　　　健康診断票については、学校保健安全法施行規則第8条において「学校においては、法第13条第1項の健康診断を行つたときは、児童生徒等の健康診断票を作成しなければならない。」と規定されており、進学先や転学先への送付、進学前の学校を卒業した日から5年間の保存も規定されている。
　　　健康診断票（一般、歯・口腔用）と記入上の注意を参考資料として掲載した（表2-7、2-8）。
（3）健康診断結果等のまとめ及び統計結果の活用（ICT活用）
　　　健康診断終了後、結果を速やかにまとめる。課題の把握・考察を行い、全職員に周知を図るとともに、健康診断の結果を保健管理・保健教育に生かすようにする。
　　　健康診断結果等の情報を校務支援システム等を活用して統計処理することにより、児童生徒の心身の状況の変化に早期に気づき、エビデンスに基づく個別最適な指導・支援が可能となる。

5）評価（反省と改善事項も含む）
　　健康診断実施後の評価については、自己評価及び関係者等による他者評価も併せて行うことが必要である。
　　なお、評価項目については、計画段階から作成しておき、計画の立案から実施に至るまでの経過、手順、方法等について、次年度における改善に役立つように配慮した評価を行う。
（1）評価の観点
　　　健康診断が適切かつ効果的に行われたかという観点で自己評価及び他者評価を行うことが必要である。
　　【例】
　　　①全教職員が健康診断の意義を理解し、教育活動の一環として計画的、組織的に行われたか。
　　　②児童生徒の定期の健康診断の項目、対象や方法が法令等に基づいて行われていたか。
　　　③実施計画（日時、場所、役割分担、検診順序など）は適切であったか。
　　　④健診・検査用の機器や用具等の準備は適切であったか。
　　　⑤学校医・学校歯科医や検査機関との連携は適切であったか。

⑥児童生徒及び保護者への事前指導の内容、方法は適切であったか。

⑦問診票や事前調査等の内容、実施方法は適切であったか。

⑧検診時の児童生徒のプライバシーの保護は適切であったか。

⑨事後措置（結果の通知、精密検査該当者への通知など）は適切であったか。

⑩未受診者の把握と指導は適切であったか。

⑪事後指導の実施、内容等は適切に行われたか。

⑫健康診断結果による健康実態及び課題等の把握は適切であったか。

⑬健康診断結果の活用は適切に行われたか。

⑭健康診断票等の整理及び管理は適切であったか。　　　　等

3　臨時の健康診断

　学校保健安全法第13条第2項には、「学校においては、必要があるときは、臨時に、児童生徒等の健康診断を行うものとする。」と規定されている。さらに同法施行規則第10条において、「次に掲げるような場合で必要があるときに、必要な検査の項目について行うものとする。」としている。

①感染症又は食中毒の発生したとき。

②風水害等により感染症の発生のおそれのあるとき。

③夏季における休業日の直前又は直後。

④結核、寄生虫病その他の疾病の有無について検査を行う必要のあるとき。

⑤卒業のとき。

　以上の他に修学旅行、移動教室、合宿、マラソン大会等の前に必要に応じて臨時の健康診断を行っている。実施にあたっては、目的に即した検査項目の確認、的確で迅速な事前準備、実施そして事後措置の徹底を図ることが大切である。また、事後の活動に関連して、定期の健康診断で継続的な観察や指導が必要とされたもの、例えば「ＣＯ（要観察歯）」「ＧＯ（歯周疾患要観察者）」などを対象として臨時の歯科検診を実施する学校が増えている。実施にあたっては、学校、学校医及び学校歯科医、保護者の共通理解を得ることが必要である。

4　就学時の健康診断

　学校教育法第17条第1項の規定による就学者（満6歳）に対して、学校保健安全法第11条（就学時の健康診断（実施義務））、及び学校保健安全法第12条により、市町村の教育委員会は健康診断を行い、その結果に基づき、治療勧告し、保健上必要な助言を行い、就学義務の猶予や免除、特別支援学校等への就学に関して指導を行う等の適切な措置をとらなければならないと規定されている。その他関係事項の法的根拠は学校保健安全法施行令、同施行規則に定められている。

　なお、就学時健康診断の各検査項目における方法及び技術的基準については、学校保健安全法施行規則第3条に定めている。また、予防接種法施行令の一部を改正する政令が平成28年10月1日より施行され、平成28年4月1日以降に生まれた者について、Ｂ型肝炎が定期予防接種の対象となったことを受けて、就学時健康診断票の予防接種の欄に、Ｂ型肝炎の予防接種が新たに加えられた。

1）就学時の健康診断の意図すること

（1）就学するにあたり、保護者及び本人に健康についての認識と関心を持たせる。

（2）疾病または異常を有する子どもについては、入学時までに必要な治療や生活規正を適正に行う等により、就学が可能な心身の健康状態で入学できるように努める。

（3）就学時の健康診断は、学校生活や日常生活に支障となるような疾病等の疑いのあるもの及び盲者、聾者、知的障害者、肢体不自由者、病弱者、その他心身の疾病及び異常の疑いのあるものに対して、適切な治療勧告、保健上の助言及び就学指導等に結びつける。

（4）義務教育の円滑な実施に資する。

　なお、発達障害者支援法（平成28年6月3日最終改正）の第5条第2項に「市町村の教育委員会は、学校保健安全法第11条に規定する健康診断を行うに当たり、発達障害の早期発見に十分留意しなけ

ればならない。」と規定されている。今後、小学校においては保育園、幼稚園とのいっそうの連携を図ることが必要である。

> 学校保健安全法施行規則の一部改正（令和2年11月13日公布、令和3年4月1日から施行）により、押印原則等に関する慣行が見直され、児童生徒等の健康診断票、就学時の健康診断票、職員健康診断票の担当医師又は担当歯科医師の所見欄に押印する規定は、担当医師等の氏名を記入する旨の規定に改められ、押印を省略することが可能となりました。

〈memo〉

表2－6　検査項目及び実施学年

平成28年4月1日現在

項　目	検診・検査方法	幼稚園	小1	小2	小3	小4	小5	小6	中1	中2	中3	高1	高2	高3	大学
保健調査	アンケート	○	◎	◎	◎	◎	◎	◎	◎	◎	◎	◎	◎	◎	○
身長		◎	◎	◎	◎	◎	◎	◎	◎	◎	◎	◎	◎	◎	◎
体重		◎	◎	◎	◎	◎	◎	◎	◎	◎	◎	◎	◎	◎	◎
栄養状態		◎	◎	◎	◎	◎	◎	◎	◎	◎	◎	◎	◎	◎	◎
脊柱・胸郭 四肢 骨・関節		◎	◎	◎	◎	◎	◎	◎	◎	◎	◎	◎	◎	◎	△
視力	視力表 裸眼の者 裸眼視力	◎	◎	◎	◎	◎	◎	◎	◎	◎	◎	◎	◎	◎	△
	視力表 眼鏡等をしている者 矯正視力	◎	◎	◎	◎	◎	◎	◎	◎	◎	◎	◎	◎	◎	△
	視力表 眼鏡等をしている者 裸眼視力	△	△	△	△	△	△	△	△	△	△	△	△	△	△
聴力	オージオメータ	◎	◎	◎	◎	△	◎	△	◎	△	◎	◎	△	◎	△
眼の疾病及び異常		◎	◎	◎	◎	◎	◎	◎	◎	◎	◎	◎	◎	◎	◎
耳鼻咽喉頭疾患		◎	◎	◎	◎	◎	◎	◎	◎	◎	◎	◎	◎	◎	◎
皮膚疾患		◎	◎	◎	◎	◎	◎	◎	◎	◎	◎	◎	◎	◎	◎
歯及び口腔の疾患及び異常		◎	◎	◎	◎	◎	◎	◎	◎	◎	◎	◎	◎	◎	△
結核	問診・学校医による診察		◎	◎	◎	◎	◎	◎	◎	◎	◎				
	エックス線撮影											◎			◎ 1学年（入学時）
	エックス線撮影 ツベルクリン反応検査 喀痰検査等		○	○	○	○	○	○	○	○	○				
	エックス線撮影 喀痰検査・聴診・打診											○			○
心臓の疾患及び異常	臨床医学的検査 その他の検査	◎	◎	◎	◎	◎	◎	◎	◎	◎	◎	◎	◎	◎	◎
	心電図検査	△	◎	△	△	△	△	△	◎	△	△	◎	△	△	△
尿	試験紙法 蛋白等	◎	◎	◎	◎	◎	◎	◎	◎	◎	◎	◎	◎	◎	△
	試験紙法 糖	△	◎	◎	◎	◎	◎	◎	◎	◎	◎	◎	◎	◎	△
その他の疾病及び異常	臨床医学的検査 その他の検査	◎	◎	◎	◎	◎	◎	◎	◎	◎	◎	◎	◎	◎	◎

（注）◎　ほぼ全員に実施されるもの

　　　○　必要時または必要者に実施されるもの

　　　△　検査項目から除くことができるもの

出典：『児童生徒等の健康診断マニュアル（平成27年度改訂）』公益財団法人　日本学校保健会　2015年

参考　健康診断項目の推移

年　度	内　容
昭和63年 9月1日施行	○「聴力」検査結果表示の変更 ・新規格によるオージオメータを用い、聴力レベル値で記入すること
平成4年 4月1日施行	○「心臓の疾病及び異常の有無」検査方法の簡略化 ・小1でのエックス線間接撮影を必須の検査方法から外した ○「尿」検査項目の追加 ・糖の検査を追加（幼稚園は省略可） ○「聴力」検査法について ・オージオメータによる方法のみとした ○「脊柱及び胸郭の疾病及び異常の有無」 ・注意すべき疾病及び異常から「扁平胸」「漏斗胸」「鳩胸」を削除 ○「視力」検査の簡略化 ・1.0、0.7、0.3の指標により判定して差し支えないものとした
平成5年 4月1日施行	○「結核の有無」変更 ・小1におけるツ反陽性者を対象としたエックス線間接撮影を廃止 ・小4における検査を廃止 ・中1におけるツ反陽性者を対象としたエックス線間接撮影を廃止 ・中2における検査でのエックス線間接撮影を廃止 ・中3における検査を廃止 ・小1、中1における検査で必要と認められる者に対して精密検査を行うこととした
平成7年 4月1日施行	○「胸囲」検査項目の削除 ○「色覚」検査実施学年を小4に限定 ○「聴力」検査小2の検査必須化 ○「寄生虫卵」検査小4以上での省略可 ○「視力」裸眼検査の省略可 ○「心臓の疾病異常の有無」心電図検査の追加
平成14年4月1日施行	○「色覚」検査項目の削除
平成15年 4月1日施行	○「結核の有無」検査実施学年及び実施方法等の変更 ・「小・中学生の第1学年」→「小・中学校の全学年」 ・「ツベルクリン反応検査」→「問診」　　　等
平成17年 4月1日施行	○「結核」健康診断実施時期の変更 ・「高等学校以上の学校の第1学年の検査において結核によるものと考える治癒所見が発見されたものは第2・第3学年においても検査を行う」→「第1学年に限定」
平成23年 4月1日施行	○「エックス線撮影」の方法の変更 ・フィルムによるエックス線撮影のみならず、デジタル撮影によることができるよう変更
平成24年 4月1日施行	○「結核の有無」の検査方法の技術的基準について ・教育委員会に設置された結核対策委員会からの意見を聞かずに、精密検査を行うことができることとした
平成28年 4月1日施行	○「座高」検査項目の削除 ○「寄生虫卵の有無」検査項目の削除 ○「四肢の状態」検査項目の追加 ○「保健調査」の実施時期の変更 ・「小学校入学時及び必要と認めるとき」→「小学校、中学校、高等学校及び高等専門学校においては全学年、幼稚園及び大学においては必要と求めるとき」に変更
令和4年 4月1日施行	○定期の健康診断を実施する際の保健調査票等に女子の月経随伴症状を含む月経に伴う諸症状について記入する欄を設ける

69

表２－７　（表）健康診断票の様式参考例

（用紙　日本工業規格 A4 縦型）

区分＼学年	小学生 1	2	3	4	5	6	中学生 1	2	3
学　級									
番　号									

児　童　生　徒　健　康　診　断　票　（一般）
小　・　中　学　校　用

氏名		性別	男 女	生年月日		年	月	日

学　校　の　名　称									
年　　　　　　齢	歳	歳	歳	歳	歳	歳	歳	歳	歳
年　　　　　　度									
身　　長　（cm）	・	・	・	・	・	・	・	・	・
体　　重　（kg）	・	・	・	・	・	・	・	・	・
栄　養　状　態									
脊柱・胸郭・四肢									
視力　右	（　）	（　）	（　）	（　）	（　）	（　）	（　）	（　）	（　）
視力　左	（　）	（　）	（　）	（　）	（　）	（　）	（　）	（　）	（　）
目の疾病及び異常									
聴力　右									
聴力　左									
耳　鼻　咽　頭　疾　患									
皮　膚　疾　患									
結核　疾病及び異常									
結核　指　導　区　分									
心臓　臨床医学的検査（心電図等）									
心臓　疾病及び異常									
尿　蛋白第１次									
尿　糖第１次									
尿　その他の検査									
その他の疾病及び異常									
学校医　所　　見									
学校医　月　　日	・	・	・	・	・	・	・	・	・
事　後　措　置									
備　　　　　考									

出典：『児童生徒等の健康診断マニュアル（平成 27 度年改訂）』公益財団法人 日本学校保健会　2015年　一部改変

（裏）児童生徒健康診断票（一般）　記入上の注意

各欄の記入については、次によること。

1 「年齢」の欄
定期の健康診断が行われる学年の始まる前日に達する年齢を記入する。

2 「身長」及び「体重」の欄
測定単位は、小数第1位までを記入する。

3 「栄養状態」の欄
栄養不良または肥満傾向で特に注意を要すると認めた者を「要注意」と記入する。

4 「脊柱・胸郭・四肢」の欄
病名または異常名を記入する。

5 「視力」の欄
裸眼視力はかっこの左側に、矯正視力はかっこ内に記入する。この場合において、視力の検査結果が1.0以上であるときは「A」、1.0未満0.7以上であるときは「B」、0.7未満0.3以上であるときは「C」、0.3未満であるときは「D」と記入して差し支えない。

6 「目の疾病及び異常」の欄
病名または異常名を記入する。

7 「聴力」の欄
1,000Hzにおいて30dBまたは4,000Hzにおいて25dB（聴力レベル表示による）を聴取できない者については、○印を記入する。なお、上記の者について、さらに聴力レベルを検査したときは、併せてその聴力レベルデシベルを記入する。

8 「耳鼻咽頭疾患」及び「皮膚疾患」の欄
病名または異常名を記入する。

9 「結核」の欄
イ 「疾病及び異常」の欄には病名または異常名を記入する。
ロ 「指導区分」の欄には、規則第9条第2項の規定により決定した指導区分を記入する。

10 「心臓」の欄
心電図等の臨床医学的検査の結果及び病名または異常名を記入する。

11 「尿」の欄
「蛋白第一次」の欄には蛋白第一次の検査の結果を、「糖第一次」の欄には糖第一次の検査の結果を、それぞれ＋等の記号で記入し、「その他の検査」の欄には蛋白若しくは糖の第二次検査または潜血検査等の検査を行った場合の検査項目名及び検査結果を記入する。

12 「その他の疾病及び異常」の欄
病名または異常名を記入する。

13 「学校医」の欄
規則第9条の規定によって学校においてとるべき事後措置に関連して学校医が必要と認める所見及び学校医の氏名、記入した月日を記入する。

14 「事後措置」の欄
規則第9条の規定によって学校においてとるべき事後措置を具体的に記入する。

15 「備考」の欄
健康診断に関し必要のある事項を記入する。

出典：「児童、生徒、学生、幼児及び職員の健康診断の方法及び技術的基準の補足的事項及び健康診断票の様式例の取扱いについて〈平成27年9月11日事務連絡〉」文部科学省スポーツ・青少年局学校健康教育課　2015年／学校保健安全法施行規則の一部改正（令和2年11月13日公布）に従い修正

表２－８　（表）児童生徒健康診断票（歯・口腔）　　　　　　　　　　　　　小・中学校用

| 氏　名 | | | | | | | | | | | | | | 性　別 | 男 | 女 | 生年月日 | 年 | 月 | 日 |

年齢	年度	顎関節	歯列・咬合	歯垢の状態	歯肉の状態	歯　式		歯の状態						その他の疾病及び異常	学校歯科医		事後措置
								乳歯		永久歯					所見	月日	
								現在歯数	未処置歯数	処置歯数	現在歯数	未処置歯数	処置歯数	喪失歯数				

歯式欄の凡例：
- ・現在歯
- ・う歯　　　　　　　　　（例 A B.）
  - □ 未処置歯　　　C
  - □ 処置歯　　　　○
- ・喪失歯（永久歯）　　　△
- ・要注意乳歯　　　　　　×
- ・要観察歯　　　　　　　CO

各年度行（繰り返し）:

歳／平成年度　　顎関節 0 1 2　歯列・咬合 0 1 2　歯垢の状態 0 1 2　歯肉の状態 0 1 2

歯式：
```
8 7 6 5 4 3 2 1 1 2 3 4 5 6 7 8
上        E D C B A A B C D E        上
右                                   左
下        E D C B A A B C D E        下
8 7 6 5 4 3 2 1 1 2 3 4 5 6 7 8
```

（同様の行が９段分繰り返される。各段とも顎関節・歯列・咬合・歯垢の状態・歯肉の状態に 0 1 2、歯式は上記と同じ、学校歯科医欄に 月 日、事後措置欄あり）

出典：『児童生徒等の健康診断マニュアル（平成27年度改訂）』公益財団法人 日本学校保健会　2015年

（裏）児童生徒健康診断票（歯・口腔用）　記入上の注意

各欄の記入については、次によること。

1「歯列・咬合」の欄

歯列の状態、咬合の状態について、異常なし、定期的観察が必要、専門医（歯科医師）による診断が必要、の3区分について、それぞれ0、1、2で記入する。

2「顎関節」の欄

顎関節の状態について、異常なし、定期的観察が必要、専門医（歯科医師）による診断が必要、の3区分について、それぞれ0、1、2で記入する。

3「歯垢の状態」の欄

歯垢の付着状態について、ほとんど付着なし、若干の付着あり、相当の付着あり、の3区分についてそれぞれ0、1、2で記入する。

4「歯肉の状態」の欄

歯肉炎の発症は歯垢の付着とも関連深いものであるが、ここでは歯肉の増殖や退縮などの歯肉状態からみて、異常なし、定期的観察が必要、専門医（歯科医師）による診断が必要、の3区分について、それぞれ0、1、2で記入する。

5「歯式」の欄

次による。

イ　現在歯、う歯、喪失歯、要注意乳歯及び要観察歯は、記号を用いて、歯式の該当歯の該当記号を附する。

ロ　現在歯は乳歯、永久歯とも該当歯を斜線又は連続横線で消す。

ハ　喪失歯はう歯が原因で喪失した永久歯のみとする。該当歯に△を記入する。

ニ　要注意乳歯は、保存の適否を慎重に考慮する必要があると認められた乳歯とする。該当歯に×を記入する。

ホ　う歯は、乳歯、永久歯ともに処置歯○又は未処置歯Cに区分する。

ヘ　処置歯は、充填、補綴により歯の機能を営むことができると認められる歯で該当歯に○を記入する。ただし、う歯の治療中のもの及び処置がしてあるがう歯の再発等により処置を要するものは未処置歯とする。

ト　永久歯の未処置歯Cは、直ちに処置を必要とするものとする。

チ　要観察歯は主として視診にて明らかなう窩が確認できないが、う歯の初期病変の徴候（白濁、白斑、褐色斑）が認められ、その経過を注意深く観察する必要がある歯で該当歯にCOと記入する。具体的には、（1）小窩裂溝では、エナメル質の実質欠損は認められないが、う蝕の初期病変を疑うような褐色、黒色などの着色や白濁が認められるもの、（2）平滑面では、エナメル質の実質欠損は認められないが、脱灰を疑うような白濁や褐色斑等が認められるもの、（3）そのほか、例えば、隣接面や修復物下部の着色変化、（1）、（2）の状態が多数に認められる場合等、地域の歯科医療機関との連携が必要な場合が該当する。この場合は学校歯科医所見欄に「CO要相談」と記載する。

6「歯の状態」の欄

歯式の欄に記入された当該事項について、上下左右の歯数を集計した数を該当欄に記入する。

7「その他の疾病及び異常」の欄

病名及び異常名を記入する。

8「学校歯科医」の欄

規則第9条の規定によって、学校においてとるべき事後措置に関連して学校歯科医が必要と認める所見及び学校歯科医の氏名、記入した月日を記入する。

保健調査の結果と視診触診の結果から必要とみられる事項や要観察歯がある場合には、歯式欄に加えこの欄にもCO、CO要相談と記入する。また、歯垢と歯肉の状態を総合的に判断して、歯周疾患要観察者の場合はGO、歯科医による診断と治療が必要な場合はGと記入する。歯周疾患要観察者GOとは、歯垢があり、歯肉に軽度の炎症症候が認められているが、歯石沈着は認められず、注意深いブラッシング等を行うことによって炎症症候が消退するような歯肉の保有者をいう。

9「事後措置」の欄

規則第9条の規定によって学校においてとるべき事後措置を具体的に記入する。

出典：「児童、生徒、学生、幼児及び職員の健康診断の方法及び技術的基準の補足的事項及び健康診断票の様式例の取扱いについて
（平成27年9月11日事務連絡）」文部科学省スポーツ・青少年局学校健康教育課　2015年を一部改変／学校保健安全法施行規則の一部改正
（令和2年11月13日公布）に従い修正

73

表2−9　定期健康診断実施の流れ

期日／実施段階			主な内容	留意事項
1月〜3月	① 実施計画		◇次年度の学校保健計画（案）作成　学校医・学校歯科医・学校薬剤師は学校保健計画の立案に参与 ◇健康診断実施計画（案）・要項（案）の作成 ＊関係者等との連絡・調整	○学校評価や学校保健活動の評価、学校医、学校歯科医からの指導助言等を踏まえ、校内保健委員会などで原案を作成する。 ○職員会議で検討し、原案を確定する。 ○学校医・学校歯科医等関係者、検査機関、教育委員会等の担当課と連絡・調整を図る。
4月〜6月	②	事前の活動	◇実施計画・実施要項の決定 ◇関係者等との共通理解・確認　学校医、学校歯科医、教職員等 ◇検診・検査会場の準備	○学校保健計画、健康診断実施計画・要項等について職員会議等で検討し、校長が決定する。 ○教職員や学校医、学校歯科医、関係機関等と実施内容等の共通理解と日程確認等を行う。 ○検診等の会場に適した場所を確保・設定する。
		準備	◇検診・検査用機器や用具等の点検 ＊学校医・学校歯科医との打合せ ＊滅菌消毒、必要数等の確認 ◇健康診断票や諸用紙の確認と準備 ＊学校医・学校歯科医との打合せ	○会場責任者との打合せを行う。 ○検診・検査用機器、用具等を点検し、準備する。 ○使用前後の管理・保管について確認する。 ○健康診断票（一般・歯・口腔）、結核問診票、保健調査票等の確認と配付等の準備をする。 ○個票、学級別記録用紙等を準備する。
		事前指導	◇健康診断実施に関する資料等作成 ＊指導資料の作成 ＊保護者向けの通知 （協力依頼、啓発等） ◇子どもへの事前指導	○健康診断実施についての教師用指導資料や子ども向けの資料を作成し、配付する。 ○保護者向けに「健康診断実施計画について」等で連絡や啓発を行う。 ○検診や検査当日に受診等できなかった場合の対応についても連絡しておく。 ○健康診断の結果をスムーズに本人及び保護者に通知できるよう準備をしておく。 ○学級活動やホームルーム活動等において、健康診断の意義や受け方などについて指導を行う。
		保健調査	◇保健調査票やアンケート等の実施	○教職員や保護者等に配付と回収方法を伝える。 ○回収後、記載事項を教師や養護教諭が確認し、検診前に整理しておく。
		打合せ	◇学校医・学校歯科医等との打合せ	○事前に学校医や学校歯科医と健康診断の判定基準や留意事項、事後措置の進め方などを打ち合わせする。（検診時のプライバシー保護のための工夫や未受診者への対応方法等）

期日／実施段階	主な内容	留意事項
③ 検診等実施	◇健康診断の実施 　＊校内で行う検査 　＊検査機関による検査 　＊学校医・学校歯科医による健康診断 ◇学校医・学校歯科医からの指導 ◇総合判定 ◇健康診断結果の通知	○職員朝会等で日程や役割分担等を再確認する。 　教職員の協力体制（役割分担） 　学校医・学校歯科医への対応（来校時刻確認等） 　検診・検査用の機器や用具の配置 　健康診断票等諸用紙の準備（記入方法等確認） ○子どもの健康状況等について指導を受ける。 ○保健管理や保健指導の進め方等を検討する。 ○健康診断結果を本人及び保護者に通知する。
④ 事後の活動 6月〜12月	◇後片付け 　＊使用機器や用具等、会場 ◇事後措置の実施 　学校医・学校歯科医等による指導 　学級担任・養護教諭等による保健指導 　＊未受診者への指導と対応 　＊管理が必要な子どもへの対応 ◇学校医・学校歯科医による健康相談 　の実施 ◇地域の関係機関との連携 ◇健康実態の把握及び課題の把握 　＊健康診断結果の集約（統計処理） 　＊健康状況報告と課題や対策検討 　＊教育計画の見直し、改善 ◇保健教育における活用 ◇健康診断票等の整理と管理 ◇養護教諭による健康相談の実施 ◇臨時の健康診断の実施	○検診等で使用した機器や用具に適した方法で 　消毒等を行い、後片付けをする。 　（適切な管理・保管） ○個別や集団指導、学級活動等にて指導を行う。 ○早期に未検診等の項目を受けるよう本人及び 　保護者に指導する。 ○状況に応じた検診・検査体制を整備する。 ○主治医や保護者等と管理の内容等を確認する。 ○一人ひとりの健康問題の解決に向けて行う。 ○結核対策委員会の開催など管轄保健所、病院 　等と連携を図り、子どもの健康管理を行う。 ○健康診断の結果を集計し、分析する。 ○校内保健委員会や学校保健委員会等において 　報告し、自校の健康課題への対応について検 　討をする。 ○必要に応じて、校内運営委員会・職員会議等 　で教育計画の見直しを行う。 ○教育活動全体を通して、健康の保持増進を図る。 ○一人ひとりの健康問題解決に向けて、計画的 　継続的に行う。 ○個人情報の取扱いを周知し、適切に管理する。 ○継続的な観察や指導の必要なものについて、 　予め計画し、実施する。
⑤ 評価 1月〜3月	◇学校保健活動の評価 ◇健康診断に関する評価 　＊学校評価　など	○学校保健活動の評価（学校保健計画、保健教 　育、保健管理、組織活動等）を行う。 〔健康診断に関する評価〕 　実施計画、事前・事後指導、事後措置状況 　自校の健康課題と対策、成果と課題　等

出典：『児童生徒の健康診断マニュアル（改訂版）』財団法人 日本学校保健会　2006年（一部訂正）

【参考文献・引用資料】

学校保健・安全実務研究会編著『新訂版　学校保健実務必携』第一法規　2006年
出井美智子他共著『養護教諭のための学校保健』少年写真新聞社　2016年
学校健康教育法令研究会監修『学校保健・学校安全法令必携〈五訂版〉』ぎょうせい　2004年
『児童生徒の健康診断マニュアル（改訂版）』財団法人 日本学校保健会　2006年
『児童生徒の健康診断マニュアル（平成27年度改訂）』公益財団法人 日本学校保健会　2015年

参考　保健調査票の例

保　健　調　査　票

　この調査はお子様の心身の健康状態について調べ、学校で行う健康診断の資料にするとともに、在学中の健康管理の参考にするものです。他人に漏れることはありませんので、正確に記入してください。

ふりがな		血液型		男　　・　　女
児童生徒氏名		型	RH（−）（＋）	年　　月　　日生

電話番号	（　　　）	住所	変更の場合								
	（　　　）										
学校名		学年	小1	2	3	4	5	6	中1	2	3
		組									
		番号									
		保護者印									

出典：『児童生徒等の健康診断マニュアル（平成27年度改訂）』公益財団法人 日本学校保健会　2015年

1　これまでにかかった病気等に○をつけ、かかった時の年齢と現在の状況を記入してください。							

病　名	初発の年齢	現在の状況（○印）			医療機関名	服薬の有無（○印）	
		治療中	経過観察	治癒		有	無
心臓病（病名　　　　　）		才	才	才			
腎臓病（病名　　　　　）		才	才	才			
ひきつけ・てんかん		才	才	才			

学校生活管理指導表、糖尿病連絡表、川崎病調査票の有無	心疾患用（有・無）	腎疾患用（有・無）	アレルギー疾患用（有・無）	糖尿病連絡表（有・無）	川崎病調査票（有・無）	

2　予防接種歴と既往歴と副作用歴	未接種	接種有	接種有	接種有	接種有	感染有	副反応有	・未接種の場合は未接種に○を記入
① 日本脳炎		1回目	2回目	3回目	4回目			・接種有の場合は接種した回数すべてを○で囲む
② 3種混合（ジフテリア・百日咳・破傷風）		1回目	2回目	3回目	4回目			
③ 4種混合（ジフテリア・百日咳・破傷風・ポリオ）		1回目	2回目	3回目	4回目			・感染したことがある場合は感染有に○を記入
④ 麻疹（はしか）		1回目	2回目					
⑤ 風疹（三日はしか）		1回目	2回目					・予防接種の副反応がある場合は、副反応有に○を記入
⑥ 水痘（水ぼうそう）		1回目	2回目					
⑦ 流行性耳下腺炎（おたふくかぜ）		1回目	2回目					
⑧ 肺炎球菌性肺炎（肺炎球菌ワクチン）		1回目	2回目	3回目	4回目			
⑨ インフルエンザ桿菌（HIB）		1回目	2回目	3回目	4回目			
⑩ BCG		1回目	未接種の理由：ツベルクリン反応検査が陽性だったため（　　）、その他（　　）					
⑪ その他任意接種等で受けたものがありましたらご記入ください。								

3　結核について		小1	小2	小3	小4	小5	小6	中1	中2	中3
①	今までに結核性の病気（肺浸潤、胸膜炎、ろくまく炎、頸部リンパ腺結核等）にかかったことがありますか？	いいえ はい 年 月頃	いいえ はい 年 月頃	いいえ はい 年 月頃	いいえ はい 年 月頃	いいえ はい 年 月頃	いいえ はい 年 月頃	いいえ はい 年 月頃	いいえ はい 年 月頃	いいえ はい 年 月頃
②	今までに結核の予防薬を飲んだことがありますか？	いいえ はい 年 月頃	いいえ はい 年 月頃	いいえ はい 年 月頃	いいえ はい 年 月頃	いいえ はい 年 月頃	いいえ はい 年 月頃	いいえ はい 年 月頃	いいえ はい 年 月頃	いいえ はい 年 月頃
③	生まれてから家族や同居人で結核にかかった人がいますか？	いいえ はい 年 月頃	いいえ はい 年 月頃	いいえ はい 年 月頃	いいえ はい 年 月頃	いいえ はい 年 月頃	いいえ はい 年 月頃	いいえ はい 年 月頃	いいえ はい 年 月頃	いいえ はい 年 月頃
④	過去3年以内に通算して半年以上、外国に住んでいたことがありますか？	いいえ はい	いいえ はい	いいえ はい	いいえ はい	いいえ はい	いいえ はい	いいえ はい	いいえ はい	いいえ はい
	「はい」の場合、その国はどこですか？									
⑤	2週間以上「せき」や「たん」が続いていますか？	いいえ はい	いいえ はい	いいえ はい	いいえ はい	いいえ はい	いいえ はい	いいえ はい	いいえ はい	いいえ はい
⑥ ⑤の質問に「はい」の場合	医療機関で受診していますか？	いいえ はい	いいえ はい	いいえ はい	いいえ はい	いいえ はい	いいえ はい	いいえ はい	いいえ はい	いいえ はい
	ぜんそく、ぜんそく性気管支炎などといわれていますか？	いいえ はい	いいえ はい	いいえ はい	いいえ はい	いいえ はい	いいえ はい	いいえ はい	いいえ はい	いいえ はい

出典：『児童生徒等の健康診断マニュアル（平成27年度改訂）』公益財団法人 日本学校保健会　2015年

氏名

		症状	小1	小2	小3	小4	小5	小6	中1	中2	中3
内科	1	食欲がなく、体重が増えにくい									
	2	頭痛・腹痛を起こしやすい									
	3	下痢、便秘になりやすい									
	4	動悸、めまい、息切れをすることがある									
	5	疲れやすく、元気のないことが多い									
	6	急に立つとめまいをすることがある									
	7	気を失って倒れたことがある									
皮膚科	8	肌がかゆくなりやすい									
	9	肌があれやすい、かぶれやすい									
	10	うみやすい、にきびがでやすい									
	11	体や手足にブツブツができている									
	12	髪の毛に異常がある（頭シラミ、脱毛症等）									
	13	生まれつきのあざ、皮膚病がある									
	14	その他、気になる皮膚病がある									
耳鼻科	15	聞こえが悪い									
	16	発音で気になることがある、声がかれている									
	17	よく鼻水がでる									
	18	よく鼻がつまる									
	19	鼻血がでやすい									
	20	のどの腫れや痛みを伴う発熱が多い									
	21	普段口を開けている									
	22	いびきをかくことがある									
	23	現在治療中の病気がある									
眼科	24	黒板の字が見えにくい、遠くを見るとき目を細める									
	25	色まちがいをすることがある									
	26	頭を傾ける、上目づかい、顔の正面で見ない									
	27	左右の視線がずれることがある									
	28	本を読むと目が疲れたり、頭痛がしたりする									
	29	目がかゆくなる、目やにが出る、目が赤くなる									
	30	目がかわく、涙が出ることが多い									
	31	メガネ・コンタクトレンズを使用している									
	32	コンタクトレンズ使用で、見にくい、充血、ゴロゴロする									
歯科	33	歯が痛んだり、しみたりする									
	34	顎の関節が痛んだり音がしたりすることがある									
	35	かみにくい、食べにくいと思うことがある									
	36	歯並びやかみ合わせが気になる									
	37	口のにおいが気になる									
	38	歯ぐきから血が出ることがある									
整形外科	39	背骨が曲がっている									
	40	腰を曲げたり、反らしたりすると痛みがある									
	41	腕、脚を動かすと痛みがある									
	42	腕、脚に動きの悪いところがある									
	43	片脚立ちが5秒以上できない									
	44	しゃがみこみができない									
	45	月経に伴って腹痛や頭痛、はき気などがある									

4　最近の健康状態・生活習慣について、次の事項であてはまるものがあれば○を記入してください。

出典：『児童生徒等の健康診断マニュアル（平成27年度改訂）』公益財団法人 日本学校保健会　2015年　一部追加

学年	
5　現在治療中または病院で経過観察を受けている病気やけが、その他学校に知らせておきたいことがあれば記入してください。特にない場合は、'なし'か斜線を引いてください。	
小1	
小2	
小3	
小4	
小5	
小6	
中1	
中2	
中3	

家庭でできる姿勢の検査

立位検査　　　前屈検査

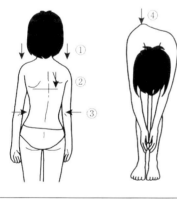

脊柱側わん症の早期発見のためにご家庭でもチェックをお願いします。

＊　四つのポイント　＊
① 両肩の高さの違い
② 両肩甲骨の位置、高さの違い
③ 脇ラインの左右非対称
④ 前屈したときの、背面（肋骨及び腰）の高さの違い

イ　保健調査票作成上の配慮事項
・ 学校医・学校歯科医等の指導助言を得て作成する。
・ 地域や学校の実態に即した内容のものとする。
・ 内容・項目は精選し、活用できるものとする。
・ 集計や整理が容易で客観的分析が可能なものとする。
・ 発育・発達状態や健康状態及び生活背景をとらえることができるものとする。
・ 個人のプライバシーに十分配慮し、身上調査にならないようにする。
・ 継続して使用できるものとする。

出典：『児童生徒等の健康診断マニュアル（平成27年度改訂）』公益財団法人 日本学校保健会　2015年

第3節 健康観察

> 1　教職員等により行われる健康観察は、子どもの心身の健康問題を早期に発見し、適切な対応を図ることによって、教育活動を円滑に進めるために行われる。
> 2　健康観察は、教育活動全体を通じて、全職員によって実施されることが大切である。特に朝の健康観察は、その日を元気に活動できるかの判断資料となるので重要である。
> 3　健康観察の結果は、健康診断、健康相談及び保健指導などにも活用される（ICT活用等）。また、いじめや不登校傾向などの早期発見にもつながることから、学級経営の資料ともなる。
> 4　健康観察の評価は、学期ごとあるいは学年末に行い、その内容は、計画から実施及び事後の対応・記録までにいたる事項について評価し、次年度に生かすことが大切である。
> 5　子どもの心身の健康問題は、健康診断だけで発見できるものではなく、早期発見・対応を図るためには、学校生活や家庭における日常的な健康観察が重要である。
> 6　日常の健康観察においては、家庭や地域社会との連携が大切である。
> 7　学校保健法の改正により、新たに学校保健安全法（平成21年4月1日施行）に健康観察が位置付けられた。

1　健康観察の重要性・目的

　学級担任をはじめ教職員等により行われる健康観察は、日常的に子どもの健康状態を観察し、心身の健康問題を早期に発見して適切な対応を図ることによって、学校における教育活動を円滑に進めるために行われる重要な活動である。

　学級担任等により行われる朝の健康観察をはじめ、学校生活全般を通して健康観察を行うことは、体調不良のみならず心理的ストレスや心の悩み、いじめ、不登校、虐待や精神疾患など、子どもの心の健康問題の早期発見・早期対応にもつながることから、その重要性は増してきている。

　健康観察の目的は、次の点である。

①子どもの心身の健康問題の早期発見・早期対応を図る。

②感染症や食中毒などの集団発生状況を把握し、感染の拡大防止や予防を図る。

③日々の継続的な実施によって、子どもに自他の健康に興味・関心をもたせ自己管理能力の育成を図る。

2　健康観察の法的根拠

　健康観察は、中央教育審議会答申（平成20年1月17日）においてもその重要性が述べられており、それらを踏まえて、学校保健安全法（平成21年4月1日施行）に新たに健康観察が位置付けられ、充実が図られた。

中央教育審議会答申 （平成20年1月17日）
Ⅱ　学校保健の充実を図るための方策について
2.学校保健に関する学校内の体制の充実
（3）学級担任や教科担任等
②　健康観察は、学級担任、養護教諭などが子どもの体調不良や欠席・遅刻などの日常的な心身の健康状態を把握することにより、感染症や心の健康課題などの心身の変化について早期発見・早期対応を図るために行われるものである。また、子どもに自他の健康に興味・関心を持たせ、自己管理能力の育成を図ることなどを目的として行われるものである。（後略）
③　学級担任等により毎朝行われる健康観察は特に重要であるため、全校の子どもの健康状態の把握方法について、初任者研修をはじめとする各種現職研修などにおいて演習などの実践的な研修を行うことやモデル的な健康観察表の作成、実践例の掲載を含めた指導資料作成が必要である。

学校保健安全法 （昭和33年4月10日公布、平成27年6月24日最終改正）
（保健指導）
第9条　養護教諭その他の職員は、相互に連携して、健康相談又は児童生徒等の健康状態の日常的な観察により、児童生徒等の心身の状況を把握し、健康上の問題があると認めるときは、遅滞なく、当該児童生徒等に対して必要な指導を行うとともに、必要に応じ、その保護者（学校教育法第16条に規定する保護者をいう。第24条及び第30条において同じ。）に対して必要な助言を行うものとする。

3　健康観察の機会

　学校における健康観察は、学級担任や養護教諭が中心となり、教職員との連携の下で実施すべきものであることから、全教職員がそうした認識をもつことが重要である。家庭における保護者による健康観察も総合的な判断をする上で重要であることから、保護者の理解と協力を得て行うことが大切である。また、保護者にも、子どもの健康観察の視点等について周知を図っておくことが必要である。
　中央教育審議会答申（平成20年1月17日）でも述べられているように、学級担任等により毎朝行われる健康観察は、特に重要である。

4　健康観察の視点

　子どもは自分の気持ちを言葉でうまく表現できないことが多く、心の問題が顔の表情や行動に現れたり、頭痛・腹痛などの身体症状となって現れたりすることが多いため、きめ細やかな観察が必要である。また、子どもに自分の健康状態を意識させることによって、自己健康管理能力を育てることが大切である。
　さらに、友達関係や家庭環境などの心理社会的な問題ではなく、脳の機能障害や心身症など疾患が原因となっている場合があることから、留意が必要である。そのような場合は、学校だけでは解決が困難なため専門機関との連携が必要となる。
　さらに、学校は、集団生活の場であることから、感染症のまん延防止や予防を図ることが重要である。次の表は、子どもがかかりやすい感染症や病気の症状を中心に健康観察の視点を示したものである。教職員との共通理解のもと感染症等の早期発見・早期対応に努めていくことが必要である。

<小学校・中学校・高等学校（例）＞
　子どもがかかりやすい感染症や病気の症状を中心に、観察項目を設定している。

主な観察事項（例）			推測される主な疾患名
欠席		散発的な欠席	
		継続的な欠席	
		欠席する曜日が限定している	
		登校渋り	
		理由のはっきりしない欠席等	
遅刻		遅刻が多い	
		理由がはっきりしない遅刻等	
心身の健康状態	観察項目（他覚症状）	普段と変わった様子が見られる	
		元気がない	発熱を来す疾患、起立性調節障害　等
		顔色が悪い（赤い、青い）	発熱を来す疾患、起立性調節障害　等
		せきが出ている	上気道炎、気管支炎、肺炎、気管支喘息、百日咳、マイコプラズマ感染症、麻しん（はしか）、心因性咳そう　等
		目が赤い	アレルギー性結膜炎、流行性角結膜炎、咽頭結膜熱（プール熱）　等
		鼻水・鼻づまり	鼻炎、副鼻腔炎、鼻アレルギー、異物等の存在　等
		けがをしている	擦過傷（すり傷）、切創（きり傷）、打撲、火傷　等
		その他	
	聞き取りや申告（自覚症状）	頭痛	頭蓋内の疾患、耳鼻眼疾患、慢性頭痛、心因性頭痛　等
		腹痛	感染性胃腸炎、腹腔内の疾患、アレルギー性紫斑病、過敏性腸症候群　等
		発熱	感冒、インフルエンザ、新型コロナウイルス、麻しん（はしか）などの感染症、川崎病、熱中症、心因性発熱　等多数
		目がかゆい	結膜炎、結膜アレルギー　等
		喉（のど）が痛い	咽頭炎、扁桃腺炎、ヘルパンギーナ、溶連菌感染症、新型コロナウイルス　等
		ほほやあごが痛い	反復性耳下腺炎、川崎病、流行性耳下腺炎（おたふくかぜ）　等
		気分が悪い、重い	感染性胃腸炎、起立性調節障害、心因性、おう吐　等
		体がだるい	発熱を来す疾患、起立性調節障害　等
		眠い	睡眠障害、起立性調節障害、夜尿症　等
		皮膚がかゆい	アトピー性皮膚炎、じん麻しん　等
		発しん・湿しん	じん麻しん、アレルギー性紫斑病、川崎病、アトピー性皮膚炎、風しん（三日ばしか）、水痘（みずぼうそう）、溶連菌感染症、とびひ　等
		息がくるしい	気管支喘息、過換気症候群（過呼吸）、異物等の存在　等
		関節が痛い	オスグット・シュラッター病、スポーツ障害　等
		その他	

出典：「教職員のための子どもの健康観察の方法と問題への対応」文部科学省（http://www.mext.go.jp/a_menu/kenko/hoken/1260335.htm）2009年
一部改変

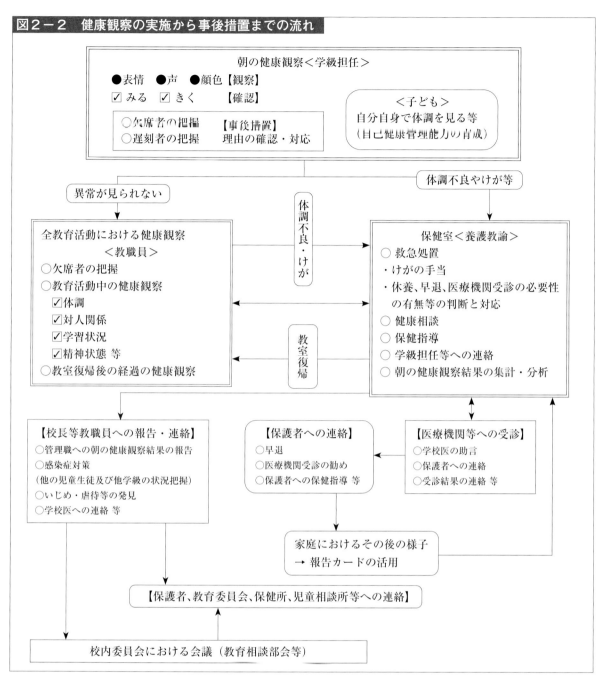

図2-2　健康観察の実施から事後措置までの流れ

朝の健康観察＜学級担任＞
●表情　●声　●顔色【観察】
☑みる　☑きく　【確認】
○欠席者の把握　【事後措置】
○遅刻者の把握　理由の確認・対応

＜子ども＞
自分自身で体調を見る等
（自己健康管理能力の育成）

体調不良やけが等

異常が見られない

体調不良・けが

全教育活動における健康観察
＜教職員＞
○欠席者の把握
○教育活動中の健康観察
　☑体調
　☑対人関係
　☑学習状況
　☑精神状態　等
○教室復帰後の経過の健康観察

教室復帰

保健室＜養護教諭＞
○救急処置
　・けがの手当
　・休養、早退、医療機関受診の必要性
　　の有無等の判断と対応
○健康相談
○保健指導
○学級担任等への連絡
○朝の健康観察結果の集計・分析

【校長等教職員への報告・連絡】
○管理職への朝の健康観察結果の報告
○感染症対策
（他の児童生徒及び他学級の状況把握）
○いじめ・虐待等の発見
○学校医への連絡　等

【保護者への連絡】
○早退
○医療機関受診の勧め
○保護者への保健指導　等

【医療機関等への受診】
○学校医の助言
○保護者への連絡
○受診結果の連絡　等

家庭におけるその後の様子
→　報告カードの活用

【保護者、教育委員会、保健所、児童相談所等への連絡】

校内委員会における会議（教育相談部会等）

学級担任等が行う朝の健康観察の手順

【学級担任】

①欠席者及び遅刻者を把握し、その理由を確認する。
②出席者については、心身の健康観察を行う。
　○体調不良者やけがなどの異常等が見られ、養護教諭の対応が必要と思われる者については、保健室へ送致する。必要
　　に応じて保護者に連絡をとる。
③健康観察の結果は健康観察表に記入し、養護教諭に提出する。
　○担任が記録用紙（健康観察票）に記入する。記録用紙等は、子どもの個人情報保護の観点から、取り扱いには十分留
　　意する必要がある。
　○養護教諭への提出方法としては、担任が養護教諭へ提出する、養護教諭が校内巡視をかねて回収するなどの方法がある。

【養護教諭】

①各学級から提出された健康観察結果の集計・分析を行い管理職へ報告する（健康観察集計表の提出）。
②救急処置（けがの手当て、早退、休養、医療機関受信の必要性の有無等の判断と対応）、健康相談、保健指導、学級担任
　等への連絡など、事後措置の対応を図る。

出典：「教職員のための子どもの健康観察の方法と問題への対応」文部科学省（http://www.mext.go.jp/a_menu/kenko/hoken/1260335.htm）2009年

5　学校生活全般における健康観察

＜体・行動や態度・対人関係に現れるサイン＞

　朝の健康観察に加え、学校生活全般（授業中、休憩時間、保健室、給食（昼食）時間、放課後、学校行事等）を通じて行う健康観察の視点について、体・行動や態度・対人関係に現れるサインの3つに分けて例示した。なお、これらのサインの現れ方は、発達段階によって変化することを考慮する必要がある。

　また、これらのサインから推測される背景要因の例としては、内科・小児科疾患、発達障害、精神疾患、てんかん、心身症、いじめ、虐待、生活環境の問題などがあげられる。疾患や障害が原因となっている場合は、専門機関との連携が必要となるので留意する。

小学校・中学校・高等学校（例）

＜体に現れるサイン＞

発熱が続く
吐き気、おう吐、下痢等が多く見られる
体の痛み（頭痛、腹痛等）をよく訴える
急に視力、聴力が低下する
めまいがする、体がだるい等の不定愁訴を訴える
せきをしていることが多い
眠気が強く、すぐに寝てしまうことが多い（いつも眠そうにしている）
以前に比べて、体調を崩す（風邪を引く等）ことが多い
尿や便のお漏らしが目立つ
最近、極端に痩せてきた、または太ってきた
けいれん、失神がある
目をパチパチさせる、首を振る、肩をすくめる、口をモグモグする、おかしな声を出す
理由のはっきりしない傷やあざができていることがある

＜行動や態度に現れるサイン＞

登校を渋ったり、遅刻や欠席をしたりすることが目立ってきた
保健室（相談室）を頻繁に利用する
用事がないのに職員室に入ったり、トイレ等に閉じこもったりする
部活動を以前に比べて休むことが多くなり、理由を聞いても答えない
家に帰りたがらない
顔の表情が乏しい
ほとんど毎日、朝食を食べていない
給食時、極端に少食または過食気味である
ブツブツ独り言を言う
死を話題にする
自傷行為が見られる、または疑われる
喫煙や飲酒が疑われる態度が見られる
手を洗うことが多い、型にはまった行動を繰り返す
急に、落ち着きのなさや活気のなさが見られるようになった
教員が理解しにくい不自然な行動（ボーッとしている、急に大きな声をだす等）が見られる
おどおどした態度やぼんやりとした態度が目立つ
急に服装や髪型が派手になったり、挑発的な行動等が見られるようになった
忘れ物が多い、授業に必要な物を用意しない
机上や机の周りが散乱している
落ち着きがなく、集中して学習に取り組めない
特定の教科や学習の遅れ、学習への拒否が見られる
急に成績が下がった

＜対人関係に現れるサイン＞

登下校時に、一人だけである、または友達に避けられている
登下校時に、友達の荷物を持たされたり走らされたりしている
ほとんど誰とも喋らない、関係を持たない
他学年の子どもとばかり遊ぶ
明るく振る舞っているときと急にふさぎ込んでいるときが極端に見られる
ささいなことで急に泣き出したり、担任にまとわりつこっとする
特定の子どもの配膳が不自然（山盛り、配り忘れ）である
授業中や給食時などに、特定の子どもだけ非難されたりからかわれたりしている
日常のあいさつ時や呼名時に、返事をしなかったり元気がないことが増えた
授業中や休み時間に、友達とのトラブルが絶えないまたは孤立している
ささいなことでイライラしたり、急にかっとなって暴力的な態度を取ったりする
恋愛関係や性に関する悩み（トラブル）が見られる
弱いものいじめをする
清掃時間に、誰もがやりたがらない分担をやっている

出典：「教職員のための子どもの健康観察の方法と問題への対応」文部科学省（http://www.mext.go.jp/a_menu/kenko/hoken/1260335.htm）2009年より

6　災害等の危機発生時における心身の健康観察のポイント

　自然災害などによるPTSDは、最初は症状が目立たないケースや被災直後の症状が一度軽減した後の6か月後に発症するケースもある。このため、被災後の健康観察はなるべく長期にわたって実施することが必要である。

＜例：子どもに現れやすいストレス症状の健康観察のポイント＞

体の健康状態	心の健康状態
・食欲の異常（拒食・過食）はないか ・睡眠はとれているか ・吐き気・嘔吐が続いていないか ・下痢・便秘が続いていないか ・頭痛が持続していないか ・尿の回数が異常に増えていないか ・体がだるくないか	・心理的退行現象（幼児返り）が現れていないか ・落ち着きのなさ（多弁・多動）はないか ・イライラ、ビクビクしていないか ・攻撃的、乱暴になっていないか ・元気がなく、ぼんやりしていないか ・孤立や閉じこもりはないか ・無表情になっていないか

7　健康観察の評価

　健康観察の計画から実施及び事後の対応・記録などについて評価する。評価する時期については、学期ごとあるいは学年末に行い、次年度の実施に生かすことが大切である。

●評価の観点（例）

（1）健康観察の必要性について共通理解されているか。

（2）学級担任による朝の健康観察は適切に行われているか。

（3）全教育活動を通じて実施されているか。

（4）健康観察事項は適切であったか。

（5）心身の健康問題の早期発見に生かされているか。

（6）健康観察の事後措置（健康相談・保健指導等）は適切に行われたか。

（7）子どもに自己健康管理能力が育まれたか。

（8）必要な事項について記録され、次年度の計画に生かされたか。

（9）保護者等の理解や協力が得られたか。　　等

【参考文献・引用資料】

『教職員のための子どもの健康観察の方法と問題への対応』文部科学省　2009年

第4節　疾病管理・予防

> 1　学校における疾病管理の目的は、保健調査、健康診断、健康観察、健康相談等により個別支援が必要な子どもを把握し、適切な医療を受けさせ、安心・安全な学校生活を送れるよう支援することである。養護教諭はこの疾病管理の中心的役割を担っている。
> 2　疾病管理にあたっては、全教職員の共通理解のもとに保護者や主治医、学校医、地域の関係機関等と連携することが大切である。現在、心臓疾患、腎臓疾患、糖尿病、アレルギー疾患などに罹患している子どもの場合は、運動の強度・参加の可否を具体的に示した「学校生活管理指導表」（幼稚園用、小学生用、中学・高校生用）、（アレルギー疾患用）が作成されており、活用されている。
> 3　学校行事や学年行事等に際しては、目的に即した保健の指導を行うことが効果的である。
> 4　学校は、子どもたちが集団生活を送る場であることから、感染症がまん延しやすい。そのため、日々の健康観察の徹底や地域の流行状況の把握等に努め、感染拡大の防止や予防に努めることが重要である。
> 5　学校におけるアレルギー対応は、「ガイドライン*」に基づき、医師の診断による学校生活管理指導表の提出を必須とし正確な情報を基に対応する。また、必要に応じて個別の対応プランを立てるなど、組織的に対応する。
> 6　学校給食におけるアレルギー対応は、①情報把握・共有、②事故予防（安全、チェック機能の強化）、③緊急時の体制整備（危機管理マニュアルの整備・研修・訓練〈エピペン®**の使用等〉）の3つの視点に基づいた対応を行う。
>
> 　＊『学校のアレルギー疾患に対する取り組みガイドライン《令和元年度改訂》』文部科学省初等中等教育局健康教育食育課監修
> 　　公益財団法人 日本学校保健会　2020年
> 　＊＊エピペン®とは、アドレナリン自己注射のことをいう。

1　疾病管理の目的

　我が国の疾病構造は社会状況の変化にともない、従来からの疾病に加えて、新たな疾病も加わり、その内容は多岐にわたっている。子どもの疾病についても同様である。

　学校における疾病管理の目的は、疾病に罹患している子どもの早期の回復や治癒を目指した治療への支援を行うとともに、運動や諸活動への参加の制限を最小限にとどめて、可能な限り教育活動に参加できるよう配慮することにより、安心・安全な学校生活を送ることができるよう支援することである。このような疾病管理の目的達成のためには、全教職員の共通理解のもと、保護者や主治医、学校医、地域の関係機関等との連携が大切である。養護教諭は、子どもの疾病管理を円滑に進めるための中心的役割を担っている。

　なお、心の健康に関しては、第4部「子どもの精神保健」で取り上げるものとする。

2　疾病管理の内容と留意点

1）子どもの健康状況に関する調査結果の概要

　学齢期の子どもの健康状況については、文部科学省の学校保健統計調査や厚生労働省の調査等でその概要を知ることができる。これらの調査結果を参考にして、疾病管理の方策や保健教育の企画立案などに役立てることが望まれる。

（1）文部科学省

　　学校保健統計調査（第3部「子どもの現代的な健康課題とその対応」参照）

（2）厚生労働省

　厚生労働省では、日本人の健康について各種の調査を行っている。

　通院者について見ると（表2－11参照）、5～9歳・10～14歳・15歳～19歳では、アレルギー性鼻炎、歯の病気、アトピー性皮膚炎、喘息、その他の皮膚の病気、目の病気、骨折・けが・やけどなどが多い。この年代で目立つのはアレルギー疾患が多いことで、学校における疾病管理上の留意点の一つである。（「2022（令和4年）国民生活基礎調査」厚生労働省）

　死亡率について見ると（表2－12参照）、小学生から高校生くらいの年代は最も死亡率の低い時期である。死因は5～9歳が悪性新生物〈腫瘍〉が第1位、10～14歳と15歳～19歳は自殺が第1位、そして、5～9歳は先天性奇形等、10～14歳は悪性新生物〈腫瘍〉、15歳～19歳は不慮の事故が第2位となっている。（『国民衛生の動向 2023／2024年』一般財団法人 厚生労働統計協会）

2）疾病管理の留意点

　学校にはさまざまな疾病を持った子どもがいる。学校では、これらの子どもに対して疾病の内容を十分に理解しないままに、あるいは過度に疾病の悪化を恐れて、運動やさまざまな活動を制限しがちである。このような状況を回避するために、疾病の理解や学校における適切な生活管理指導が必要であり、保護者、主治医、学校医、学級担任、教科担任、養護教諭他全教職員の緊密な連携が不可欠である。

　さらに、平常から救急体制に万全を期すことが求められる。

　一方、疾病管理が必要な子どもに対しては、子どもが自己の疾病や生活管理の必要性を理解できるよう指導することが必要であり、このためには全教職員の共通理解、協働が不可欠である。また、教職員は疾病を持つ子どものプライバシーを侵害しないように配慮しながら、同級生などが疾病について正しく理解し、偏見をもったり差別をしたりしないように話しておくことも必要である。なお、疾病管理というと身体面の不調のみを取りあげがちであるが、精神的な問題も含まれる。

3）学校生活管理指導表の活用（表2-13、表2-14 参照）

（1）学校生活管理指導表とは

　学校には、心臓病、腎臓病、糖尿病、アレルギー疾患など、さまざまな疾病のある子どもが在籍している。配慮や管理が必要な子どもに対しては、医学的な指導の下に適切な健康管理をすることが必要である。管理や指導にあたっては、医師や保護者と連携を密にとることが必要であり、その中心的な役割を果たしているのが学校生活管理指導表（以下、管理指導表という）である。

　管理指導表の内容は、診断名、運動管理区分（軽い運動・中等度の運動・強い運動）、学校行事への参加、定期検診の時期などで、医師が記載する。これにより過度な運動制限を防ぎ子どものストレスの軽減を図るなどして、学校生活を安全で安心して過ごせるよう支援するために活用するものである。また、教職員の共通理解を図り、緊急時に適切に対応できるようにすることが大切であることから、危機管理上も重要な役割を果たしている。

　さらに、近年、アレルギー（アナフィラキシー等）の子どもの増加や学校給食における食物アレルギー誤食死亡事故が発生していることから、文部科学省は学校で管理を求めるアレルギーの子どもに対しては、「学校のアレルギー疾患に対するガイドライン」に基づき管理指導表の提出を必須にするという前提のもとに、教育委員会、学校、医療機関、消防機関等と情報共有し、具体的なアレルギー対応について、一定の指針を示すこととしている。

　現在、管理指導表は、「学校生活管理指導表（幼稚園用、小学生用、中学・高校生用）」と「学校生活管理指導表（アレルギー疾患用）」の2種類があり、糖尿病患児については、「糖尿病患児の治療・緊急連絡法等の連絡表」と「学校生活管理指導表」の2枚を1セットとして扱うこととしている。

（2）学校生活管理指導表活用のポイント（ガイドラインより）

　学校生活管理指導表は、原則として学校における配慮や管理が必要だと思われる場合に使用されるものであり、次のように活用されることを想定して作成されている。

87

①学校・教育委員会は、健康診断や日常の健康観察などから、配慮や管理が必要な子どもを把握し、医学的な指導が必要な場合は、主治医や学校医の指導助言を得て適切に管理するために、保護者に管理指導表の提出を求める。

②保護者は、学校の求めに応じ、主治医・学校医に記載してもらい、学校に提出する。

③学校は、管理指導表に基づき、保護者と協議を行い必要な管理・指導を行う。

④学校は、提出された管理指導表については、個人情報の取り扱いに留意するとともに、緊急時に教職員のだれもが閲覧できる状態にして管理する。

⑤管理指導表は、症状等に変化がない場合であっても、配慮や管理が必要な間は、少なくとも毎年提出を求める。（大きな病状の変化があった場合はこの限りではない。）

⑥食物アレルギーの子どもに対する給食での取り組みなどが必要な場合には、保護者に対しさらに詳細な情報の提出を求め、総合して活用する。

3　学校における感染症の予防と管理

1）学校における感染症予防の重要性

学校は、子どもが集団生活を営む場であり、インフルエンザなどの感染症が発生した場合には、教育上大きな影響を及ぼすことから、その予防と蔓延の防止を図ることが重要である。

近年、新型インフルエンザの発生や麻しん（はしか）、新型コロナウイルス感染症の流行などが社会的な問題となっていることから、学校における感染症対策は危機管理上も重要となっている。

2）学校における感染症の予防

（1）「感染症」とは

> ウイルス、細菌などの微生物や、寄生虫が、人体または動物の体内に侵入し、臓器や組織の中で増殖することを「感染」といい、その結果、生じる疾病が「感染症」である。感染症にはインフルエンザ、結核などのように直接あるいは間接に人から人へ感染し流行的に発生する疾病と、破傷風などのように人から人へ感染することのない疾病がある。

（2）感染症予防の基本

感染症予防の３原則は、「感染源の除去」、「感染経路の遮断」、「抵抗力を高める」である。

①感染源の除去とは、患者の隔離、汚染源の排除、消毒などにより感染源となるものを除去することである。学校においては、流行情報の把握や健康観察等による感染症の兆候の早期発見、早期治療勧告、有症者の管理、汚染物の適切な処理などにより感染源となるものを遠ざけることである。

②感染経路の遮断とは、日頃から、手洗い、咳エチケット、うがい、食品の衛生管理などを徹底させ、体内に感染源（病原体）を入れないようにすることである。

③抵抗力を高める（感受性対策）とは、栄養バランスがとれた食事、適度な運動、規則正しい生活習慣を身に付けたり、予防接種を受けたりするなどして免疫力を高めることである。

（3）感染経路

感染経路には、感染症の種類に応じて飛沫感染、空気感染、接触感染、経口感染があり、これらが複合しているものもある。インフルエンザや麻しん（はしか）などの各種の感染症について正しい知識や情報を得て対応することが重要である。

①飛沫感染

感染している人が咳やくしゃみをした際に、口から飛ぶ病原体がたくさん含まれた小さな水滴（飛沫）を近くにいた人が吸い込むことで感染する。飛沫が飛び散る範囲は１〜２メートルである。

例：新型コロナウイルス、インフルエンザウイルス、アデノウイルス、風しんウイルス、ムン

プスウイルス、マイコプラズマ、A群溶連菌

②空気感染

　　感染している人が咳やくしゃみをした際に、口から飛び出した飛沫が乾燥し、その芯となっている病原体が感染性を保ったまま空気の流れによって拡散し、近くの人だけでなく、遠くにいる人もそれを吸い込んで感染する。

　　例：結核菌，麻しんウイルス、水痘・帯状疱疹ウイルス、ノロウイルス

③接触感染

　　感染源である人に触れることで伝播が起こる直接接触感染（握手、だっこ、キス等）と汚染された物を介して伝播が起こる間接接触感染（ドアノブ、手すり、遊具等）がある。

　　例：新型コロナウイルス、エンテロウイルス、アデノウイルス、ロタウイルス、腸管出血性大腸菌群

④経口感染

　　菌やウイルスで汚染された飲食物を摂取したり、患者の糞便に含まれる大腸菌やウイルスが直接または間接的に口から入ることによって感染する。

　　例：腸管出血性大腸菌、ノロウイルス、ロタウイルス、A型肝炎ウイルス

3）学校保健安全法における規定

（1）出席停止と臨時休業

　　児童生徒が集団生活を営む場である学校では、感染症が蔓延しやすくその対応は速やかに行う必要があるため、学校保健安全法等により必要事項が規定されている。

学校保健安全法（昭和33年4月10日公布、平成27年6月24日最終改正）

（出席停止）

第19条　校長は、感染症にかかつており、かかつている疑いがあり、又はかかるおそれのある児童生徒等があるときは、政令で定めるところにより、出席を停止させることができる。

（臨時休業）

第20条　学校の設置者は、感染症の予防上必要があるときは、臨時に、学校の全部又は一部の休業を行うことができる。

注）一部とは学年・学級閉鎖等を言う。

89

　　出席停止は、個人を対象にしているのに対し、感染症予防上の臨時休業は、学校の全部または一部の休業を行うことで感染経路を遮断し、流行を防止することをねらいとしている。出席停止は校長が行い、臨時休業は、学校の設置者が行うことになっているが、各教育委員会では学校管理規則等を以て校長に委任していることが多い。

（2）感染症の種類と出席停止の期間

　　学校保健安全法施行規則第18条に規定されている感染症は、第1種、第2種、第3種に分けられている（表2−10参照）。出席停止期間は、第1種は治癒するまで、第2種・第3種は、感染の恐れがないと認められるまでである。学校においては、出席停止や臨時休業中における児童生徒等に対する生活指導、学習指導及び保健指導を適切に行い、授業再開時には、欠席や罹患状況等をよく把握し、健康管理を徹底することが大切である。

　　また、校長は、出席停止の指示をした場合は書面をもって、その旨を学校の設置者に報告しなければならない（学校保健安全法施行規則第20条）。

　　平成24年に学校保健安全法施行規則の一部改正が行われ4月1日施行となった。結核に関する知見の集積等を踏まえ、児童生徒の定期健康診断における結核の有無の検査方法の技術的基準についての規定の改正を行うとともに、医学の進展等を踏まえ、学校における感染症の予防

方法についての規定の改正が行われたものである。主な改正内容は、次のとおりである。

①児童生徒の定期健康診断における結核の有無の検査方法に関して、教育委員会に設置された結核対策委員会からの意見を聞かずに、精密検査を行うことができることとしたこと。

②学校において予防すべき感染症の追加

　　髄膜炎菌性髄膜炎は、近年学校において死亡例を含む感染の拡大があったことや、飛沫感染することなどから、第2種の感染症に追加された。

③出席停止期間の見直し

　　近年の研究や抗ウイルス薬の進歩により、解熱等を基準とした出席停止期間ではそぐわなくなっている現状から見直しが行われた。改正項目は下記の表のとおりである。

感染症の種類	出席停止期間
インフルエンザ	発症した後5日を経過し、かつ、解熱した後2日（幼児にあっては、3日）を経過するまで
百日咳	特有の咳が消失するまでまたは5日間の適正な抗菌性物質製剤による治療が終了するまで
流行性耳下腺炎（おたふくかぜ）	耳下腺、顎下腺または舌下腺の腫脹が発現した後5日を経過し、かつ、全身状態が良好になるまで
髄膜炎菌性髄膜炎	病状により学校医その他の医師において感染のおそれがないと認めるまで

4）感染症への対応

（1）日々の健康観察（欠席状況を含む）や保健室利用状況等から感染症の発生や流行の兆しなどの早期発見に努める。

（2）疑わしい感染症の症状があるときは、速やかに学校医または医師の診断を受けさせ指導・助言を受け、適切な措置を講ずる。

（3）児童生徒がかかりやすい感染症や新興感染症等について児童生徒及び保護者への啓発を行う。

（4）学校環境衛生管理（日常点検・定期検査・臨時検査）を適切に行う。

（5）児童生徒の保健教育を充実させる。子どもに対しては、平常時からうがい、手洗い、バランスのとれた食事、運動、規則正しい生活など、健康な生活習慣の実践に向けての指導を充実させる。

（6）予防接種の勧奨。

（7）集団発生した場合は、

　①学校医、教育委員会、保健所等に連絡し適切な対応ができるようにする。

　　・学校医等の意見を聞き、早期に出席停止、臨時休業、消毒その他の措置をとる。

　　・保健所との連絡（学校保健安全法施行令第5条）。

　②子ども及び保護者への当該感染症に対する保健指導を行い理解と協力を得る。

　③学校環境衛生の日常点検（換気、温度、学校の清潔等）に努め、必要に応じて臨時検査を行う。

　④地域の流行状況を把握するとともに、学校間の情報交換を密に行い、地域で効果的な対応ができるようにする。

表2－10　学校で予防すべき感染症

種別	感染症の種類	出席停止の期間の基準	
第1種	エボラ出血熱	第1種の感染症にかかった者については、治癒するまで。	※第1種若しくは第2種の感染症疾患者のある家に居住する者またはこれらの感染症にかかっている疑いがある者については、予防処置の施行の状況その他の事情により学校医その他の医師において感染のおそれがないと認めるまで。 ※第1種または第2種の感染症が発生した地域から通学する者については、その発生状況により必要と認めたとき、学校医の意見を聞いて適当と認める期間。 ※第1種または第2種の感染症の流行地を旅行した者については、その状況により必要と認めたとき、学校医の意見を聞いて適当と認める期間。
	クリミア・コンゴ出血熱		
	痘そう		
	南米出血熱		
	ペスト		
	マールブルグ病		
	ラッサ熱		
	急性灰白髄炎		
	ジフテリア		
	重症急性呼吸器症候群 （病原体がベータコロナウイルス属SARSコロナウイルスであるものに限る。）		
	中東呼吸器症候群 （病原体がベータコロナウイルス属MERSコロナウイルスであるものに限る。）		
	特定鳥インフルエンザ （病原体がインフルエンザウイルスA属インフルエンザAウイルスであってその血清亜型が新型インフルエンザ等感染症の病原体に変異するおそれが高いものの血清亜型として政令で定めるものに限る。）		
第2種		第2種の感染症（結核及び髄膜炎菌性髄膜炎を除く。）にかかった者については、次の期間。ただし、病状により学校医その他の医師において感染のおそれがないと認めたときは、この限りでない。	
	インフルエンザ （特定鳥インフルエンザを除く。）	発症した後5日を経過し、かつ、解熱した後2日（幼児にあっては、3日）を経過するまで。	
	百日咳	特有の咳が消失するまでまたは5日間の適正な抗菌性物質製剤による治療が終了するまで。	
	麻しん	解熱した後3日を経過するまで。	
	流行性耳下腺炎	耳下腺、顎下腺または舌下腺の腫脹が発現した後5日を経過し、かつ、全身状態が良好になるまで。	
	風しん	発しんが消失するまで。	
	水痘	すべての発しんが痂皮化するまで。	
	咽頭結膜熱	主要症状が消退した後2日を経過するまで。	
	結核	病状により学校医その他の医師において感染のおそれがないと認めるまで。	
	髄膜炎菌性髄膜炎		
	新型コロナウイルス感染症 （病原体がベータコロナウイルス属のコロナウイルス（令和2年1月に、中華人民共和国から世界保健機関に対して、人に伝染する能力を有することが新たに報告されたものに限る）であるものに限る。	発症した後5日を経過し、かつ、症状が軽快した後1日を経過するまで。	
第3種	コレラ	病状により学校医その他の医師において感染のおそれがないと認めるまで。	
	細菌性赤痢		
	腸管出血性大腸菌感染症		
	腸チフス		
	パラチフス		
	流行性角結膜炎		
	急性出血性結膜炎		
	その他の感染症		
感染症の予防及び感染症の患者に対する医療に関する法律（平成10年法律第114号）第6条第7項から第9項までに規定する新型インフルエンザ等感染症、指定感染症及び新感染症は、前項の規定にかかわらず、第1種の感染症とみなす。			

＊補足説明：第2種の感染症欄の但し書き「ただし、病状により学校医その他の医師において感染のおそれがないと認めたときは、この限りでない」は、インフルエンザ、百日咳、麻しん、流行性耳下腺炎、風しん、水痘、咽頭結膜熱の各感染症に適用されます。医師が「感染のおそれがない」と認めれば、登校できます。

91

> 学校保健安全法施行令 （昭和33年６月10日公布、平成27年12月16日最終改正）
> （保健所と連絡すべき場合）
> 第５条　法第18条の政令で定める場合は、次に掲げる場合とする。
> 　　　一　法第19条の規定による出席停止が行われた場合
> 　　　二　法第20条の規定による学校の休業を行つた場合
> （出席停止の報告）
> 第７条　校長は、前条（第６条・略）第一項の規定による指示をしたときは、文部科学省令
> 　　　で定めるところにより、その旨を学校の設置者に報告しなければならない。

５）近年の感染症の流行の状況

　これまで、散発的に流行が起きている結核や、予防接種を受けていない年代を中心に流行が見られている麻しん、世界的な流行が起きた新型インフルエンザ、野鳥に感染が見られている高病原性鳥インフルエンザなど、人間や動物において、新興・再興の感染症の脅威にさらされてきた。そのような中、令和元年12月には新型コロナウイルス感染症が確認され、３か月足らずでパンデミック（世界的大流行）が起きた。

　参考までに、最近の状況について、麻しん、結核、新型インフルエンザ、高病原性鳥インフルエンザ、ノロウイルス胃腸炎、新型コロナウイルス感染症等について述べる。

（１）麻しん（はしか）

　2007〜2008年頃から、高校生・大学生を中心に流行が見られた。麻しんの輸出国といわれるなど世界的な非難を受けており、こうした事態を受けて厚生労働省では、「麻しんに関する特定感染症予防指針」を策定するなど、2012年までに日本において麻しんを排除することを目標としていた。しかし、期間限定で行われていた中・高生の予防接種の接種率が低い状態にあったことから今後の動向が懸念されている。

（２）結核

　明治から昭和中期にかけてわが国の死亡原因の第１位を占めてきた結核は、抗生物質の発見、栄養状況の改善、結核健診の徹底等で劇的に改善した。従来の結核予防法は、平成18年に「感染症の予防及び感染症の患者に対する医療に関する法律」に統合され、平成19年４月より施行されている。児童生徒の結核健診は、学校保健安全法の規定により実施されている。

　国民全体の罹患状況を見ると昭和50年代ごろから改善のスピードが鈍化し、平成９年にはついに上昇し、平成11年に「結核緊急事態宣言」が出されるに至った。しかし、結核に対する知識の欠如（感染症であるという認識等）、検診受診者の減少などから最近集団発生が見られる状況もあり、今後も学校における集団感染の発生には十分な注意を払う必要がある。このような状況の背景には、人口の高齢化による結核発病危険者の増加、地域間格差、多剤耐性菌の出現等により発生している新たな問題がある。また、一方で、結核の診断の遅れにより感染が広がりやすいという傾向も問題を複雑にしている。

（３）新型インフルエンザ（インフルエンザウイルスＡ型（H1N1））

　2009年（平成21年）３〜４月メキシコから米国の一部地域等において新型インフルエンザ（H1N1）の流行が見られるようになり、世界的に大流行となった。日本でも若年層に多く流行が見られたが、大部分は季節性のインフルエンザと同等の症状で重症例は少なかった。2011年３月には流行がほぼ治まった状況となり、季節性インフルエンザと異なる大きな流行等の特別の事情は確認されていない。このような状況を踏まえ、新型インフルエンザ（Ａ／H1N1）については、通常の季節性インフルエンザとして取り扱い、その対策も通常のインフルエンザ対策に移行することとなった。また、2011年４月１日以降、その名称については、「インフルエンザ（H１N１）2009＊」とすることになった。＊「インフルエンザエイチイチエヌイチニセンキュウ」と読む（厚生労働省）

　しかし、新型インフルエンザ（Ａ／H1N1）は、鳥インフルエンザ（H5N1）と違い弱毒性で

はあるが、強毒性に変異する可能性があるため、警戒を強めている。学校における対応は、基本的には季節性のインフルエンザと同等であるが、保健所と連携を密にして適切な対応を図ることが必要である。国の対応としては、流行状況の把握方法の確立、医療体制の整備、ワクチンや治療薬の準備等が急がれている。

（4）高病原性鳥インフルエンザ

　高病原性鳥インフルエンザ（H5N1亜型）が全国各地で検出されていることから、各学校の設置者に対して、下記の点について、設置する当該学校に対して周知し、適切に対応するよう文部科学省から通知が発出されている。

高病原性鳥インフルエンザに関する対策等について
　　　　　　　　（都道府県関係部局等への文部科学省事務連絡、平成22年12月22日、一部略）
記
1　手洗い、うがいの励行
　　児童生徒に対し、日頃から、手洗い、うがいなど一般的な感染予防対策を徹底させること。
2　児童生徒や教職員等に対する野鳥への対応等の周知徹底等
　（1）死んだ野鳥などを発見した場合には、手で触らないこと。同じ場所でたくさんの野鳥などが死亡していたら、近くの都道府県又は市町村役場に連絡すること。
　（2）野鳥にはなるべく近づかないこと。近づいた場合や野鳥などの排泄物等に触れた場合には、手をきちんと洗い、うがいをすること。
　（3）不必要に野鳥を追い立てたり、つかまえようとしないこと。
　　鳥や動物を飼育している場合については、
　（4）それらが野鳥と接触しないようにすること。
　　このため、放し飼いは行わないようにするとともに、野鳥の侵入や糞尿の落下などを防止するために、飼育施設にトタン板等の屋根を設けたり、ネットに破れがないか点検するなどの適切な措置を講じること。
　　また、周囲に穀類等のエサや生ゴミ等野鳥を誘引するものを置かず、清潔を保つこと。

参考　WHO 世界保健機関の世界的インフルエンザ警戒フェーズ

　WHOは、世界的インフルエンザに関する新たな勧告とアプローチを既存の国レベルのインフルエンザ準備対策計画に盛り込みやすくするため、6つのフェーズによる方法を提示した。緊急事態に対する各国の理解と取り組みの強化を呼びかけた。

レベル	内容説明・取り組み等
フェーズ1	動物の中で循環しているウイルスがヒトにおいて感染を引き起こしたとの報告がない状態
フェーズ2	家畜または野生の動物の間で循環している動物のインフルエンザウイルスが、ヒトに感染を引き起こしたことが知られ、潜在的なパンデミック（世界的大流行）の脅威であると考えられる状態
フェーズ3	動物インフルエンザまたはヒト－動物のインフルエンザの再集合ウイルスが、ヒトにおいて散発例を発生させるか小集団集積例を発生させたがヒト－ヒト感染伝播を起こしていない状態
フェーズ4	"市中レベルでのアウトブレイク"を引き起こすことが可能な動物のウイルスのヒト－ヒト感染伝播またはヒトインフルエンザ－動物インフルエンザの再集合体ウイルスのヒト－ヒト感染伝播が確認されたことである。パンデミックに対するリスク（可能性）が高まる。WHOに助言を求めるべき状態
フェーズ5	1つのWHOの地域で少なくとも2つの国でウイルスのヒト－ヒト感染拡大があることである。パンデミックが目の前に迫っている状態。緩和対策計画の組織、情報伝達及び実施を最終的な状態にするまでの時間が短い。"警告"
フェーズ6（パンデミックフェーズ）	フェーズ5に定義された基準に加え、WHOの異なる地域において少なくとも他の1つの国で市中レベルのアウトブレイクがあることである。このフェーズが指定されることは、世界的なパンデミックが進行中であることを示す。

「国立感染症研究所感染症情報センターホームページ」2009年より抜粋

（５）ノロウイルス胃腸炎（感染性胃腸炎）

　　ノロウイルスは、乳幼児から高齢者にいたる幅広い年齢層の急性胃腸炎の病原ウイルスで、特に冬季に流行する。ノロウイルスは非常に感染力が強く、100個以下という少量のウイルスでも、人に感染する。患者の嘔吐物や糞便には１グラムあたり100万から10億個ものウイルスが含まれているといわれ、不十分な汚物処理で容易に集団感染を引き起こす。主症状は吐き気、嘔吐、下痢。潜伏期間は数時間から数日（平均１～２日）、感染経路は接触・飛沫・経口感染。塩素系消毒剤でないと消毒できない。近年、学校における集団発生が見られている。

（６）腸管出血性大腸菌感染症

　　ベロ毒素を産生する腸管出血性大腸菌（Ｏ157、Ｏ26、Ｏ111等）による感染症で、感染力が強く100個程度でも感染する。感染経路は、接触感染、経口（糞口）感染で、生肉などの飲食物から感染する。症状は、全く症状のない人から腹痛や血便を呈する人まで様々で、合併症として溶血性尿毒症症候群や脳症を併発し、ときには死に至ることもある。日本では1977年に学童を中心とした広範な地域での集団感染や生肉（2011年）、漬物（2012年）を原因とする死亡例を伴う大規模な集団感染がみられた。2017年には惣菜店で感染が起こり、幼児の死亡事故が発生している。毎年3000例前後発生しており、80％が15歳以下で小児と高齢者で重症化しやすい。

（７）髄膜炎菌性髄膜炎

　　髄膜炎菌性髄膜炎は、わが国での発生報告はわずかであるが、発症した場合は重大性が高く、平成23年５月に宮崎県の高等学校の寮で発生した時は、死亡１名、入院６名、菌検出者８名という事態になったことから、それらを踏まえて学校感染症に位置づけられることになった（平成24年４月）。飛沫（咳やくしゃみ等）感染し、潜伏期は２～４日、発熱、頭痛、嘔吐、意識障害などが主症状である。

（８）新型コロナウイルス感染症

　　新型コロナウイルス感染症は、令和元年12月に中国で確認されて以降、世界各国に拡大した。世界保健機関（ＷＨＯ）は、令和２年３月11日に「パンデミック（世界的大流行）とみなせる」と表明した。

　　学校における新型コロナウイルス感染症対策については、令和２年５月22日に文部科学省より『学校における新型コロナウイルス感染症に関する衛生管理マニュアル～「新しい学校の生活様式」～（2020.5.22Ver.1）』が出され、以降改訂を重ねている。これに基づき、各学校の実態に合わせた感染症対策が実施されている。

　　新型コロナウイルス感染症に対する「学校における新型コロナウイルス感染症に関する衛生管理マニュアル　2023．５．８」（文部科学省）を要約したものを下記に示す。

平素から求められる感染対策について

　これまでの新型コロナウイルス感染症対策を踏まえ、５類感染症への移行後においても感染拡大を防止するため、学校教育活動に支障を生じさせることなく、両立が可能な対策については、継続して実施することが有効となる。

　１　児童生徒等への指導

　　感染を正しく理解し、感染のリスクを自ら判断し、これを避ける行動をとることができるよう、感染対策に関する指導を行う

　２　児童生徒等の健康観察

　　学校内での感染拡大を防止するためには、健康観察を通して、児童生徒等の健康状態の異変やその兆候を把握し、他者への感染リスクを減らすことが重要となる

　　①発熱や咽頭通、咳等の普段と異なる症状がある場合は登校しないことの周知・呼びかけし、保護者等に対して、理解と協力を得る

　　②家庭との連携により、児童生徒等の健康状態を把握する。また、児童生徒等の健康状態を効果的に把握するため、ICT等を活用することも考えられる

　　③児童生徒等に発熱等の症状が見られた場合の対応

安全に帰宅させ、症状がなくなるまで自宅で休養するよう指導する。また、受診を勧め、受診状況を保護者から聴き取り、状況に応じた対応をする。

３　換気の確保

新型コロナウイルス感染症の感染経路は、接触感染のほか、咳、くしゃみ、会話等のときに排出される飛沫やエアロゾルの吸収等とされており、気候上可能な限り常時、困難な場合はこまめに（30分に１回以上、数分間程度、窓を全開する）、２方向の窓を開けて行う

４　手洗い等の手指衛生指導

接触感染の仕組みについて児童生徒等に理解させ、手指で目、鼻、口を触らないようにするとともに、接触感染を避ける方法として、手洗いを指導する

５　咳エチケットの指導

咳・くしゃみをする際、ティッシュやハンカチ、袖、肘の内側を使って、口や鼻を抑え、他者に飛沫を飛ばさないよう、適切に咳エチケットを行うよう指導する

６　マスクの取扱い

学校教育活動においては、マスクの着用を求めないことが基本となる。ただし、登下校時の混雑した電車やバスを利用する場合など、社会一般においてマスクの着用が推奨される場面では、着用することが推奨される

７　清掃

清掃により清潔な空間を保ち、手洗いを徹底することが重要である

８　抵抗力を高める

身体の抵抗力を高めるため、「十分な睡眠」、「適度な運動」及び「バランスの取れた食事」を心がけるよう指導する。また、ワクチン接種も発症や重症化の予防等の効果が期待される

参考　予防接種

１　日本の予防接種の歴史

感染症予防の原則のひとつである「感受性をなくす（免疫を高める）」ために予防接種をすることは感染症を予防するために効果的な方法である。

予防接種はそれを受けた個人の免疫を高め、多くの人が予防接種をすることによって社会全体の感染症の流行を阻止できる（社会防衛という）。このことからわが国では1948年に予防接種法が制定され、強制接種という形で感染症の予防対策がとられた。

感染症の流行を阻止するという点では効果が上がったが、予防接種による健康被害が発生したため、1976年健康被害の救済制度などを盛り込んだ予防接種法の一部改正が行われた。さらに、1994年には感染症の発生状況、医学・医療の進歩などに対応して、予防接種の対象疾患、実施方法などについて改正が行われた。

1994年の改正では、予防接種を社会における感染症のまん延を阻止するという社会防衛の側面より個人の疾病予防を重視するという考え方に変わっている。そして予防接種は義務規定ではなく、「予防接種を受けるように努めなければならない」という努力義務規定に変更された。また、以前は集団接種方式が実施され大きい効果を上げてきたが、現在は予診を十分行ったうえでの個別接種方式がとられている。

現在、予防接種法の対象となっている疾患は百日咳、ジフテリア、破傷風、急性灰白髄炎（ポリオ）、麻しん、風しん、日本脳炎、結核、Hib感染症、水痘（水ぼうそう）、肺炎球菌感染症（小児がかかるものに限る）、B型肝炎、ヒトパピローマウイルス感染症等である（2021年11月現在）。

２　定期接種と任意接種

①定期接種

病気の重さや社会的重要性を考慮し、接種の必要性の高い予防接種の種類が「予防接種法」（昭和23年6月30日法律第68号）で定められている。これが定期接種といわれるもので、百日咳、ジフテリア、破傷風、ポリオ、麻しん、風しん、日本脳炎、結核、Hib感染症、水

痘（水ぼうそう）、肺炎球菌感染症、B型肝炎、ロタウイルス、ヒトパピローマウイルス感染症が該当する（2023年10月現在）。

②任意接種

定期接種以外の予防接種、あるいは定期接種で決められた一定の期間の範囲外に行う予防接種で、本人あるいは保護者等の希望により行われる予防接種である。流行性耳下腺炎、A型肝炎、インフルエンザ等が該当する。

※なお、予防接種については、法令の改正により、対象の予防接種や定期接種の時期等が変更になることがあるので確認が必要である。

4　学校におけるアレルギー対応

平成16年に文部科学省が調査した小・中・高等学校の児童生徒のアレルギー疾患の有病率は、アレルギー性鼻炎9.2%、気管支ぜん息5.7%、アトピー性皮膚炎5.5%、食物アレルギー2.6%、アナフィラキシー0.14%などで、アレルギー疾患の児童生徒が多数在籍していることが明らかになったことから、学校でのアレルギー対応の充実が求められた。この結果を受けて、教師用の啓発資料「学校におけるアレルギー疾患に対する取り組みガイドライン（平成20年）」が、文部科学省の監修の下に日本学校保健会により作成され、令和元年度に改訂された。現在、このガイドラインを基に取り組みが行われている。

続いて、平成25年に文部科学省は食物アレルギーについて、全国の公立の小学校・中学校・高等学校・中等教育学校33,893（うち回答があったのは、27,774）校を対象にして調査を実施している。その結果、児童生徒のアレルギー疾患の罹患率は、食物アレルギー4.5%、アナフィラキシー0.5%、エピペン®保持者0.3%であった。平成16年次調査と比較すると、食物アレルギーは1.7倍、アナフィラキシー3.4倍と大幅に増加している。また、管理指導表の提出があった割合は低く（食物アレルギー12.7%、アナフィラキシー26.9%、エピペン®保持者23.4%）、課題となっている。

平成26年には、アレルギー疾患対策基本法が制定され、学校においても設置者又は管理者の責務が明らかにされ、アレルギー疾患を有する児童生徒に適切な医療的、福祉的又は教育的配慮をするよう努めなければならないとされた。

ここでは、近年増加している食物アレルギーについて述べる。

1）食物アレルギーとアナフィラキシー反応

アレルギー疾患とは、食べ物や花粉など本来なら体に害のない物質を「異物」と認識し、免疫が過剰に反応して起こる疾患である。

食物アレルギーは、原因となる食物を摂取した後に免疫反応を介して生体にとって不利益な症状（皮膚、粘膜、消化器、呼吸器、アナフィラキシー反応等）が誘発される症状のことをいう。食物アレルギーの原因となる食物は、鶏卵、牛乳、小麦が上位を占めているが、実際に学校で起きたアナフィラキシーの原因食物は、甲殻類や果物（特にキウイフルーツ）が多くなっている。ごくわずかな量でも誘発されることから、十分な留意が必要である。

アナフィラキシー反応とは、じんましんなどの皮膚症状、腹痛や嘔吐などの消化器症状、ゼーゼー、呼吸困難などの呼吸器症状が、複数同時にかつ急激に出現した状態をいう。その中でも血圧が低下して意識障害や脱力をきたすような場合を、アナフィラキシーショックと呼び、直ちに迅速な処置を行わないと生命にかかわる重篤な状態であることを意味している。

先に述べたように平成25年に文部科学省が行った調査では、エピペン®を所持している児童生徒は0.3%、アナフィラキシー既往は0.5%で平成16年調査の3.4倍になっており、増えている現状がある。事故発生から30分以内にエピペン®を投与*できるか否かで、経過が大きく異なることから、児童生徒の命を守るための緊急対応が的確に行えるよう全教職員の情報共有及び共通理解（該当者名、原因食物等）を図っておくことが重要である。

（*アナフィラキシーショックで生命が危険な状態にある児童生徒に対し、救命の現場に居合わせた教職員が、エピペン®を自ら注射できない本人に代わって注射することは、反復継続する意図がないものと認められるため、医師法違反にはならない。p.99参照）

○アレルギー疾患の罹患者（有症者）数
　なお、（　）内の数字は、「調査対象児童生徒数」に対する各疾患の割合を示す。

	食物アレルギー	アナフィラキシー（※）	エピペン®保持者（※※）
小学校	219,897 （4.50%）	29,282 （0.60%）	17,866 （0.37%）
中学校	115,759 （4.71%）	9,730 （0.40%）	4,691 （0.19%）
中等教育学校	792 （4.97%）	43 （0.27%）	20 （0.13%）
高等学校	71,098 （3.95%）	4,566 （0.25%）	1,288 （0.07%）
合計	407,546 （4.45%）	43,621 （0.48%）	23,865 （0.26%）

※アナフィラキシーとは、アレルギー反応により、じんましんなどの皮膚症状、腹痛やおう吐などの消化器症状、ゼーゼー、呼吸困難などの呼吸器症状が、複数同時にかつ急激に出現した状態をいう。ここでいうアナフィラキシーとは、特定の物質や食品に対してアナフィラキシーを起こしたことのあるもの。
※※エピペン®とは、アドレナリン自己注射薬のことをいう。

○学校におけるエピペン®の使用

	本人	学校職員	保護者	救急救命士	合計
小学校	51	63	87	47	248
中学校	32	20	11	4	67
中等教育学校	2	1	0	0	3
高等学校	24	8	2	2	36
合計	109	92	100	53	354

「平成25年度 学校生活における健康管理に関する調査 事業報告書」（公財）日本学校保健会（平成26年）より
＊調査対象（回答有）：全国の小学校・中学校・中等教育学校・高等学校、合計27,774校

２）学校給食における食物アレルギー対応について
　児童生徒のアレルギーが増加しており、学校給食への対応では、状況に応じて詳細な献立対応（原材料の記入）、弁当対応、除去食対応、代替食対応などが行われている。近年、食物アレルギーのある児童の、給食の誤食による死亡事故が発生するなど深刻な問題となっている。事故検証委員会の報告（平成26年）を受けて文部科学省では、事故予防及び適切な対応を図るための留意事項として次の事項を挙げている。（「今後の学校給食における食物アレルギー対応について」25文科ス第713号、平成26年3月26日文部科学省スポーツ・青少年局長通知より（一部改変））

（1）学校給食における食物アレルギー対応の基本的な考え方
　　①学校給食における食物アレルギー対応においては、「ガイドライン」や学校生活管理指導表（アレルギー疾患用）（以下「管理指導表」という。）に基づく対応が重要であること。このため、「ガイドライン」の周知を図るとともに、その徹底のための措置を講じる必要があること。
　　②「ガイドライン」の内容に関する周知徹底や適切な緊急時対応を行うことができるよう、教職員等に対する研修の充実を図る必要があり、役割に応じた研修会の実施や研修時間の確保が重要であること。
　　③給食提供における事故防止の徹底のため、アレルギー対応を踏まえた献立作成の配慮や給食の各段階におけるチェック機能を強化し、継続的に改善する取り組みが必要であること。
　　④緊急時対応の充実を図るため、積極的なアドレナリン自己注射薬（「エピペン®」）の使用を促すための措置を講じるとともに、学校の状況に応じた危機管理マニュアルの整備が不可欠であること。
　　⑤教育関係者のみならず、医療関係者、消防機関等の幅広い関係者が共通認識を持って食物アレルギー対応にあたることが重要であり、関係者間、関係機関間の連携体制の構築等に努めるべきこと。特に、小規模の市町村や学校等において、地域の医療機関等との連携が困難な地域に

対しては、各都道府県教育委員会において、広域的な連携体制の構築を進めるなど、必要な支援を行うべきこと。

（２）都道府県・市区町村教育委員会における対応
　①学校におけるアレルギー対応についての方向性の明示（略）
　②アレルギー対策の研修会の充実（略）

（３）学校における対応
　①学校におけるアレルギー対応の体制整備について
　　ア　学校での管理を求めるアレルギーの児童生徒に対しては、「ガイドライン」に基づき、学校
　　　生活管理指導表の提出を必須にするという前提のもと、管理職を中心に、校内の施設整備や
　　　人員配置を踏まえ、具体的なアレルギー対応について一定の方針を定めること。
　　イ　校内のアレルギー対応にあたっては、特定の職員に任せずに、校内委員会を設けて組織的
　　　に対応すること。具体的には、
　　　　・児童生徒ごとの個別対応プランの作成
　　　　・症状の重い児童生徒に対する支援の重点化
　　　などの取り組みを図ること。
　　ウ　給食提供においては、安全性を最優先とする。
　　　　・献立作成から配膳までの各段階において、複数の目によるチェック機能の強化
　　　　・食物アレルギー対応を踏まえた献立内容の工夫
　　　　・食材の原材料表示
　　　　・誰が見てもわかりやすい献立表の作成などの実施
　②緊急時の体制整備について
　　ア　学校の状況に応じた実践可能なマニュアル等を整備する。
　　　　例えば、既存の危機管理マニュアル等について、アレルギー対応の観点から見直すなどの
　　　取り組みも考えられる。
　　イ　緊急時対応に備えた校内研修の充実。
　　　　・「エピペン®」の法的解釈や取り扱いについての研修
　　　　・全教職員への「エピペン®」使用を含めた緊急時対応のための実践的な訓練など
　③保護者との連携について
　　ア　特に入学前においては、入学後に学校における適切なアレルギー対応ができるよう、学校
　　　や調理場の現状を保護者に理解してもらうとともに、食物アレルギー対応に関して、保護者
　　　からの十分な情報提供を求めること。
　　イ　食物アレルギーの児童生徒の保護者に対しては、専門の医療機関に関する情報や、アレル
　　　ギー対応に関する資料を紹介するなど、必要に応じてケアを行うこと。
　④その他
　　　児童生徒の発達段階を踏まえた上で、食物アレルギーに関する指導に取り組むこと。

○留意事項
　　アレルギー疾患への対応に当たっては、学校生活管理指導表に基づいて実施することが基本
となっている。しかし、平成25年度に実施した日本学校保健会の調査では、アレルギー疾患罹
患者のうち、学校生活管理指導表（アレルギー疾患用）の提出があった児童生徒は、小・中・
中等教育・高等学校併せて、食物アレルギー12.7％、アナフィラキシー26.9％、エピペン®保
持者23.4％と低く、課題となっている。学校生活管理指導表の提出（医師の指導）のもと適切
な対応が求められている。

参考　「エピペン®」について

① 開発の経緯

　　血圧が下がり、意識障害などがみられるいわゆる「ショック」の状態にある患者の救命率は、アドレナリンを30分以内に投与できるか否かで大きく異なります。アナフィラキシーショックは屋外などでの発症が多く、速やかに医療機関を受診することができないことが多いため、アドレナリン自己注射薬「エピペン®」が開発されました。（筆者注：「エピペン」は商品名で、ペン型のアドレナリン自己注射薬のことです。）

　（②アドレナリンの作用、③副作用は省略）

④ 「エピペン®」の使用について

　　「エピペン®」は本人もしくは保護者が自ら注射する目的で作られたもので、注射の方法や投与のタイミングは医師から処方される際に十分な指導を受けています。

　　投与のタイミングとしては、アナフィラキシーショック症状が進行する前の初期症状（呼吸困難などの呼吸器の症状が出現したとき）のうちに注射するのが効果的であるとされています。

　　アナフィラキシーの進行は一般的に急速であり、「エピペン®」が手元にありながら症状によっては児童生徒が自己注射できない場合も考えられます。「エピペン®」の注射は法的には「医行為」にあたり、（中略）アナフィラキシーの救命の現場に居合わせた教職員が、「エピペン®」を自ら注射できない状況にある児童生徒に代わって注射することは、緊急やむを得ない措置として行われるものであり、医師法違反にならないと考えられます。医師法以外の刑事・民事の責任についても、人命救助の観点からやむをえず行った行為であると認められる場合には、関係法令の規定によりその責任が問われないものと考えられます。

　　　　　　　　　　　　『学校のアレルギー疾患に対する取り組みガイドライン《令和元年度版》』公益財団法人日本学校保健会　2020年

＊「救急救命処置の範囲等について」の一部改正について（依頼）

　　　　　　　　　文部科学省スポーツ・青少年局学校健康教育課長通知（平成21年7月30日）

　　アナフィラキシーショックで生命が危険な状況にある児童生徒に対し、救命の現場に居合わせた教職員が、アドレナリン自己注射を自ら注射できない本人に代わって注射することは、反復継続する意図がないものと認められるため、医師法違反にならない、との解釈が厚生労働省に認められる。

＊保護者・学校・学校設置者等の共通理解を図っておくことが必要である。

（参考：『学校のアレルギー疾患に対する取り組みガイドライン《令和元年度版》』公益財団法人日本学校保健会　2020年）

参考
1　食物アレルギーの病型
　①　即時型　原因食物を食べて2時間以内に症状が出現する。症状は、じんましんのような軽いものからアナフィラキシーに進行するものまで、さまざまである。
　②　口腔アレルギー症候群　花粉のアレルギーのある者が特定の生の果物や野菜を食べて、食後5分以内に口の中にかゆみやヒリヒリ、イガイガ、腫れぼったいといった症状が現れる。
　③　食物依存性運動誘発アナフィラキシー　特定の食物を食べた後に運動することによってアナフィラキシーが誘発される。
2　食物によるもの以外のアナフィラキシーの病型
　①　運動誘発アナフィラキシー　特定もしくは不特定の運動によって誘発され、食物との関係はなく、発症はとても少ない。
　②　昆虫　スズメバチやアシナガバチ、ミツバチに刺されてアナフィラキシーを起こし、8・9月に多い。
　③　医薬品　抗生物質や非ステロイド系の抗炎症薬、抗てんかん薬などが原因となるが、発症の頻度は多いわけではない。
　④　その他　ラテックス（天然ゴム／輪ゴム・ゴム手袋・ゴムボール《ドッジボール、バスケット、テニス用など》、ゴム風船）の接触や粉末の吸引など、その原因はさまざまで、頻度は少ないが該当する児童生徒が在籍する場合には、素材の変更など厳重な取り組みが求められる。

参考：文部科学省初等中等教育局健康教育・食育課監修『学校のアレルギー疾患に対する取り組みガイドライン《令和元年度改訂》』
公益財団法人日本学校保健会　2020年

表2−11　通院者率（人口千対）、年齢階級・傷病（複数回答）別

令和4（'22)年

	総数	0～4歳	5～9	10～14	15～19	20～24	25～29	30～34	35～39	40～44	45～49
通院者率	417.3	111.4	146.6	152.1	124.3	133.1	173.9	197.5	222.8	256.1	299.6
糖尿病	55.7	0	0.2	0.9	0.9	2.3	3.2	4.8	9.9	14.8	24.3
肥満症	5.4	-	0.4	0.6	0.3	0.2	1.1	1.6	1.8	3.3	5
脂質異常症（高コレステロール血症等）	65.9	-	0.1	0.3	0.5	1.3	3.1	5.2	9.8	17.1	29.7
甲状腺の病気	14.9	0.9	0.8	1.1	1.9	2.9	4.5	7.5	9.9	11	12.6
うつ病やその他のこころの病気	21.5	0.3	2.5	8.5	12.2	23.9	31.6	32.2	33.7	32.8	33
認知症	6.7	-	-	-	0	0	0.1	0	-	-	0.1
パーキンソン病	2.4	-	-	-	-	-	-	0.1	0	0	0.2
その他の神経の病気（神経痛・麻痺等）	6.8	2.3	3.1	2.0	0.8	1.1	5.4	3.0	4.5	5.6	5.1
眼の病気	57.7	5	10.4	7.4	5	4.1	5	5.9	9.2	12.6	16.6
耳の病気	10.5	3.6	2.9	1.6	1.7	2.3	3	2.4	3.8	4.4	4.3
高血圧症	141	-	0.2	-	0.4	0.5	1.3	4	12.5	26	51.2
脳卒中（脳出血、脳梗塞等）	10.7	0.3	-	0.1	-	0.2	0.6	0.6	1	1.5	2.8
狭心症・心筋梗塞	17.9	-	0.2	0	0.1	0.5	0.2	0.2	0.8	2	2.9
その他の循環器系の病気	20.2	4.9	2.9	3.7	3.4	2.8	1.9	3.4	3	3.9	5.4
急性鼻咽頭炎（かぜ）	1.6	14.9	4	0.8	0.6	0.8	0.7	1.4	1.4	0.8	0.8
アレルギー性鼻炎	23.7	11.8	40.5	38.1	17.1	13.4	16.5	14.6	16.6	19.7	20.3
慢性閉塞性肺疾患（COPD）	1.7	-	0	0.1	0	-	-	0.1	0.1	0.2	0.3
喘息	13.7	13.7	17.2	10.4	4	3.9	6.6	8.6	11.7	11.2	13.8
その他の呼吸器系の病気	11.3	4.5	1.7	1.2	0.9	1.6	3	1.7	4.2	4.7	6
胃・十二指腸の病気	14.3	0.1	0.1	0.5	1.2	1.5	2.7	4.6	4.3	5.1	6.5
肝臓・胆のうの病気	8.2	0.5	0.6	0.2	0.3	1.3	0.9	1.6	2.2	3.2	5.7
その他の消化器系の病気	14.1	4.3	2.4	3	4.2	3.6	5.2	7.3	7.1	7.8	9.4
歯の病気	52.5	5	25.4	21.4	14.7	21.7	28.3	28.6	32.1	36.4	42.5
アトピー性皮膚炎	10.8	18.5	23.6	18.7	16.3	18	19.9	19.8	17.1	14.8	13
その他の皮膚の病気	20.1	18.3	13.4	14.9	14.7	15.1	15.4	14.3	15.4	15.3	15.7
痛風	10.7	0	-	0.1	0.1	-	0.1	3.4	5	6.5	10
関節リウマチ	8.1	0	0.2	0.1	0.2	0.2	0.8	1.4	1.9	3.1	3.8
関節症	20.9	0.1	0.2	1.4	1.2	1.1	0.9	2.8	3.5	6.2	9.4
肩こり症	22.9	0	0.2	0.8	1.4	3.7	9.8	13.8	16.6	18.3	22.7
腰痛症	48	-	0.1	1.4	4.5	6.7	11	17.9	21.4	25.2	28.5
骨粗しょう症	20.7	-	0.1	-	-	0	0.1	0.2	0.3	0.3	0.7
腎臓の病気	11.5	2.6	1.9	1.2	2	1.4	2.2	2.5	3.7	4.3	5.6
前立腺肥大症	29.8	-	-	-	-	0.4	0.5	0.4	0.5	0.4	0.6
閉経期又は閉経後障害（更年期障害等）	5	-	-	-	-	-	-	0.2	0.7	4.1	14.4
骨折	6.9	0.5	3.6	5.7	4	0.9	0.9	2.3	1.7	1.4	2.6
骨折以外のけが・やけど	5.8	0.9	2.8	11.7	10.2	4.6	3	3.7	4.8	5	4.6
貧血・血液の病気	6.7	0.5	0.5	1.1	2.1	1.9	2.2	2.6	5.2	9	10.2
悪性新生物（がん）	11.1	0.3	0.1	0.1	0.4	0.1	1.2	1.1	2.2	5.4	6.5
妊娠・産褥（切迫流産、前置胎盤等）	1.6	-	-	-	0	2.3	11.2	14.9	9.3	1	0
不妊症	0.9	-	-	0.1	-	0.1	3	6.3	5.1	3.2	0.5
その他	26.7	19.6	23.1	28.2	22.2	21.9	28.1	26.6	29.4	32.1	32.9
不詳	1.4	1.1	0.5	1.3	1	0.5	1	1.1	1.5	1.8	1.8
不明	1.6	1.1	1.1	0.7	1.7	1.3	0.7	1	1.3	1.4	2.2

	50～54	55～59	60～64	65～69	70～74	75～79	80～84	85歳以上	（再掲）65歳以上	（再掲）70歳以上	（再掲）75歳以上
通院者率	378.9	462.9	546.4	629.9	691.2	731.8	740.9	713.5	696.4	715.6	729.2
糖尿病	42	60	78.9	106.2	126	136.3	122.9	99.3	119.2	123	121.3
肥満症	6.7	8.2	8.4	8.9	9.9	9.2	8.7	6.3	8.8	8.8	8.2
脂質異常症（高コレステロール血症等）	56.9	90.4	120.8	141.3	151.1	140.5	109.7	81	130.2	127	113.6
甲状腺の病気	16.9	20.5	21.2	23.3	26.4	25.9	23.2	17.5	23.8	24	22.6
うつ病やその他のこころの病気	32.1	29.1	23.7	18.1	13.7	14.9	14.3	11	14.6	13.6	13.5
認知症	0.2	0.4	0.6	2.1	5.1	14.7	32	70.1	20	25.1	36.3
パーキンソン病	0.5	0.9	1.4	3.2	5.6	8.1	9.2	8.1	6.5	7.4	8.4
その他の神経の病気（神経痛・麻痺等）	5.3	7.4	7.9	8.1	8.7	10.7	13.3	14.7	10.5	11.2	12.7
眼の病気	27.8	43.9	67	90.5	125.4	156.6	165.1	147.9	133.2	145.5	156.7
耳の病気	5.5	9.2	9.4	12.9	16.6	27.1	32.8	29.6	22.3	24.9	29.6
高血圧症	97.4	148.3	205.9	261.8	306.2	333.1	339.5	347.8	312.8	327.5	339.4
脳卒中（脳出血、脳梗塞等）	5.9	8.7	10.3	16.8	23.8	28.3	32.2	33	25.8	28.4	30.9
狭心症・心筋梗塞	6.8	13.3	17.6	25.4	36	49.5	61.2	69.8	45.1	50.8	59.1
その他の循環器系の病気	8	13.6	19.9	27.4	40.1	48.9	61	75.3	47.4	53.1	60.4
急性鼻咽頭炎（かぜ）	0.5	0.9	0.9	0.8	1.3	1.5	1.9	1.8	1.4	1.6	1.7
アレルギー性鼻炎	21.3	27.5	27.6	27.2	29.9	29.8	26.1	16.6	26.8	26.6	24.8
慢性閉塞性肺疾患（COPD）	0.3	1	1.8	3	3.2	5.8	5.1	5.3	4.3	4.7	5.5
喘息	13.8	15	17	16.1	16.3	18.2	18	18.9	17.3	17.6	18.4
その他の呼吸器系の病気	6.9	10.8	14.6	16.4	20.5	26.6	27.6	27	22.8	24.7	27
胃・十二指腸の病気	9.3	14.5	16.2	23.5	30.1	32.7	36.6	32	30.4	32.4	33.7
肝臓・胆のうの病気	6.8	10.3	13.4	15.2	15.9	16.8	16.4	13.4	15.6	15.8	15.7
その他の消化器系の病気	11.4	14.2	17.5	20.7	23.1	28.3	27.6	30.1	25.3	26.6	28.6
歯の病気	48.4	55.9	65.1	73.3	87	96.2	98.5	64.2	84.2	87.3	87.5
アトピー性皮膚炎	9.9	7.9	4.8	4	3.3	3.7	4.9	2.9	3.7	3.6	3.8
その他の皮膚の病気	18.6	19.9	21.6	23.4	24.9	29.8	28.7	31.1	27	28.1	29.8
痛風	12.9	17.9	19.7	21.4	19.9	16.5	13.2	8.2	16.8	15.5	13
関節リウマチ	5.9	9.6	10.9	14.3	16.9	17.8	20	16.2	16.9	17.6	18
関節症	14.5	24.1	28.8	33.9	37.4	44.5	54.3	62.6	44.3	47.3	52.8
肩こり症	24.5	27.2	28.6	28.2	34	40.7	50.3	41	37.6	40.3	43.8
腰痛症	33.8	41	54.2	62.6	81.9	112.7	135.4	126.1	98.4	108.7	123.6
骨粗しょう症	2.3	7.1	14.5	27.3	47.3	61.4	83.2	90.7	57.5	66.2	76.7
腎臓の病気	7.6	10	12	16.8	20.2	22.9	34.1	34.2	24.2	26.3	29.7
前立腺肥大症	2.7	8.3	22.2	43.5	70.1	108.5	132.2	136.3	88.6	102.9	123
閉経期又は閉経後障害（更年期障害等）	26.6	15.7	3.3	2	1.5	0.6	0.7	0.5	1.1	0.9	0.6
骨折	3.5	4.9	6.1	7.8	10.5	14.4	20.9	26.7	14.6	16.6	20
骨折以外のけが・やけど	5.7	6.4	6.4	5.1	5.6	7.3	6.5	8.1	6.3	6.7	7.3
貧血・血液の病気	7.1	5.3	5.1	5.8	6.7	10.5	13.9	20	10.3	11.6	14.4
悪性新生物（がん）	10.5	13.4	16.4	19	23.1	24.6	23.4	17.6	21.7	22.5	22.2
妊娠・産褥（切迫流産、前置胎盤等）	-	-	-	-	-	-	-	-	-	-	-
不妊症	-	-	-	-	-	-	-	-	-	-	-
その他	31.7	27.5	24	24.9	22.1	22.8	27.3	30.8	24.9	25	26.5
不詳	1.6	1.3	1.5	1.3	1.4	1.3	1.6	2.7	1.6	1.7	1.8
不明	1.8	1.5	1.3	1.6	1.7	1.1	1.7	3	1.8	1.8	1.9

注：1）通院者には入院者は含まないが、通院者率を算出するための分母となる世帯人員には入院者を含む。
　　2）「前立腺肥大症」については、男性の世帯人員を分母として算出した。
　　3）「閉経期又は閉経後障害」「妊娠・産褥」については、女性の世帯人員を分母として算出した。
　　4）「総数」には、年齢不詳を含む。

出典：「2022（令和4）年　国民生活基礎調査」厚生労働省　2022年

表２−12　死因順位1) 第５位までの死亡数・率（人口10万対）、年齢階級別　総数

令和４年（'22）

	第１位		第２位		第３位		第４位		第５位	
	死因	死亡数 死亡率 （割合）	死因	死亡数 死亡率 （割合）	死因	死亡数 死亡率 （割合）	死因	死亡数 死亡率 （割合）	死因	死亡数 死亡率 （割合）
総数	悪性新生物〈腫瘍〉	385,787 316.1	心疾患	232,879 190.8	老衰	179,524 147.1	脳血管疾患	107,473 88.1	肺炎	74,002 60.6
0歳2)	先天奇形，変形及び染色体異常	485 62.9	周産期に特異的な呼吸障害等	200 25.9	不慮の事故	57 7.4	妊娠期間等に関連する障害	42 5.4	乳幼児突然死症候群	39 5.1
1～4	先天奇形，変形及び染色体異常	113 3.3	不慮の事故	58 1.7	悪性新生物〈腫瘍〉	46 1.4	心疾患	24 0.7	肺炎	16 0.5
5～9	悪性新生物〈腫瘍〉	89 1.8	先天奇形、変形及び染色体異常	29 0.6	不慮の事故	28 0.6	その他の新生物〈腫瘍〉	14 0.3	心疾患	12 0.2
10～14	自殺	119 2.3	悪性新生物〈腫瘍〉	84 1.6	不慮の事故	34 0.6	先天奇形、変形及び染色体異常	24 0.5	心疾患	19 0.4
15～19	自殺	662 12.2	不慮の事故	196 3.6	悪性新生物〈腫瘍〉	124 2.3	心疾患	42 0.8	先天奇形、変形及び染色体異常	26 0.5
20～24	自殺	1,242 21.3	不慮の事故	261 4.5	悪性新生物〈腫瘍〉	144 2.5	心疾患	78 1.3	脳血管疾患	29 0.5
25～29	自殺	1,153 19.4	悪性新生物〈腫瘍〉	245 4.1	不慮の事故	210 3.5	心疾患	119 2	脳血管疾患	35 0.6
30～34	自殺	1,114 18.3	悪性新生物〈腫瘍〉	481 7.9	心疾患	211 3.5	不慮の事故	208 3.4	脳血管疾患	103 1.7
35～39	自殺	1,349 19.5	悪性新生物〈腫瘍〉	976 14.1	心疾患	383 5.5	不慮の事故	265 3.8	脳血管疾患	229 3.3
40～44	悪性新生物〈腫瘍〉	1,957 25.4	自殺	1,582 20.5	心疾患	744 9.6	脳血管疾患	593 7.7	肝疾患	394 5.1
45～49	悪性新生物〈腫瘍〉	4,372 47.1	自殺	1,988 21.4	心疾患	1,670 18	脳血管疾患	1,184 12.8	肝疾患	817 8.8
50～54	悪性新生物〈腫瘍〉	7,630 82.4	心疾患	2,826 30.5	自殺	2,155 23.3	脳血管疾患	1,831 19.8	肝疾患	1,225 13.2
55～59	悪性新生物〈腫瘍〉	11,184 140.9	心疾患	3,765 47.4	脳血管疾患	2,064 26	自殺	1,806 22.8	肝疾患	1,457 18.4
60～64	悪性新生物〈腫瘍〉	17,797 242.2	心疾患	5,494 74.8	脳血管疾患	2,834 38.6	肝疾患	1,642 22.3	自殺	1,482 20.2
65～69	悪性新生物〈腫瘍〉	30,175 404.3	心疾患	8,414 112.7	脳血管疾患	4,342 58.2	不慮の事故	1,957 26.2	肝疾患	1,956 26.2
70～74	悪性新生物〈腫瘍〉	58,964 635.1	心疾患	17,627 189.9	脳血管疾患	9,221 99.3	肺炎	4,153 44.7	不慮の事故	3,938 42.4
75～79	悪性新生物〈腫瘍〉	61,358 877.3	心疾患	21,883 312.9	脳血管疾患	11,961 171	肺炎	6,707 95.9	不慮の事故	4,997 71.4
80～84	悪性新生物〈腫瘍〉	69,692 1,218.6	心疾患	35,044 612.8	脳血管疾患	17,806 311.4	老衰	14,637 255.9	肺炎	12,565 219.7
85～89	悪性新生物〈腫瘍〉	65,809 1,669.4	心疾患	50,326 1,276.6	老衰	35,934 911.5	脳血管疾患	23,453 594.9	肺炎	18,601 471.8
90～94	老衰	58,161 2,931.5	心疾患	50,919 2,566.5	悪性新生物〈腫瘍〉	40,192 2,025.8	脳血管疾患	20,277 1,022.0	肺炎	18,140 914.3
95～99	老衰	46,330 8,273.2	心疾患	27,272 4870	悪性新生物〈腫瘍〉	12,739 2,274.8	脳血管疾患	9,467 1,690.5	肺炎	8,945 1597.3
100歳以上	老衰	18,209 20,929.9	心疾患	5,926 6,811.5	脳血管疾患	1,987 2,283.9	肺炎	1,852 2,128.7	悪性新生物〈腫瘍〉	1,703 1,957.5

102

資料　厚生労働省「人口動態統計月報年計（概数）」

注：1）［1］死因順位に用いる分類項目（死因簡単分類表から主要な死因を選択したもの）による順位であり、0歳については、乳児死因順位に用いる分類項目（乳児死因簡単分類から主要な死因を選択したもの）による順位である。
　　　［2］死因名は次のように略称で表記している。
　　　　　　心疾患←心疾患（高血圧性を除く）
　　　　　　先天奇形等←先天奇形，変形及び染色体異常
　　　　　　呼吸障害等←周産期に特異的な呼吸障害及び心血管障害
　　　　　　妊娠期間等に関連する障害←妊娠期間及び胎児発育に関連する障害
　　　［3］死因順位は死亡数の多いものから定めた。死亡数が同数の場合は、同一順位に死因名を列記した。
　　2）総数には年齢不詳を含む。
　　3）0歳の死亡率は出生10万に対する率である。

出典：『国民衛生の動向　2023/2024』一般財団法人 厚生労働統計協会　2023年

表２－13　学校生活管理指導表（中学・高校生用）

学 校 生 活 管 理 指 導 表　（中学・高校生用）

（2020年度改訂）

①診断名（所見名）

氏名＿＿＿＿＿　男・女　＿＿年＿＿月＿＿日生（＿＿）才　　中学校・高等学校　＿＿年＿＿組

②指導区分　　要管理：A・B・C・D・E　　管理不要

③運動部活動（　　　　）部　　可（ただし、　　　　）禁

④次回受診　　（　　）年（　　）ヵ月後　または異常があるとき

医療機関＿＿＿＿＿＿＿＿＿＿

医　　師　＿＿＿＿＿＿＿＿印

年　月　日

[指導区分：A…在宅医療・入院が必要　B…登校はできるが運動は不要　C…軽い運動は可　D…中等度の運動まで可　E…強い運動も可]

運動強度	軽い運動（C・D・Eは"可"）	中等度の運動（D・Eは"可"）	強い運動（Eのみ"可"）
体つくり運動 体ほぐしの運動 体力を高める運動	仲間と交流するための手軽な運動、律動的な運動	体の柔らかさおよび巧みな動きを高める運動、力強い動きを高める運動、動きを持続する能力を高める運動	最大限の持久運動、最大限のスピードでの運動、最大筋力での運動
器械運動（マット、跳び箱、鉄棒、平均台）	基本的な運動（寝ころぶ、危がる、打つ、捕る、転がる、跳ぶ）	簡単な技の練習、助走からの支持、ジャンプ・基本的な技（回転系の技を含む）	演技、競技会、発展的な技
陸上競技（競走、跳躍、投てき）	基本動作、立ち幅跳び、負荷の少ない投てき、軽いジャンピング（走ることは不可）	ジョギング、短い助走での跳躍	長距離走、短距離走の競走、競技、タイムレース
水泳（クロール、平泳ぎ、背泳ぎ、バタフライ）	水慣れ、浮く、伏し浮き、け伸びなど	ゆっくりな泳ぎ	競泳、遠泳（長く泳ぐ）、タイムレース、スタート・ターン
球技 ゴール型（バスケットボール、ハンドボール、サッカー、ラグビー）	基本動作（パス、シュート、ドリブル、フェイント、リフティング、トラッピング、スローイング、キッキング、ハンドリングなど）	基本動作を生かした簡易ゲーム（ゲーム時間、コートの広さ、用具の工夫などを取り入れた運動）	試合・競技
ネット型（バレーボール、卓球、テニス、バドミントン）	基本動作（パス、サービス、レシーブ、トス、フェイント、ストローク、ショットなど）	（ゲーム時間、コートの広さ、用具の工夫や攻防の緩和を取り入れた運動）	
ベースボール型（ソフトボール、野球）ゴルフ	基本動作（投球、捕球、打撃など）基本動作（軽いスイングなど）	簡易ゲーム（場の工夫、用具の工夫、ルールの工夫を取り入れた運動）	
武道　柔道、剣道、相撲	礼儀作法、基本動作（受け身、素振り、さばきなど）	基本動作を生かした簡単な技・形の練習	応用練習、試合
ダンス　創作ダンス、フォークダンス、現代的なリズムのダンス	基本動作（手ぶり、ステップ、表現など）	基本動作を生かした動きの激しさを伴わないダンスなど	各種のダンス発表会など
野外活動　雪遊び、氷上遊び、スキー、スケート、キャンプ、登山、遠泳、水辺活動	水・雪・氷上遊び	スキー、スケートの歩行やゆるやかな滑走平地歩きのハイキング、水に浸かり遊ぶなど	登山、遠泳、潜水、カヌー、ボート、サーフィン、ウインドサーフィンなど
文化的活動	体力の必要な長時間の活動を除く文化活動	右の強い活動を除くほとんどの文化活動	体力を相当使って吹く楽器（トランペット、トロンボーン、オーボエ、バスーン、ホルンなど）、リズムのかなり速い曲での演奏や指揮、行進を伴うマーチングバンドなど
学校行事、その他の活動		▼運動会、体育祭、球技大会、新体力テストなどは上記の運動強度に準ずる。 ▼指導区分、"E"以外の生徒の遠足、宿泊学習、修学旅行、林間学校、臨海学校などの参加について不明な場合は学校医・主治医と相談する。	

その他注意すること

《定義》
《軽い運動》　同年齢の平均的生徒にとって、ほとんど息がはずまない程度の運動。
《中等度の運動》　同年齢の平均的生徒にとって、少し息がはずむが息苦しくない程度の運動。パートナーがいれば楽に会話ができる程度の運動。
《強い運動》　同年齢の平均的生徒にとって、息がはずみ息苦しさを感じるほどの運動。
＊　新体力テストで行われるシャトルラン・持久走は強い運動に属することがある。

出典：公益財団法人 日本学校保健会ホームページ 2023年

○学校生活管理指導表について

　学校生活管理指導表では、教科体育に掲げられている全運動種目を取り上げ、その種目への取り組み方によって強度を分類しています。

　この管理指導表は、幼稚園、小学校と中学校・高等学校では、運動種目の呼称等が大きく異なるため、幼稚園用、小学生用と中学・高校生用に分けて作成しています。

各指導区分の基本的考え方

「A」：入院または在宅医療が必要なもので、登校はできない

「B」：登校はできるが、運動は不可

「C」：同年齢の平均的児童生徒にとっての軽い運動にのみ参加可

「D」：同年齢の平均的児童生徒にとっての中等度の運動にまで参加可

「E」：同年齢の平均的児童生徒にとっての強い運動にも参加可

「管理不要」運動制限は不要であり、かつ経過観察も不要

運動部（クラブ）活動について

　運動部活動は、すべての運動部に制限無く参加できる場合には運動種目や参加内容を規定せずに、単に「可」とします。制限がある場合には、（　　　）内に、参加できる活動を記入します。

注）運動部活動欄の記入にあたって

　学校差、個人差が大きいことを考えると、運動の種目のみによって参加の可否を決定することはできませんので、それぞれの児童生徒の学校の部活動の状態を確認して記入してください。

　また運動部活動には強い運動を行わない参加方法もあることを考え、状況によりCやD区分の子どもにも参加を許可します。ただし、その場合は参加形態が条件付きであることは当然です。

その他の学校行事などについて

　表中に例示されていない運動や学校行事への参加の可否は、運動強度の定義と指導区分の基本に沿って判断する。例えば「C」区分の児童生徒は、参加しようとする行事が、同年齢の平均的児童生徒にとって軽い運動（ほとんど息がはずまない）程度であれば参加可能と考える、などである。

運動強度の定義

（1）軽い運動

　同年齢の平均的児童生徒・幼児にとって、ほとんど息がはずまない程度の運動。

（2）中等度の運動

　同年齢の平均的児童生徒・幼児にとって、少し息がはずむが息苦しくない程度の運動。パートナーがいれば、楽に会話ができる程度の運動。

（3）強い運動

　同年齢の平均的児童生徒・幼児にとって、息がはずみ、息苦しさを感じるほどの運動。心疾患では等尺運動の場合は、動作的に歯を食いしばったり、大きな掛け声を伴ったり、動作中や動作後に顔面の紅潮、呼吸促迫を伴うほどの運動。

その他

○学校生活のみならず、日常生活や社会活動においても指導区分に沿った生活を指導する。

○下段空欄枠の利用：最下段の空欄になった枠は疾病の種類や現状の病態に関する情報など必要に応じて随意に使用できる。

出典：「心疾患児　学校生活管理指導のしおり　学校・学校医用　令和2年度改訂」「腎疾患児　学校生活管理指導のしおり　学校・学校医用　令和2年度改訂」公益財団法人 日本学校保健会　一部改変

表2－14　学校生活管理指導表（表：上、裏：下）（アレルギー疾患用）

【表】学校生活管理指導表（アレルギー疾患用）

名前＿＿＿＿（男・女）　＿＿年＿＿月＿＿日生　＿＿年＿＿組　　提出日＿＿年＿＿月＿＿日

※この生活管理指導表は、学校の生活において特別な配慮や管理が必要となった場合に医師が作成するものです。

アナフィラキシー（あり・なし）／食物アレルギー（あり・なし）

病型・治療

A 食物アレルギー病型（食物アレルギーありの場合のみ記載）
1. 即時型
2. 口腔アレルギー症候群
3. 食物依存性運動誘発アナフィラキシー

B アナフィラキシー病型（アナフィラキシーの既往ありの場合のみ記載）
1. 食物　（原因　　）
2. 食物依存性運動誘発アナフィラキシー
3. 運動誘発アナフィラキシー
4. 昆虫　（　　）
5. 医薬品　（　　）
6. その他　（　　）

C 原因食物・除去根拠　該当する食品の番号に○をし、かつ《　》内に除去根拠を記載
1. 鶏卵　《　》
2. 牛乳・乳製品　《　》
3. 小麦　《　》
4. ソバ　《　》
5. ピーナッツ　《　》
6. 甲殻類　《　》（　すべて・エビ・カニ　）
7. 木の実類　《　》（　すべて・クルミ・カシュー・アーモンド　）
8. 果物類　《　》（　）
9. 魚類　《　》（　）
10. 肉類　《　》（　）
11. その他1　《　》（　）
12. その他2　《　》（　）

[除去根拠] 該当するもの全てを《　》内に記載
① 明らかな症状の既往　② 食物経口負荷試験陽性
③ IgE抗体等検査結果陽性　④ 未摂取
（　）に具体的な食品名を記載

D 緊急時に備えた処方薬
1. 内服薬（抗ヒスタミン薬、ステロイド薬）
2. アドレナリン自己注射薬（「エピペン®」）
3. その他　（　　）

学校生活上の留意点

A 給食
1. 管理不要　2. 管理必要

B 食物・食材を扱う授業・活動
1. 管理不要　2. 管理必要

C 運動（体育・部活動等）
1. 管理不要　2. 管理必要

D 宿泊を伴う校外活動
1. 管理不要　2. 管理必要

E 原因食物を除去する場合により厳しい除去が必要なもの
※本欄に○がついた場合、該当する食品を使用した料理については、給食対応が困難となる場合があります。

鶏卵：卵殻カルシウム
牛乳：乳糖・乳清焼成カルシウム
小麦：醤油・酢・味噌
大豆：大豆油・醤油・味噌
ゴマ：ゴマ油
魚類：かつおだし・いりこだし・魚醤
肉類：エキス

F その他の配慮・管理事項（自由記述）

【緊急時連絡先】
★保護者
電話：
★連絡医療機関
医療機関名：
電話：

記載日　　年　月　日
医師名　　㊞
医療機関名

気管支ぜん息（あり・なし）

病型・治療

A 症状のコントロール状態
1. 良好　2. 比較的良好　3. 不良

B－1 長期管理薬（吸入）　薬剤名　投与量／日
1. ステロイド吸入薬　（　）（　）
2. ステロイド吸入薬／長時間作用性吸入ベータ刺激薬配合剤　（　）（　）
3. その他　（　）（　）

B－2 長期管理薬（内服）　薬剤名
1. ロイコトリエン受容体拮抗薬　（　）
2. その他　（　）

B－3 長期管理薬（注射）　薬剤名
1. 生物学的製剤　（　）

C 発作時の対応　薬剤名　投与量／日
1. ベータ刺激薬吸入　（　）（　）
2. ベータ刺激薬内服　（　）（　）

学校生活上の留意点

A 運動（体育・部活動等）
1. 管理不要　2. 管理必要

B 動物との接触やホコリ等の舞う環境での活動
1. 管理不要　2. 管理必要

C 宿泊を伴う校外活動
1. 管理不要　2. 管理必要

D その他の配慮・管理事項（自由記述）

【緊急時連絡先】
★保護者
電話：
★連絡医療機関
医療機関名：
電話：

記載日　　年　月　日
医師名　　㊞
医療機関名

（公財）日本学校保健会　作成

【裏】学校生活管理指導表（アレルギー疾患用）

名前＿＿＿＿（男・女）　＿＿年＿＿月＿＿日生　＿＿年＿＿組　　提出日＿＿年＿＿月＿＿日

アトピー性皮膚炎（あり・なし）

病型・治療

A 重症度のめやす（厚生労働科学研究班）
1. 軽症：面積に関わらず、軽度の皮疹のみ見られる。
2. 中等症：強い炎症を伴う皮疹が体表面積の10％未満に見られる。
3. 重症：強い炎症を伴う皮疹が体表面積の10％以上、30％未満に見られる。
4. 最重症：強い炎症を伴う皮疹が体表面積の30％以上に見られる。

＊軽度の皮疹：軽度の紅斑、乾燥、落屑主体の病変
＊強い炎症を伴う皮疹：紅斑、丘疹、びらん、浸潤、苔癬化などを伴う病変

B－1 常用する外用薬
1. ステロイド軟膏
2. タクロリムス軟膏（「プロトピック®」）
3. 保湿剤
4. その他　（　　）

B－2 常用する内服薬
1. 抗ヒスタミン薬
2. その他［　　］

B－3 常用する注射薬
1. 生物学的製剤

学校生活上の留意点

A プール指導及び長時間の紫外線下での活動
1. 管理不要　2. 管理必要

B 動物との接触
1. 管理不要　2. 管理必要

C 発汗後
1. 管理不要　2. 管理必要

D その他の配慮・管理事項（自由記述）

記載日　　年　月　日
医師名　　㊞
医療機関名

アレルギー性結膜炎（あり・なし）

病型・治療

A 病型
1. 通年性アレルギー性結膜炎
2. 季節性アレルギー性結膜炎（花粉症）
3. 春季カタル
4. アトピー性角結膜炎
5. その他　（　　）

B 治療
1. 抗アレルギー点眼薬
2. ステロイド点眼薬
3. 免疫抑制点眼薬
4. その他　（　　）

学校生活上の留意点

A プール指導
1. 管理不要　2. 管理必要

B 屋外活動
1. 管理不要　2. 管理必要

C その他の配慮・管理事項（自由記載）

記載日　　年　月　日
医師名　　㊞
医療機関名

アレルギー性鼻炎（あり・なし）

病型・治療

A 病型
1. 通年性アレルギー性鼻炎
2. 季節性アレルギー性鼻炎（花粉症）

主な症状の時期：　春、夏、秋、冬

B 治療
1. 抗ヒスタミン薬・抗アレルギー薬（内服）
2. 鼻噴霧用ステロイド薬
3. 舌下免疫療法（ダニ・スギ）
4. その他　（　　）

学校生活上の留意点

A 屋外活動
1. 管理不要　2. 管理必要

B その他の配慮・管理事項（自由記載）

記載日　　年　月　日
医師名　　㊞
医療機関名

学校における日常の取組及び緊急時の対応に活用するため、本票に記載された内容を学校の全教職員及び関係機関等で共有することに同意します。

保護者氏名＿＿＿＿＿＿＿＿

（公財）日本学校保健会　作成

出典：公益財団法人 日本学校保健会ホームページ　2023年

第5節 学校環境衛生

> 1　学校の環境は、子どもの健康及び学習能率に大きな影響を及ぼすものであることから、衛生的に維持され、適切に管理されることが必要である。
> 2　学校環境衛生基準は、児童生徒等及び職員の健康を保護する上で維持されることが望ましい基準として、学校保健安全法に明確に位置付けられている。
> 3　学校環境衛生基準には、定期に行う検査、臨時に行う検査、そして日常における点検があり、それぞれの項目と基準が示されている。
> 4　養護教諭は、学校環境衛生に計画段階から参画し、学校薬剤師との連携を図りながら全教職員の共通理解と役割分担のもとで、学校環境衛生活動に積極的にかかわっていくことが大切である。

1　学校環境衛生の目的

　全国的な学校の環境衛生水準を確保するための基準が法制化され、学校環境衛生基準が学校保健安全法に示され平成21年4月1日より施行された。その後、平成30年と令和2年に一部が改正された。

　学校保健安全法第4条・5条・6条の規定から、学校環境衛生の目的は、「児童生徒等及び職員の心身の健康の保持増進を図るため」にあると捉えることができる。

　子どもが一日の大半を過ごしている学校の環境は、子どもの生命を守り、発育発達を促し、健康の保持増進が図られるよう衛生的に維持され、必要に応じて改善しなければならない。このことは教育を効果的に行う上でも重要なことである。

2　学校環境衛生の法的根拠と学校環境衛生基準

　中央教育審議会スポーツ・青少年分科会学校健康・安全部会の答申（平成20年1月）における「Ⅱ　学校保健の充実を図るための方策について　2．学校保健に関する学校内の体制の充実（8）学校環境衛生の維持・管理及び改善等」において次のように述べられており、これを受け「学校環境衛生基準」が学校保健安全法に規定された。

> ①学校環境衛生の維持・管理は、健康的な学習環境を確保する観点から重要であることから、学校薬剤師による検査、指導助言等により改善が図られてきたところであり、その際の基準として「学校環境衛生の基準」（平成4年文部省体育局長裁定）が定められている。しかしながら、学校において「学校環境衛生の基準」に基づいた定期検査は、必ずしも完全に実施されていない状況があり、子どもの適切な学習環境の確保を図るためには、定期検査の実施と検査結果に基づいた維持管理や改善が求められている。そのため、完全に実施されていない要因やその対策について十分検討した上で、現在ガイドラインとして示されている「学校環境衛生の基準」の位置付けをより一層明確にするために法制度の整備を検討する必要がある。（以下略）

1）学校環境衛生の法的根拠

学校教育法には次のように規定されている。

> **学校教育法**（昭和22年３月31日公布、令和４年６月22日最終改正）
> 第12条　学校においては、別に法律で定めるところにより、幼児、児童、生徒及び学生並びに職員の健康の保持増進を図るため、健康診断を行い、その他その保健に必要な措置を講じなければならない。

上記の学校教育法を受け、学校保健安全法において学校環境衛生について次のように規定している。

> **学校保健安全法**（昭和33年４月10日公布、平成27年６月24日最終改正）
> 第４条　学校の設置者は、その設置する学校の児童生徒等及び職員の心身の健康の保持増進を図るため、当該学校の施設及び設備並びに管理運営体制の整備充実その他の必要な措置を講ずるよう努めるものとする。
> 第５条　学校においては、児童生徒等及び職員の心身の健康の保持増進を図るため、児童生徒等及び職員の健康診断、環境衛生検査、児童生徒等に対する指導その他保健に関する事項について計画を策定し、これを実施しなければならない。
> 第６条　文部科学大臣は、学校における換気、採光、照明、保温、清潔保持その他環境衛生に係る事項（中略）について、児童生徒等及び職員の健康を保護する上で維持されることが望ましい基準（以下この条において「学校環境衛生基準」という。）を定めるものとする。
> 　２　学校の設置者は、学校環境衛生基準に照らしてその設置する学校の適切な環境の維持に努めなければならない。
> 　３　校長は、学校環境衛生基準に照らし、学校の環境衛生に関し適正を欠く事項があると認めた場合には、遅滞なく、その改善のために必要な措置を講じ、又は当該措置を講ずることができないときは、当該学校の設置者に対し、その旨を申し出るものとする。

> **学校保健安全法施行規則**（昭和33年６月13日公布、令和５年４月28日最終改正）
> （環境衛生検査）
> 第１条　学校保健安全法（中略）第５条の環境衛生検査は、他の法令に基づくもののほか、毎学年定期に、法第６条に規定する学校環境衛生基準に基づき行わなければならない。
> 　２　学校においては、必要があるときは、臨時に、環境衛生検査を行うものとする。
> （日常における環境衛生）
> 第２条　学校においては、前条の環境衛生検査のほか、日常的な点検を行い、環境衛生の維持又は改善を図らなければならない。

2）学校環境衛生基準

学校保健安全法第６条第１項に基づき、学校における換気、採光、照明、保温、清潔保持その他環境衛生に係る事項について、児童生徒等及び職員の健康を保護する上で維持されることが望ましい基準として定めるものである。

学校環境衛生基準の概要は次のとおりである。なお、学校環境衛生基準については109頁からを参照のこと。

第１　教室等の環境に係る学校環境衛生基準
第２　飲料水等の水質及び施設・設備に係る学校環境衛生基準
第３　学校の清潔、ネズミ、衛生害虫等及び教室等の備品の管理に係る学校環境衛生基準
第４　水泳プールに係る学校環境衛生基準
第５　日常における環境衛生に係る学校環境衛生基準
第６　雑則

図２-３　学校環境衛生活動

3　学校環境衛生に関する活動における養護教諭の役割

　学校環境衛生活動は、学校薬剤師の指導のもとに、全職員が役割分担して実施するものである。また、法改正により、学校の設置者及び校長の責務が明確になったことを押さえておく必要がある。養護教諭は学校薬剤師と連携して、下記の活動に参画し積極的にかかわっていくことが大切である。

1）学校環境衛生に関する情報の収集、整理、活用
2）学校環境衛生検査実施計画の作成
3）役割分担のもとでの日常点検の実施
4）検査結果のまとめ、報告
5）事後措置（環境の維持・改善）
6）測定機器の保管・整備
7）評価・記録、教材化などによる教育活動への活用

　定期・臨時検査は、学校薬剤師が中心となって実施するものであるが、専門の業者に依頼した場合においても、結果については学校薬剤師に報告し指導助言を得ることが大切である。教職員による日常点検、専門家による定期検査・臨時検査を適正に実施し、学校環境衛生の維持改善を図っていくことが大切である。

【参考文献・引用資料】

「学校環境衛生基準」文部科学省　2020年
『学校環境衛生管理マニュアル「学校環境衛生基準」の理論と実践［平成30年度改訂版］』文部科学省　2018年

「学校環境衛生基準」（令和4年3月31日告示、令和4年4月1日施行）

第1　教室等の環境に係る学校環境衛生基準

1　教室等の環境（換気、保温、採光、照明、騒音等の環境をいう。以下同じ。）に係る学校環境衛生基準は、次表の左欄に掲げる検査項目ごとに、同表の右欄のとおりとする。

	検査項目		基準
換気及び保温等	（1）換気		換気の基準として、二酸化炭素は、1500ppm以下であることが望ましい。
	（2）温度		18℃以上、28℃以下であることが望ましい。
	（3）相対湿度		30%以上、80%以下であることが望ましい。
	（4）浮遊粉じん		0.10mg／㎥以下であること。
	（5）気流		0.5m／秒以下であることが望ましい。
	（6）一酸化炭素		6ppm以下であること。
	（7）二酸化窒素		0.06ppm以下であることが望ましい。
	（8）揮発性有機化合物		
		ア．ホルムアルデヒド	100μg／㎥以下であること。
		イ．トルエン	260μg／㎥以下であること。
		ウ．キシレン	200μg／㎥以下であること。
		エ．パラジクロロベンゼン	240μg／㎥以下であること。
		オ．エチルベンゼン	3800μg／㎥以下であること。
		カ．スチレン	220μg／㎥以下であること。
	（9）ダニ又はダニアレルゲン		100匹／㎥以下又はこれと同等のアレルゲン量以下であること。
採光及び照明	（10）照度		（ア）教室及びそれに準ずる場所の照度の下限値は、300lx（ルクス）とする。また、教室及び黒板の照度は、500lx以上であることが望ましい。 （イ）教室及び黒板のそれぞれの最大照度と最小照度の比は、20：1を超えないこと。また、10：1を超えないことが望ましい。 （ウ）コンピュータを使用する教室等の机上の照度は、500～1000lx程度が望ましい。 （エ）テレビやコンピュータ等の画面の垂直面照度は、100～500lx程度が望ましい。 （オ）その他の場所における照度は、工業標準化法（昭和24年法律第185号）に基づく日本工業規格（以下「日本工業規格」という。）Z9110に規定する学校施設の人工照明の照度基準に適合すること。
	（11）まぶしさ		（ア）児童生徒等から見て、黒板の外側15°以内の範囲に輝きの強い光源（昼光の場合は窓）がないこと。 （イ）見え方を妨害するような光沢が、黒板面及び机上面にないこと。 （ウ）見え方を妨害するような電灯や明るい窓等が、テレビ及びコンピュータ等の画面に映じていないこと。
騒音	（12）騒音レベル		教室内の等価騒音レベルは、窓を閉じているときはLAeq50dB（デシベル）以下、窓を開けているときはLAeq55dB以下であることが望ましい。

2　1の学校環境衛生基準の達成状況を調査するため、次表（省略）の左欄に掲げる検査項目ごとに、同表の右欄に掲げる方法又はこれと同等以上の方法により、検査項目（1）～（7）及び（10）～（12）については、毎学年2回、検査項目（8）及び（9）については、毎学年1回定期に検査を行うものとする。

第2　飲料水等の水質及び施設・設備に係る学校環境衛生基準

1　飲料水等の水質及び施設・設備に係る学校環境衛生基準は、次表の左欄に掲げる検査項目ごとに、同表の右欄のとおりとする。

	検査項目		基準
水質	（1）水道水を水源とする飲料水（専用水道を除く。）の水質		
		ア．一般細菌	水質基準に関する省令（平成15年厚生労働省令第101号）の表の下欄に掲げる基準による。
		イ．大腸菌	
		ウ．塩化物イオン	
		エ．有機物（全有機炭素（TOC）の量）	
		オ．pH値	
		カ．味	
		キ．臭気	
		ク．色度	
		ケ．濁度	
		コ．遊離残留塩素	水道法施行規則（昭和32年厚生省令第45号）第17条第1項第3号に規定する遊離残留塩素の基準による。

検査項目			基準
水質	（2）専用水道に該当しない井戸水等を水源とする飲料水の水質		
		ア．専用水道（水道法（昭和32年法律第177号）第3条第6項に規定する「専用水道」をいう。以下同じ。）が実施すべき水質検査の項目	水質基準に関する省令の表の下欄に掲げる基準による。
		イ．遊離残留塩素	水道法施行規則第17条第1項第3号に規定する遊離残留塩素の基準による。
	（3）専用水道（水道水を水源とする場合を除く。）及び専用水道に該当しない井戸水等を水源とする飲料水の原水の水質		
		ア．一般細菌	水質基準に関する省令の表の下欄に掲げる基準による。
		イ．大腸菌	
		ウ．塩化物イオン	
		エ．有機物（全有機炭素（ＴＯＣ）の量）	
		オ．pH値	
		カ．味	
		キ．臭気	
		ク．色度	
		ケ．濁度	
	（4）雑用水の水質		
		ア．pH値	5.8以上8.6以下であること。
		イ．臭気	異常でないこと。
		ウ．外観	ほとんど無色透明であること。
		エ．大腸菌	検出されないこと。
		オ．遊離残留塩素	0.1mg／L（結合残留塩素の場合は0.4mg／L）以上であること。
施設・設備	（5）飲料水に関する施設・設備		
		ア．給水源の種類	上水道、簡易水道、専用水道、簡易専用水道及び井戸その他の別を調べる。
		イ．維持管理状況等	（ア）配管、給水栓、給水ポンプ、貯水槽及び浄化設備等の給水施設・設備は、外部からの汚染を受けないように管理されていること。また、機能は適切に維持されていること。 （イ）給水栓は吐水口空間が確保されていること。 （ウ）井戸その他を給水源とする場合は、汚水等が浸透、流入せず、雨水又は異物等が入らないように適切に管理されていること。 （エ）故障、破損、老朽又は漏水等の箇所がないこと。 （オ）塩素消毒設備又は浄化設備を設置している場合は、その機能が適切に維持されていること。
		ウ．貯水槽の清潔状態	貯水槽の清掃は、定期的に行われていること。
	（6）雑用水に関する施設・設備		（ア）水管には、雨水等雑用水であることを表示していること。 （イ）水栓を設ける場合は、誤飲防止の構造が維持され、飲用不可である旨表示していること。 （ウ）飲料水による補給を行う場合は、逆流防止の構造が維持されていること。 （エ）貯水槽は、破損等により外部からの汚染を受けず、その内部は清潔であること。 （オ）水管は、漏水等の異常が認められないこと。

2　1の学校環境衛生基準の達成状況を調査するため、次表（省略）の左側に掲げる検査項目ごとに、同表の右欄に掲げる方法又はこれと同等以上の方法により、検査項目（1）については、毎学年1回、検査項目（2）については、水道法施行規則第54条において準用する水道法施行規則第15条に規定する専用水道が実施すべき水質検査の回数、検査項目（3）については、毎学年1回、検査項目（4）については、毎学年2回、検査項目（5）については、水道水を水源とする飲料水にあっては、毎学年1回、井戸水等を水源とする飲料水にあっては、毎学年2回、検査項目（6）については、毎学年2回定期に検査を行うものとする。

110

第3　学校の清潔、ネズミ、衛生害虫等及び教室等の備品の管理に係る学校環境衛生基準

1　学校の清潔、ネズミ、衛生害虫等及び教室等の備品の管理に係る学校環境衛生基準は、次表の左欄に掲げる検査項目ごとに、同表の右欄のとおりとする。

検査項目		基準
学校の清潔	（1）大掃除の実施	大掃除は、定期に行われていること。
	（2）雨水の排水溝等	屋上等の雨水排水溝に、泥や砂等が堆積していないこと。また、雨水配水管の末端は、砂や泥等により管径が縮小していないこと。
	（3）排水の施設・設備	汚水槽、雑排水槽等の施設・設備は、故障等がなく適切に機能していること。
ネズミ、衛生害虫等	（4）ネズミ、衛生害虫等	校舎、校地内にネズミ、衛生害虫等の生息が認められないこと。
教室等の備品の管理	（5）黒板面の色彩	（ア）無彩色の黒板面の色彩は、明度が3を超えないこと。 （イ）有彩色の黒板面の色彩は、明度及び彩度が4を超えないこと。

2　1の学校環境衛生基準の達成状況を調査するため、次表（省略）の左欄に掲げる検査項目ごとに、同表の右欄に掲げる方法又はこれと同等以上の方法により、検査項目（1）については、毎学年3回、検査項目（2）～（5）については、毎学年1回定期に検査を行うものとする。

第4　水泳プールに係る学校環境衛生基準

1　水泳プールに係る学校環境衛生基準は、次表の左欄に掲げる検査項目ごとに、同表の右欄のとおりとする。

検査項目			基準
水質	（1）遊離残留塩素		0.4mg／L以上であること。また、1.0mg／L以下であることが望ましい。
	（2）pH値		5.8以上8.6以下であること。
	（3）大腸菌		検出されないこと。
	（4）一般細菌		1mL中200コロニー以下であること。
	（5）有機物等（過マンガン酸カリウム消費量）		12mg／L以下であること。
	（6）濁度		2度以下であること。
	（7）総トリハロメタン		0.2mg／L以下であることが望ましい。
	（8）循環ろ過装置の処理水		循環ろ過装置の出口における濁度は、0.5度以下であること。また、0.1度以下であることが望ましい。
施設・設備の衛生状態	（9）プール本体の衛生状況等		（ア）プール水は、定期的に全換水するとともに、清掃が行われていること。 （イ）水位調整槽又は還水槽を設ける場合は、点検及び清掃を定期的に行うこと。
	(10)浄化設備及びその管理状況		（ア）循環浄化式の場合は、ろ材の種類、ろ過装置の容量及びその運転時間が、プール容積及び利用者数に比して十分であり、その管理が確実に行われていること。 （イ）オゾン処理設備又は紫外線処理設備を設ける場合は、その管理が確実に行われていること。
	(11)消毒設備及びその管理状況		（ア）塩素剤の種類は、次亜塩素酸ナトリウム液、次亜塩素酸カルシウム又は塩素化イソシアヌル酸のいずれかであること。 （イ）塩素剤の注入が連続注入式である場合は、その管理が確実に行われていること。
	(12)屋内プール	ア．空気中の二酸化炭素	1500ppm以下が望ましい。
		イ．空気中の塩素ガス	0.5ppm以下が望ましい。
		ウ．水平面照度	200lx以上が望ましい。

備考
一　検査項目（9）については、浄化設備がない場合には、汚染を防止するため、1週間に1回以上換水し、換水時に清掃が行われていること。この場合、腰洗い槽を設置することが望ましい。
　　また、プール水等を排水する際には、事前に残留塩素を低濃度にし、その確認を行う等、適切な処置が行われていること。

2　1の学校環境衛生基準の達成状況を調査するため、次表（省略）の左欄に掲げる検査項目ごとに、同表の右欄に掲げる方法又はこれと同等以上の方法により、検査項目（1）～（6）については、使用日の積算が30日以内ごとに1回、検査項目（7）については、使用期間中の適切な時期に1回以上、検査項目（8）～（12）については、毎学年1回定期に検査を行うものとする。

第5　日常における環境衛生に係る学校環境衛生基準

1　学校環境衛生の維持を図るため、第1から第4に掲げる検査項目の定期的な環境衛生検査等のほか、次表の左欄に掲げる検査項目について、同表の右欄の基準のとおり、毎授業日に点検を行うものとする。		

検査項目		基準
教室等の環境	（1）換気	（ア）外部から教室に入ったとき、不快な刺激や臭気がないこと。 （イ）換気が適切に行われていること。
	（2）温度	18℃以上、28℃以下であることが望ましい。
	（3）明るさとまぶしさ	（ア）黒板面や机上等の文字、図形等がよく見える明るさがあること。 （イ）黒板面、机上面及びその周辺に見え方を邪魔するまぶしさがないこと。 （ウ）黒板面に光るような箇所がないこと。
	（4）騒音	学習指導のための教師の声等が聞き取りにくいことがないこと。
飲料水等の水質及び施設・設備	（5）飲料水の水質	（ア）給水栓水については、遊離残留塩素が0.1mg／L以上保持されていること。ただし、水源が病原生物によって著しく汚染されるおそれのある場合には、遊離残留塩素が0.2mg／L以上保持されていること。 （イ）給水栓水については、外観、臭気、味等に異常がないこと。 （ウ）冷水器等飲料水を貯留する給水器具から供給されている水についても、給水栓水と同様に管理されていること。
	（6）雑用水の水質	（ア）給水栓水については、遊離残留塩素が0.1mg／L以上保持されていること。ただし、水源が病原生物によって著しく汚染されるおそれのある場合には、遊離残留塩素が0.2mg／L以上保持されていること。 （イ）給水栓水については、外観、臭気に異常がないこと。
	（7）飲料水等の施設・設備	（ア）水飲み、洗口、手洗い場及び足洗い場並びにその周辺は、排水の状況がよく、清潔であり、その設備は破損や故障がないこと。 （イ）配管、給水栓、給水ポンプ、貯水槽及び浄化設備等の給水施設・設備並びにその周辺は、清潔であること。
学校の清潔及びネズミ、衛生害虫等	（8）学校の清潔	（ア）教室、廊下等の施設及び机、いす、黒板等教室の備品等は、清潔であり、破損がないこと。 （イ）運動場、砂場等は、清潔であり、ごみや動物の排泄物等がないこと。 （ウ）便所の施設・設備は、清潔であり、破損や故障がないこと。 （エ）排水溝及びその周辺は、泥や砂が堆積しておらず、悪臭がないこと。 （オ）飼育動物の施設・設備は、清潔であり、破損がないこと。 （カ）ごみ集積場及びごみ容器等並びにその周辺は、清潔であること。
	（9）ネズミ、衛生害虫等	校舎、校地内にネズミ、衛生害虫等の生息が見られないこと。
水泳プールの管理	（10）プール水等	（ア）水中に危険物や異常なものがないこと。 （イ）遊離残留塩素は、プールの使用前及び使用中1時間ごとに1回以上測定し、その濃度は、どの部分でも0.4mg／L以上保持されていること。また遊離残留塩素は1.0mg／L以下が望ましい。 （ウ）pH値は、プールの使用前に1回測定し、pH値が基準値程度に保たれていることを確認すること。 （エ）透明度に常に留意し、プール水は、水中で3m離れた位置からプールの壁面が明確に見える程度に保たれていること。
	（11）附属施設・設備等	プールの附属施設・設備、浄化設備及び消毒設備等は、清潔であり、破損や故障がないこと。
2　点検は、官能法によるもののほか、第1から第4に掲げる検査方法に準じた方法で行うものとする。		

第6　雑則

1　学校においては、次のような場合、必要があるときは、臨時に必要な検査を行うものとする。
　（1）感染症又は食中毒の発生のおそれがあり、また、発生したとき。
　（2）風水害等により環境が不潔になり又は汚染され、感染症の発生のおそれがあるとき。
　（3）新築、改築、改修等及び机、いす、コンピュータ等新たな学校用備品の搬入等により揮発性有機化合物の発生のおそれがあるとき。
　（4）その他必要なとき。
2　臨時に行う検査は、定期に行う検査に準じた方法で行うものとする。
3　定期及び臨時に行う検査の結果に関する記録は、検査の日から5年間保存するものとする。また、毎授業日に行う点検の結果は記録するよう努めるとともに、その記録を点検日から3年間保存するよう努めるものとする。
4　検査に必要な施設・設備等の図面等の書類は、必要に応じて閲覧できるように保存するものとする。

出典：「学校環境衛生基準」文部科学省 (https://www.mext.go.jp/content/20201211-mxt_kenshoku-100000613_02.pdf)2021年

　令和4年の「学校環境衛生基準」（令和4年4月1日施行）の改正に際して、次のような通知が出されている。

「学校環境衛生基準の一部改正について」文部科学省初等中等教育局長通知（令和4年5月9日）より抜粋

〈改正の概要〉
1　改正の概要
（1）温度の基準
　　　温度の基準の下限を17℃から18℃に見直したこと。
（2）一酸化炭素の基準
　　　一酸化炭素の基準の上限を10ppmから6ppmに見直したこと。
2　改正の経緯
　　「建築物における衛生的環境の確保に関する法律施行令の一部を改正する政令」(令和3年政令第347号)において、温度の基準の下限が17℃から18℃に見直されたこと、一酸化炭素の基準の上限を10ppmから6ppmに見直したことを踏まえ、学校環境衛生基準における温度及び一酸化炭素の基準の改正を行った。
3　施行期日
　　令和4年4月1日
4　改正に係る留意事項
　　この度、温度と一酸化炭素の基準が見直されたことから、令和4年4月1日以降に実施する定期検査では新たな基準を満たしているか確認すること。
　　なお、基準を満たさない場合は、学校薬剤師の協力のもと、必要な措置を講ずること。

出典：文部科学省HP（http://www.mext.go.jp/a_menu/kenko/hoken/1403737.htm）より抜粋

第4章　健康相談及び保健指導

1　学校保健安全法（平成21年4月施行）により、養護教諭や学級担任等が行う健康相談も新たに法に位置付けられた。
2　学校における健康相談の目的は、子どもの心身の健康に関する問題について、子どもや保護者等に対して、関係者が連携し相談等を通して問題の解決を図り、学校生活によりよく適応していけるように支援していくことである。
3　養護教諭の行う健康相談は、単に個々の子どもの健康管理に留まらず、自己解決能力をはぐくむなど子どもの健全な発育発達に大きく寄与しており、養護教諭の職務の中でも大きな位置を占めているとともに期待されている役割でもある。
4　健康相談と保健指導は明確に切り分けられるものではなく、相互に関連して展開されているものである。また、一対一の相談に限定されるものではなく、関係者との連携のもと教育活動のあらゆる機会を捉えて、健康相談における配慮が生かされるようにするものである。
5　保健管理に伴う保健指導は子どもの心身の健康問題等に応じて個別・小集団で実施される。
6　学校内の支援活動で対応できるものか、病的なものが疑われ医療機関等との連携が必要かの見極めは、養護教諭の専門職としての重要な役割である。
7　医療機関等との連携を必要とする子どもが増えていることから、養護教諭には校内外との連携におけるコーディネーターの役割が求められている。

第1節 健康相談

　健康相談については、学校保健安全法（平成21年4月施行）において、メンタルヘルスに関する課題やアレルギー疾患の増加など児童生徒の健康課題の多様化に伴い、学校において適切な対応が求められている中、これらの問題に組織的に対応する観点から、従来、学校医、学校歯科医が行うとされていた健康相談についても、学校医、学校歯科医のみならず、養護教諭、学校薬剤師、担任教諭等の関係教職員の積極的な参画が求められた。更に、学校において、救急処置、健康相談または保健指導を行うにあたっては、必要に応じ地域の医療機関その他の関係機関との連携を図るよう努めることが規定されるなど、健康相談の充実が図られた。

　以下は、法律及び通達により示されている健康相談に関する事項である。

1　健康相談の法的位置付け

1）学校保健安全法

> **学校保健安全法**　（昭和33年４月10日公布、平成27年６月24日最終改正）
>
> （健康相談）
> 第８条　学校においては、児童生徒等の心身の健康に関し、健康相談を行うものとする。
>
> （保健指導）
> 第９条　養護教諭その他の職員は、相互に連携して、健康相談又は児童生徒等の健康状態の日常的な観察により、児童生徒等の心身の状況を把握し、健康上の問題があると認めるときは、遅滞なく、当該児童生徒等に対して必要な指導を行うとともに、必要に応じ、その保護者（学校教育法第16条に規定する保護者をいう。（中略））に対して必要な助言を行うものとする。
>
> （地域の医療機関等との連携）
> 第10条　学校においては、救急処置、健康相談又は保健指導を行うに当たつては、必要に応じ、当該学校の所在する地域の医療機関その他の関係機関との連携を図るよう努めるものとする。

2）学校保健法等の一部を改正する法律の公布について（通知）

学校保健安全法（平成21年４月１日施行）の施行通知において、健康相談については、保健指導についての項目にて次のように解説されている。（下線は筆者が記入）

> ○学校保健法等の一部を改正する法律の公布について（通知）（20文科ス第522号、平成20年７月９日）（抜粋）
>
> 第二 留意事項・第1 学校保健安全法関連・二 学校保健に関する留意事項
> （７）保健指導について（第９条）
> 1　近年、メンタルヘルスに関する課題やアレルギー疾患等の現代的な健康課題が生ずるなど児童生徒等の心身の健康問題が多様化、深刻化している中、これらの問題に学校が適切に対応することが求められていることから、第９条においては、健康相談や担任教諭等の行う日常的な健康観察による児童生徒等の健康状態の把握、健康上の問題があると認められる児童生徒等に対する指導や保護者に対する助言を保健指導として位置付け、養護教諭を中心として、関係教職員の協力の下で実施されるべきことを明確に規定したものであること。
>
> 　したがって、このような保健指導の前提として行われる第８条の健康相談についても、児童生徒等の多様な健康課題に組織的に対応する観点から、特定の教職員に限らず、養護教諭、学校医・学校歯科医・学校薬剤師、担任教諭など関係教職員による積極的な参画が求められるものであること。
>
> 2　学校医及び学校歯科医は、健康診断及びそれに基づく疾病の予防処置、改正法において明確化された保健指導の実施をはじめ、感染症対策、食育、生活習慣病の予防や歯・口の健康つくり等について、また、学校薬剤師は、学校環境衛生の維持管理をはじめ、薬物乱用防止教育等について、それぞれ重要な役割を担っており、さらには、学校と地域の医療機関等との連携の要としての役割も期待されることから、各学校において、児童生徒等の多様な健康課題に的確に対応するため、これらの者の有する専門的知見の積極的な活用に努められたいこと。

3）学校保健法等の一部を改正する法律の施行に伴う関係政令の整備に関する政令等の施行について（通知）

学校保健安全法施行規則の施行通知における健康相談に関する解説事項は次の通りである。（下線は筆者が記入）

○学校保健法等の一部を改正する法律の施行に伴う関係政令の整備に関する政令等の施行について（通知）　　　　　　　　　　　　　　（21文科ス第6004号、平成21年4月1日）
第2　省令改正の概要（抜粋）
（4）学校医、学校歯科医及び学校薬剤師の職務執行の準則について
　　改正法において、養護教諭その他の職員の行う日常的な健康観察等による児童生徒等の健康状態の把握、必要な指導等が「保健指導」として位置付けられた。また、従来、学校医又は学校歯科医のみが行うものとされてきた「健康相談」は、学校医又は学校歯科医に限らず、学校薬剤師を含め関係教職員が積極的に参画するものと再整理された。これは、近年、メンタルヘルスに関する課題やアレルギー疾患等の現代的な健康課題が生ずるなど児童生徒等の心身の健康問題が多様化、深刻化している中、これらの問題に学校が組織的に対応する観点から、特定の教職員に限らず、養護教諭、学校医・学校歯科医・学校薬剤師、担任教諭など関係教職員各々が有する専門的知見の積極的な活用に努められたいという趣旨である。
　　これらを踏まえ、学校医、学校歯科医及び学校薬剤師の職務執行の準則に「保健指導に従事すること」を追加するとともに、学校薬剤師の職務執行の準則に「健康相談に従事すること」を追加する等の改正を行ったこと。（第22条、第23条及び第24条関係）

2　学校における健康相談の基本的な考え方

　　近年、心理的ストレスや悩み、いじめ、不登校、精神疾患（心身症、摂食障害等）などメンタルヘルスに関する問題やアレルギー疾患の増加など、子どもの心身の健康問題が多様化していることや医療の支援を必要とする事例も増えていることから、養護教諭、学校医、学校歯科医、学校薬剤師、学級担任等及び地域の医療機関等が連携して組織的に健康相談を行うことが必要となっており、個々の心身の健康問題の解決に向けて、関係者がそれぞれの立場で連携して支援していくことがますます重要となっている。

　　健康相談と保健指導は、明確に切り分けられるものではなく、相互に関連して展開されているものであり、学校における健康相談の目的は、子どもの心身の健康に関する問題について、子どもや保護者等に対して、関係者が連携し相談等を通して問題の解決を図り、学校生活によりよく適応していけるように支援していくことである。具体的には、子ども・保護者等からの相談希望、健康観察や保健室での対応等から健康相談が必要と判断された子どもに対し、心身の健康問題の背景（問題の本質）にあるものを的確にとらえ、相談等を通して支援していく。また、一対一の相談に限定されるものではなく、関係者の連携のもと教育活動のあらゆる機会を捉えて、健康相談における配慮が生かされるようにするものである。

3　健康相談における養護教諭、学級担任等、学校医等の役割

1）養護教諭が行う健康相談

　　健康相談は、子どもの心身の健康問題の変化に伴い、従来（1960年代）から養護教諭の重要な役割となっていたが、平成9年の保健体育審議会答申において、養護教諭の行う健康相談が広く周知され、平成20年の中央教育審議会答申（以下、中教審答申という）[*1]においても、その重要性が述べられている。この中教審答申を踏まえて、学校保健安全法に養護教諭を中心として学級担任等が相互に連携して行う健康相談が明確に規定されるなど、健康相談における養護教諭の役割がますます大きくなっている。

　　養護教諭の行う健康相談は、子どもの心身の健康に関して専門的な観点から行われ、発達段階に即して一緒に心身の健康問題を解決する過程で、自己理解を深め自分自身で解決しようとする人間的な成長につながることから、健康の保持増進のみならず教育的な意義が大きく、学校教育において重要な役割を担っている。

　　養護教諭の職務については、中教審答申において、保健管理、保健教育、健康相談、保健室経営、保健組織活動の5項目に整理されている。健康相談が特出されていることは、先に述べたように、単

に個々の子どもの健康管理に留まらず、自己解決能力をはぐくむなど子どもの健全な発育発達に大きく寄与しており、養護教諭の職務の中でも大きな位置を占めているとともに期待されている役割でもあるからである。

　また、養護教諭は、職務の特質*2から子どもの心身の健康問題を発見しやすい立場にあるため、いじめや児童虐待などの早期発見、早期対応に果たす役割や、健康相談や保健指導の必要性の判断、受診の必要性の判断、医療機関などの地域の関係機関等との連携におけるコーディネーターの役割などが求められている。

---

*1　中央教育審議会答申「子どもの心身の健康を守り、安全・安心を確保するために学校全体として取組を進めるための方策について」平成20年1月17日
*2　養護教諭の職務の特質としてあげられる主な事項
　　ア　全校の子どもを対象としており、入学時から経年的に子どもの成長・発達を見ることができる。
　　イ　活動の中心となる保健室は、だれでもいつでも利用でき安心して話ができるところである。
　　ウ　子どもは、心の問題を言葉に表すことが難しく、身体症状として現れやすいので、問題を早期に発見しやすい。
　　エ　保健室頻回来室者、不登校傾向者、非行や性に関する問題など様々な問題を抱えている子どもと保健室でかかわる機会が多い。
　　オ　職務の多くは学級担任をはじめとする教職員、学校医等、保護者等との連携の下に遂行される。
　　などが、主な養護教諭の職務の特質として挙げられる。

2）学級担任等が行う健康相談

　メンタルヘルスに関する課題やアレルギー疾患など、子どもの現代的な健康課題が顕在化している中、特定の教職員に限らず、この問題に組織的に対応して行く必要があることから、学級担任等においても、教諭の立場から健康相談を適切に行うことが求められている。

　健康観察（朝の健康観察、授業中や放課後など学校生活全般における健康観察）は、身体的不調のみならず、不登校、虐待、人間関係の問題などの早期発見につながる重要な活動であることから、学級担任は毎日の健康観察を丁寧に行い、問題の早期発見に努めることが大切である。そのため、養護教諭には、随時、健康観察の視点等について学級担任等に啓発していくことが求められる。

　また、学級担任等は、毎日、直接子どもとかかわることから、多様な子どもがいることを前提に、子どもとの人間的な触れ合い、きめ細かい観察（子どもの変化を見逃さない）、面接、保護者との対話を深める、関係者との情報の共有化などを通して、一人一人の子どもを客観的かつ総合的に理解し、問題の背景を的確にとらえた上で支援できるように努めることが大切である。

　学級担任等が行う健康相談の実施にあたってのポイントは、一人で抱え込まず養護教諭をはじめ、関係者と連携し、子どもの心身の健康問題について情報の共有化を図り、組織的に対応することである。また、必要に応じて医療機関等と連携していくことが大切である。

3）学校医・学校歯科医・学校薬剤師等が行う健康相談

　学校保健法の改正により、従来、学校医又は学校歯科医が行うとされてきた健康相談は、養護教諭、学校医・学校歯科医・学校薬剤師、学級担任等の関係職員による積極的な参画が求められるものとなった。学校医等が行う健康相談は、受診の必要性の有無の判断、疾病予防、治療等の相談及び学校と地域の医療機関等とのつなぎ役など、主に医療的な観点から行われ、専門的な立場から学校及び子どもを支援していくことが求められている。

　学校保健安全法施行規則の一部改正により、学校医等の職務執行の準則において、学校医及び学校歯科医のみならず、学校薬剤師の職務執行の準則にも新たに健康相談が加わった。また、これまで、学校歯科医の職務執行の準則においては、「……健康相談のうち歯に関する健康相談に従事すること」として健康相談の範囲を限定していたが、「法第8条の健康相談に従事すること」と改正され、範囲を限定する規定が削除された。

4　健康相談の進め方

1）健康相談の目的

　健康相談の目的は、子どもの心身の健康に関する問題について、子どもや保護者等に対して、関係者が連携し相談等を通して問題の解決を図り、学校生活によりよく適応していけるように支援していくことである。

2）健康相談対象者

　健康相談の主な対象者は次の通りである。

（1）健康診断の結果、継続的な観察指導（慢性疾患及び障害のある者を含む）を必要とする者。

　①保健調査等の結果から、食生活、睡眠、運動などの日常生活において指導が必要である者。

　②体重減少、視力異常、CO（う歯の初期病変の徴候）・GO（歯周疾患要観察者）、肥満傾向、その他の疾病異常などがあり経過観察や受診指導が必要な者。

（2）保健室等での児童生徒への対応を通して健康相談の必要性があると判断された者。

（3）日常の健康観察の結果、継続的な観察指導を必要とする者。（欠席・遅刻・早退の多い者、体調不良が続く者、心身の健康観察から健康相談が必要と判断された者等）

（4）健康相談を希望する者。

（5）保護者及び担任教諭等の依頼による者。

（6）修学旅行、遠足、運動会、対外運動競技会等の学校行事に参加させる場合に必要と認めた者。

（7）健康にかかわる各種の調査結果（生活習慣、心の健康等）から必要と認めた者。

（8）その他

3）健康相談のプロセス

（1）対象者の把握（健康相談の必要性の判断）

　　日常の健康観察や保健室での対応等により、健康相談の対象者の把握を行う（上記　2）「健康相談対象者」参照）。

　　健康相談は、1回で終わるものもあれば、継続的な支援が必要なものもある。子どもの訴え（腹痛や頭痛等）に対しては、病気や障害があるかないかを確かめることが大切である。最初から心の問題だと決めつけることのないようにする。また、子どもは自分の気持ちを十分に言葉に表現することが難しく、身体症状として現れることが多いことから、子どもの訴えや話をよく聞き受け止めることが大切である。

　　＜緊急的な対応が必要な場合＞

　　緊急的な対応が必要なものには、虐待、いじめ、自傷行為、自殺念慮、体重減少、災害時（事件・事故を含む）等がある。関係機関と連携しつつ適切な危機介入が必要である。そのためには、日ごろから他機関の関係者と顔の見える関係づくりをしておくことが大切である。

　　虐待については、健康観察をはじめ、不登校、骨折、内出血、傷痕、体重減少、衣服の汚れ等に留意し、常に虐待の可能性があることを念頭に置いて対応するとともに、子どもの命にかかわる問題として捉えることが大切である。

　　災害や事件・事故発生時の心のケアは、学校保健安全法に規定されており、危機管理の一環として位置付けることが必要である（第4部「子どもの精神保健」参照）。

（2）健康問題の背景の把握

　　子どもの心身の健康問題の背景は多様化しており、問題の把握にあたっては、一人の情報では不十分であるため、学級担任をはじめとする関係者との情報交換により、子どもを多面的・総合的に理解した上で、問題の本質（医学的・心理社会的・環境要因）を捉えていく必要がある。そのため、校内委員会（組織）等で情報交換し検討することによって、的確に問題の背景がつかめるようにする。

　　健康相談を実施するにあたり、最も留意しなければならない点は、カウンセリングで解決で

きるものと医療的な対応が必要なものとがあることである。例えば、統合失調症にカウンセリングをしても悪化させてしまうので、医療との連携が必要となるように、問題の本質を見極めることが大切である。特に、精神疾患が疑われるものについては、専門医の診断や指導が必要であり、早期の対応が大切である。学校内の支援活動で対応できるものか、病的なものが疑われ医療機関等との連携が必要かの見極めは、養護教諭の専門職としての重要な役割である。

（3）支援方針・支援方法の検討

　　組織的な対応を図るには、校内組織との連携が必要である。関係者による支援チームをつくり、支援方針・支援方法（支援計画）を協議し、役割分担して組織的に対応していくことが必要である。抱え込みにより、課題が悪化してしまい、解決が長期間にわたってしまうなどのケースもあるため、一人で対応するのではなく、関係職員、管理職等と連携して行うことが大切である。

　　また、校内組織はあっても（教育相談部、生徒指導部等）機能していない現状も見られることから、機能する組織となるよう養護教諭は働きかけていく必要がある。

　　＜支援計画の内容例＞

　　　ア　何を目標に（長期目標と短期目標）

　　　イ　だれが（支援担当者や支援機関）

　　　ウ　どこで（支援場所）

　　　エ　どのような支援を（支援内容や方法）

　　　オ　いつまで行うか（支援期間）　について、支援計画を立てる。

　　　※作成した支援計画は、関係者に周知し、共通理解を図ることが大切である。

（4）支援の実施と評価

　　定期的に校内委員会（組織）を開催し、情報交換、支援検討会議（事例検討会）、経過から支援方針や支援方法を見直し、改善・評価を行う。また、必要に応じて関係機関等と連携していくことが大切である。近年、子どもの精神疾患が増加傾向にあり、学校においても医療機関等との連携が必要となっている。そのため、保護者及び医療機関・相談機関、福祉機関等と連携を図り、学校での対応について指導を受けながら組織的に支援することが必要である。養護教諭は、精神疾患が疑われ医師の診察が必要と判断した場合は、関係者と協議の上、専門医への受診を勧める必要がある。

5　校内組織体制づくり

　健康相談を実施するにあたっては、組織的な対応が必要であり、そのためには、健康相談に対応できる組織体制づくりが大切である。新たに組織をつくることが困難な場合には、教育相談部や生徒指導部などの既存の組織を活用して対応できるようにすることが必要である。

　学級担任等や養護教諭が一人で問題を抱え込むことなく、どのように対応していくべきかなどについて学校内で情報を共有し共通理解を図った上で、早い段階から組織的に支援していくことが大切である。

1）校内組織の定例化

　校内委員会（組織）会議の定例化（例：週1回等）を図り、機能する組織とすることが大切である。中・高等学校では、校時表に位置付け（例：月曜の5時間目）、メンバーが出席しやすいようにする、小学校では曜日を決めて実施するなどの工夫をして、定例化を図ることが望まれる。

2）組織構成：例

　組織の構成員としては、校長（管理職）、教務主任、生徒指導主事、進路指導主事、保健主事（兼務養護教諭含む）、養護教諭、教育相談主任、学年主任、学級（ホームルーム）担任、特別支援教育コーディネーター、スクールカウンセラー、スクールソーシャルワーカー等が考えられる。

3）管理職のリーダーシップ

　校内組織を設置し機能させていくには、管理職の健康相談に対する理解とリーダーシップが重要で

図２－４　健康相談の基本的なプロセス

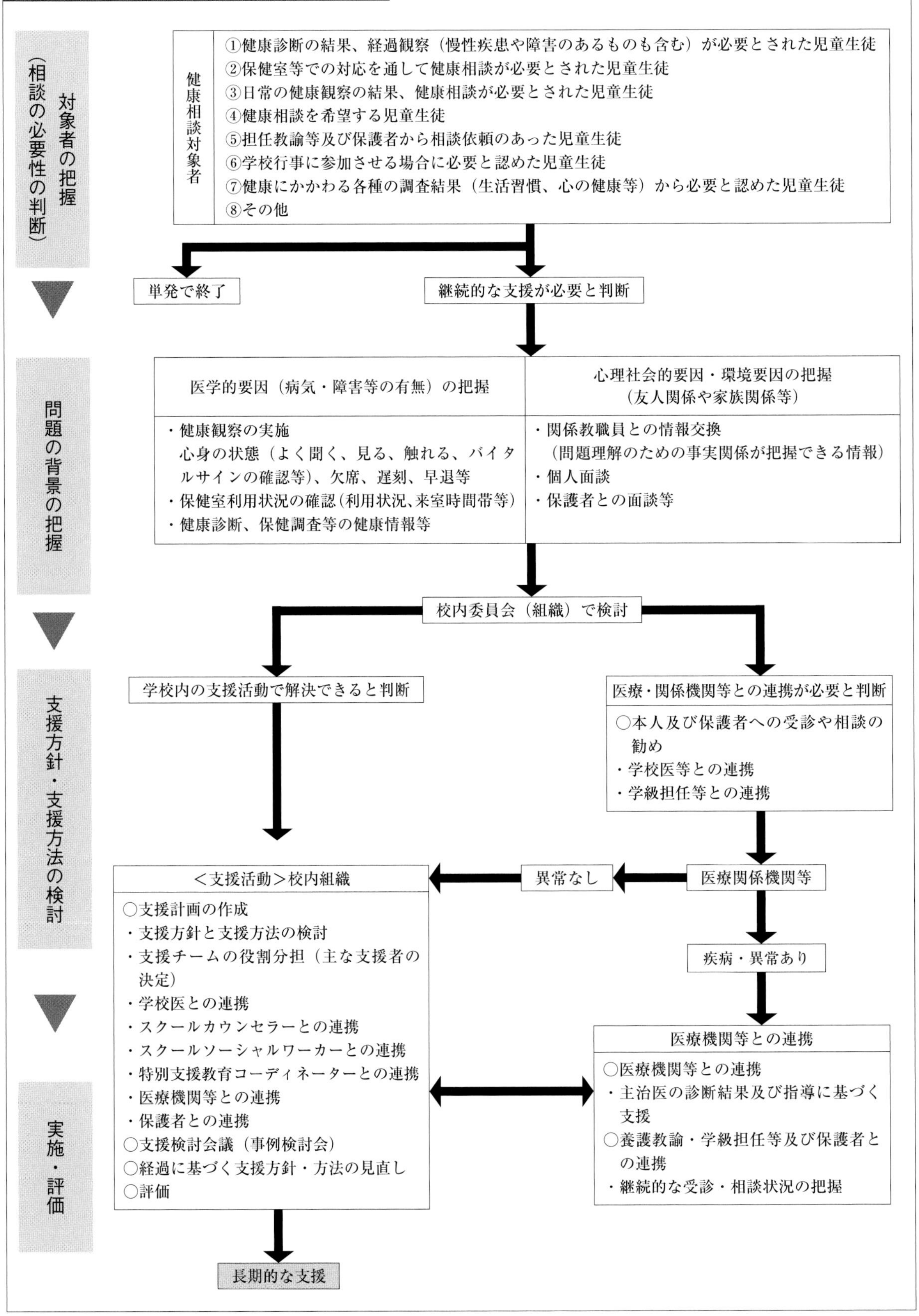

（相談の必要性の判断）対象者の把握

健康相談対象者

①健康診断の結果、経過観察（慢性疾患や障害のあるものも含む）が必要とされた児童生徒
②保健室等での対応を通して健康相談が必要とされた児童生徒
③日常の健康観察の結果、健康相談が必要とされた児童生徒
④健康相談を希望する児童生徒
⑤担任教諭等及び保護者から相談依頼のあった児童生徒
⑥学校行事に参加させる場合に必要と認めた児童生徒
⑦健康にかかわる各種の調査結果（生活習慣、心の健康等）から必要と認めた児童生徒
⑧その他

単発で終了　　　　継続的な支援が必要と判断

問題の背景の把握

医学的要因（病気・障害等の有無）の把握	心理社会的要因・環境要因の把握（友人関係や家族関係等）
・健康観察の実施 　心身の状態（よく聞く、見る、触れる、バイタルサインの確認等）、欠席、遅刻、早退等 ・保健室利用状況の確認（利用状況、来室時間帯等） ・健康診断、保健調査等の健康情報等	・関係教職員との情報交換 　（問題理解のための事実関係が把握できる情報） ・個人面談 ・保護者との面談等

校内委員会（組織）で検討

支援方針・支援方法の検討

学校内の支援活動で解決できると判断

医療・関係機関等との連携が必要と判断

○本人及び保護者への受診や相談の勧め
・学校医等との連携
・学級担任等との連携

実施・評価

＜支援活動＞校内組織　　←　異常なし　←　医療関係機関等

○支援計画の作成
・支援方針と支援方法の検討
・支援チームの役割分担（主な支援者の決定）
・学校医との連携
・スクールカウンセラーとの連携
・スクールソーシャルワーカーとの連携
・特別支援教育コーディネーターとの連携
・医療機関等との連携
・保護者との連携
○支援検討会議（事例検討会）
○経過に基づく支援方針・方法の見直し
○評価

疾病・異常あり

医療機関等との連携

○医療機関等との連携
・主治医の診断結果及び指導に基づく支援
○養護教諭・学級担任等及び保護者との連携
・継続的な受診・相談状況の把握

長期的な支援

ある。校長が会議に出席することにより、決定されたことが速やかに実行に移しやすくなる、全校の子どもの様子を詳細に把握できるなど、有効性が高いことから、管理職の出席が望まれる。

6　健康相談実施上の留意点

１）学校保健計画に健康相談を位置付け、計画的に実施する。また、状況に応じて計画的に行われるものと随時に行われるものとがある。

２）学校医・学校歯科医・学校薬剤師などの医療的見地から行う健康相談・保健指導の場合は、事前の打ち合わせを十分に行い、相談の結果について養護教諭、学級担任等と共通理解を図り、連携して支援を進めていくことが必要である。

３）健康相談の実施について周知を図るとともに、子ども、保護者等が相談しやすい環境を整える。

４）相談場所は、相談者のプライバシーが守られるように十分配慮する。

５）継続支援が必要なものについては、校内組織及び必要に応じて関係機関等と連携して実施する。

7　関係機関等との連携上の留意点

１）各機関の役割や専門性などの正しい知識を教職員が理解するとともに、連携にあたっての方法や担当窓口などについて、日頃から正しく把握しておく。

２）学校は、健康相談を必要とする子どもの課題解決にあたって、学校なりの考え方をもって専門機関と連携していく必要がある。そのため、お互いの立場を理解し合い意見交換をしながら組織的に支援する姿勢が必要となる。

３）子どもが抱えている問題が複雑で支援が多岐にわたり、複数の機関がかかわるような事例は、それぞれの機関が指導方法や指導に関する役割分担・責任を確認しながら実施する（表２−15参照）。

8　健康相談の事例検討会の進め方

１）事例検討会の目的

（１）児童生徒理解・問題理解を深め、よりよい支援の方法を考える。

（２）児童生徒の問題及び支援方法等について教職員等との共通理解を得て、効果的な連携を図る。

（３）事例の検討を通して健康相談の実践力の向上を図る。等

２）事例検討会の進め方

　校内で行う一般的な支援検討会議は、校内組織メンバー及び関係者が参加して行われる。一般的な進め方は、次の通りである。

　　ア　時間は１事例１〜２時間程度、10人前後で行われることが望ましい。

　　イ　事例発表、質疑応答、意見交換、指導助言の順で行われることが多い。

　　ウ　司会者・記録者の役割分担を行う、必要に応じ助言者（スクールカウンセラー等）を依頼する。

　　エ　司会者は、会議開始にあたって支援検討会議（事例検討会）のねらいと留意点を確認する。

　　　　批判的な発言を避け建設的な意見を出すよう依頼し、参加者が発言しやすい運営に心掛ける。

　　オ　発表者は、これまでの支援経過について説明し、検討してほしい課題（意見をもらいたいこと）について述べる。

　　　　また、発表の際には、プライバシーに配慮すること。

　　カ　解決策等について、それぞれの立場で意見を出し合う。

　　キ　事例提供者及び参加者双方にとって有益となる会議にする。

３）事例検討会で検討される主な内容

（１）担任教諭等及び校内組織との連携

（２）事例の問題理解

　　　（問題の事実関係の確認、分析に必要な情報が十分に集められたか、問題のとらえ方が的確であっ

121

　　たか等）
　（3）問題を解決するための支援方針及び方法（具体的であったか等）
　（4）保護者との連携
　（5）地域の関係機関等との連携
　（6）児童生徒の変容とその要因
　（7）経過に基づく支援方針・方法の修正とその理由
　（8）その他

4）記録の意義

　健康相談では、支援の経過を記録することによって、子どもの状況を見極め、これまでの支援方針・方法が適切であったかなどについて分析検討することによって、より効果的な支援ができる。

5）記録の視点

　事例の記録は、様々な様式が工夫されているが、目的に応じて負担のないようにして作成する。
　子どもとの会話のやり取り、観察したこと、情報交換したことなどを記憶の新しいうちにメモをしておくことが大切である。
　（1）担任及び校内組織との連携
　（2）事例の問題理解のための事実関係が把握できる情報
　（3）問題を解決するための対策（支援計画）
　（4）保護者との連携
　（5）地域の関係機関等との連携
　（6）児童生徒の変容
　（7）経過に基づく支援方針・方法の修正とその理由
　（8）その他

6）評価

　支援計画で設定した長期的、短期的な支援目標の達成状況や支援方法について、学期末や学年末に総括的評価を行うことが必要である。総合的評価から目標達成に困難が予想される場合には、組織による支援の在り方を見直して、再度支援計画を作成することが必要である。

表2－15　地域の主な関係機関とその役割

地域社会の主な関係機関	主な役割	主な専門職と役割
教育センター 教育委員会所管の機関	子どもの学校や家庭での様子等を聞き取り、必要に応じて各種心理検査等を実施し、総合的に判断した上で、学校・家庭での対応や配慮等の具体的支援について、相談員がアドバイスする。医療機関等との連携も行っている。	○心理職（心理カウンセリング、教職員・保護者への指導・助言等） ○臨床発達心理士 　発達心理を専門とした心理職
子ども家庭相談センター （児童相談所）	子どもの虐待をはじめ専門的な技術援助及び指導を必要とする相談に応え、問題の原因がどこにあるか、どのようにしたら子どもが健やかに成長するかを判定し、その子どもに最も適した指導を行っている。	○児童福祉司 　児童の保護・相談 ○児童心理司 　心理判定
精神保健福祉センター	心の問題や病気、アルコール・薬物依存の問題、思春期・青年期における精神医学的問題について、専門の職員が相談に応じている。また、精神保健福祉に関する専門的な機関として、地域の保健所や関係諸機関の職員を対象とする研修を行ったり、連携や技術協力・援助をとおして地域保健福祉の向上のための活動をしている。	○精神科医 　精神福祉相談 ○精神保健福祉士 　精神福祉領域のソーシャルワーカー ○保健師 　健康教育・保健指導 ○心理職 　臨床心理士（心理カウンセリング、本人・保護者への指導・助言等）
発達障害者支援センター	自閉症等発達障害に対する専門的な相談支援、療育支援を行う中核的な拠点センターとして活動を行っている。自閉症、アスペルガー症候群、学習障害（LD）、注意欠陥多動性障害（ADHD）などの発達障害のある子どもや家族にかかわるすべての関係者のための支援センターである。	○精神科医 ○心理職（心理査定、心理カウンセリング、本人、保護者への指導・助言） ○保健師 　健康教育・保健指導
保健所 （健康福祉事務所） 保健センター	子どもの虐待及びドメスティック・バイオレンス（DV）をはじめ、難病の相談や講演会・交流会等、子どもと家庭の福祉に関する相談指導を行っている。	○医師 ○社会福祉士 　ソーシャルワーカー ○保健師 　健康教育・保健指導
警察 少年サポートセンター	万引き、薬物乱用等の非行、喫煙や深夜はいかい等の不良行為、また、いじめ、児童虐待、犯罪被害等で悩んでいる子どもや保護者等からの相談に応じ、問題の早期解決に向け、支援する。	○心理職（心理カウンセリング、本人・保護者への指導・助言） ○警察関係者（少年相談、本人・保護者への指導・助言）

出典：「教職員のための子どもの健康相談及び保健指導の手引」
　　　文部科学省（http://www.mext.go.jp/a_menu/kenko/hoken/__icsFiles/afieldfile/2013/10/02/1309933_01_1.pdf）2011年　一部改変

123

参考　健康相談　事例

友人関係のトラブルが原因で自傷行為がはじまった生徒：中学2年生　女子

（1）健康相談対象者の把握方法：保健室利用

（2）問題の概要

　　遅刻が増え、登校すると教室には行かず保健室に来室し、「頭が痛い」「気分が悪い」と訴えてくることが多くなった。保健室で養護教諭が生徒に対応しているときに、手首に自傷行為痕があるのに気付いた。

（3）問題の背景の把握

　　養護教諭は、生徒に対して健康相談が必要と判断して、時間を取って面談を行った。部活動で3年生が引退して2年生が中心となった時期から、同級生同士の人間関係が悪くなり、部活動へ行かなくなったことや母親自身が苦労して育った経験をいつも本人に話すので、母親に弱音を吐けないことなどを話した。学級担任に様子を尋ねると、忙しい両親を手伝って、弟達と家事を分担して頑張っている生徒であることがわかった。

　　連絡を受けた学級担任と学年主任は、管理職に生徒の自傷行為について報告し、対応について検討した結果、管理職、養護教諭の参加を求めて学年部会で検討することとした。情報を集めた結果、生徒の自傷行為は部活内の友達関係が原因であり、家庭では誰にも相談できず、追い詰められた気持ちになっていることがわかった。

（4）支援方針・支援経過

　　学級担任は、母親に子どもの遅刻が増えていることを伝え、家での様子を聞こうとしたが、母親からは「遅刻をしないように注意します」との返事で終わってしまった。対応に困った学級担任は、学年主任に相談した結果、校内委員会で支援検討会議（事例検討会）を開くことになり、関係教職員で役割分担をして対応していくことにした。

　　①　学級担任だけでなく教科担任も健康観察を強化し、授業中や学級での生徒の変化に注意する。

　　②　学級担任と養護教諭は、母親と生徒の自傷行為について健康相談を行い、子どもと家庭で話をする時間をつくるようお願いする。

　　③　養護教諭が中心となり生徒の対応にあたる。また、学校医に受診の必要性について相談し、専門医の紹介を依頼する。

　　④　部活動内のトラブルについては、部活動の顧問が指導に当たる。

　　保護者と学級担任、養護教諭との話し合いでは、自傷行為を行っている危機感よりも保護者は部活動の人間関係が問題だとの見解があった。保護者が子どもと話をする機会を持つようになったことで、子どもの寂しさやいつも頑張っている姿を見せなければならないつらさを徐々に理解していったので、生徒の表情も少しずつ変わってきた。しかし、自傷行為はなくならなかったことから、母親も危機感を持ちはじめたため、受診を勧める段階に来たと判断した養護教諭は、学校医より紹介された医療機関を紹介したところ、円滑に受診へと進んだ。保護者と本人の了解を得て、学級担任と養護教諭は主治医と面談し、学校内での対応について相談した。その結果、薬の処方を受け、しばらく服用することになった。深刻な状況ではないので、このまま学校と家庭で協力して対応していくように指導を受けた。保護者からは、定期的に治療の経過を聞き、生徒の健康状態の確認をしていった。

　　生徒の気分には波があり不安定な状況ではあったが、学級担任と養護教諭は、自傷行為に対する過度な同情や非難はせずに、本人の気持ちを聞き取る機会を定期的につくり、部活動の人間関係の調整などストレスを軽減する環境調整に気を配った。

（5）まとめ

　学年で生徒への対応を統一してあたったことや母親が子どもを理解しようと変容してきたこと、主治医の的確な指導・助言などにより、生徒は次第に落ち着きを取り戻し、危機的時期を乗り越えることができた。

参考

　子どもは自傷行為を保護者に伝えることを拒む場合もあるが、保護者の協力は必須であるため本人を説得する必要がある。自傷行為は短期間で収束しないことも多く、専門医の支援が必要となることが多いので、なるべく早期に受診させることが大切である。また、自殺を予防するために保護者や主治医との連携を密に取っていく必要がある。

出典：「教職員のための子どもの健康相談及び保健指導の手引」
文部科学省（http://www.mext.go.jp/a_menu/kenko/hoken/__icsFiles/afieldfile/2013/10/02/1309933_01_1.pdf）2011年　一部改変

【参考文献・引用資料】

『子どものメンタルヘルスの理解とその対応』財団法人日本学校保健会　2007年
『教職員のための子どもの健康観察の方法と問題への対応』文部科学省　2009年
『教職員のための子どもの健康相談及び保健指導の手引』文部科学省　2011年

第2節 学校保健安全法における保健指導

1　保健指導の法的位置付け

　平成20年に行われた学校保健法の一部改正では、近年、心の健康に関する問題やアレルギー疾患の増加などの現代的な健康課題に対して、学校が適切に対応することが求められていることを踏まえ、健康相談または日常的な観察により健康上の問題があると認めるときは、養護教諭その他の教職員が相互に連携して保健指導を行うことが新たに規定された。また、従来、学校医・学校歯科医が行う保健指導は、健康診断の事後措置としての位置付けが大きかったが、学校保健法施行規則の改正により、学校医・学校歯科医・学校薬剤師のそれぞれの職務執行の準則に、「法第9条の保健指導に従事すること」と改正され、組織的に対応できるように、連携体制が整えられた。

> **学校保健安全法**（昭和33年4月10日公布、平成27年6月24日最終改正）
>
> （学校保健計画の策定等）
> 第5条　学校においては、児童生徒等及び職員の心身の健康の保持増進を図るため、児童生徒等及び職員の健康診断、環境衛生検査、児童生徒等に対する指導その他保健に関する事項について計画を策定し、これを実施しなければならない。
>
> （保健室）
> 第7条　学校には、健康診断、健康相談、保健指導、救急処置その他の保健に関する措置を行うため、保健室を設けるものとする。
>
> （保健指導）
> 第9条　養護教諭その他の職員は、相互に連携して、健康相談又は児童生徒等の健康状態の日常的な観察により、児童生徒等の心身の状況を把握し、健康上の問題があると認めるときは、遅滞なく、当該児童生徒等に対して必要な指導を行うとともに、必要に応じ、その保護者（学校教育法第16条に規定する保護者をいう。第24条及び第30条において同じ。）に対して必要な助言を行うものとする。
>
> （地域の医療機関等との連携）
> 第10条　学校においては、救急処置、健康相談又は保健指導を行うに当たつては、必要に応じ、当該学校の所在する地域の医療機関その他の関係機関との連携を図るよう努めるものとする。

125

2　保健指導の目的

　保健指導の目的は、健康観察、健康相談、健康診断等と関連させ、個々の児童生徒の心身の健康問題の解決に向けて、自分の健康問題に気付き、理解と関心を深め、自ら積極的に解決していこうとする自主的、実践的な態度の育成を図るために行われるものである。

3　保健指導の対象者

　保健指導の主な対象者は、次の通りである。

1）健康診断の結果、保健指導を必要とする者
2）保健室等での児童生徒の対応を通して、保健指導の必要性がある者
3）日常の健康観察の結果、保健指導を必要とする者
4）心身の健康に問題を抱えている者
5）健康生活の実践に関して問題を抱えている者
6）健康に関する各種調査（生活習慣・いじめ等）から必要と思われる者
7）その他

4　保健指導実施上の留意点

1）指導の目的を確認し、発達段階に即した指導内容に努め、学級担任等との共通理解を図っておくことが大切である。
2）家庭や地域社会との連携を図りながら実施する。
3）教科保健や特別活動の保健教育等との関連を図る。

5　保健指導のプロセス（保健指導事例参照、128頁）

1）児童生徒の対象者の把握（保健指導の必要性の判断）
　　① 健康観察、② 健康診断、③ 健康に関する調査、④ 保健室利用状況（救急処置等）、
　　⑤ 健康相談等　で健康問題を早期発見し個別の健康問題を捉える。
2）健康問題の把握と保健指導目標の設定
　児童生徒が抱えている健康問題について、個々に即した目標を設定する。保健指導の具体的な目標を設定するときには、健康問題に対する児童生徒の考え方や保健知識の理解の程度、保健行動の実態を把握する必要がある。その上で、児童生徒の発達段階に合わせて実践できる目標設定とする必要がある。そのためには、普段から児童生徒理解に努めておくことが大切である。
3）指導方針・指導計画の作成と役割分担
　健康診断の結果から、むし歯やGO・CO、視力低下者、肥満傾向などがある児童生徒、心臓病やアレルギーなどがあり学校生活管理指導表に基づいて健康管理がなされている児童生徒、健康に関する調査から朝食欠食などの生活習慣に問題のある児童生徒等については、保健指導の目標設定、具体的な指導計画の作成と組織体制づくりを行う。指導計画の作成については、外傷の救急処置時の保健指導などのように、突発的なものに対してはこの限りではない。指導計画の作成においては、養護教諭は、関係職員と連携して計画を立て役割分担をして実施する。保健指導を行う際にも、保健管理と保健教育を一体化して取り組む必要がある。
4）保健指導の実施
　保健指導の実施にあたっては、個々の児童生徒の心身の健康問題の解決に向けて、自分の健康問題に気付き、理解と関心を深め、自ら積極的に解決していこうとする自主的、実践的な態度の育成が図れるように指導する。保健指導の実施にあたっては、職員会議等で関係職員と共通理解を図っておく必要がある。
　さらに、必要に応じて保護者への指導・助言を行う。保護者に対しては、保護者自身の理解や要望をまず確認し、家庭の状況にあった指導を行う必要がある。
5）保健指導の評価
　評価は、保健指導の目標に沿って行う（指導と評価の一体化）。指導計画を作成した際に、評価計

画も立て、自己評価及び他者評価を交えて評価が行えるようにする。また、児童生徒の自己管理能力の育成を目指していることから、発達段階を考慮しながら子どもの生活や環境等について自分で評価させることも大切である。

6　保健指導における連携

1）校内組織体制づくり

　個別の保健指導の実施にあたっては、教科保健や特別活動等における保健教育と関連を図って進めることが大切である。また、教職員間の共通理解を図り役割分担をして進めていくことが必要である。要管理児童生徒等については、学校保健計画に位置付け計画的に実施する。学校医、学校歯科医及び学校薬剤師については、学校保健安全法施行規則（職務執行の準則）において保健指導に従事することが規定されており、専門家の積極的な活用を図ることも大切である。

2）地域の関連機関等との連携体制づくり

　児童生徒の心身の健康問題の多様化や医療の支援を必要とする事例も増えていることから、すべて学校のみで解決することは困難な状況にある。そのため、医療機関をはじめとする地域の関係機関等との連携が必要となっており、学校保健安全法（平成20年6月改正法公布）第10条に、学校において、救急処置、健康相談または保健指導を行うにあたっては、医療機関等と連携を図ることが盛り込まれたところである。

　各学校では、地域の医療機関をはじめとする関係機関等の役割や、連携方法、担当窓口等の情報を収集し、日頃から連携しやすい関係づくりを、学校医等の協力を得て築いておく必要がある。

　また、教育委員会には、地域の小・中・高等学校間の情報交換等ができる体制整備や医療機関や福祉関係機関等を含めた地域レベルの組織体制づくりを確立していくことが求められている。

【参考文献・引用資料】
　『改訂「生きる力」を育む小学校保健教育の手引』文部科学省　2019年
　『教職員のための子どもの健康相談及び保健指導の手引』文部科学省　2011年
　「小学校学習指導要領解説　特別活動編」文部科学省　2017年
　「中学校学習指導要領解説　特別活動編」文部科学省　2017年
　「高等学校学習指導要領解説　特別活動編」文部科学省　2018年
　『評価規準の作成、評価方法等の工夫改善のための参考資料（小学校・中学校編）』国立教育政策研究所　2011年
　『「生きる力」をはぐくむ学校での歯・口の健康つくり』文部科学省　2009年

127

〈memo〉

参考1　保健指導　事例

起立性調節障害：高校1年生　女子

（1）健康問題の把握方法		○保健室利用 ・遅刻してきたが、授業の途中から教室へは入りにくいので、保健室で少し休ませてほしいと来室した。 ○健康相談 ・遅刻の理由は、頭痛で朝起きることができなかったということであり、最近朝頭痛で起きられないことが多くあることなどの訴えがあった。また、頭痛の原因となるような転倒やけがの既往はなかった。
（2）保健指導の目標		○起立性調節障害や脳脊髄液減少症などの可能性を視野に、頭痛の発生機序を理解できる。 ○専門医の受診ができる。 ○痛みや朝起きにくいことなどの、日常生活での不安を解消できるような工夫について理解し、生活できる。
（3）指導方針		①起立性調節障害や脳脊髄液減少症などの可能性を視野に、頭痛の発生機序を理解できるように指導する。 ②日常生活を振り返り、工夫できることを一緒に探し、指導する。 ③遅刻や欠席が増えることへの不安を受け止め、本人の学びで配慮できることを校内で検討し、本人が安心して登校できるよう指導する。
（4）指導者及び主な指導内容	養護教諭	①起立性調節障害や脳脊髄液減少症などの可能性を視野に、頭痛の発生機序を理解できるように指導する。 ・頭痛、朝起きられないと言うことから、生活状況の確認を一緒に行い、原因となることを考えた。また、思春期に多い起立性調節障害や脳脊髄液減少症などの可能性についても考え、チェックシートで確認した。 ・チェックシートの3項目以上にチェックがついた事から、専門機関の受診について指導した。生徒は「怠け」ではない、自分の苦しさに共感を得られたことから、疾患についてさらに理解と対処について知りたいと意欲が出てきた。 ②日常生活を振り返り、工夫できることを一緒に探し、以下のことを指導する。 ・坐位や臥位から起立するときはゆっくり起立すること。 ・規則正しい生活をすること。　　など
	学級担任	③遅刻や欠席が増えることへの不安を受け止め、本人が安心して登校できるよう指導する。 ・本人の学びで配慮できることを校内で検討することを説明する。 ・朝起きられなくて遅刻することもあることから、家庭からの連絡はもちろん、校内での遅刻・欠席手続きについて、本人と確認し確実に行うよう指導する。 ・お昼からでも良いので、体調が良くなったら登校するよう指導する。 ・学習面や生活面での不安について随時担任と相談できるよう、声かけのタイミングや場所、方法について生徒と相談し確認する。
	学校医	・養護教諭から相談を受け、健康相談を実施し、専門医の受診の必要性や、生活状況での工夫、将来の見通しなどを指導する。 ・学校側へは、疾患を理解し、生活環境を整えるよう指導・助言する。

保護者への助言	○学級担任 ・疾患を理解し、本人の辛さに共感し見守っていくことを助言した。 ○養護教諭 ・専門医の受診を促し、その根拠となるチェックシートの説明や、学校医の意見を保護者へ伝えた。
（５）保健指導の 　　評価の観点	○起立性調節障害や脳脊髄液減少症などの可能性を視野に、頭痛の発生機序を理解できる。 ・生徒は怠けではないことを自覚し、病気について理解できる。 ○専門医の受診ができる。 ・受診し診断名が確定したことから、治療や生活での工夫を積極的に行う事ができる。 ○痛みや朝起きにくいことなどの、日常生活での不安を解消できる工夫について理解し、生活できる。 ・服薬、生活習慣の改善に取り組むことができる。 ・それでも体調が悪い場合は、保健室を利用し、欠席や遅刻の回数を減らすことができる。

出典：『教職員のための子供の健康相談及び保健指導の手引－令和３年度改訂－』　公益財団法人 日本学校保健会　2022年

第5章　保健教育

1 保健教育には、教育課程に基づく教科保健をはじめとする関連教科等での学習と、特別活動等における保健の指導がある。
2 保健教育は、教科保健を中核に、「生活科」、「理科」、「社会科」、「家庭（技術家庭）科」などの関連教科や「道徳科」、「特別活動」、「総合的な学習（探究）の時間」等において、それぞれの特質に応じて行う。
3 学習指導要領の、体育・健康に関する指導では、心身の健康の保持増進に関する指導、体力の向上に関する指導に加えて、平成20年改訂より学校における食育の推進及び安全に関する指導が盛り込まれ、平成29・30年の改訂に引き継がれている。

1　保健教育の目指すもの

保健教育は、学校の教育活動全体を通じて、健康（安全を含む。以下、同じ）に関する一般的で基本的な概念（原理や原則）を習得させる教科保健（小学校では体育科の保健領域・中学校では保健体育科の保健分野・高等学校では科目保健。以下同じ）を中核にして、関連教科等において健康に関連することについて適切な意思決定・行動選択ができる力を育てる。そのことによって、自己の生活習慣や環境を改善し、健康で安全な生活が実践できるようにすることを目指して行われるものである。学校においては、学習指導要領や学校保健計画等に基づいて保健教育の充実に努めることが必要である。

2　保健教育の機会とそれぞれの特質

保健教育には、教科保健、および生活科、理科、社会科、家庭（技術家庭）科などの各教科や道徳科、総合的な学習（探究）の時間等、学級（ホームルーム）活動、学校行事、児童生徒会活動、クラブ活動等の特別活動における保健の指導、日常生活における指導及び子どもの実態に応じた個別の指導がある。

それらは、ねらいと教育（指導）の機会などに違いがあるが、究極的には的確な思考・判断・表現を中核とした健康を保持増進するための実践力につながる資質や能力を育成することにある。

教科保健、特別活動における保健の指導、総合的な学習（探究）の時間における保健教育の特質を簡潔に示すと、（表2－16）のようになる。

学校教育法 （昭和22年3月31日公布、令和4年6月22日最終改正）
（第4章　小学校）
第30条　（中略）　② 前項の場合においては、生涯にわたり学習する基盤が培われるよう、基礎的な知識及び技能を習得させるとともに、これらを活用して課題を解決するために必要な思考力、判断力、表現力その他の能力をはぐくみ、主体的に学習に取り組む態度を養うことに、特に意を用いなければならない。

小学校学習指導要領・総則（平成29年３月告示）　　　　　　　（　　）内は中学校

　　２（３）　学校における体育・健康に関する指導を、児童（生徒）の発達の段階を考慮して、学校の教育活動全体を通じて適切に行うことにより、<u>健康で安全な生活と豊かなスポーツライフの実現を目指した教育の充実に努めること。</u>特に、学校における食育の推進並びに体力の向上に関する指導、安全に関する指導及び心身の健康の保持増進に関する指導については、体育科（保健体育科）、家庭科（技術・家庭科）及び特別活動の時間はもとより、<u>各教科、道徳科、外国語活動及び総合的な学習の時間などにおいても</u>それぞれの特質に応じて適切に行うよう努めること。また、それらの指導を通して、家庭や地域社会との連携を図りながら、日常生活において適切な体育・健康に関する活動の実践を促し、生涯を通じて健康・安全で活力ある生活を送るための基礎が培われるよう配慮すること。

＊下線部は、新たに盛り込まれた内容。

参考：教育職員免許法（昭和24年５月31日公布、令和４年６月17日最終改正）

　附則14　養護教諭の免許状を有する者（３年以上養護をつかさどる主幹教諭又は養護教諭として勤務したことがある者に限る。）で養護をつかさどる主幹教諭又は養護教諭として勤務しているものは、当分の間、第３条＊の規定にかかわらず、その勤務する学校（幼稚園及び幼保連携型認定こども園を除く。）において、保健の教科の領域に係る事項（中略）の教授を担任する教諭又は講師となることができる。

（＊第３条　教育職員は、この法律により授与する各相当の免許状を有する者でなければならない。）

表２−16　特別活動・教科保健・総合的な学習（探究）の時間における保健教育の特質

	特別活動	教科保健	総合的な学習（探究）の時間
目標・性格	日常の生活における健康問題について意思決定し、対処できる能力や態度の育成、習慣化を図る。	健康を保持増進するための基礎的・基本的事項の理解を通して、思考力、判断力を高め、適切な意思決定や行動選択等ができるように心身の健康の保持増進のための実践力の育成を図る。	①自ら課題を見つけ、自ら学び、自ら考え、主体的に判断し、よりよく問題を解決する資質や能力を育てること。②学び方やものの考え方を身に付け、問題の解決や探究活動に主体的、創造的に取り組む態度を育て、自己の生き方を考えることができるようにすること。③各教科、道徳及び特別活動で身に付けた知識や技能等を相互に関連付け、学習や生活において生かし、それらが総合的に働くようにすること。
内　容	各学校の児童生徒が当面している、または近い将来に当面するであろう健康に関する内容。	学習指導要領に示された教科としての一般的で基本的な心身の健康に関する内容。	国際理解、情報、環境、福祉・健康などの横断的・総合的な課題、生徒の興味・関心に基づく課題、地域や学校の特色に応じた課題などのうち健康に関する内容。
教育の機会	特別活動の学級活動、ホームルーム活動を中心に教育活動全体	体育科、保健体育科及び関連する教科	学校で定めた総合的な学習（探求）の時間
進め方	実態に応じた時間数を定め計画的、継続的に実践意欲を誘発しながら行う。	年間指導計画に基づき、実践的な理解が図られるよう課題解決や理解を深めるための実習などを取り入れる。体験的な学習を展開する。	自然体験や社会体験、課題解決的な学習などを積極的に取り入れ、人やものとの主体的なかかわりを通して課題解決に取り組む。
対　象	集団（学級、学年、全校）または個人	集団（学級・ホームルーム等、学年）	集団（課題別グループ等）または個人
指導者	学級担任等、養護教諭、栄養教諭・学校栄養職員、学校医等	学級担任、教科担任、養護教諭（教諭兼職等）など	学級担任、教科担当、養護教諭、栄養教諭・学校栄養職員、地域の専門家等（各学校の計画による）

出典：『保健主事の手引〈三訂版〉』財団法人 日本学校保健会　2004年　一部改変

第1節 教科保健

> 1　「教科保健」では、子どもが健康の大切さを認識できるようにするとともに、ヘルスプロモーションの考え方を生かし、生涯を通じて自らの健康を適切に管理し、改善していく資質や能力の基礎を培い、実践力を育成することを目指している。
> 2　学習指導要領解説（体育・保健体育編）において小学校では、身近な生活における健康・安全に関する内容をより実践的に、中学校では、個人生活における健康・安全に関する内容をより科学的に、高等学校では、個人生活及び社会生活における健康・安全に関する内容を総合的に理解できるように系統性をもって指導するよう整理された。
> 3　学習評価については、中央教育審議会答申（平成28年12月）「幼稚園、小学校、中学校及び特別支援学校の学習指導要領等の改善及び必要な方策等について」を踏まえて、評価の観点が「知識・技能」、「思考・判断・表現」及び「主体的に学習に取り組む態度」に整理された。保健の評価は、健康・安全についてそれらの3観点で行い、学習指導要領に示す目標に照らしてその実現状況を評価する（目標に準拠した評価）。

1　教科保健の目標と内容

1）教科保健の目標

　教科保健では、子どもが健康の大切さを認識できるようにするとともに、ヘルスプロモーションの考え方を生かし、生涯を通じて自らの健康を適切に管理し、改善していく資質や能力の基礎を培い、実践力を育成することを目指している。

2）各学校段階における教科保健の内容（表2－17）

3）学習指導要領の改訂のポイント（平成29・30年）

（1）「社会に開かれた教育課程」の理念のもと、すべての教科等の目標及び内容を「知識及び技能」「思考力、判断力、表現力等」「学びに向かう力、人間性等」の3つの柱で再整理し、育成を目指す資質・能力を明確化。

（2）これまでの教育実践の蓄積に基づく、授業の工夫・改善。

（3）学校全体として教育活動の質の向上等を図るための、カリキュラム・マネジメントの確立。

（4）言語能力の確実な育成、理数教育・伝統や文化に関する教育・道徳教育・体験活動・外国語教育の充実など、教育内容の改善。

（5）学校段階間の円滑な接続や教科等横断的な学習の重視、防災・安全教育、情報教育などの充実、子供たちの発達の支援、ほか。

2　教科保健の学習指導と評価

1）教科保健の学習指導の進め方

　教科保健の指導は、「生きる力」をはぐくむことを目指して、「健康の保持増進のための実践力」の育成が図れるような指導に努める必要がある。

　これは、狭い意味での知識理解（医学用語の暗記等）を目指していると受け止められがちであった従前の保健の教科観や授業観を、健康への関心や課題解決の意欲を喚起し、健康・安全に関して的確な思考・判断や適切な意思決定、行動選択ができるようにするという積極的な教科観や授業に転換しようとするものである。そのためには、次のような学習指導の工夫が必要である。

（1）自らが新しい学力を身に付けていくために、主体的に学習する過程を組み込む。

（2）個に応じた指導を工夫する。

（３）子どもの興味や関心を学習に生かしたり、学習意欲を喚起する工夫をする。

（４）主体的に学び、深い理解に導くための指導方法の工夫をする。

（５）学習の過程や結果の自己評価を推進する。

（６）効果的な指導ができるように単元のまとまりを重視した指導を行う。

（７）心と体を一体としてとらえた学習指導に努める。

（８）専門性を有する教職員の参加・協力を推進する。

（９）体育科、保健体育科以外での体育・健康に関する指導との関連を重視する。

（10）体育科（運動領域・体育分野・科目体育）との関連や調和を重視する。

（11）学校における体育・健康に関する指導の趣旨を生かす。

　また、学習指導要領においては、小学校では、身近な生活における健康・安全に関する内容をより実践的に、中学校では、個人生活における健康・安全に関する内容をより科学的に、高等学校では、個人生活及び社会生活における健康・安全に関する内容を総合的に理解できるように系統性をもって指導できるように整理されている。児童生徒の主体的な活動を生かしながら、目標の確実な実現を目指す指導を行うことが求められている。

表２－17　体育科、保健体育科における保健の内容（「ア．知識・技能」のみ。「イ．思考・判断・表現」は略）構成　（平成29年・30年改訂学習指導要領による）

小学校　　3年	4年	5年	6年
（1）健康な生活 　（ア）健康状態と主体と環境の関わり 　（イ）健康と運動、食事、休養、睡眠、体の清潔 　（ウ）健康と生活環境	（2）体の発育・発達 　（ア）体の年齢に伴う変化と個人差 　（イ）思春期の体の変化と異性への関心 　（ウ）よりよく発育・発達させるための運動、食事、休養、睡眠	（1）心の健康 　（ア）心は経験を通して年齢に伴って発達すること 　（イ）心と体には密接な関係があること 　（ウ）不安や悩みへの対処の方法 （2）けがの防止 　（ア）けがの防止のための行動と環境 　（イ）けがの簡単な手当	（3）病気の予防 　（ア）病気の起こり方 　（イ）病原体がもとになる病気の予防 　（ウ）生活行動がもとになる病気の予防 　（エ）喫煙・飲酒・薬物乱用と健康 　（オ）地域における保健活動

中学校　　　1年	2年	3年
（1）健康な生活と疾病の予防 　（ア）健康の成り立ちと疾病の発生要因 　（イ）年齢・生活環境に応じた運動、食事、休養、睡眠 （2）心身の機能の発達と心の健康 　（ア）心身の機能の発達と個人差 　（イ）思春期における生殖機能の成熟、適切な行動の必要性 　（ウ）精神機能の発達、思春期における自己形成 　（エ）精神と身体の相互関係　欲求やストレスの心身への影響やその対処	（1）健康な生活と疾病の予防 　（ウ）生活習慣の乱れと生活習慣病の予防 　（エ）喫煙、飲酒、薬物乱用と健康の損失　薬物乱用等の行為に対する適切な対処 （3）傷害の防止 　（ア）交通事故、自然災害における人的要因や環境要因と傷害 　（イ）交通事故による傷害の防止 　（ウ）自然災害による傷害の防止 　（エ）応急手当	（1）健康な生活と疾病の予防 　（オ）感染症の発生要因と予防 　（カ）健康の保持増進、疾病予防のための社会の取組と保健、医療機関の利用、医薬品の正しい使用 （4）健康と環境 　（ア）身体の環境に対する適応能力、環境の健康への影響、よい生活のための温度、湿度、明るさ 　（イ）飲料水や空気の健康への関わり、衛生的な基準の管理 　（ウ）廃棄物の処理と環境の保全

高等学校		
（1）現代社会と健康 　（ア）健康の考え方 　（イ）現代の感染症とその予防 　（ウ）生活習慣病などの予防と回復 　（エ）喫煙、飲酒、薬物乱用と健康 　（オ）精神疾患の予防と回復	（2）安全な社会生活 　（ア）安全な社会づくり 　（イ）応急手当 （3）生涯を通じる健康 　（ア）生涯の各段階における健康 　（イ）労働と健康	（4）健康を支える環境づくり 　（ア）環境と健康 　（イ）食品と健康 　（ウ）保健・医療制度及び地域の保健・医療機関 　（エ）様々な保健活動や社会的対策 　（オ）健康に関する環境づくりと社会参加

　なお、平成29・30年に告示された新学習指導要領では、知識の理解の質をさらに高め、確かな学力を育成するための改善等がなされている。

2）教科保健の学習評価
　文部科学省は、中教審会答申（平成28年12月）において、学習評価の改善を図っていくための基本的な考え方を示した。
（1）学習評価
　　　学習評価の観点を「知識・技能」、「思考、判断、表現」及び「主体的に学習に取り組む態度」に整理して、各教科の評価の観点は、この3つの観点を基本として教科の特性に応じて設定する。教科保健の評価は、健康・安全について、それらの3観点で行い、学習指導要領に示す目標に照らしてその実現状況を評価する（目標に準拠した評価）。
①観点別評価規準の在り方
　　ア「知識・技能」：学習の過程において習得した知識や技能の活用の状況について評価する。
　　イ「思考・判断・表現」：学習した基礎的・基本的な知識及び技能を活用して、課題を解決するために必要な思考力、判断力、表現力を身に付けているかどうか評価する。学習内容に沿って考えたり、判断したりしたことを説明、論述、討論などを通じて評価する。指導にあたっては、事例などを用いたディスカッション、ブレインストーミング、実習、実験、課題学習、レポートの作成など、学習指導要領において充実が求められている知識等を活用する学習活動を積極的に取り入れ、学習指導の目標に照らして実現状況を評価する。
　　ウ「主体的に学習に取り組む態度」：自らの学習状況を把握し、学習の進め方について調整していく意欲や粘り強さを評価する。授業中の発言の回数など表面的な状況のみに着目することにならないようにする。
②評価規準の意味
　　「評価規準」という用語は、数量的な達成、到達度合を指す「基準」ではなく、新しい学力観に立って子どもたちが自ら獲得し身に付けた資質や能力の質的な面、すなわち、学習指導要領の目標に基づく幅のある資質や能力の育成の実現状況の評価を目指す意味から用いられている。
③評価規準作成上の留意点
　　ア　単元の評価規準
　　・学習指導要領を踏まえ、単元の目標を明確にするとともに、3観点ごとに作成する。
　　イ　学習活動に即した評価規準（参考例137 〜 141頁参照）
　　・具体的な授業をイメージして「学習活動に即した評価規準」を3観点ごとに作成する。
　　・「学習活動に即した評価規準」を作成する際には、「単元の評価規準」との整合性をとるように留意する。
　　・評価結果を記録する機会を過度に設定しない。
　　・抽象的用語は避け、より具体的に表現する。学習への取組・態度など見えにくい評価については、観察だけでなく、記録（学習者自身のものを含めて）も活用する。

（2）観点別学習状況の評価を踏まえた評定
　　　学習評価及び指導要録における観点別学習状況及び評定の方法の一例は、次の通りである。
　　　学習指導要領に示す保健の教科の目標に照らして、その実現状況を観点ごとに評価し、3段階で評価する。

観点別学習状況の評価		評定（小学校）	
A	「十分満足できる」状況と判断されるもの	3	「十分満足できる」状況と判断されるもの
B	「おおむね満足できる」状況と判断されるもの	2	「おおむね満足できる」状況と判断されるもの
C	「努力を要する」状況と判断されるもの	1	「努力を要する」状況と判断されるもの

<観点別学習状況の評価例>　　　　　　　　　　　<評定（小学校）>

知識・技能	B
思考・判断・表現	B
主体的に学習に取り組む態度	B

3

②

1

　小学校（３学年以上）は、３段階、中・高等学校は５段階で評価する。学習評価の工夫改善を進めるにあたっては、評価規準を適切に設定するとともに、評価方法の工夫改善を進めること、評価結果について教師同士で検討すること、授業研究等を通じ教師一人一人の力量の向上を図ること等について、校長のリーダーシップのもと、学校として、組織的・計画的に取り組むことが必要である。

３）教科保健の授業時数の配当について（学習指導要領抜粋）
　〈小学校〉
　　　第３学年及び第４学年の内容の「Ｇ保健」に配当する授業時数は、２学年間で８単位時間程度、また、第５学年及び第６学年の内容の「Ｇ保健」に配当する授業時数は、２学年間で16単位時間程度とする。効果的な学習が行われるよう適切な時期に、ある程度まとまった時間を配当すること。
　〈中学校〉
　　　保健分野の授業時数は、３学年間で48単位時間程度とする。３学年間を通して適切に配当するとともに、生徒の興味・関心や意欲などを高めながら効果的に学習を進めるため、学習時間を継続的または集中的に設定することが望ましい。
　〈高等学校〉
　　　保健体育科に属する科目は、「体育」及び「保健」の２科目であり標準単位数は、「体育」７〜８単位、「保健」２単位である。１単位時間を50分とし、35単位時間の授業を１単位として計算することを標準とする。（必履修科目）
　　　「保健」の年間指導計画は、課程の種別にかかわらず、原則として入学年次及びその次の年次の２か年にわたり履修させるよう作成しなければならない。高等学校においてもできるだけ長い期間継続して学習し、健康や安全についての興味・関心や意欲を持続させ、生涯にわたって健康で安全な生活を送るための基礎となるよう配慮したものである。

【参考文献・引用資料】
『改訂「生きる力」を育む小学校保健教育の手引』文部科学省　2019年
「幼稚園、小学校、中学校及び特別支援学校の学習指導要領等の改善及び必要な方策等について(答申)」文部科学省中央教育審議会　2017年12月
『小学校学習指導要領』『小学校学習指導要領解説　体育編』文部科学省　2017年
『中学校学習指導要領』『中学校学習指導要領解説　保健体育編』文部科学省　2017年
『高等学校学習指導要領』『高等学校学習指導要領解説　保健体育編・体育編』文部科学省　2018年
『新しい保健学習のモデル－中学校における課題学習、授業書方式、ライフスキル－』財団法人 日本学校保健会　2000年
『3・4年から始める小学校保健学習のプラン』財団法人 日本学校保健会　2001年
『実践力を育てる中学校保健学習のプラン』財団法人 日本学校保健会　2001年
『意志決定・行動選択の力を育てる高等学校保健学習のプラン』財団法人 日本学校保健会　2001年
『小学校保健学習の指導と評価』財団法人 日本学校保健会　2004年
『中学校保健学習の指導と評価』財団法人 日本学校保健会　2004年
『高等学校保健学習の指導と評価』財団法人 日本学校保健会　2004年

135

表2－18　「教科保健」の学習指導案形式の一例（平成29年・30年告示の学習指導要領に基づく）

第○学年　体育（保健体育）科保健学習指導案

○○学年○組
男子○名女子○名
指導者　○○○○

1　単元名
　（高等学校など単元が大きい場合は、小単元を示す）

2　単元の目標
　（1）総括的な目標
　　○○○○○○について理解できるようにする。
　（2）評価の観点に対応した目標
　　　・…………………（健康・安全についての知識・技能の面からの目標）
　　　・…………………（健康・安全についての思考・判断・表現の面からの目標）
　　　・…………………（健康・安全について主体的に学習に取り組む態度の面からの目標）

3　指導にあたって
　（1）学習内容について
　（2）児童（生徒）について
　（3）指導と評価について
　　　①単元の評価規準及び学習活動に即した評価規準……（表）
　　　②評価の工夫について
　　　③指導の工夫等について

4　単元の指導と評価の計画……単元の時数が多い場合は、小単元のみの計画も可
　（1）配当時間等

	第1時	第2時
小単元名		
主な内容		
資料、学習、形態等		

　（2）単元の指導と評価の計画

時間	目標 及び学習内容・活動	評価規準との関連	評価方法等
1	（目標） （学習内容・活動） 1. 2. 3.		

5　本時の指導　（○時間扱いの○時間目）
　（1）目標
　（2）使用教科書等
　（3）評価の観点・方法
　（4）資料及び準備するもの
　（5）展開

学習内容・活動	時間	教師の支援（指導）及び評価
1．△△について、○○する。 　　発　問 　：（予想される反応） 2．	○分	：（指導行為を記述） 〔評価〕

＊ワークシート、資料等を添付

参考

小学校第4学年　体育科（保健）学習指導案の一例

1．単元名　　　「体の発育・発達」（4時間）

2．単元の目標
（1）総括的な目標
　体は、年齢に伴って変化すること、より良い発育・発達には食事・運動・休養等が必要なことなど、体の発育・発達について理解できるようにする。

（2）評価の観点に対応した目標
　①　体の年齢に伴う変化、思春期の体の変化、体をよりよく発育・発達させるための生活の仕方について、理解できるようにする。　　　　　　　　（健康・安全についての知識・技能）

　②　体の発育・発達について、自分の成長等を振り返りながら課題を設定し、身近な生活を振り返りながら、よりよい発育・発達を目指して解決の方法を考えたり、判断したりして、表すことができるようにする。　　　　　　　　（健康・安全についての思考・判断・表現）

　③　体の発育・発達について、進んで課題を探したり、課題について調べたり、わかったことを発表したり、友達の意見を真剣に聞いたりして、粘り強く学習に取り組むことができるようにする。

　　　　　　　　　　　　　　　（健康・安全について主体的に学習に取り組む態度）

3．指導にあたって
（1）学習内容について
　「育ちゆく体とわたし」は、体の発育・発達の早期化に対応するために平成10年告示の学習指導要領から4年生で学習することになった単元である。
　体の発育・発達については、その一般的な現象や思春期の体の変化などについて理解できるようにする必要がある。また、体をよりよく発育・発達させるための生活の仕方について理解できるようにする必要がある。
　このため、本単元は、体が年齢に伴って変化すること、体の発育・発達には個人差があること、思春期になると体に変化が起こり、異性への関心も芽生えること、体の発育・発達には調和のとれた食事、適切な運動、休養及び睡眠が必要であることなどを中心として構成されている。
　発育・発達の正しい理解や自己肯定感、異性の尊重などの態度を育てるためにも、この学習を通して、発育・発達について、単なる知識として理解するだけにとどめず、自分のこととして実感し、個人差を含めて自他を肯定的に受け止められるようにすることを目指す。

（2）児童（中、高校は「生徒」）について
　この時期は、思春期にさしかかり、発育の個人差が目立ち始める頃であるので、恥ずかしいという感情が先行し、学習することに否定的な者も現れる。また、興味本位に発育の早い者をからかったり、いたずらしたりするなどの行動も現れることがある。
　したがって、まず、体つきの変化という子どもたちが恥ずかしいと思う内容について、導入や展開・教材・資料等を工夫することで羞恥心を取り除き、学習に意欲的に取り組むことができるようにするとともに、発育・発達を肯定的に受け止められるような指導上の配慮が必要となる。

137

（３）指導と評価について

① 単元の評価規準及び学習活動に即した具体的な評価規準

	ア　健康・安全についての知識・技能	イ　健康・安全についての思考・判断・表現	ウ　健康・安全について主体的に学習に取り組む態度
単元の評価規準	体の年齢に伴う変化や個人差、思春期の体の変化、よりよく発育・発達させるための生活について、課題の解決に役立つ基礎的な事項を理解している。	体の発育・発達について、課題の解決を目指して、知識を活用した学習活動などにより、実践的に考え、判断し、それらを表している。	体の発育・発達について関心を持ち、学習活動に意欲的に粘り強く取り組もうとしている。
学習活動に即した評価規準	① 体は、年齢に伴って変化すること、体の変化には、個人差があることについて、言ったり書いたりしている。 ② 思春期には、体つきに変化が起こり、人によって違いがあるものの、男女の特徴が現れることについて、言ったり、書いたりしている。 ③ 思春期には、初経、精通などが起こること、異性への関心も芽生えること、これらは、個人によって早い遅いはあるもののだれにでも起こる、大人の体に近づく現象であることについて、言ったり書いたりしている。 ④ 体をよりよく発育・発達させる生活の仕方には、調和の取れた食事、適切な運動、休養及び睡眠が必要であることについて、言ったり書いたりしている。	① 体の発育・発達について、学習したことを自分の生活と比べたり、関係を見つけたりするなどして、それらを説明している。 ② 体の発育・発達について、教科書や資料などをもとに、課題や解決の方法を見つけたり、選んだりするなどして、それらを説明している。	① 体の発育・発達について、教科書や資料などを見たり、自分の生活を振り返ったりするなどの学習活動に進んで取り組もうとしている。 ② 体の発育・発達について、教科書や資料をもとに、粘り強く学習に取り組もうとしている。

※各時においては、学習内容に合わせてより具体化した評価指標等を設定することも可。

② 評価の方法等について

　　本時における評価活動は、「健康・安全についての思考・判断・表現」及び「健康・安全についての知識・技能」は、主にワークシートへ子どもが記述した内容について評価し、それに発表の様子を加味する。「健康・安全について主体的に学習に取り組む態度」は、子どもの学習への取組の様子を観察した内容を授業中に座席表に記録して評価する方法をとる。

③ 指導の工夫について

　　本単元は、４年生でたった一つしかない貴重な保健領域の単元である。しかも、１単元で４時間しかない中、たくさんの学習内容を含んでいる。この時期は、発育の個人差が目立ち始める頃なので、子どもが体の発育を単なる知識として理解するだけにとどめず、自分のこととして実感し、肯定的に受け止められるような学習を展開する必要がある。そして、心と体を一体としてとらえ、自分たちの心や体に起こるさまざまな変化を期待し、肯定的に受け止めることができる子どもを育てるように、指導と評価を工夫することが大切である。そのためには、４年生の発達段階にあった学習活動、例えば体験（疑似体験を含む）や事例学習等を取り入れる。これらの活動を行うことにより、これから起こる発育・発達に関心を持って取り組めるだけでなく、実践的な理解につながり、さらに、興味・関心や理解が深まった子どもが、じっくりと思考・判断する活動に集中して取り組めるようになるものと考えられる。

　　また、第２時の「体をよりよく発育・発達させるための生活の仕方」で、学級担任と栄養教諭、学校栄養職員がTTを実施する。この時間は、課題解決的な学習を仕組むことができるので、調べ学習で子どもに支援をする役割だけでなく、子どもたちが調べる資料の作成でも協力することになる。

　　本時では、導入段階に学校給食に毎日出ている牛乳を生きた教材として導入することにした。牛乳がなぜ唯一毎日給食に出るのか考えることで、成長期の発育・発達に大切な食事の仕方があることに気づかせたい。

　　学習活動の中心段階においては、課題解決的な学習活動を取り入れた。課題については、体

をよりよく育てるための作戦と題し、グループで調べ学習をすることにした。ここでは、食事、運動、睡眠を選択することも考えられるが、4年生の発達段階と時間を考え、食事に絞った。運動、睡眠については、次の学習活動で食事との関連を含めて教師が押さえることにした。調べ学習では、文献資料や教科書だけでなく、学校栄養職員にインタビューするなどその専門性を生かした支援ができるよう配慮する。

　学習のまとめの段階では、今まで学習したことを自分の生活に当てはめて考えさせ、実生活に役立つ科学的な知識が身に付くよう工夫する。

４．単元の指導と評価の計画（全4時間）
（1）配当時間等

	第1時	第2時（本時）	第3時	第4時
小単元名	「体の発育・発達」	「体をよりよく発育・発達させるための生活」	「思春期の体の変化」	
主な学習内容	○年齢に伴う体の変化 ○体の変化の個人差	○体をよりよく発育・発達させるための調和のとれた食事 ○体をよりよく発達させるための運動、休養及び睡眠	○大人の体つき ○男女の特徴 ○発育の個人差	○初経、精通等 ○発現時期の個人差 ○異性への関心の芽生え
資料、学習形態等	○観察 ○ワークシート ○対話 　一斉学習	○観察 ○ワークシート ○対話 　課題解決的な学習	○観察 ○ワークシート 　一斉学習	○観察 ○ワークシート ○ペーパーテスト 　一斉学習

（2）単元の指導と評価の計画

時間	各時の目標及び学習内容・活動	ア 知識・技能	イ 思考・判断・表現	ウ 学習への取組態度	評価方法、資料等
1	（本時の目標） 　体の発育・発達について、自分の成長や資料などをもとに課題を持ち、課題解決を目指して学習することで、体の発育・発達は年齢に伴って変化すること、それには個人差があることを理解できるようにする。 （学習内容・活動） 1　体の発育・発達について、話し合う。 2　身長を元に、自分の体の発育・発達について調べ、ノートに整理する。 3　体の発育・発達についてわかったことを発表し、話し合う。 4　学習のまとめをする。	①	①	②	話し合いの様子の観察 ワークシート 発言の内容、ワークシート
2 （本時）	（本時の目標） 　体をよりよく発育・発達させることについて、資料をもとに予想したり、関係を見つけたりしながら、調和のとれた食事、適切な運動、休養及び睡眠が必要であることを理解できるようにする。 （学習内容・活動） 1　給食に、毎日牛乳が出るわけについて話し合う。 2　体を発育・発達させるためには、どんな食事をしたらよいのか調べ、わかったことを発表し、ノートにまとめる。 3　食事以外に、体の発育・発達には、どんなことが関わっているのか話し合う。 4　体の発育・発達に関わっていることを整理し、学習のまとめをする。	④	①	①	発表の様子の観察、ワークシート 1～2の活動で発表の様子の観察、ワークシート 発言の内容、ワークシート
3	（本時の目標） 　思春期の体の変化について、声当てやシルエットクイズ等の様々な活動に進んで参加しながら、思春期になると、体つきに変化が起こり、男女の特徴が現れることを自分に当てはめて考えることができるようにする。				

139

	学習内容・活動				資料・準備
3	（学習内容・活動） 1　シルエットクイズをした後に、子どもと大人の違いについて話し合う。			②	1～2の活動で活動の様子の観察
	2　教科書などの資料を元に男女の体つきの変化について調べ、わかったことをノートに記入する。		②		ワークシート
	3　思春期の男女の体つきの変化についてわかったことを発表し、ノートにまとめる。				ワークシート
	4　学習したことを、自分の体に当てはめて考える。		②		発言の様子や活動の観察、ワークシート
4	（本時の目標） 　思春期の体や心の変化について、友達の意見を聞いたり、自分の考えや意見を言ったりしながら進んで学習に取り組み、思春期になると、個人差はあるが、発毛、初経、精通などの大人の体に近づく現象が現れること、異性への関心が芽生えることを理解できるようにする。 （学習内容・活動） 1　発毛について予想をもとに話し合う。			①	話し合いの様子の観察
	2　教科書や資料を元に、初経、精通を中心に大人の体に近づいてきた現象について整理する。		②		
	3　異性への関心の芽生えについて話し合う。				ワークシート
	4　学習した内容を振り返り、単元のまとめをする。	③			ペーパーテスト

5．本時の指導（4時間扱いの2時間目）

（1）目標

体をよりよく発育・発達させることについて、資料をもとに予想したり、関係を見つけたりすることを通して、調和のとれた食事、適切な運動、休養及び睡眠が必要であることが理解できるようにする。

（2）使用教科書等　東京書籍「新しい保健3、4年」P.24～25

小学校学習指導要領解説　体育編　P.107～111

（3）評価の観点・方法　指導と評価の欄の評価規準・方法で行う。

（4）資料及び準備　末尾に示すワークシート等を準備する。

（5）展開

学習内容・活動	指導及び評価	資料・準備
1．給食に毎日牛乳が出るわけについて話し合う。 　毎日給食に牛乳が出るのはなぜでしょうか。 （予想される反応） ・おいしいから ・たくさん売っているから ・カルシウムが入っているから	・牛乳の成分表から、牛乳にはたんぱく質やカルシウムが豊富に含まれていることに気づかせる。 ・たんぱく質やカルシウムは体のどの部分に多く含まれているか資料をもとに考えるように助言する。 ・今は、体が発育・発達する時期であり、牛乳はその時期に大切なものがたくさん入っていることを押さえる。 ・牛乳以外にも、発育・発達によい食品があるか予想させる。 ・ビタミンについても資料で押さえられるように工夫する。 （評価） （学習への取組態度）　ウ　①を元に評価指標を設定 　給食に毎日牛乳が出る訳について、自分の意見を言ったり、聞いたりしようとしている。 【ワークシートの内容、発表や話し合いの観察】	・牛乳パック ・ワークシート ・個人調べができる資料
2．体を発育・発達させるためには、どんな食事をしたらよいのか調べ、わかったことを整理し、ノートにまとめる。 　体をよりよく育てるための食事の仕方について、グループで作戦を考えましょう。 （予想される反応） ・好き嫌いをしない ・何でも食べる ・よくかんで食べる ・楽しく食べる ・仲良く食べる	・たんぱく質やカルシウム、ビタミンなどがたくさん入っている食品をインターネットや本、資料等で調べることができるような場を工夫する（例えば、図書室などで授業をする）。 ・学校栄養職員に調べたことが正しいか確認したり、ほかの観点で調べる方法がないかアドバイスしてもらったりするとよいことを助言する。 ・グループの発表に対しては、養護教諭や栄養教諭等が簡潔にコメントする。 ・好き嫌いなく、たくさんの食品を食べることが、体の発育・発達のためによいものをとることにつながることを押さえる。 （評価） （思考・判断・表現）　イ　①を元に評価指標を設定 　体の発育・発達の仕方と食事について、教科書などの資料をもとに関係を見つけ、説明している。 【ワークシート、発表の内容】	・骨の発達に伴うレントゲン写真（大人、子ども）

3．身近な生活を振り返り、食事以外に、体の発育・発達には、どんなことがかかわっているのか話し合う。 食事以外に、体の発育・発達には、どんなことがかかわっているのか話し合ってみましょう。 （予想される反応） ・いっぱい運動する ・体を動かして遊ぶ ・外遊びをする ・休む ・ぐっすり寝る	・食事はどんなこととつながっていたのか3年生の学習を思い出してみるように助言する。 ・運動や睡眠が体の発育・発達にかかわっていることを教科書で押さえる。 ・食事、運動、睡眠が一つでも欠けると、よりよい体の発育・発達につながらないことを押さえる。	
4．体の発育・発達にかかわっていることをワークシートに整理し、学習のまとめをする。 （板書） 体をよりよく発育・発達させるには、調和のとれた食事、適切な運動、休養及び睡眠が必要である。	・学校生活でできるクラスの目標を考えると実践化に向けた支援ができるので時間があれば行いたい。 ・自分の生活を振り返り、体の発育・発達を考慮した生活目標を立てるよう助言する。 （評価） （知識・技能）　ア　④を元に評価指標を設定 　体をよりよく発育・発達させるための生活の仕方について言ったり、書きだしたりしている。 評価方法【発言の内容、ワークシート】	教科書

＜評価実施上の留意点＞として、
・単元を通じて、各観点別の評価をバランス良く実施する。
・言語活動を取り入れ、思考・判断し、表す活動を重視する。
・授業中に評価に追われることのないよう、ワークシートなどを活用した事後の評価などを取り入れる。
・評価の観点は前記の「健康・安全についての知識・技能」、「健康・安全についての思考・判断・表現」、「健康・安全について主体的に学習に取り組む態度」の3観点で行うが、評価を重点化するために、1単位時間内の評価は1～2観点に留めるなどの工夫をする。

資料　ワークシート（Ａ4判）

生活の仕方と体の発育・発達ワークシート

名前（　　　　　　　　　　　　　　）

1　牛乳が毎日給食に出るのはなぜでしょう。

2　体をよりよく育てるための食事について調べたことを書きましょう。

グループでたてた作戦

　　○○先生のコメント（　　　　　　　　　　　　　　　　　　　　　　　　　）

3　食事以外のことについてわかったことを書きましょう。

4　体をより良く発育・発達させるために、どんな生活をしていきたいですか。今日学習したことをもとに考えてみましょう。

第2節 特別活動における保健の指導

point

1　特別活動には、学級（ホームルーム）活動、児童生徒会活動、学校行事等がある。
2　特別活動は、「集団や社会の形成者としての見方・考え方」を働かせながら「様々な集団活動に自主的、実践的に取り組み、互いのよさや可能性を発揮しながら集団や自己の生活上の課題を解決する」ことを通して、資質・能力を育むことを目指す教育活動である。
3　特別活動における保健の指導は、児童生徒が共通して直面する現在及び将来にかかわる諸課題に対応する健康安全に関する内容について、各学校で題材及び時間数を設定し計画的に実施するものである。
4　養護教諭にとって保健の指導は主要な役割（職務）のひとつであり、特別活動における保健の指導に参画するに当たっては、教科保健との違いを理解した上で実施することが大切である。

1　特別活動における保健の指導

　特別活動における保健の指導は、集団（学級や学年等）を対象にして、学習指導要領に基づき行われる。一方、養護教諭を中心に全教職員で行われる保健管理と関連した保健指導は、学校保健安全法に基づき行われる。各校における児童生徒の心身の健康問題等が、学級（ホームルーム）活動の題材に取り上げられることが多いことから、相互に深く関連するものである。学習指導要領総則に、体育・健康に関する指導は、児童生徒の発達段階を考慮して学校教育活動全体を通じて行い、それぞれの特質に応じて適切に行うよう努めることと示されているように、実施にあたっては、教科保健及び関連する各教科、特別活動における保健の指導、個別指導等との関連を図っていくことが重要である。

　特別活動は、豊かな人間性や社会性を育てるために、集団の一員としてなすことによって学ぶ活動を通して、自主的、実践的な態度を身に付ける活動である。特別活動には、学級（ホームルーム）活動・学校行事・児童生徒会活動等があり、これらが保健の指導を行う機会となる。

1）学級（ホームルーム）活動における保健の指導

（1）学級（ホームルーム）活動の目標（平成29・30年学習指導要領）

　学級（ホームルーム）や学校での生活をよりよくするための課題を見いだし、解決するために話し合い、合意形成し、役割を分担して協力して実践したり、学級（ホームルーム）での話合いを生かして自己の課題の解決及び将来の生き方を描くために意思決定して実践したりすることに、自主的、実践的に取り組むことを通して、第1の目標（特別活動の全体目標）に掲げる資質・能力を育成することを目指す。

（2）学級（ホームルーム）活動の内容

　学習指導要領では、いずれの学年においても取り扱う内容として、①学級や学校における生活づくりへの参画、②日常の生活や学習への適応と自己の成長及び健康安全、③一人一人のキャリア形成と自己実現を示している。①の内容は児童生徒の協働の問題として取り上げ、協働して実践するもの、②は、①を踏まえて教師が意図的、計画的に指導するものである。③は、小学校では今回の学習指導要領の改訂において新たに示された内容である。新学習指導要領では、特別活動を要として学校教育活動全体を通してキャリア教育を適切に行うことが示されたことから、小・中・高等学校のつながりが明確になるように、小学校にも③のキャリア教育が設けられた。また、

143

内容によっては、養護教諭などの協力を得て指導に当たる必要があることも学習指導要領解説(特別活動編）に示されている。

（3）教科保健と学級（ホームルーム）活動における保健の指導の主な相違点
　　　教科保健の学習内容は、全国共通の指導内容及び時間数が学習指導要領で定められている。一方、学級（ホームルーム）活動における保健の指導は、指導内容や時間数が決められているものではなく、各学校における児童生徒の実態等に応じて、計画され実施されるものである。また、双方の学習指導要領のねらいに沿って実施される。養護教諭は、これらのことについてよく理解した上で実施に臨むことが大切である。

表2－19　小学校・中学校・高等学校における学級（ホームルーム）活動の健康安全の内容

小学校（平成29年改訂）	中学校（平成29年改訂）	高等学校（平成30年改訂）
(2) 日常の生活や学習への適応と自己の成長及び健康安全 ア　基本的な生活習慣の形成 イ　よりよい人間関係の形成 ウ　心身ともに健康で安全な生活態度の形成 エ　食育の観点を踏まえた学校給食と望ましい食習慣の形成	(2) 日常の生活や学習への適応と自己の成長及び健康安全 ア　自他の個性の理解と尊重、よりよい人間関係の形成 イ　男女相互の理解と協力 ウ　思春期の不安や悩みの解決、性的な発達への対応 エ　心身ともに健康で安全な生活態度や習慣の形成 オ　食育の観点を踏まえた学校給食と望ましい食習慣の形成	(2) 日常の生活や学習への適応と自己の成長及び健康安全 ア　自他の個性の理解と尊重、よりよい人間関係の形成 イ　男女相互の理解と協力 ウ　国際理解と国際交流の推進 エ　青年期の悩みや課題とその解決 オ　生命の尊重と心身ともに健康で安全な生活態度や規律ある習慣の確立

	学習指導要領解説（特別活動編）に示されている学級（ホームルーム）活動における健康安全の指導内容例
小学校	健康：心身の発育・発達、心身の健康を高める生活、健康と環境とのかかわり、病気の予防、心の健康等 安全：防犯を含めた身の回りの安全、交通安全、防災など自分や他の生命を尊重し、危険を予測し、事前に備えるなど日常生活を安全に保つために必要な事柄を理解する内容。
中学校	健康：心の健康や体力の向上に関すること、口腔の衛生、生活習慣病とその予防、食事・運動・休養の効用と余暇の活用、喫煙・飲酒・薬物乱用の害、ストレス対処と自己管理、思春期の心と体の発育・発達、性情報への対応や性の逸脱行動に関すること、エイズや性感染症などの予防、友情と恋愛と結婚等 安全：防犯を含めた生活安全や自転車運転時の交通安全に関すること、種々の災害時の安全に関すること、生命の尊重に関すること、環境整備に関すること、インターネットの利用に伴う危険性や弊害などに関する題材など。
高等学校	健康：心の健康や体力の向上に関すること、口腔の衛生、生活習慣病とその予防、食事・運動・休養の効用と余暇の活用、喫煙、飲酒、薬物乱用などの害に関すること、性情報への対応や性の逸脱行動に関すること、エイズや性感染症などの予防に関すること、ストレスへの対処と自己管理等 安全：防犯を含めた生活安全や自転車運転時の交通安全に関すること、種々の災害時の安全に関すること、生命の尊重に関すること、環境整備に関すること、インターネットの利用に伴う危険性や弊害などに関する題材など。

145

2）児童生徒会活動における保健の指導

　児童生徒会活動は、学校生活を共に楽しく豊かにするために学校の全児童生徒をもって組織する異年齢集団の児童生徒会によって行われる活動である。具体的には、児童生徒会役員会や各種の委員会（保健、給食、安全、環境美化等）などを通して実施される。児童生徒会活動は、学校におけるヘルスプロモーションを推進していく上でも重要な活動の場となるので、養護教諭は、保健に関する実践活動の推進役である児童生徒保健（健康）委員会の指導に、積極的にかかわることが重要である。

（1）児童生徒会活動における保健の指導

　　児童生徒会活動における保健の指導は、学校生活の充実や改善向上を図るために、学校における健康安全についての問題を児童生徒全員の問題として捉え、協力して諸問題を解決しようとする自主的、実践的な態度を育てることを目指している。

（2）指導上の留意点
　　　①教師の適切な指導の下に、児童生徒の自発的、自治的な活動が効果的に展開されるようにする。そのためには、児童生徒会の役割や意義を児童生徒に十分理解させるように指導するとともに、児童生徒を中心に置き、必要な情報や資料を十分に提供し、主体的な活動ができるように側面から援助する。
　　　②児童生徒会における活動目標の設定や活動計画の作成、実施方法の決定などが、自発的、自治的な活動として適切に行われるように指導・援助する。
　　　③児童生徒会の活動については、継続的な活動を促進する上からも特定の曜日の朝など短時間で実施できるよう工夫する。
　　　④保健に関する学校行事や保健集会などを開催するときは、適切な指導によって児童生徒会の立場から、自発的、自治的な活動ができるようにする。
　　　⑤児童生徒会活動と学級（ホームルーム）活動及び学校行事等との関連を十分に図るようにする。

3）学校行事における保健の指導
　学校行事は、全校または学年という大きな集団を単位として、学校生活に秩序と変化を与え、学校生活の充実と発展に資する体験的な活動を行うものであり、儀式的行事、文化的行事、健康安全・体育的行事、遠足（旅行）・集団宿泊的行事、勤労生産・奉仕的行事の5つが学習指導要領に示されている。
（1）健康安全・体育的行事のねらい
　　【小学校・中学校】（「学習指導要領」平成29年）
　　　心身の健全な発達や健康の保持増進などについての関心を高め、安全な行動や規律ある集団行動の体得、運動に親しむ態度の育成、責任感や連帯感の涵養、体力の向上などに資するような活動を行うこと。
　　【高等学校】（「学習指導要領」平成30年）
　　　心身の健全な発達や健康の保持増進、事件や事故、災害等から身を守る安全な行動や規律ある集団行動の体得、運動に親しむ態度の育成、責任感や連帯感の涵養、体力の向上などに資するようにすること。
（2）健康安全・体育的行事の内容例（「学習指導要領解説」平成29年）
　　【小学校】
　　　健康診断や給食に関する意識を高めるなどの健康に関する行事、避難訓練や交通安全、防犯等の安全に関する行事、運動会や球技大会等の体育的な行事など。
　　【中学校】
　　　健康診断、薬物乱用防止指導、防犯指導、交通安全指導、避難訓練や防災訓練、健康・安全や学校給食に関する意識や実践意欲を高める行事、運動会（体育祭）、競技会、球技会など。
（3）健康安全・体育的行事における実施上の留意点（「学習指導要領解説」平成29年・抜粋）
　　【小学校】
　　　ア　病気の予防など健康に関する行事については、学校や地域の実態に即して実施し、できるだけ集中的、総合的、組織的に行われるよう配慮することが大切である。また、学級活動（2）における健康にかかわる指導や児童会活動、体育科の保健の学習内容などとの関連を図るようにする。
　　　イ　避難訓練など安全や防災に関する行事については、表面的、形式的な指導に終わることなく、具体的な場面を想定するなど適切に行うことが必要である。特に、交通安全指導や防犯指導については、学年当初より日常の安全な登下校ができるよう継続して適切な指導を行うようにする。さらに、遠足・集団宿泊的行事における宿泊施設等からの避難の仕方や地理的条件を考慮した安全の確保などについて適宜指導しておくことも大切である。
　　　　　地域の環境や地形、自然災害等に応じた避難訓練や地域住民と共同して実施する防災訓練などは、特に重視して行うようにする。
　　　ウ　運動会などについて、活発な身体活動を伴う行事の実施に当たっては、児童の健康や安全

には特に留意し、日常の学校や家庭における健康管理、教師間の協力体制を万全にし、事故防止に努める必要がある。

エ　運動会においては、学校の特色や伝統を生かすことも大切である。ただし、児童以外の参加種目を設ける場合は、運動会の教育的意義を損なわない範囲にとどめるよう配慮する。

オ　各種の競技会などの実施に当たっては、いたずらに勝負にこだわることなく、また、一部の児童の活動にならないように配慮することが必要である。

【中学校】

ア　健康安全に関する行事において、例えば、健康診断を実施する場合には、健康診断や健康な生活のもつ意義、人間の生命の尊さ、異性の尊重、健康と環境との関連などについて、学級活動、生徒会活動及び各教科、道徳などの内容との密接な関連を図り、健康・安全に関する指導の一環としてその充実を期すること。

イ　健康安全に関する行事については、自転車運転時などの交通規則を理解させ、事故防止に対する知識や態度を体得させるとともに、自然災害や犯罪などの非常事態に際し、沈着、冷静、迅速、的確に判断して対処する能力を養い、自他の安全を確保することのできる能力を身に付けること。また、喫煙、飲酒、薬物乱用などの行為の有害性や違法性、防犯や情報への適切な対処や行動について理解させ、正しく判断し行動できる態度を身に付けること。

ウ　体育に関する行事においては、学校全体として、健康や安全についての指導の徹底を期すること、特に事故の発生の際に備えて、その防止、万一の場合の準備や緊急時の対策などについても、あらかじめ十分に配慮しておく必要がある。

エ　体育に関する行事を実施する場合には、日頃の学習の成果を学校内外に公開し、発表することによって、学校に対する家庭や地域社会の理解と協力を促進する機会とすること。

オ　健康安全に関する行事と体育に関する行事はその趣旨から、それぞれ全ての学年において取り組むこと。

【参考文献・引用資料】

『改訂「生きる力」を育む小学校保健教育の手引』文部科学省　2019年

『教職員のための子どもの健康相談及び保健指導の手引』文部科学省　2011年

「小学校学習指導要領解説　特別活動編」文部科学省　2017年

「中学校学習指導要領解説　特別活動編」文部科学省　2017年

「高等学校学習指導要領解説　特別活動編」文部科学省　2018年

『評価規準の作成、評価方法等の工夫改善のための参考資料（小学校・中学校編）』国立教育政策研究所　2011年

『「生きる力」をはぐくむ学校での歯・口の健康つくり』文部科学省　2009年

第6章　保健室経営

1 養護教諭の活動の拠点となっている保健室は、学校教育法、学校保健安全法、小学校設置基準等によって設置が義務付けられている。
2 保健室は学校保健活動のセンターとしての役割がある。
3 保健室経営は、学校教育目標の具現化を目指して行われるものである。
4 保健室経営を円滑に実施できるように、保健室経営計画を全教職員に周知させ、理解と協力を得て、組織的に運営していくことが大切である。
5 次年度に向けての評価を行い改善を図っていくことが大切である。

1　保健室設置に関する根拠
1）関連法規
　養護教諭が活動の拠点としている保健室の設置については、以下の法令によって定められている。

> 学校教育法 （昭和22年3月31日公布、令和4年6月22日最終改正）
> 第3条　学校を設置しようとする者は、学校の種類に応じ、文部科学大臣の定める設備、編制その他に関する設置基準に従い、これを設置しなければならない。
>
> 学校教育法施行規則 （昭和22年5月23日公布、令和5年3月31日最終改正）
> 第1条　学校には、その学校の目的を実現するために必要な校地、校舎、校具、運動場、図書館又は図書室、保健室その他の設備を設けなければならない。
>
> 幼稚園設置基準 （昭和31年12月13日公布、平成26年7月31日最終改正）
> 第9条　幼稚園には、次の施設及び設備を備えなければならない。ただし、特別の事情があるときは、保育室と遊戯室及び職員室と保健室とは、それぞれ兼用することができる。
> 　　一　職員室
> 　　二　保育室
> 　　三　遊戯室
> 　　四　保健室
> 　　五　便所
> 　　六　飲料水用設備、手洗用設備、足洗用設備
>
> 小学校設置基準 （平成14年3月29日公布、平成19年12月25日最終改正）
> 第9条　校舎には、少なくとも次に掲げる施設を備えるものとする。
> 　　一　教室（普通教室、特別教室等とする。）
> 　　二　図書室、保健室
> 　　三　職員室
> 　　2　校舎には、前項に掲げる施設のほか、必要に応じて、特別支援学級のための教室を備えるものとする。
>
> 中学校設置基準 （平成14年3月29日公布、平成19年12月25日最終改正）
> 第9条　校舎には、少なくとも次に掲げる施設を備えるものとする。
> 　　一　教室（普通教室、特別教室等とする。）

二　図書室、保健室

三　職員室

２　校舎には、前項に掲げる施設のほか、必要に応じて、特別支援学級のための教室を備えるものとする。

高等学校設置基準 （平成16年３月31日公布、平成19年12月25日最終改正）

第15条　校舎には、少なくとも次に掲げる施設を備えるものとする。

一　教室（普通教室、特別教室等とする。）

二　図書室、保健室

三　職員室

２　校舎には、前項に掲げる施設のほか、必要に応じて、専門教育を施すための施設を備えるものとする。

学校保健安全法 （昭和33年４月10日公布、平成27年６月24日最終改正）

第７条　学校には、健康診断、健康相談、保健指導、救急処置その他の保健に関する措置を行うため、保健室を設けるものとする。

2）小学校（中学校）施設整備指針（令和４年６月24日改訂）

学校施設整備指針は、教育内容・教育方法等の多様化への対応など学校教育を進める上で必要な施設機能を確保するために、計画及び設計において必要となる留意事項を示したもので、保健室についても指針が示されている。

（1）平面計画・保健室

①静かで、日照、採光、通風、換気、室温、音の影響等に配慮した良好な環境を確保することのできる位置に計画することが重要である。

②特に屋内外の運動施設との連絡がよく、児童（生徒）の出入りに便利な位置に計画することが重要である。

③救急車、レントゲン車などが容易に近接できる位置に計画することが重要である。

④職員室との連絡及び便所等との関連に十分留意して位置を計画することが望ましい。

⑤健康に関する情報を伝える掲示板を設定するなど、健康教育の中心となるとともに、児童（生徒）のカウンセリングの場として、児童（生徒）の日常の移動の中で目にふれやすく、立ち寄りやすい位置に計画することが望ましい。

（2）各室計画・保健室

①児童（生徒）の休養や様々な健康課題への対応など各種業務に柔軟に対応し、ベッドを配置する空間を適切に区画することのできる面積、形状等とすることが重要である。

②児童（生徒）等が屋外から直接出入りできる専用の出入口を設け、その近傍に手洗い、足洗い等の設備を設置する空間を確保することも有効である。

③児童（生徒）が養護教諭に相談しやすいよう、保健室に隣接した位置又は保健室内に間仕切りを設置する等して、プライバシーに配慮した落ち着いた空間を確保することも有効である。

④保健室が健康教育の中心となるよう、健康教育に関する掲示・展示のためのスペースや委員会活動のためのスペースを、室内又は隣接した位置に確保することが望ましい。

⑤保健室に近接した位置に便所やシャワー等の設備を計画することが望ましい。

⑥児童（生徒）の出欠状況や健康観察、健康診断、保健室来室管理等の保健系機能を実装した統合型校務支援システム等を利用できるよう、情報機器や情報ネットワークを活用できるよう環境を計画することが重要である。

3）高等学校施設整備指針（令和４年６月24日改訂）

（1）平面計画・保健室

①静かで、日照、採光、通風、換気、室温、音の影響等に配慮した良好な環境を確保できる位置に計画することが重要である。

②特に屋内外の運動施設との連絡がよく、生徒の出入りに便利な位置に計画することが重要である。

③救急車、レントゲン車などが容易に近接できる位置に計画することが重要である。

④職員室等と連絡のよい位置に計画することが望ましい。

⑤健康に関する情報を伝える掲示板を設定するなど、健康教育の中心となるとともに、生徒のカウンセリングの場として、生徒の日常の移動の中で目にふれやすく、立ち寄りやすい位置に計画することが望ましい。

（2）各室計画・保健室

①生徒の休養や様々な健康課題への対応など各種業務に柔軟に対応し、ベッドを配置する空間を適切に区画することのできる面積、形状等とすることが重要である。

②生徒等が屋外から直接出入りできる専用の出入口を設け、その近傍に手洗い、足洗い等の設備を設置する空間を確保することも有効である。

③生徒が養護教諭に相談しやすいよう、保健室に隣接した位置又は保健室内に間仕切りを設置する等して、プライバシーに配慮した落ち着いた空間を確保することも有効である。

④保健室が健康教育の中心となるよう、健康教育に関する掲示・展示のためのスペースや委員会活動のためのスペースを、室内又は隣接した位置に確保することが望ましい。

⑤保健室に近接した位置に便所やシャワー等の設備を計画することが望ましい。

⑥生徒の出欠状況や健康観察、健康診断票、保健室来室管理等の保健系機能を実装した統合型校務支援システム等を利用できるよう、情報機器や情報ネットワークを活用できる環境を計画することが重要である。

4）特別支援学校施設整備指針（令和4年6月24日改訂）

（1）平面計画・保健室

①静かで、日照、採光、通風、換気、室温、音の影響等に配慮した良好な環境を確保できる位置に計画することが重要である。

【肢体不自由又は病弱に対応した施設】：病院等に併置する場合は、病院等との日常的な連携を考慮し計画することが重要である。その際、病院等との往来のための出入口部分に計画することも有効である。

②特に屋内外の運動施設との連絡がよく、幼児児童生徒の出入りに便利な位置に計画することが重要である。また、必要に応じ、開放時の利用も考慮して計画することが望ましい。

③救急車両、レントゲン車両等が容易に近接できる位置に計画することが重要である。

④職員室等と連絡のよい位置に計画することが重要である。

⑤処置、検査、休養等に必要な空間や、保健室に付随した相談室及び医師等の控え室を適切に構成できる規模のものを、便所等の施設と一体的に配置することが望ましい。

⑥健康に関する情報を伝える掲示板を設定するなど、健康教育の中心となるとともに、幼児児童生徒のカウンセリングの場として、幼児児童生徒の日常の移動の中で目にふれやすく、立ち寄りやすい位置に計画することが重要である。

（2）各室計画・保健室

①幼児児童生徒の休養や様々な健康課題への対応など各種業務に柔軟に対応し、各種機器・器具等を適切に配置・収納し、ベッドを配置する空間又は畳敷きの空間を適切に区画できる面積、形状等とすることが重要である。

また、医療的ケアを実施するために必要な機器・器具等の設置や洗浄、点滴等が実施できる面積、形状等とすることが重要である。

②明るく落ち着いた心を和ませる雰囲気の空間とすることが重要である。

③幼児児童生徒が屋外から直接出入りできる専用の出入口を設け、その近傍に手洗い、足洗い等の設備を設置する空間を計画することも有効である。

④幼児児童生徒が養護教諭に相談しやすいよう、保健室に隣接した位置又は保健室内に間仕切りを設置する等して、プライバシーに配慮した落ち着いた空間を確保することも有効である。

⑤保健室が健康教育の中心となるよう、健康教育に関する掲示・展示のためのスペースや委員会活動のためのスペースを保健室内又は隣接して計画することが望ましい。

⑥保健室に近接した位置に便所やシャワー等の設備を計画することが望ましい。

⑦アレルギー疾患などに対応できるよう、シャワー等の設備を設置できるように計画することも有効である。

⑧幼児児童生徒の出欠状況や健康観察、健康診断、保健室来室管理等の保健系機能を実装した統合型校務支援システム等を利用できるよう、情報機器や情報ネットワークを活用できる環境を計画することが重要である。

参考　保健室の配置例

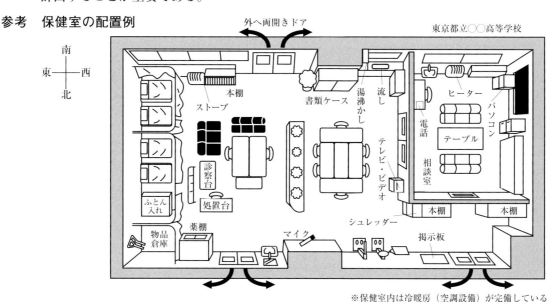

※保健室内は冷暖房（空調設備）が完備している

『学校保健のひろば　No.12』大修館書店　1999年を一部改変

2　学校経営と保健室経営

1）学校経営

（1）学校経営とは

　　学校経営とは、一般に「学校の教育目的や目標の効果的な達成を目指して、学校の諸活動を展開し、そのための組織の維持・整備・発展を図る統括作用」（今野喜清他編『学校教育辞典』教育出版）と言われている。つまり、学校教育法等に示された教育の目的や目標を実現するため、学校教育目標を設定し、教育課程を編成して、教育活動全体を通じてこれを実現するものである。

（2）学校経営の担当者

　　学校経営の当事者は、学校を組織する校長をはじめ、すべての教職員であり、すべての教職員が教育目標の達成を目指して、それぞれの役割と責任を果たし学校経営に積極的に参画することが重要である。

　　校長は、学校教育目標を達成するために、学校経営の教育ビジョンを示し、当該年度の学習指導・保健指導・生活指導・進路指導・学校運営等の具体的な目標と方策を策定して、教職員全員がその具体的な目標に向かい共同体制を確立し、その成果を評価して結果を公表することが求められている。

（3）学校経営の進め方

　　教育活動を展開するためには各学校の実態や特色を踏まえて、各教職員の役割と責任において、学校全体を視野においた計画書の作成が必要である。このため、学年経営計画、学級の経営計画、学校保健計画、学校安全計画、保健室経営計画など、児童生徒の実態に即した単年度計画を作成し、実施、評価、改善（ＰＤＣＡ）することによって、教育目標の具現化を図る。

（4）学校経営の評価

　　信頼される学校づくりを進めていく上では、各学校における教育活動等の状況について、適切に評価を行うためのシステムを構築して教育の質を保証し、検証を図るとともに、学校の情報を積極的に公開して説明責任を果たしていくことが重要である。

　　このような観点から、小学校設置基準等（平成14年４月１日施行）において、学校評価について自己評価の実施と結果の公表が努力義務化された。さらに、保護者等に対する情報提供につ

いても、各学校は積極的にこれを行うものとされた。文部科学省では、学校・地方自治体の参考に資するため、学校評価の目的、方法、評価項目、評価指標、結果の公表方法等を示した「義務教育諸学校における学校評価ガイドライン」を策定（平成18年3月）している。

　学校評価においては、それぞれの役割を明確にして行うことが求められていることから、養護教諭は学校経営の一翼を担っている保健室経営について計画・実施・評価を確実に行い、教職員、保護者、地域住民等の共通理解と協力を得て、保健室経営の充実に努めていくことが重要である。

2）保健室経営
（1）保健室経営とは
　　　保健室経営とは、中教審答申（平成20年1月17日）から、「当該学校の教育目標及び学校保健目標などを受け、その具現化を図るために、保健室の経営において達成されるべき目標を立て、計画的・組織的に運営することである。」といえる。

（2）保健室の機能と保健室経営
　　　中教審答申（平成20年1月17日）において、「子どもの健康づくりを効果的に推進するためには、学校保健活動のセンター的役割を果たしている保健室の経営の充実を図ることが求められる。」と述べられているように、保健室は、学校保健活動のセンター的機能を持つといえる。

　　　保健室の場としての機能は、学校保健安全法に示されている「健康診断」、「健康相談」、「保健指導」、「救急処置」、のほかに、「発育測定」、「保健情報センター」、「保健組織活動のセンター」などの機能が考えられる。保健室経営に当たっては、養護教諭の職務（役割）や保健室の機能を十分考慮した上で、効果的な計画を立てることが大切である。

保健室の機能		養護教諭の職務 <中教審答申（平成20年1月）>
学校保健活動のセンター的機能（場としての機能）	*保健室経営計画とは、当該学校の教育目標及び学校保健目標などを受け、その具現化を図るために、保健室の経営において達成されるべき目標を立て、計画的・組織的に運営するために作成される計画。	①保健管理 ②保健教育 ③健康相談 ④保健室経営 ⑤保健組織活動
①健康診断 ②健康相談 ③保健指導 ④救急処置（休養を含む） ⑤発育測定 ⑥保健情報センター ⑦保健組織活動のセンター		

3　保健室経営計画（課題解決型）の必要性
1）学校教育目標や学校保健目標等に基づく保健室経営を計画的、組織的に進めることができる。
2）児童生徒の健康課題等を踏まえた保健室経営計画を立てることによって、健康課題を教職員等で共有できる。また、保健室経営計画を教職員や保護者等へ周知を図ることによって、理解や協力が得られやすくなる。
3）保健室経営計画の自己評価及び他者評価を行うことにより、課題が明確になり改善点を次年度の保健室経営に生かすことができる。
4）養護教諭が複数配置の場合には、お互いの活動内容の理解を深めることができ、効果的な連携ができる。
5）異動による引き継ぎが、円滑に行われる。等

4　保健室経営計画の内容（例）
　保健室経営計画の内容としては、次の事項が考えられる。健康観察の方法、保健室の利用方法、救急体制、共済給付金の手続き方法、感染症発生時の対応及び出席停止措置などの基本的事項は、毎年大きく変化するものではなく、必要時に適宜、見直しが図られるものであることから、これらに関しては保健室経営計画とは別立てとしている。保健室利用方法等については、別にファイルを作成するなどして、教職員等に配付し、年度当初に説明や指導の機会を設けて周知を図り、共通理解を図って

おくことが必要である。
＜保健室経営計画の内容（例）＞
①学校教育目標
②学校経営方針（健康・安全にかかわるもの）
③学校保健目標及びその年度の重点目標
④児童生徒の健康課題
⑤保健室経営目標
⑥年度の保健室経営目標達成のための具体的な方策
⑦評価計画
⑧その他

5　保健室経営計画作成手順（例）

　保健室経営計画は、養護教諭により立案され、保健部等で検討されたのち職員会議を経て校長により裁決される。養護教諭は、保健室経営計画を立て、教職員や保護者等へ周知を図り、理解と協力を得て、組織的に保健室経営を行っていくことが重要である。次に、保健室経営計画の作成手順（例）について示す。

①学校教育目標及び学校経営方針を確認する。

②児童生徒の健康課題等を的確に把握する。
・児童生徒の健康状況に関する情報の収集と分析をする。
・日常の健康観察、保健室利用状況、健康診断結果、各種の調査結果等から児童生徒の健康課題等を把握する。

③学校保健目標及び重点目標を確認する。

④保健室経営計画の原案を作成する（Plan）。
・学校教育目標、学校保健計画等と、保健室経営計画との関連性を持たせる。
・その年度の保健室経営目標を立て、重点化した課題等に対して養護教諭として行う対応策を考え、何を行うかわかる具体的な実施計画を立てる。
・前年度の保健室経営計画の評価の結果及び教職員、保護者、学校医等の関係者の意見も踏まえて作成する。
・保健室経営計画と併せて評価計画を作成する（評価方法、誰がいつ・どのような観点で行うか等）。
・計画に必要な備品等の購入計画（案）を立てる。

⑤原案を保健部（係）などの関係組織及び管理職等に提案し、意見を求める。

⑥保健室経営計画（案）について職員会議に提案し、校長の決裁を得る。
・教職員に周知を図り、共通理解を図る。

⑦実施（Do）
・計画に基づいて実施する。

⑧評価（Check）
・自己評価と他者評価と併せて行う。
・経過評価及び結果・成果評価の両方で評価を行う。

153

⑨改善（Action）
・次年度の計画に評価の結果を生かし、改善を図る。

6　保健室経営計画の様式例と作成方法（例）

保健室経営計画の作成方針に沿った様式例と作成方法（記入事項の解説等）について示す。

平成○○年度　　○○○学校　保健室経営計画

養護教諭　　○○　○○

学校教育目標
※学校の教育目標を記載する。

学校経営方針（保健安全にかかわるもののみ）
※学校の経営方針の中から保健安全にかかわる部分を記載する。

【Point】
＊学校がどのような児童生徒の姿を目指しているのか、学校経営・運営ビジョン等を受ける。

学校保健目標
※学校保健目標を記載する。（長期的目標）

◇教育目標、学校経営方針を受け、児童生徒の健康課題解決に向けて達成しなければならない目標を立てる。

【Point】
＊教育目標の達成に向けて学校保健の分野ではどのような力を児童生徒に身に付けさせるのかを記載する。

重点目標	児童生徒の主な健康課題
※学校保健目標における年度の重点目標を記載する。（短期的目標）	※児童生徒の健康課題について記載する。

◇学校保健目標を達成するために、児童生徒の課題の解決に向けて、その年度において重点的に取り組む事項について目標を立てる。

◇学校保健計画の重点目標との整合性を図る。

〈課題をつかむための情報（例）〉
・学校生活における日常的な健康観察の結果
・定期健康診断の結果
・保健室の利用状況の分析（傷病の処置記録簿や保健日誌等）
・各種の調査結果等（保健調査・保健統計・体力テスト等）
・健康相談・保健指導の記録　　　　等

【Point】
＊その年度に優先的に取り組むものを最重点課題と考え、重点目標を一つから二つくらいにしぼる。

【Point】
＊児童生徒の実態をとらえ、データ（数値等）を取り入れながら児童生徒の実態が具体的にわかるように記載する。
＊推測や指導観などは入れず、事実を記載する。

保健室経営目標	保健室経営目標達成のための具体的な方策　（※…評価の観点）	自己評価			他者評価				
		達成度	向けて今後に	理由／	いつ	だれから	方法	到達度	意見・助言等
＊重点目標と関連を図った保健室経営の達成目標を立てて記載する。 ［作成に当たっての留意点］ ◇主な健康課題の中で、より緊急度やニーズの高い課題を優先する。 ◇今年度重点的に取り組むものを記載する。 （目標としてあげている事項だけを実施するという意味ではない。）	＊保健室経営の目標達成のためにその年度、重点的に取り組む具体的な手立てを記載する。 ＊実施後、自己評価・他者評価をする際の指標となるよう、評価の観点を記載する。 ［作成に当たっての留意点］ ◇保健室の機能を十分考慮する。 ◇各目標に対し、養護教諭としての取り組み事項を記載する。 ◇「保健管理・保健教育・健康相談・保健室経営・保健組織活動」の枠組みに沿って整理するとわかりやすい。（５項目全てを書き込むという意味ではない。） ◇保健室経営計画は、短年度の計画である。１年間に実施できる範囲で、何を行うかがわかるように具体的に記入する。 ◇養護教諭の役割や、教職員及び関係者との連携における評価の観点を明確にしておく。	＊保健室経営の目標や方策について振り返り、今後（次年度）の課題を明らかにするために、どのような観点・指標で、誰が、いつ、どのように評価するかを記載する。 ［作成に当たっての留意点］ ◇保健室経営の目標に対する達成の状況について「経過評価」及び「結果・成果評価」を行う。 ◇客観的なデータによる評価も取り入れる。 ◇自己評価だけでなく、他者評価（保健主事・教職員・児童生徒等）も取り入れる。						

【Point】
＊「○○をして～の充実を図る」の表記を用いるとわかりやすい。
＊どのような手立てで取り組むのかを大枠でとらえ目標に入れ込む。
＊個人の目標ではないので「～に努める」の表現は使わない

【Point】
＊前年度の評価の結果や保護者、学校医、スクールカウンセラー等関係者からの意見や助言、アンケート結果などを踏まえて、計画に反映させる。

【Point】《評価の観点について》
＊「目標の裏返しが評価の観点」であることを念頭に置き設定する。
　○具体的な方策を実施できたか。
　○実施の中でねらいを達成できたか。
＊評価の観点は一つから三つくらいまでとする。

【Point】
＊到達度
「よくできた」「ほぼできた」「あまりできなかった」「まったくできなかった」の４件法で評価する。
＊いつ
評価の時期を具体的に明記する。
〈例〉「実施後」「学期末」「年度末」等
＊だれから
だれが評価をするのかを明記する。
〈例〉「児童生徒」「教職員」「学級担任」「保護者」「学校保健委員会参加者」等
＊方法
どのような方法で評価をするのか明記する。
〈例〉「ワークシート」「アンケート」「聞き取り」「評価シート」等

保健室経営目標に対する総合評価		1　2　3　4

〈総評と次年度への課題〉

【Point】
＊養護教諭が行う自己評価と、関係者による他者評価を総合し、１年間の実践の総評を文章表記し次年度の計画立案に生かす。

【Point】
＊各方策の到達度を総合した評価を記入する欄を設ける。（到達度と同様に４件法）

＊評価に関しては、計画段階では記載がないため簡略化しているが、実際は評価用に別立てで評価シートを作成するなどして実施することが望ましい。

出典：『保健室経営計画作成の手引（平成26年度改訂）』公益財団法人 日本学校保健会　2015年

7　保健室経営計画及び評価例（小学校）

平成○○年度　　　○○○小学校 保健室経営計画　　　　養護教諭　○○ ○○

学校教育目標
学びを楽しみ　ふるさとを愛し　たくましく生きる 【重点目標】『できた！ わかった！ があふれる学校』

学校経営方針（保健安全に関するもの）
・児童一人一人の実態や発達段階に応じた体力つくりと明るく健康的な生活を営む態度を育成する。 ・自己の体力・体格・健康についての関心を高め、朝の時間や業間での自由行動・遊びを通し、心と体の健康の保持増進を図る。

学校保健目標
健康安全で明るい日常生活を営むための基本的な生活習慣を養い、心身の調和的発達を図る。

重点目標	児童生徒の主な健康課題
(1) 食事、睡眠、運動に関する指導の充実を図る。 (2) 心的ストレス等に関する配慮が必要な児童の把握と支援に当たって連携を図る。	・原発事故の影響による生活環境の変化や屋外での活動が減り、体力が低下している。 ・肥満傾向児童（肥満度20％以上）が全体の14.3％いる。 ・バスでの通学時間が長く（片道約1時間）、疲労が蓄積しやすい。 ・環境の変化により生活習慣の乱れが見られるとともに、心理的ストレスが身体症状となって現れ来室する児童もいる。

到達度：1よくできた　2ほぼできた　3あまりできなかった　4まったくできなかった

経営目標	保健室	保健室経営目標達成のための具体的な方策（＊評価の観点）	自己評価 到達度	自己評価 理由／今後に向けて	他者評価 いつ	他者評価 だれから	他者評価 方法	他者評価 到達度	他者評価 意見・助言等
1 生活の調査や保健教育の充実を図る。	めの指導の充実を図る。生活の調査や保健教育を担任等と連携して実施し、生活習慣改善のた	A）保健教育（保健学習・保健指導）において、担任等と事前打ち合わせを行い、児童や地域の実態に即したTT等による指導を実施する。 　3年体育科（毎日の生活と健康） 　3年学活（おやつのとり方を考えよう） 　4年学活（生活習慣について） 　6年体育科（病気の予防） ＊担任等との事前打ち合わせのもとに、TT等による指導を実施できたか。 ＊生活習慣の改善ができたか。	①234	・事前に打ち合わせを行い、指導者の役割についても明確にしていたためスムーズに進めることができた。 ・TTによる授業を指導案作成の段階から関わり実践することができた。	実施後	教職員児童	ワークシート聞き取り	①234	・専門性を発揮していただき、TTによる効果的な授業ができた。
		B）毎週1回、生活のチェックカードの使用（早寝・早起き・朝ごはん等）を行い、個別の課題を把握し、指導に生かす。 ＊年間を通して週1回実施できたか。 ＊調査結果を保健学習及び保健指導（集団・個別）に生かすことができたか。　　　　＊資料1	1②34	・課題を共有し、連携して個別指導を行うことができた。	毎週・年度末	学級担任	チェックカード聞き取り	12③4	・保健学習の授業に生活チェックの結果を生かすことができた。 ・個別指導は、時間が取れず十分できなかった。
		C）健康診断、日常の健康観察、生活のチェック等の結果を家庭に知らせ健康相談を実施するなどして、家庭と連携できるよう継続的に働きかける。 ＊健康診断、生活チェック等の結果を家庭に知らせ、課題解決につなげることができたか。 ＊家庭に継続的に働きかけ、連携して生活習慣の改善ができたか。	12③4	・継続して働きかけることはできたものの、生活の改善まではつなげることができなかった。	年度末	教職員	聞き取り	1②34	・生活調査の結果を、家庭訪問や個別懇談会等で生かすことができた。
保健室経営目標1に対する総合評価			1　②　3　4						

<総評と次年度への課題>
　教職員や関係者との連携は十分図れたが、課題解決への保護者の意識の高まりや生活の改善については不十分であったため、次年度は家庭と連携するための手だての工夫が必要である。

出典：『保健室経営計画作成の手引（平成26年度改訂）』公益財団法人 日本学校保健会　2015年　一部改編

156

8　保健室経営計画の評価（例）

上記の6、7で示した保健室経営計画の評価方法について、次に解説する。

保健室経営計画に基づいて適切に評価を行うことは、保健室経営の改善、発展の鍵となる。一般的に評価方法には、経過評価 [*1] と結果・成果評価 [*2] とがある。保健室経営計画の評価では、「保健室経営目標」を達成する方策・手立てについての評価（経過評価）と、その目標に対する達成の状況についての評価（結果・成果評価）をそれぞれ行うことが求められる。その際、どのような観点や指標で、だれが、いつ、どのように評価するかについて明確にしておく必要があるとともに、養護教諭自身による自己評価と教職員等による他者評価の両方でとらえることが重要である。

自己評価は、養護教諭の取り組みを対象として行う。この際の評価基準は、具体的な方策について実施できたか及び保健室経営目標にどの程度到達できたかの2つとし、総合的に「よくできた」、「ほぼできた」、「あまりできなかった」、「まったくできなかった」の4件法で評価する。さらに「なぜそうなったのか／今後に向けて等」についても具体的に記載する。ここで、4件法を用いたのは、どちらでもないという中間的な評価をなくし、実質的な運用面の妥当性を重んじたものである。

他者評価は、目標に対する達成の状況について、聞き取りやアンケート等で学級担任等の関係職員、保護者等の意見を聞いたり、児童生徒の振り返りカードから読み取ったりなどして、客観的なデータなどで評価することが求められる。聞き取り、アンケート、児童生徒の振り返りカードなどを作成するにあたっては、評価の観点や指標を明確にしておく必要がある。ただし、保健室経営計画は、短期的な目標としていることから、計画の実施等による児童生徒の変容等を把握するには、困難な場合もあることを配慮してもらうことも必要である。

なお、年度当初から保健室経営計画における評価計画を立て、目標がどの程度達成できたか、方策・手立てが有効であったか、何が問題だったかなどを明らかにし、これらを踏まえた改善案を策定して計画を修正し、次年度の計画に生かすことが大切である。

参考

＊1 経過評価とは

　目標達成の方策の実現状況を実施の途中の段階で見取っていくことで、児童生徒や教職員、保護者等の意見や面接、アンケートなどを方策の各段階で計画的に行い、問題があれば調整を行い、計画の修正に利用する。

＊2 結果・成果評価とは

　目標に対する達成の状況について評価することで、最終的な評価ということになる。目標達成のための具体的な方策の事後の結果やアンケート調査、観察法、インタビュー、数値等の客観的なデータなどで評価する。

出典：『保健室経営計画作成の手引（平成26年度改訂）』公益財団法人 日本学校保健会　2015年

【参考文献・引用資料】

「中央教育審議会答申」2008年1月

『保健室経営計画作成の手引』財団法人 日本学校保健会　2009年4月

『保健室経営計画作成の手引（平成26年度改訂）』公益財団法人 日本学校保健会　2015年

第7章　保健組織活動

1　保健組織活動の必要性

　学校保健は、学校における保健教育及び保健管理をいい、その二つの領域を円滑に推進するために保健組織活動がある。学校保健活動は、多くの関係者と連携して進めていく必要があるため、保健組織活動は重要である。近年、子どもの心身の健康問題が複雑・多様化しており、学校、家庭、地域社会が連携して問題解決にあたる必要性が高まっていることから、保健組織活動の充実を図ることが求められている。

2　学校における保健組織

　学校における保健組織の代表的なものには、職員保健部（係）、児童生徒保健委員会、ＰＴＡ保健委員会、学校保健委員会（地域学校保健委員会）などがある。

1）職員保健部（係）

　学校内の職員の保健組織である。学校内においてすべての保健活動の推進役となるこの組織が機能していることが特に重要である。構成メンバーは、各学校の実状により異なるが、保健主事、養護教諭、各学年代表、体育主任、栄養教諭（栄養職員）等で構成されている。

2）児童生徒保健委員会

　学校におけるヘルスプロモーションを推進していくためには、子どもたち主体の健康教育を推進していくことが必要である。児童生徒保健委員会の積極的な活動が学校全体を動かす力ともなることから、養護教諭は、発達段階に応じた活動ができるように指導し、育成していくことが重要である。

３）ＰＴＡ保健委員会

　保護者の組織であるこの委員会は、学校と家庭との連携を図る上で重要な組織である。ＰＴＡの保健組織においても、養護教諭は、主体的な活動が行えるように支援していくことが大切である。

　具体的な活動としては、学校保健委員会への参画、広報活動、ＰＴＡ保健委員会主催の講演会などが行われている。学校の実情によりすべての学校に設置されているものではないが、家庭との連携を図る上で設置が望まれる。

３　学校保健委員会

１）学校保健委員会とは

　学校保健委員会とは、『学校保健委員会マニュアル』（財団法人 日本学校保健会　2000年）では、「学校における健康の問題を研究協議し、健康つくりを推進する組織」としている。ただ単に、意見交換に終わるだけでなく、実践化を目指す機関であることが強調されている。

　学校保健委員会を設置するにあたり、法的根拠について問われることが多いが、法的に定められているものではない。文部省の通達等により設置が奨励されているものである。

２）学校保健委員会の役割

　学校における健康教育は、家庭や地域社会の協力なしに成果を上げることは困難である。開かれた学校づくりとともに、地域社会の教育力を生かすことが求められているなか、学校、家庭、地域社会を結ぶ中核的な組織として学校保健委員会の果たす役割は大きい。

３）学校保健委員会の沿革

　○昭和24年11月「中等学校保健計画実施要領（試案）」、昭和26年「小学校保健計画実施要領（試案）」が文部省（現文部科学省）から出され、学校保健委員会の設置が奨励された。

　　中等学校実施要領（試案）では、次のように述べている。「校長の諮問機関として出発し、協議事項は学校保健計画の立案と実施に関することを中心に、児童生徒の健康の保持増進に関係のあるすべての分野の代表によって組織され、決定事項から実行されうる。」

　○昭和33年6月学校保健法の施行に伴う「学校保健法および同法施行令等の施行に伴う実施基準について」（文部省体育局長通達）においては、「学校保健委員会の開催及びその活動についても、学校保健計画に盛り込むべきこと」とされ、計画的な実施が求められた。

　○昭和47年12月の保健体育審議会答申においては、「（学校保健計画は）、この計画を適切に策定し、それを組織的かつ効果的に実施するためには、学校における健康の問題を研究協議し、それを推進するための学校保健委員会の設置を促進し、その運営の強化を図ることが必要である。」とされた。これは、学校保健委員会設置率の低迷等の実態をとらえての提言であり、従来のようにただ単に校長の諮問機関としてではなく、専門的事項の研究や実践上の諸問題を協議するなど、学校保健の推進的役割をもつ委員会として、その積極的な役割を担うものとして位置付けられた。

　○平成9年9月保健体育審議会答申では、ヘルスプロモーションの理念に基づく健康の保持増進が提言されるとともに、現代的な健康課題の解決に向けて、学校保健委員会を活性化し、家庭や地域社会との連携を強化することが求められた。

　○平成20年1月中央教育審議会スポーツ・青少年分科会学校健康・安全部会「子どもの心身の健康を守り、安全・安心を確保するために学校全体としての取組を進めるための方策について」答申では、学校保健委員会について次のように述べている。

　　①学校保健委員会は、学校における健康に関する課題を研究協議し、健康づくりを推進するための組織である。学校保健委員会は、校長、養護教諭・栄養教諭・学校栄養職員などの教職員、学校医、学校歯科医、学校薬剤師、保護者代表、児童生徒、地域の保健関係機関の代表などを主な委員とし、保健主事が中心となって、運営することとされている。

　　②学校保健委員会については、昭和33年の学校保健法等の施行に伴う文部省の通知において、学校保健計画に規定すべき事項として位置付けられている。また、昭和47年の保健体育審議

会答申においても、『学校保健委員会の設置を促進し、その運営の強化を図ることが必要である』と提言されているが、平成17年度の学校保健委員会の設置率は、小学校81.9％、中学校78.6％、高等学校76.7％にとどまっている。また、設置されていても開催されていない学校や、年１回のみの開催が多く、充実した議論が行われていないなど質的な課題がある。

③学校保健委員会を通じて、学校内の保健活動の中心として機能するだけではなく、学校、家庭、地域の関係機関などの連携による効果的な学校保健活動を展開することが可能となることから、その活性化を図っていくことが必要である。

このため、学校において、学校保健委員会の位置付けを明確化し、先進的な取り組みを進めている地域の実践事例を参考にするなどして、質の向上や地域間格差の是正を図ることが必要である。

さらに、国、地方公共団体において、様々な資料を収集したデータベースを作成し、ホームページから一括してダウンロードできる環境整備を図るとともに、学校においては適切な管理の下に活用することや、普及のために啓発資料を活用した研修会を実施するなどして、学校保健委員会の設置の推進や質の向上を図っていく必要がある。

４）学校保健委員会の現状

現代的な健康課題へ対応するために、近年、学校保健委員会の必要性が高まり、社会的に重要視されるようになったこともあり、日本学校保健調査（令和２年度）によると、設置率は小・中・高等学校全体で90.4％となっている。しかし、設置されていても学校保健委員会を「開催していない」が10.8％となっていることや、「開催回数が年１回」が63.3％となっている。また、地域の関係機関の「代表者の出席がある」が21.7％にとどまっている現状も見られるなど、今後は学校保健委員会の質の向上を図っていく必要がある。

５）学校保健委員会の構成員

学校保健委員会を機能する委員会とするためには、構成員の充実が重要である。議題に応じて、安全関係の議題のときは、警察（駐在所の警察官等）の参加を得るなど弾力的に効果的な運営を図ることが必要である。さらに、学校におけるヘルスプロモーションを推進していくためには、子ども、保護者、地域の関係者の参画を積極的に推進していくことが重要である。

＜学校保健委員会の構成員例＞

校長、副校長、教頭、事務長、主幹教諭、教務主任、保健主事、養護教諭、生徒指導主事、進路指導主事、体育主任、学年主任、給食主任、栄養教諭（学校栄養職員）、児童生徒（保健委員、生徒会役員等）、保健部職員、学校医、学校歯科医、学校薬剤師、保護者（ＰＴＡ本部役員、保健委員等）、地域の関係機関　等

地域社会との連携を図っていくためには、地域の資源をよく把握しておく必要がある。地域の資源としては、次のような関係機関等がある。

保健福祉関係機関（保健所、保健センター、児童相談所等）、公民館、児童館、青少年健全育成会、病院等の専門医、警察、消防署、相談機関、各職域の専門家（大学等）、他の小学校・中学校・高等学校　等

４　学校保健委員会の実施にあたっての手順とポイント

１）年間計画に位置付ける

○ Plan-Do-Check-Action（計画―準備―実施―評価―事後活動）

○学級（ホームルーム）活動における保健指導、教科保健、総合的な学習の時間等との関連を図る。

○日時及び議題まで決定しておく。

２）組織の構成

＜議題に応じたメンバーの構成＞

　○校長・教頭・教職員代表・児童生徒代表・保護者代表・関係機関の代表・地域の人々・指導助言
　　者、等

３）議題

　○自校の子どもの健康課題や喫緊の課題等、できるだけ具体的な課題にする。
　○議題の決定においては、子ども、教職員、保護者、学校医等の意見が反映できるようにする。

４）準備

＜運営案の活用＞

　○日時・議題・ねらい・他の活動との関連・事前活動・議事の展開・事後の活動

＜子どもの事前活動例＞

　○アンケートの作成、集計、分析
　○資料の収集（インターネット、図書、インタビュー、施設訪問　等）
　○プレゼンテーション資料の作成
　○児童生徒保健委員会での事前協議
　○学級（ホームルーム）活動での事前協議
　○発表者のプレゼンテーションの練習　等

＜資料の準備＞

　○たくさんの資料はいらない、協議に時間をかけるようにする。

５）当日の運営

　○司会・記録・開始時間・会議時間・終了後
　○開始時間及び終了時間は厳守する。会議の時間は１時間程度が適当である。
　○活性化の工夫を図る。

161

６）学校保健委員会の事後活動例と評価

　○職員会議における報告及び提案
　○学校保健委員会だよりの発行（作成者：子ども、保護者　等）
　○全校の子どもへの学校保健委員会報告会（児童生徒保健委員会主催　等）
　○学級（ホームルーム）活動における報告及び協議
　○評価　等

5　学校保健委員会における養護教諭の役割

　学校保健委員会における保健主事の役割について『保健主事の手引〈三訂版〉』（財団法人 日本学校保健会、2004年）では、「学校保健活動の充実とその推進を図るため、学校保健委員会を組織しその運営に当たる」と述べている。養護教諭は、専門的な立場から企画調整・運営に協力するとともに、円滑に機能できるように働きかけていく役割があると考える。また、養護教諭が保健主事の場合は、職員保健部との連携のもと、役割分担して進めていくことが大切である。

　複雑・多様化した現代的な健康課題に対応していくためには、学校、家庭、地域社会との連携は不可欠であり、学校保健委員会は重要な役割を持つものである。この学校保健委員会を機能させていくためには、保健部などの校内組織が機能していることが前提となる。また、会議で話し合われた内容が、実践に移されるようにするためには、全教職員の協力が得られる体制づくりが必要であり、保健主事の大きな役割といえる。

　養護教諭は、子どもの個別及び集団の健康問題を把握している専門的な立場から、子どもたちに、「今、何が必要か」などの観点に立って具体的な提言ができることや、保健室にある情報や資料の活

用が図れることなどから、企画・運営においても積極的な役割を持つものである。また、学校医等や保健所などの関係機関等との連携においては、養護教諭が中心的な役割を果たしており、学校保健委員会活動における養護教諭の役割は大きい。

参考　学校保健委員会実施計画（例）
○○○中学校

回／日時	議題	ねらい	事前活動	当日の運営 （60分）	事後活動	他の活動との 関連・連動	評価
第1回／ ○月○日 ○曜日 ○時間	男の子の性と男女交際	上記	①会議の内容、構成について、生徒保健委員会と職員保健部と協議する。生徒の主体性を重視する。 ②職員保健部の役割分担 ③生徒保健委員会の事前活動（話し合い・アンケート・資料作成・役割分担等） ④開催通知の発送	①開会あいさつ（校長、ＰＴＡ会長、学校医等）（5分） ②性教育主任ミニ講話（5分） ③文化祭で生徒が演じた「あこがれ」のワンカットを演じる（10分） ④アンケート調査結果の発表（10分） ⑤研究協議（25分） ⑥指導講評・まとめ（5分） ⑦閉会	①学級活動の時間に、生徒保健委員が学校保健委員会報告を行う。必要に応じて協議を行う。 ②保健放送を活用して、学校保健委員会報告を行う。 ③学校保健委員会だよりの作成と発行（PTA保健委員） ④職員会議での報告	文化祭で生徒が演じた「あこがれ」という劇を題材に取り上げる。（性に関心を持ち始めた思春期の男子中学生を生徒保健委員が演じる）	①教職員、保護者、学校医等、関係機関等の出席状況 ②事前活動・当日の運営・事後活動（学校全体で問題が共有できたか、教職員、保護者、関係機関等の協力が得られ、実践化につながったか等） ③児童生徒保健委員会の活動（児童生徒が題材に対する理解を深め、主体的な取り組みができたか等） ④目標の達成度 ・アンケート調査 ・聞き取り等

【参考文献・引用資料】
『学校保健委員会マニュアル』財団法人 日本学校保健会　2000年
『保健主事の手引〈三訂版〉』財団法人 日本学校保健会　2004年
『保健主事のための実務ハンドブック－令和2年度改訂－』公益財団法人 日本学校保健会 2021年

〈memo〉

163

第3部
子どもの現代的な健康課題とその対応

1 気候変動（温暖化）、都市化、少子高齢化、情報化、国際化等による社会環境や生活様式の変化は、子どもたちの心身の健康に大きな影響を与えており、いじめ、不登校などのメンタルヘルスに関する問題、喫煙、飲酒、薬物乱用、性の問題行動、生活習慣の乱れ、アレルギー疾患の増加、熱中症、新たな感染症（新型コロナウイルス感染症等）などの健康問題が深刻化している。

2 地震や台風などの自然災害のみならず、登下校中の誘拐殺人事件などの事件・事故が発生しており、それに伴う子どもの心のケアが重要な健康問題となっており、学校保健安全法（平成21年4月1日施行）に心のケアが位置付けられた。

3 子どもたちの複雑・多様化した現代的健康課題に対応し、健康教育を通して子どもたちに生きる力をはぐくむためには、ヘルスプロモーションの理念に基づいた子どもたち主体の健康教育の推進がさらに重要となっている。

4 養護教諭は、平成7年3月に保健主事への登用の道が開け、平成10年には養護教諭の有する知識及び専門性を教科指導に活用する観点から、教諭等への兼職発令により教科保健への参画が可能になるなど、子どもたちの現代的な健康課題の解決に向けて、その役割が期待されている。

5 中央教育審議会答申「子どもの心身の健康を守り、安全・安心を確保するために学校全体としての取組を進めるための方策について」（平成20年1月17日）において、現代的な健康課題の解決に向けての養護教諭の役割が明記された。

1 子どもの健康問題の推移

　日本は戦後、社会経済の発展、保健衛生の向上、医療の進歩等に伴い疾病構造も変化し、子どもたちの健康問題も結核やトラホームなどの感染症から、肥満傾向、むし歯（う歯）、視力低下等に移り変わった。気候変動（温暖化）、都市化、少子高齢化、情報化、国際化等による社会環境や生活様式の変化は、子どもたちの心身の健康に大きな影響を与え、いじめ、不登校などのメンタルヘルスに関する問題、性に関する問題、喫煙、飲酒、薬物乱用、生活習慣の乱れ、アレルギー疾患の増加、新たな感染症、ネット依存、LGBT（p.175参照）の問題などが顕在化している。さらに、地震や台風などの自然災害や子どもの命にかかわる事件・事故が多発しており、危機管理とそれに伴う子どもの心のケアが重要な問題となっており、学校保健安全法（平成21年4月1日施行）に心のケアが位置付けられた。そのほかにも発達障害のある子どもへの支援や児童虐待の増加などが社会問題となっており、健康にかかわる問題が複雑・多様化している。

　このような状況のなか、現代的な健康課題の解決に向けて養護教諭への期待がますます大きくなっている。

１）学校保健統計調査

　子どもの発育状態及び健康状態を明らかにするために、文部科学省では統計法による指定統計として、毎年「学校保健統計調査」を行っている。この調査は明治33年（西暦1900年）から始められて現在に至っており、世界的にも類を見ない貴重な資料となっている。

（１）健康診断結果

　　①発育状況：高校３年生の体格の平均値

　　　　日本人の体格は、栄養状況等の改善により第二次世界大戦後急激に向上し、どこまで向上するか注目されていたが、近年はほぼ横ばいとなった。

表３－１　17歳の平均身長・体重（括弧内は標準偏差）

	身長	体重
男	170.7cm（5.80）	62.5kg（10.88）
女	158.0cm（5.42）	52.5kg（7.93）

出典：「学校保健統計調査―令和４年度」文部科学省（https://www.e-stat.go.jp/stat-search/files?page=1&layout=datalist&toukei=00400002&tstat=000001011648&cycle=0&tclass1=000001211780&tclass2=000001211781&tclass3val=0）

　　②疾病・異常の被患率

　　　　学校保健統計調査による疾病・異常を被患率等別にみると、幼稚園においては「裸眼視力1.0未満の者」が最も高く、小学校においては「むし歯（う歯)」が最も高くなっている。

　　　　中学校・高等学校においては、近年は「裸眼視力1.0未満の者」が最も高く、次いで「むし歯（う歯)」の順となっている。

(%)

表３－２　主な疾病・異常等の推移総括表

区分		裸眼視力1.0未満の者	眼の疾病・異常	耳疾患	鼻・副鼻腔疾患	むし歯（う歯）	せき柱・胸郭・四肢の状態 注2	アトピー性皮膚炎	ぜん息	心電図異常 注1	蛋白検出の者
幼稚園	平成24年度	27.52	1.83	2.60	3.50	42.86	-0.18	2.88	2.33	…	0.58
	平成30年度	26.68	1.55	2.31	2.91	35.10	0.23	2.04	1.56	…	1.03
	令和元年度	26.06	1.92	2.57	3.21	31.16	0.16	2.31	1.83	…	1.02
	令和2年度	27.90	1.36	1.97	2.38	30.34	0.35	1.90	1.64	…	1.00
	令和3年度	24.81	1.48	2.00	2.96	26.49	0.17	1.75	1.48	…	0.66
	令和4年度	24.95	1.27	2.36	3.03	24.93	0.24	1.62	1.11	…	0.87
小学校	平成24年度	30.68	5.44	5.39	12.19	55.76	-0.36	3.25	4.22	2.30	0.75
	平成30年度	34.10	5.70	6.47	13.04	45.30	1.14	3.40	3.51	2.40	0.80
	令和元年度	34.57	5.60	6.32	11.81	44.82	1.13	3.33	3.37	2.42	1.03
	令和2年度	37.52	4.78	6.14	11.02	40.21	0.94	3.18	3.31	2.52	0.93
	令和3年度	36.87	5.13	6.76	11.87	39.04	0.79	3.20	3.27	2.50	0.87
	令和4年度	37.88	5.28	6.60	11.44	37.02	0.84	3.14	2.85	2.55	0.98
中学校	平成24年度	54.38	4.67	3.62	11.39	45.67	-0.80	2.47	2.95	3.32	2.50
	平成30年度	56.04	4.87	4.72	10.99	35.41	2.40	2.85	2.71	3.27	2.91
	令和元年度	57.47	5.38	4.71	12.10	34.00	2.12	2.87	2.60	3.27	3.35
	令和2年度	58.29	4.66	5.01	10.21	32.16	1.65	2.86	2.59	3.33	3.25
	令和3年度	60.66	4.84	4.89	10.06	30.38	1.72	2.95	2.31	3.07	2.80
	令和4年度	61.23	4.95	4.76	10.7	28.24	1.54	2.96	2.23	3.15	2.90
高等学校	平成24年度	64.47	3.70	1.88	8.63	57.60	-0.62	2.07	1.91	3.02	2.67
	平成30年度	67.23	3.94	2.45	9.85	45.36	1.40	2.58	1.78	3.34	2.94
	令和元年度	67.64	3.69	2.87	9.92	43.68	1.69	2.44	1.79	3.27	3.40
	令和2年度	63.17	3.56	2.47	6.88	41.66	1.19	2.44	1.75	3.30	3.19
	令和3年度	70.81	3.35	2.51	8.81	39.77	1.22	2.58	1.70	3.16	2.80
	令和4年度	71.56	3.58	2.25	8.51	38.30	1.12	2.68	1.71	3.03	2.83

注１：「心電図異常」については、6歳、12歳及び15歳のみの調査を実施している。
注２：「せき柱・胸郭・四肢の状態」については平成27年度までは「せき柱・胸郭」のみを調査。

　　　　出典：「学校保健統計調査―令和４年度」文部科学省（https://www.mext.go.jp/content/20231115-mxt_chousa01-000031879_1a.pdf）

165

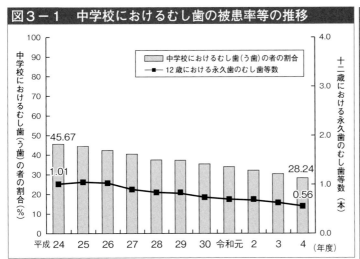

図3−1　中学校におけるむし歯の被患率等の推移

用語解説　ＤＭＦ歯数（乳歯は dmf）

ＤＭＦ歯数とは、永久歯一人平均むし歯経験の状況を表す。T は teeth で歯の略。

D：Decayed teeth（むし歯未処置の歯）
M：Missing teeth（むし歯が原因で抜歯した歯）
F：Filled teeth（むし歯で処置を完了した歯）

永久歯むし歯経験歯数＝ D+M+F

ＤＭＦ歯数＝
（被検査者の DMF 歯数の合計）÷被検査者総数

出典：「学校保健統計調査─令和4年度」文部科学省（https://www.e-stat.go.jp/stat-search/files?page=1&layout=datalist&toukei=00400002&tstat=000001011648&cycle=0&tclass1=000001211780&tclass2=000001211781&tclass3val=0）より作成

2）児童生徒の問題行動・不登校等生徒指導上の課題に関する調査等
（1）いじめ
　　「令和4年度児童生徒の問題行動・不登校等生徒指導上の諸課題に関する調査」における国公私立小学校・中学校・高等学校・特別支援学校のいじめ認知件数は681,948件で、前年度（615,351件）より6万6千件以上増加している。新型コロナウイルス感染症対策による休業があった令和2年度は減少したが、以後は再び増加している。一方、パソコンや携帯電話を使ったいじめは23,920件（前年度21,900件）で、総認知件数に占める割合は、3.5%（前年度3.5%）となっている。いじめの内訳は、小学校551,944件、中学校111,404件、高等学校15,568件、特別支援学校3,032件で、児童生徒千人あたり認知件数は53.3件（前年度47.7件）である。
　　平成18年度調査から発生件数より認知件数に改められ、いじめの定義も見直された。
　①いじめの定義
　　いじめの定義は、平成17年度から、今日に至るまでに見直しがされてきた。
　　ア　平成17年度までの定義
　　　「自分より弱い者に対して一方的に、身体的・心理的な攻撃を継続的に加え、相手が深刻な苦痛を感じているもの。」
　　イ　平成18年度調査からの定義
　　　「当該児童生徒が、一定の人間関係のある者から、心理的・物理的な攻撃を受けたことにより、精神的な苦痛を感じているもの。」
　　ウ　いじめ防止対策推進法（平成25年6月28日公布、令和3年4月28日最終改正）でのいじめの定義
　　　「児童等に対して、当該児童等が在籍する学校に在籍している等当該児童等と一定の人的関係にある他の児童等が行う心理的又は物理的な影響を与える行為 (インターネットを通じて行われるものを含む。) であって、当該行為の対象となった児童等が心身の苦痛を感じているもの」
　　　養護教諭は、職務の特質からいじめを発見しやすい立場にあり、早期発見・早期対応に果たしている役割は大きい。

いじめ防止対策推進法（平成25年6月28日公布、令和3年4月28日最終改正）
　　いじめ問題が深刻化していることから、いじめを防止するための基本方針を定めた「いじめ防止対策推進法」が制定された。この法律は、いじめが、いじめを受けた児童等の教育を受ける権利を著しく侵害し、その心身の健全な成長及び人格の形成に重大な影響を与えるのみならず、その生命

166

または身体に重大な危険を生じさせるおそれがあるものであることから、いじめの防止等のための対策を総合的かつ効果的に推進するために制定されたものである。いじめの防止等のための対策の基本理念、いじめの禁止、関係者の責務等について定められた。

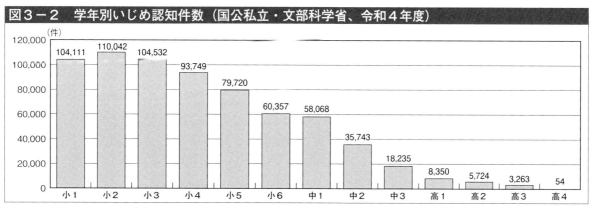

図3−2　学年別いじめ認知件数（国公私立・文部科学省、令和4年度）

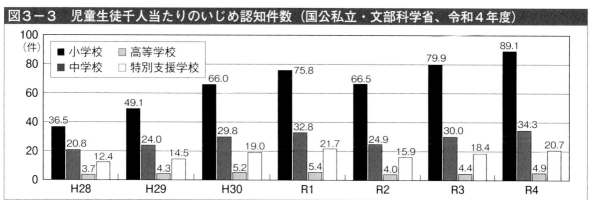

図3−3　児童生徒千人当たりのいじめ認知件数（国公私立・文部科学省、令和4年度）

出典：「児童生徒の問題行動・不登校等生徒指導上の諸課題に関する調査（令和4年度）」文部科学省（https://www.mext.go.jp/content/20231004-mxt_jidou01-100002753_1.pdf）より作成

（2）不登校

不登校の要因や背景は、一様ではなくなっており、理由がはっきりしない者、あそび、非行による怠学、発達障害や児童虐待などによる場合もあることから多様化している。

①不登校の現状「令和4年度児童生徒の問題行動・不登校等生徒指導上の諸課題に関する調査」文部科学省調査

○年間30日以上欠席した国公私立学校の児童生徒のうち、不登校の小学生は105,112人、中学生は193,936人であった（新型コロナウイルスの感染回避による長期欠席者は含まない）。

○小学校の不登校の割合は1.7%、中学校は24人に6.0%であった。

○高校生の不登校は、60,575人であった。

○「指導の結果登校する又はできるようになった児童生徒」は、小学校・中学校合わせて81,375人、「指導中の児童生徒」は217,673人であった。

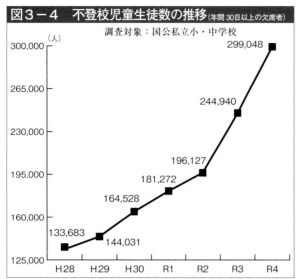

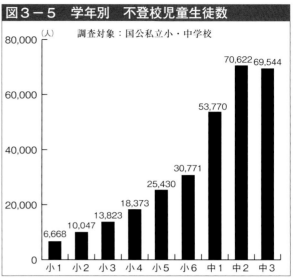

出典：「児童生徒の問題行動・不登校等生徒指導上の諸問題に関する調査（令和４年度）」文部科学省（https://www.mext.go.jp/content/20231004-mxt_jidou01-100002753_1.pdf）より作成

②「不登校問題に関する調査研究協力者会議報告書」（文部科学省、平成15年３月）の概要

上記の報告書では、「今後の不登校への対応の在り方について」次の５つの視点を示している。

　　ア　将来の社会的自立に向けた支援の視点
　　イ　連携ネットワークによる支援
　　ウ　将来の社会的自立のための学校教育の意義・役割
　　エ　働きかけることやかかわりを持つことの重要性
　　オ　保護者の役割と家庭への支援

　　不登校の解決の目標を、子どもたちの将来的な社会的自立に向けて支援することとしたこと、不登校は「心の問題」のみならず「進路の問題」として捉えるとしたことが、新しい視点である。

　　平成４年の同会議の報告では、「不登校はどの子にも起こりうるもの、登校の促しは状態を悪化させてしまう。」という趣旨が誤って理解され、必要なかかわりを持つことも控えてしまう例もあったことから、不登校になった背景要因を把握した上で適時適切に対応する、ただ待つだけでは改善しないという認識が必要であることについて、注意を促した。

　　また、不登校の対応については、次のように述べている。

　　ア　学校全体の指導体制の充実
　　イ　養護教諭の役割と保健室・相談室等の環境・条件の整備
　　ウ　不登校の子どもの立場に立った柔軟なクラス替え等の措置
　　エ　スクールカウンセラー等との効果的な連携協力
　　オ　校内・関係者間における情報共有のための個別指導記録の作成
　　カ　不登校の子どもの学習状況の把握と学習評価の工夫
　　キ　学校内外のコーディネーター的役割を果たす不登校担当の明確化

　　今日、不登校の子どもたちのなかには、発達障害のある子どもが少なからずいることの指摘を受けていることや、児童虐待等による不登校もあることから、事例の問題背景を的確に把握することが重要となっている。

（３）保健室登校

　　（公財）日本学校保健会が平成28年度に行った保健室利用状況調査（層化無作為抽出法、小・中・高等学校、各1,300校対象、回収率86.5％）結果によると、保健室登校の児童生徒「有」の学校の割合は、小学校（32.4％）、中学校（36.5％）、高等学校（36.8％）であった。また、どの校種も開始時期は４月・９月が最も多く、次いで10月であった。

168

　保健室登校の児童生徒「有」の学校で、教室復帰できた児童生徒は、小学校（44.1％）、中学校（32.3％）、高等学校（43.3％）であった。また、保健室登校から教室復帰するまでの期間は、小学校では平均約50日、中学校では平均約47日、高等学校は約30日であった。保健室登校への対応では、養護教諭の果たしている役割が大きい。

用語解説	保健室登校

　保健室登校とは、常時保健室にいるか、特定の授業には出席できても、学校にいる間は主として保健室にいる状態をいう。（「保健室利用者調査報告書」財団法人 日本学校保健会　1991年）

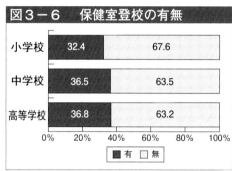

図3-6　保健室登校の有無

	有	無
小学校	32.4	67.6
中学校	36.5	63.5
高等学校	36.8	63.2

出典『保健室利用状況に関する調査報告書 平成28年度調査報告書』公益財団法人 日本学校保健会　2018年

　保健室登校の対応にあたっては、職員の共通理解を得た上で実施することが必要である。受け入れにあたっては、
①本人が保健室登校を望んでいるか。
②保護者が保健室登校を理解しており、協力が得られるか。
③全教職員（校長、担任、学年主任等）の共通理解及び協力が得られるか。
④保健室で受け入れる環境（校内体制も含む）が整っているか。
⑤養護教諭としての受け入れ体制ができているか。
⑥支援計画が立てられているか。
　などのことを確認の上、受け入れることが必要である。

表3-3　教室復帰率及び期間

	小学校	中学校	高等学校
教室復帰「有」（％）	44.1	32.3	43.3
復帰までの期間（日）	50.3	47.1	30.3

出典：『保健室利用状況に関する調査報告書 平成28年度調査結果』公益財団法人 日本学校保健会　2018年

（4）発達障害
　近年、発達障害の医学的研究が進むにつれ、発達障害は脳の機能障害であることが明らかになり、発達障害のある子どもへの適切な対応を図ることが、特別支援教育の大きな教育課題の一つとなっている。
　文部科学省の調査では、発達障害が通常の学級に在籍している児童生徒の約6.5％の子どもに見られる可能性があるという結果が出ており、不登校の要因になっていることなどが指摘されているため、早急な支援が求められている。このような状況から発達障害者支援法（平成17年4月施行）が、発達障害の早期発見及び早期対応を図ることなどを目的に制定され、学校保健に関する項目としては、第5条2において、学校保健法（当時）による就学時の健康診断を行うにあたっては発達障害の早期発見に十分留意しなければならないとされた。
　（公財）日本学校保健会が平成28年度に実施した「保健室利用状況調査」によると、養護教諭が過去1年間に把握した子どもの心の健康問題では、「発達障害（疑いを含む）に関する問題」は、子ども千人当たり、小学校24.2人、中学校21.2人、高等学校8.9人でいずれの校種においても多く、特別支援教育に果たしている養護教諭の役割が大きいことが明らかになっている。

発達障害者支援法　（平成16年12月10日公布、平成28年6月3日最終改正）
第5条　2　市町村の教育委員会は、学校保健安全法（昭和33年法律第56号）第11条に規定する健康診断を行うに当たり、発達障害の早期発見に十分留意しなければならない。

【障害を理由とする差別の解消の推進に関する法律】（文部科学省 HP より、一部修正）

「障害を理由とする差別の解消の推進に関する法律」（平成25年法律第65号）が平成25年6月26日に公布され、平成28年4月1日からの施行となっている。この法律は、障害者基本法の差別の禁止の基本原則を具体化するものであり、すべての国民が障害の有無によって分け隔てられることなく、相互に人格と個性を尊重し合いながら共生する社会の実現に向け、障害者差別の解消を推進することを目的として制定された。これに伴い文部科学省では、「文部科学省所管事業分野における障害を理由とする差別の解消の推進に関する対応指針について」（通知）が平成27年11月26日付けで発出され、平成28年4月1日から適用することとされた。その主な概要は以下のとおりである。

○法の対象となる障害者は、身体障害、知的障害、精神障害（発達障害を含む）その他の心身の機能の障害がある者。（障害者基本法第2条第1号に規定する障害者）

○本指針の位置づけは、法第11条第1項の規定に基づき、また、障害を理由とする差別の解消の推進に関する基本方針に即して、法第8条に規定する事項に関し、文部科学省が所管する分野における事業者が適切に対応するために必要な事項を定めたものである。

○合理的配慮の基本的な考え方

・法第8条第2項において合理的な配慮をするように努めなければならないとされている。

・障害者の権利に関する条約「第2条　定義」において「合理的配慮」とは、「障害者が他の者との平等を基礎として全ての人権及び基本的自由を享有し、又は行使することを確保するための必要かつ適当な変更及び調整であって、特定の場合において必要とされるものであり、かつ、均衡を失した又は過度の負担を課さないもの」と定義されている。

・障害者の権利に関する条約「第24条　教育」においては、教育についての障害者の権利を認め、この権利を差別なしに、かつ、機会の均等を基礎として実現するため、障害者を包容する教育制度等を確保することとし、その権利の実現に当たり確保するものの一つとして、「個人に必要とされる合理的配慮が提供されること」を位置付けている。

○「合理的配慮」の提供として考えられる事項

・障害のある児童生徒等に対する教育を小・中学校等で行う場合は「教員・支援員等の確保」、「施設・設備の整備」、「個別の支援計画や個別の指導計画に対応した柔軟な教育課程の編成や教材等の配慮」等の対応が考えられる。

・文部科学省は、障害者の権利に関する条約に基づく制度であるインクルーシブ教育システム構築のための特別支援教育の推進を目指している。

「インクルーシブ教育システム」とは、障害のある者とない者が共に学ぶ仕組の事で人間の多様性を尊重して、障害がある子どもが精神面や身体面の能力を発揮できる環境を作り、障害の有無にかかわらず通常学級で学ぶことができるよう目指した教育理念及びプロセスである。インクルーシブ教育は、これまで社会参加ができる環境になかった障害者などが、積極的に参加・貢献していくことができる「共生社会」を目指している。

> **障害を理由とする差別の解消の推進に関する法律**
>
> 　　　　　　　　　　　　　　　（平成25年６月26日公布、令和４年６月17日最終改正）
> （事業者における障害を理由とする差別の禁止）
> 第８条　事業者は、その事業を行うに当たり、障害を理由として障害者でない者と不当な差別的取扱いをすることにより、障害者の権利利益を侵害してはならない。
> 　　　　２　事業者は、その事業を行うに当たり、障害者から現に社会的障壁の除去を必要としている旨の意思の表明があった場合において、その実施に伴う負担が過重でないときは、障害者の権利利益を侵害することとならないよう、当該障害者の性別、年齢及び障害の状態に応じて、社会的障壁の除去の実施について必要かつ合理的な配慮をするように努めなければならない。
> （事業者のための対応指針）
> 第11条　主務大臣は、基本方針に即して、第８条に規定する事項に関し、事業者が適切に対応するために必要な指針（以下「対応指針」という。）を定めるものとする。

（５）児童虐待

　①「児童虐待の防止等に関する法律」（以下「児童虐待防止法」と記す。）の制定

　　　児童虐待防止法が平成12年５月に制定されたが、児童虐待は年々増加しており、尊い子どもの命が奪われるなど深刻な虐待事件が続発しているため、平成16年10月に児童虐待防止法の改正が行われた。主な改正内容は、「虐待定義の見直し」、「児童虐待に係る通告義務の拡大」、「国・地方公共団体の責務の改正」等が行われ、対策の強化が図られた。これにより、虐待を受けたと思われる（疑いのある）児童も通告の対象となり通告義務が拡大された。さらに、早期発見に関する努力義務が課せられている学校の職員その他児童の福祉に職務上関係のある者だけではなく、学校その他の関係団体も組織体としての児童虐待の早期発見に責任を負うことが明確にされるなど、学校の役割がいっそう重要となった。

　②児童虐待の現状

　　　厚生労働省の調査では、令和３年度に全国の児童相談所で対応した児童虐待相談対応件数は、207,660件で、過去最多となっている。

　　　児童相談所における虐待の内容を相談別に見ると、心理的虐待が124,724件（60.1％）で最も多く、次いで身体的虐待が49,241件（23.7％）となっている。ネグレクト（保護の怠慢ないし拒否）は31,448件（15.1％）であった。心理的虐待の占める割合は年々増加傾向となっており、発見しにくい事例が増えている。性的虐待は2,247件（1.1％）で、表面化しにくく、子どもに心的外傷後ストレス障害（PTSD）を引き起こさせる可能性が最も高い虐待である。主たる虐待者は実母が47.5％と最も高く、次いで実父41.5％である。

　③児童虐待の対応に果たす学校及び養護教諭の役割

　　ア　学校等の役割

　　　児童虐待防止法においては、学校及び教職員に求められている役割として、

　　　a　児童虐待の早期発見に努めること（努力義務）【第５条】

　　　b　虐待を受けたと思われる子どもについて、児童相談所等へ通告すること（義務）【第６条】

　　　c　虐待を受けた子どもの保護・自立支援に関し、関係機関への協力を行うこと（努力義務）【第５条の２】

　　　d　虐待防止のための児童及び保護者への教育に努めること（努力義務）【第５条の５】
等について規定されている。

　　　また、地方公共団体等の講ずべき措置としても、

　　　a　学校の教職員等に対する研修等（責務）【第４条の３】

　　　b　虐待を受けた子どもに対する教育内容・方法の改善・充実（義務）【第13条の三の３】
等が明記されている。

イ　養護教諭の役割

　養護教諭の職務は、救急処置、健康診断、疾病予防などの保健管理、保健教育、健康相談、保健室経営、保健組織活動など多岐にわたる。全校の子どもを対象としており、入学時から経年的に子どもの成長・発達を見ることができる。また、職務の多くは担任をはじめとする教職員、保護者等との連携のもとに遂行される。さらに、活動の中心となる保健室は、誰でもいつでも利用でき、子どもたちにとっては安心して話を聞いてもらえる人がいる場所でもある。

　養護教諭は、このような職務の特質から、児童虐待を発見しやすい立場にあると言える。例えば、健康診断では、身長や体重の測定、内科検診、歯科検診等を通して子どもの健康状態を見ることで、外傷の有無やネグレクト状態であるかどうかなどを観察できる。救急処置では、不自然な外傷からの身体的な虐待を発見しやすい。

　また、体の不調を訴えて頻回に保健室に来室する子ども、不登校傾向の子ども、非行や性的な問題行動を繰り返す子どもの中には、虐待を受けているケースもある。養護教諭は、このような様々な問題を持つ子どもと日常的に保健室でかかわる機会が多いため、そのような機会や健康相談を通して、児童虐待があるかもしれないという視点を常にもって、早期発見、早期対応に努めていく必要がある。（『養護教諭のための児童虐待対応の手引』文部科学省、2007年より。「健康相談活動」を「健康相談」に改訂）

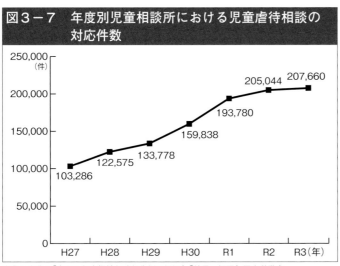

図3－7　年度別児童相談所における児童虐待相談の対応件数

出典：出典：「令和3年度福祉行政報告例の概況」「結果の概要」厚生労働省
（https://www.mhlw.go.jp/toukei/saikin/hw/gyousei/21/dl/kekka_gaiyo.pdf）

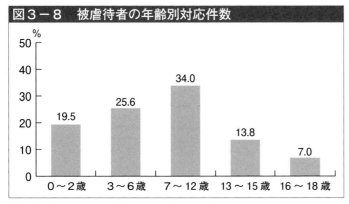

図3－8　被虐待者の年齢別対応件数

出典：「令和2年度福祉行政報告例の概況」「結果の概要」厚生労働省
（https://www.mhlw.go.jp/toukei/saikin/hw/gyousei/20/dl/kekka_gaiyo.pdf）より作成

児童虐待の防止等に関する法律

（平成12年5月24日公布、
　　　　令和4年12月16日最終改正）

（児童虐待の早期発見等）

第5条　学校、児童福祉施設、病院、都道府県警察、婦人相談所、教育委員会、配偶者暴力相談支援センターその他児童の福祉に業務上関係のある団体及び学校の教職員、児童福祉施設の職員、医師、歯科医師、保健師、助産師、看護師、弁護士、警察官、婦人相談員その他児童の福祉に職務上関係のある者は、児童虐待を発見しやすい立場にあることを自覚し、児童虐待の早期発見に努めなければならない。

（児童虐待に係る通告）

第6条　児童虐待を受けたと思われる児童を発見した者は、速やかに、これを市町村、都道府県の設置する福祉事務所若しくは児童相談所又は児童委員を介して市町村、都道府県の設置する福祉事務所若しくは児童相談所に通告しなければならない。

　なお、児童虐待防止対策に関する関係閣僚会議（平成31年3月19日）において、「児童虐待防止対策の抜本的強化について」が決定され、子供の権利擁護、児童虐待の発生予防、早期発見、発生時の迅速・的確な対応、社会的養育の充実・強化が掲げられた。その後、令和2年6月、児童福祉法と児童虐待防止法が一部改正となり、体罰禁止や児童相談所の体制強化、学校等の職員に対する守秘義務などが法制化された。

（6）自殺
　①自殺の現状
　　　いじめによると思われる自殺報道も後を絶たず、自傷行為、暴力行為など、他人や自分自身を傷つける子どもが顕在化している中、自尊感情をはぐくむとともに生や死の意味について真剣に考え、命のかけがえのなさや大切さ、生きる喜びを教える教育が必要となっている。

　　　命の教育や自殺予防教育が学校教育活動として位置付けられることを念頭においた取り組みが求められている。

　②自殺の現状と課題
　　　警察庁によると、日本人の自殺者数は平成10年から連続して年間3万人を超える状況に

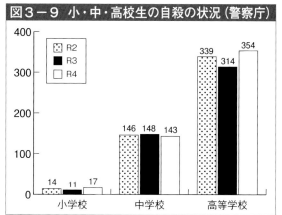

図3−9　小・中・高校生の自殺の状況（警察庁）

出典：「令和4年中における自殺の状況」厚生労働省自殺対策推進室、警視庁生活安全局生活安全企画課（https://www.npa.go.jp/safetylife/seianki/jisatsu/R05/R04jisatsuno_joukyou.pdf）

あり、大きな社会問題となっていたことから、平成18年に自殺対策基本法が制定された。平成24年には、ようやく3万人を下回り、その後は減少傾向が続いたが、令和2年は上昇に転じた。先進諸国においても日本の自殺者数は上位にあることや、15〜39歳の死因の第1位は自殺であり、若い世代の自殺が多いことも深刻な問題となっている。

　　　警察庁による子どもの自殺者数は、図3−9のとおりである。

自殺対策基本法（平成18年6月21日公布、平成28年3月30日最終改正）

第1条　この法律は、近年、我が国において自殺による死亡者数が高い水準で推移している状況にあり、誰も自殺に追い込まれることのない社会の実現を目指して、これに対処していくことが重要な課題となっていることに鑑み、自殺対策に関し、基本理念を定め、及び国、地方公共団体等の責務を明らかにするとともに、自殺対策の基本となる事項を定めること等により、自殺対策を総合的に推進して、自殺の防止を図り、あわせて自殺者の親族等の支援の充実を図り、もって国民が健康で生きがいを持って暮らすことのできる社会の実現に寄与することを目的とする。

---

　③自殺の危険因子
　　　自殺は、様々な要因が複雑に関連して生じる問題である。早い段階で専門家につなげられるよう、自殺の危険因子を理解しておくことが大切である。

　　　次のような子どもに留意し、子どもの心の叫びに早期に気づき、危険を感じたら真剣に向き合う。また、一人で抱え込まないで同僚や家族、医療機関等と協力して対応していくことが重要である。

```
＜潜在的な危険因子＞
①　自殺未遂歴（自らの身体を傷つけたことがある）
②　心の病（うつ病、統合失調症、摂食障害など）
③　安心感の持てない家庭環境（虐待、親の心の病、家族の不和、過保護、過干渉など）
④　独特の性格傾向（完全主義、二者択一思考、衝動的など）
⑤　喪失体験（本人にとって価値あるものを失う経験）
⑥　孤立感（特に友だちとのあつれき、いじめ）
⑦　事故傾性（無意識の自己破壊行動）
```

④自殺の危険を感じた場合の対応

　　　自殺の危険が迫っている子どもには、「大丈夫、頑張れば元気になる」、「死ぬなんてばかなことを考えるな」などと叱ってはいけない、次の TALK の原則を基に対応することが大切である。

```
①　Tell：言葉に出して心配していることを伝える。
②　Ask：「死にたい」という気持ちについて、素直に尋ねる。
③　Listen：絶望的な気持ちを傾聴する。
④　Keep safe：安全を確保する。
```

出典：『教師が知っておきたい子どもの自殺予防』文部科学省　2009年

（７）生活習慣の乱れ

　　　子どもたちの生活が夜型化しており、朝食の欠食や睡眠不足、さらにはスマートフォン等の情報機器の普及に伴い、インターネットの長時間利用などによる生活習慣の乱れ、人間関係トラブル等が指摘されており、心身の健康に大きな影響を与えているため、基本的な生活習慣の確立は、重要な健康問題となっている。

　　　生活習慣は、子どもの心身の健康上の問題に大きくかかわる。学校における子どもの日常の健康観察時には、生活習慣との関連性を常に念頭におくことが大切である。

　　①『平成30〜令和元年度児童生徒の健康状態サーベイランス事業報告書』（公益財団法人 日本学校保健会、令和２年３月）

　　　　子どものライフスタイルに関する調査結果によると、朝食の摂取状況では、朝食を「毎日食べる」「食べる日の方が多い」を「ほぼ毎日食べる」とすると全体では男子が94.4％、女子が95.7％であったが、朝食を「食べない日の方が多い」「ほとんど食べない」または「毎日食べない」など、欠食状況は高校生女子で高い傾向が見られた。朝食を食べない理由については、「食欲がない」、次いで「食べる時間がない」と答えた者が男女ともに多くなっていた。朝食を一人で食べている者は、小学校の５・６年生以降、学年が進むにつれて増加する傾向を示した。中学生では男女ともに約50％、高校生では男女ともに約65％と、一人で食べる者が多かった。なお、夕食についても一人で食べる状況は学年が進むにつれて割合が高くなっていた。

　　　　睡眠に関しての調査結果を見ると、就寝時刻の平均は小学校１・２年と３・４年生は男女ともに同時刻であるが、小学校５・６年生（女子21時59分）、中学生（女子23時20分）、高校生（女子23時56分）は、女子の就寝時刻が男子より遅かった。睡眠時間の平均は学年が進むにつれて短くなっており、寝起きの状況も「すっきり目が覚めた」と答えた者は女子全体で24.8％程にとどまっている。

（８）性に関する指導

　　①性の問題行動

　　　　近年、子どもの体格が向上するとともに性的な成熟が早まっている一方、性に関する情報や産業の氾濫など、子どもをとりまく社会環境は大きく変化している。また、若年層の人工妊娠

中絶や性感染症が増加傾向にあるなど、性に関する健康問題も深刻化しており、これらの状況を踏まえた性に関する教育が求められている。

②学校における性に関する教育の目的

　　学校における性に関する教育は、子どもの人格の完成、豊かな人間形成を目的として、子どもが発達段階に応じて正確な知識を持ち、健康の価値を自らのこととして認識し、自分自身を大切にすることができるようにするとともに、他者の心身の健康についても思いやりをもつことができるようにすることが重要である。このため、学習指導要領に則り、子どもの発達段階に応じて性に関する科学的知識を理解させるとともに、習得した知識を正しく理解して行動に結びつけることができるようにすることを狙いとしている。

③学校における性に関する教育の進め方

　　学校における性に関する教育の目的を達成するため、学校が性に関する教育を実施する上で、次のようなことに留意する必要がある。

　ア　学校全体の指導計画に基づく組織的・計画的な指導を行うこと。
　イ　教育上の内容について理解の得られるものであること。
　ウ　学習指導要領に則り、子どもの発達段階に沿った時期と内容で実施すること。
　エ　全教職員の理解を得ているものであること。
　オ　保護者や地域住民の共通理解が得られていること。
　カ　集団指導と個別指導によって相互に補完すること。　等

④LGBTとは

　　レズビアン（女性同性愛者）、ゲイ（男性同性愛者）、バイセクシュアル（両性愛者）、トランスジェンダー（性同一性障害を含む心身の性別不一致）の頭字を取ったものであり、性的少数者を意味する言葉である。

⑤性同一性障害に係る文部科学省の取り組みの経緯

　　性同一性障害とは、生物学的な性と性別に関する自己意識あるいは自己認知が一致しない状態をいう。性同一性障害に関しては、社会生活上様々な問題を抱えている状況にあるため、その治療の効果を高め、社会的な不利益を解消するために、平成15年、「性同一性障害者の性別の取扱いの特例に関する法律」が議員立法により制定された。学校における性同一性障害に係る児童生徒への支援についての社会の関心も高まり、その対応が求められるようになってきた。こうした中、文部科学省では、次のような取り組みがなされた。

　平成22年　「児童生徒が抱える問題に対しての教育相談の徹底について」（平成22年4月23日、学校健康教育課事務連絡）発出

　平成26年　学校における性同一性障害に係る対応に関する状況調査の実施

　平成27年　「性同一性障害に係る児童生徒に対するきめ細かな対応の実施等について」（平成27年4月30日、児童生徒課長通知）発出

　平成28年　性同一性障害に係る児童生徒についての特有の支援など具体的な事項を取りまとめ、教職員の理解に資する資料として、「性同一性障害や性的指向・性的自認に係る、児童生徒に対するきめ細かな対応等の実施について」公表

令和4年12月　「生徒指導提要」において「『性的マイノリティ』に対する理解と学校における対応」や支援の事例を解説している。

　　　　　　　それによると、性的指向などを理由とする差別的扱いについては、現在では不当なことであるという認識が広がっているが、いまだに偏見や差別が起きているのが現状である。性同一性障害や性的指向・性自認に係る児童生徒に対するいじめを防止するため、「いじめ防止対策推進法」に基づく「いじめ防止等のための基本的な方針」を平成29年に改訂し、「性同一性障害や性的指向・性自認について、教職員への正しい理解の促進や、学校として必要な対応について周知する」ことが追記された。

　　　　　　　具体的な対応は、次のとおりである。

175

ア　学級・ホームルームにおいては、いかなる理由でもいじめや差別を許さない適切な生徒指導・人権教育等を推進することが、悩みや不安を抱える児童生徒に対する支援の土台となる。このような悩みや不安を受け止めることの必要性は、「性的マイノリティ」とされる児童生徒全般に共通するものです。

イ　「性的マイノリティ」とされる児童生徒には、自身のそうした状態を秘匿しておきたい場合があることを踏まえつつ、学校においては、日頃から児童生徒が相談しやすい環境を整えていくことが望まれる。

ウ　当該児童生徒の支援は、最初に相談(入学などに当たっては児童生徒の保護者からなされた相談を含む)を受けた者だけで抱え込むことなく、組織的に取り組むことが重要であり、学校内外の連携に基づく「支援チーム」をつくり、ケース会議などのチーム支援会議を適時開催しながら対応を進めるようにする。

エ　学校生活での各場面における支援の一例として、表3-4に示すような取組が、学校における性同一性障害に係る児童生徒への対応を行うに当たって参考になる。学校においては、「性的マイノリティ」とされる児童生徒への配慮と、他の児童生徒への配慮との均等を取りながら支援を進めることが重要である。医療機関を受診して診断がなされなかった場合であっても、医療機関との相談の状況、児童生徒や保護者の意向などを踏まえつつ、支援を行うことが重要である。

オ　指導要録の記載については学齢簿の記載に基づき行い、卒業後に法に基づく戸籍上の性別の変更などを行った者から卒業証明書などの発行を求められた場合は、戸籍を確認した上で、当該者が不利益を被らないよう適切に対応する。

表3-4　性同一性障害に係る児童生徒に対する学校における支援の事例

項目	学校における支援の事例
服装	・自認する性別の制服・衣服や体操着の着用を認める
髪型	・標準より長い髪型を一定の範囲で認める（戸籍上男性）
更衣室	・保健室・多目的トイレ等の利用を認める
トイレ	・職員トイレ・多目的トイレの利用を認める
呼称の工夫	・校内文書(通知表を含む)を児童生徒が希望する呼称で記す ・自認する性別として名簿上扱う
授業	・体育又は保健体育において別メニューを設定する
水泳	・上半身が隠れる水着の着用を認める(戸籍上男性) ・補習として別日に実施、又はレポート提出で代替する
運動部の活動	・自認する性別に係る活動への参加を認める
修学旅行	・1人部屋の使用を認める。入浴時間をずらす

参考文献・引用資料「生徒指導提要」文部科学省　2022年12月

参考：　包括的性教育について

　包括的性教育は、ユネスコが中心となり提示した「国際セクシュアリティ教育ガイダンス」という国際的な指針に基づいている。性を人権の視点で捉え、身体や生殖の仕組みだけでなく、人間関係や性の多様性、ジェンダー平等なども含めた内容を学び、子どもや若者に健康と幸福、尊厳を実現し、尊重された社会的、性的関係を育てることを目指している教育である

（９）喫煙、飲酒、薬物乱用

　青少年の薬物乱用は、従来はシンナー等の有機溶剤の乱用が中心であったが、近年は大麻事犯が覚醒剤に迫る勢いで急増し、未規制物質を含んだ薬物等が乱用されるなど、薬物が多様化しており、極めて憂慮すべき状況になっている。

　政府は、平成10年５月に「薬物乱用防止五か年戦略」を策定し、中学生・高校生の薬物乱用防止教育の徹底を図るように目標設定をし、学校においては、薬物乱用防止教室を開催するよう求めている。令和５年には「第六次薬物乱用防止五か年戦略」を新たに策定して引き続き政府を挙げて総合的な対策を講ずることにより、根絶を目指している。

　これらを受けて、文部科学省では、喫煙、飲酒、薬物乱用の指導の充実を図るため、学校の教育活動全体を通して指導すること、薬物乱用防止教室の開催に努めること、学校、警察等との連携の強化を図ることなどについて通知を出している。

　また、健康増進法では、受動喫煙の定義を「人が他人の喫煙によりたばこから発生した煙にさらされることをいう。」とし、平成30年の改正では、望まない受動喫煙の防止を図るため、多数の者が利用する施設等の区分に応じて一定の場所を除いて喫煙を禁止するとともに、国民及び地方公共団体や当該施設等の管理権原者が講ずべき措置等について定められた。

健康増進法（平成14年８月２日公布、令和４年６月22日最終改正）

第29条　何人も、正当な理由がなくて、特定施設等においては、次の各号に掲げる特定施設等の区分に応じ、当該特定施設等の当該各号に定める場所（以下この節において「喫煙禁止場所」という。）で喫煙をしてはならない。
　一　第一種施設*　次に掲げる場所以外の場所
　　　イ　特定屋外喫煙場所
　　　ロ　喫煙関連研究場所　　　　　　（以下、略）
　＊第一種施設：学校、病院、児童福祉施設、行政機関の庁舎等（詳細は、法第28条参照）

（10）健康増進法

　①健康増進法制定の経緯

　　日本は、戦後、社会経済の発展、保健衛生の向上、医療の進歩等の社会環境の急激な変化に伴い、疾病構造も変化して結核などの感染症からがん、心臓病、糖尿病などの慢性疾患へと移り変わっていった。平均寿命も年々延び、男女とも世界のトップクラスとなり、日本は世界に類を見ない速さで高齢化社会（65歳以上人口が全体の15％以上）をむかえることになった。それとともに、合計特殊出生率は低下し続けており、少子高齢化問題に直面している。これらの問題は、保健、医療、福祉、経済、社会に大きな影響を与え、とりわけ生活習慣病の増加と、これらに起因する寝たきり老人や要介護老人等の増加は緊急な社会問題となっている。その対応が早急に求められている中、厚生労働省は、「21世紀における国民健康つくり運動（健康日本21）」（平成12年３月）を提唱して推進を図るとともに、健康日本21をさらに推進していくための法的基盤として、従来の栄養改善法を廃止し、栄養だけでなく生活習慣の改善の視点に立った健康増進法（平成14年８月公布）を制定し、平成15年５月１日付けで施行されるに至った。

用語解説　合計特殊出生率

　合計特殊出生率とは15歳から49歳までの女子の年齢別出生率を合計したもので、一人の女性が仮にその年次の年齢別出生率で一生の間に生むとしたときの子どもの数。

②健康増進法の基本方針

　　健康の基盤は子ども時代につくられるという考え方が定着し、生涯にわたる健康つくりに果たす学校保健の役割が増しているなか、健康増進法の制定によりその役割がさらに明確になった。健康増進法の基本方針は、

　　　ア　第一次予防の重視
　　　イ　健康増進支援のための環境整備
　　　ウ　目標の設定と評価
　　　エ　多様な関係者による連携のとれた効果的な健康増進の取り組みの推進　等

である。

　　第一次予防のいっそうの重視と社会全体の支援等の環境整備を行うことによって健康増進を図ることは、ヘルスプロモーションの理念と同じである。学校保健に関しては、健康増進事業者の中に学校保健が位置付けられ、事業の推進にあたって努力義務（責務）が課せられた。また、関係者の協力として、生活習慣に関する普及啓発等の情報提供の推進や、従来、母子保健、学校保健、産業保健、老人保健等で別々に行われていた保健事業に対して、関係行政分野との連携をとり、関係者が相互に連携、協力を図りながら進めるよう努めることとされ、ライフステージに応じた健康増進事業を計画的、総合的に推進していくことが求められた。

　　学校においては、学校、家庭、地域社会との連携を深め、協力体制を築いていくとともに生涯にわたる健康つくりの観点に立った健康教育を組織的、計画的に進めていくことが重要である。

用語解説　　第一次予防

　健康増進（ライフスタイルの改善等）や特殊予防（予防接種等）により、病気の予防をすることを第一次予防という。健康診断等による早期発見、早期治療をすることにより重症化の防止を図ることを第二次予防、リハビリテーションを行うことを第三次予防という。

（11）食育

①食育基本法の制定

　　国民の食生活においては、栄養の偏り、不規則な食事、生活習慣病の増加、過度な痩身志向などの問題に加え、「食」の安全上の問題、「食」の海外依存の問題、食に関する情報の氾濫などの問題が起きており、食生活の改善、安全面からも食の在り方を学ぶことが求められている。子どもたちが豊かな人間性をはぐくみ、生きる力を身に付けていくためには、「食」が重要であるなどのことから、平成17年6月に食育基本法が公布され、「国民が健全な心身を培い、豊かな人間性をはぐくむ食育を推進し、施策を総合的かつ計画的に推進すること等を目的とする」とし、食育推進会議より、食育推進基本計画を作成すること等が示されている。

3）健康課題の解決に向けた4つのステップ

　さまざまな健康課題を抱える児童生徒が、どの学校においても課題解決に向けた支援を確実に受けるため、基本となる4つのステップと養護教諭の役割を以下の図に示した。経験年数に関わらず、どの学校においても必ず果たすことが期待されている役割である（図3−10参照）。

　また、児童生徒が生涯にわたって健康な生活を送るためには、規則正しい生活習慣を身に付けるとともに、日常的に起こる健康課題やストレスに適切に対応できる力など、自らの心身の健康の保持増進を図るために必要な知識・技能を身に付けることが必要である。さらに、心身の健康にとって望ましい行動を選択するためには、自分自身を大切にすることや、物事を様々な角度から慎重に考え判断すること、目標を決めて実現のために努力すること、家族や仲間とよい人間関係を保つことなどが必要である。

　これらの健康な生活を送るために必要な4つの力「心身の健康に関する知識・技能」「自己有用感・

自己肯定感（自尊感情）」「自ら意思決定・行動選択する力」「他者と関わる力」を児童生徒に育成するため、養護教諭は他の教職員や学校医等の専門スタッフと連携し、学校において様々な取り組みを行うとともに、家庭や地域における取り組みを促すことが求められる。

　なお、『現代的健康課題を抱える子供たちへの支援～養護教諭の役割を中心として～』（文部科学省）には、管理職、学級担任等、教職員以外の専門スタッフが果たす役割についても示されているので参考にされたい。

図3－10　4つのステップ（養護教諭の役割）

ステップ1

対象者の把握

1　体制整備

養護教諭は、関係機関との連携のための窓口として、コーディネーター的な役割を果たしていくことが重要である。

2　気付く・報告・対応

養護教諭は、日頃の状況などを把握し、児童生徒等の変化に気付いたら、管理職や学級担任等と情報を共有するとともに、他の教職員や児童生徒、保護者、学校医等からの情報も収集する。児童生徒の健康課題が明確なものについては、速やかに対応する。

ステップ2

課題の背景の把握

1　情報収集・分析

養護教諭は、収集・整理した情報を基に専門性を生かしながら、課題の背景について分析を行い、校内委員会に報告する。

2　校内委員会におけるアセスメント

養護教諭は、校内委員会のまとめ役を担当する教職員を補佐するとともに、児童生徒の課題の背景について組織で把握する際、専門性を生かし、意見を述べる。

ステップ3

支援方針・支援方法の検討と実施

1　支援方針・支援方法の検討

養護教諭は、健康面の支援については、専門性を生かし、具体的な手法や長期目標、短期目標等について助言する。

2　支援方針・支援方法の実施

養護教諭は、課題のある児童生徒の心身の状態を把握し、必要に応じ、健康相談や保健指導を行う。

ステップ4

児童生徒の状況確認及び支援方針・支援方法等の再検討と実施

児童生徒の状況確認及び支援方針・支援方法等の再検討と実施

養護教諭は、これまでの支援に基づく実施状況等について、児童生徒の課題が正確であったか、その他の原因は考えられないか、新たな要因が生じていないかなど、情報収集及び分析を行い、支援方針・支援方法を再検討するに当たり、児童生徒にとって有効なものになるか、専門性を生かし助言する。

出典：『現代的健康課題を抱える子供たちへの支援～養護教諭の役割を中心として～』文部科学省
（http://www.mext.go.jp/a_menu/kenko/hoken/__icsFiles/afieldfile/2017/05/01/1384974_1.pdf）2017年

179

2　ヘルスプロモーションの理念を生かした健康教育の推進
1）ヘルスプロモーション

1986年11月、カナダのオタワでＷＨＯが主催した第1回「ヘルスプロモーションに関する国際会議」において「ヘルスプロモーションに関するオタワ憲章」が提唱され、新しい健康の概念が打ち出された。ヘルスプロモーションとは、「人々が自らの健康とその決定要因をコントロールし、改善することができるようにするプロセス」（2005年バンコク憲章で追加修正）とされ、自らのライフスタイルの変容と環境の整備を図って健康つくりをするという包括的概念である。行動変容に結びつく自己管理能力の育成や地域住民主体の健康教育が求められている。（第1部　第1章「学校教育と学校保健」参照）

2）「生きる力」とヘルスプロモーション

平成8年中央教育審議会第一次答申において、これからの学校教育の在り方について、「生きる力」の育成を基本として、子どもたちが自ら学び、自ら考える教育の転換を目指し、知・徳・体のバランスのとれた教育を展開し、豊かな人間性やたくましく生きるための健康や体力をはぐくむことが重要であると提言された。「生きる力」とは、「自分で課題を見つけ、自ら学び、自ら考え、主体的に判断し、行動し、より良く問題を解決する資質や能力であり、また、自らを律しつつ、他人とともに協調し、他人を思いやる心や感動する心など、豊かな人間性である。健康や体力は、こうした資質や能力などを支える基盤として不可欠である。」と述べており、「生きる力」は自らのライフスタイルの改善等を目指すヘルスプロモーションの考え方と一致している。

3）ヘルスプロモーションの理念を生かした健康の保持増進

平成9年の保健体育審議会答申では、「ヘルスプロモーションの理念に基づく健康の保持増進」と題した中で、「急速に変化する社会の中で、国民一人一人が自らの健康問題を主体的に解決していく必要性が指摘されている。ヘルスプロモーションは、健康の実現のための環境づくり等も含む包括的な概念であるが、今後とも時代の変化に対応し健康の保持増進を図っていくため、このヘルスプロモーションの理念に基づき、適切な行動をとる実践力を身に付けることがますます重要になっている。」と述べられており、実践力の向上を図る健康教育の推進が求められた。

4）学校における健康教育の推進
（1）学校における体育・健康に関する指導

上記の答申、「生きる力」をはぐくむ、ヘルスプロモーションの理念に基づいた健康の保持増進、現代的健康課題への対応等を受けて、平成10年告示の学習指導要領において、健康の大切さを認識し、生涯を通じて自らの健康を適切に管理し、改善していく資質や能力を培うため、健康的なライフスタイルを確立する観点に立った改善が図られ、平成20年・21年及び平成29年・30年における改訂でも引き継がれている。

以上、各種統計資料や関係法令を交えて、子どもたちの主な現代的な健康課題とその対応について概略を述べてきた。これらの課題を解決していくためには、より一層学校・家庭・地域社会との連携を図りながら組織的に健康教育を進めていくことが必要である。

【参考文献・引用資料】

『養護教諭が行う健康相談活動の進め方』財団法人 日本学校保健会　2001年

『平成30～令和元年度児童生徒の健康状態サーベイランス事業報告書』公益財団法人 日本学校保健会　2020年

『児童生徒の問題行動・不登校等生徒指導上の諸問題に関する調査』文部科学省　2018年

『平成30年度学校保健統計調査』文部科学省　2019年

『不登校問題に関する調査研究協力者会議報告書』文部科学省　2003年

『保健室利用状況に関する調査報告書 平成28年度調査結果』公益財団法人 日本学校保健会　2018年

『喫煙、飲酒、薬物乱用防止に関する指導参考資料　高等学校編』文部科学省　2004年

『学校等における児童虐待防止に向けた取り組みに関する調査協力者会議報告』文部科学省　2006年

「厚生労働省ホームページ」

『児童生徒の心の健康と生活習慣に関する調査報告書』文部科学省スポーツ・青少年局学校健康教育課　2002年

『養護教諭のための児童虐待対応の手引』文部科学省　2007年

『教師が知っておきたい子どもの自殺予防』文部科学省　2009年

『児童生徒の健康診断マニュアル(平成27年度改訂)』公益財団法人 日本学校保健会　2015年

「性同一性障害や性的指向・性自認に係る、児童生徒に対するきめ細かな対応等の実施について」文部科学省　2016年

「子供のインターネット利用と健康に関する調査報告書」埼玉県学校保健会　2017年

『生徒指導提要』文部科学省　2022年

〈memo〉

第4部
子どもの精神保健

第1章　子どもの精神保健の現状

1　校内における支援だけでは解決困難な心の健康問題を抱える児童生徒が多い。
2　適切な対応に向けて「心」、「脳」、「体」の3領域から心の健康問題を探る必要がある。
3　養護教諭は精神医療との連携にあたり中心的役割を担っている。
4　特別支援教育にはメンタルヘルスの視点からの介入が欠かせない。

1　児童生徒の精神保健の現状

1）心の健康問題をもつ児童生徒の多さ

　保健室利用状況の調査（文献7）では、児童生徒が保健室を利用する理由の中で、小学校・中学校・高等学校のいずれにおいても、「主に心の問題」に関する相談が「主に体の問題」を上回っており、精神保健が学校保健の中心的問題の一つであることが窺われる。児童生徒数500人以上の中規模校を対象とした調査結果（文献6）によると、1年間（平成16年度）にメンタルヘルスの問題で養護教諭が支援した児童生徒数は、小学校（456校）で5,684人、中学校（447校）で14,965人、高等学校（465校）で13,845人であり、1校当たりの平均にすると、メンタルヘルスの問題で悩む児童生徒は、小学校で約13人、中学校で約34人、高等学校で約30人と多数に及んでいる。

2）心の健康問題の内容

　約24,000名の児童生徒（小学生、中学生、高校生）を対象とした調査（文献6）では、第1位は人間関係の悩み（7,875人）、第2位は不登校関連（4,500人）、第3位は発達障害（3,426人）、第4位は性の問題（1,625人）、第5位は身体症状に伴う不安（1,155人）、第6位はリストカット・自傷（1,089人）であり、いじめ（976人）、睡眠障害（652人）、拒食・過食（534人）、虐待（340人）がそれらに続いている。この結果より、深刻な問題が数多く含まれていることが窺われる。他の調査結果もこのことを裏付けており、保健室を利用した理由のうち「発達障害に関する問題」と回答した数だけで、小学生の14.1%、中学生の8.1%、高校生の5.4%に及んでいる（文献7）。以上より、児童生徒が抱えるメンタルヘルスの問題は大人に劣らず深刻なものが多く、専門機関での相談と並行して学校でのケアを行う必要があることを示している。

3）心の健康問題の性質に応じた対応の必要性

　児童生徒の抱える心の健康問題は多岐に及んでおり、校内での相談で対応できるものから、医療機関を始めとする専門機関を受診する必要があるものまで、ケースにより大きく異なる。そのため、緊急性の判断を含め、適切な対応方針をできるだけ早く見出すことが児童生徒の精神保健にとって非常に重要となる。そのために必要となるメンタルヘルスの基礎知識を次項で整理する。

2　メンタルヘルスの問題に対応するための基礎知識（文献5）

1）心の健康問題の3つのタイプ（図4−1）

　児童生徒の抱える心の問題は多岐にわたるが、原因に注目すると大きく3つのタイプに分けることが可能である。メンタルヘルスの問題に適切に対応するには、これらのタイプを区別することが重要なポイントとなる（文献1、4）。

　第1のタイプは「心」の領域の問題である。これは心理的ストレスやショッキングな出来事などの心理的原因によって心身に症状が現れる場合であり、「心因性」とも呼ばれる。このタイプの問題の特徴は、症状が生まれるプロセス自体はごく正常なものであり、誰にでも備わる心身のメカニズムによると考えられる点である。

　第2のタイプは「脳」の領域の問題であり、脳機能の障害やダメージ、あるいは脳組織の特殊な発達によって症状が現れた場合である。このタイプの問題は、第1のタイプのように心理学的な見方では原因を正しく理解することはできない点が重要である。例えば、幻覚や妄想が現れる統合失調症はこのタイプに属するが、心理的ストレスやショックだけが原因で統合失調症を発症することはない。同じく自閉症もこのタイプに属しており、親の育て方やゲームのやり過ぎが原因ではない。

　第3のタイプは「体」の領域の問題である。このタイプは、まず体の病気（基礎疾患）があって、その影響により精神症状が現れている場合を指す。そのような基礎疾患の多くは、内科や小児科、婦人科にかかるような疾患である。

　原因が以上のどのタイプかにより、初期対応や治療法は大きく異なる。そのため、「心」・「脳」・「体」の問題をきちんと区別することがメンタルヘルスの問題の解決に向けた第一歩である。次に、それぞれの問題について解説する。

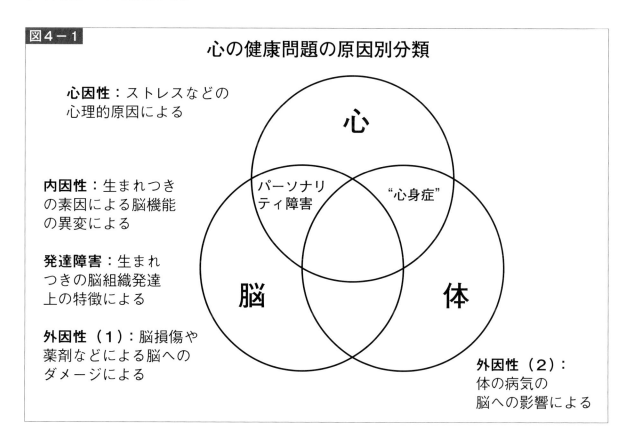

図4−1

心の健康問題の原因別分類

心因性：ストレスなどの心理的原因による

内因性：生まれつきの素因による脳機能の異変による

発達障害：生まれつきの脳組織発達上の特徴による

外因性（1）：脳損傷や薬剤などによる脳へのダメージによる

外因性（2）：体の病気の脳への影響による

心

脳

体

パーソナリティ障害

"心身症"

2）「心」の領域の問題

　家庭環境をはじめその児童生徒が置かれた状況、土地柄・地域性や文化（例えば、性差別、前時代的な家族観や道徳観、一般社会とかけ離れた職業観）などが心因性疾患を生み出す地盤となる。このように本人をとりまく環境や状況の側に存在する問題は「心理社会的要因 psychosocial factor」と呼ばれるが、「心」の領域の問題は心理社会的要因が原因の精神疾患と呼ぶこともできる。

　症状としては、うつ状態、対人恐怖、ひきこもり、不眠などの精神症状のほか、体の症状もよく現れる。身体的には異常がないにもかかわらず、歩けない、耳が聞こえない（心因性難聴）、声が出なくなった（失声）などがその例である。そのほか、胃炎・胃潰瘍、下痢・便秘、動悸、発汗、口の渇きなどの自律神経症状も稀ではない。

　治療としては、各種の心理療法、精神療法、認知行動療法、家族療法のほか、環境調整、行政的支援（保健所による子育て支援など）の導入、必要に応じて薬物療法などを用いる。強い心理的ショック（トラウマ）が原因で生じる心的外傷後ストレス障害（PTSD）では、放置すると脳の一部が萎縮することがあり、重症化するため、なるべく早い段階で専門家に相談することが大切である（文献2、3）。

3）「脳」の領域の問題

　この領域の問題には次の4つの種類が含まれる。その種類により症状や治療法は異なるが、精神症状が生じた直接の原因が先述の心理社会的要因ではなく、生得的素因、脳病変、薬物などの「生物学的要因 biological factor」である点が共通している。

（1）内因性

　脳画像（CT、MRIなど）や脳波などの検査には大きな異常がなく、恐らく脳のミクロな異常（例えば、神経細胞どうしの接合部で特定の神経伝達物質の濃度調節がうまくゆかない等）により脳機能に変調をきたしたと考えられるものを指す。統合失調症、双極性障害（躁うつ病）などがその例である。主な原因は環境にあるのではなく、その人自身が持つ生得的素因によると考えられている。これらは「内因性（精神疾患）」とも呼ばれ、薬物療法が治療法の中心をなす。

（2）（神経）発達障害

　胎児から成人にいたる脳の発達過程で一部の組織が未成熟となるなど、脳内の神経系が不ぞろいに発達するため、子どもの頃から精神発達に独特の特徴が現れるものを指す。具体的には、自閉症や注意欠如多動性障害（ADHD）、学習障害（LD）などを指す。発達障害は"病気"というより生まれつきの資質特性という方がふさわしく、"症状"よりも"性格や能力面の特徴"のように映る。治療については、薬物療法のみならず、療育や教育的支援の果たす役割が大きいのも発達障害の特徴である。

（3）器質性

　検査すると脳に明らかな病変（器質的異常）があり、その影響で精神症状が出現したと考えられるものを「器質性（精神疾患）」と呼ぶ。例えば、ウイルス性脳炎や脳梗塞（脳の血管がつまる病気）により脳の一部が傷害され、人格や知能が変化したり、妄想が出現したりする場合がこれに相当する。また、パーキンソン病は脳の一部が委縮する神経疾患であるが、その影響でうつ症状が現れた場合なども器質性の精神疾患である。器質性疾患の精神症状を治すには、原因となる疾患に気付いて治療することが何より重要である。現れた精神症状によっては、精神症状に対する薬物療法やリハビリテーションも必要となることが少なくない。

（4）薬剤性／中毒性

　これはアルコール、覚せい剤、有機溶剤、一酸化炭素などのいわゆる"中毒性物質"や薬剤（抗ウイルス薬、インターフェロン、ステロイドなど）が脳機能の異常を招き、幻覚、妄想やうつ症状などが現れた場合を指す。治療の基本は原因物質の中止である。中毒性物質への依存症がある

場合、禁断症状や離脱症状が出現しやすく、治療も困難になりやすいため依存症の専門医を受診する必要がある。

４）「体」の領域の問題

　これは体の病気が原因で生じたメンタルヘルスの問題を指す。例えば、甲状腺機能低下症が原因でうつ症状が現れた場合がこれに相当する。多くの場合、内科、小児科、婦人科にかかるような病気が原因（基礎疾患）となる。このように、体の病気の症状の一環として精神症状が現れたものを「症状性（精神疾患)」と呼ぶ。

　日常的な症状性精神疾患の例として、女性の生理周期と関連した月経前緊張症がある。月経の始まる数日前から、イライラ、感情の不安定、落ち込み、被害感（物事を悪く受け取る状態）、過食などの精神症状が出現し、激しい場合は、対人恐怖やリストカット（手首自傷）などが見られることがある。多くの場合、月経が始まると、これらの症状が速やかに治まり、次の月経前に再び調子を崩すパターンがよく見られる。

　幼児期から起きる症状性精神疾患の例として、遺伝性の病気の一つであるフェニルケトン尿症がある。人体に必要な酵素を生まれつき欠くため、特定のアミノ酸が体内でうまく分解できず、血中に過剰に蓄積して脳を傷つけるために生じる。放置すると、てんかん発作や、知能・言語・社会的能力の発達の遅れなどが現れる。

　症状性精神疾患は、先述の器質性、薬剤性／中毒性ともに脳への外的侵襲による精神疾患と考えられるため、「内因性」および「心因性」と対比し、これら３種をまとめて「外因性」と呼ぶことがある。

５）複数の領域が関与する問題

　以上、メンタルヘルスの問題を「心」・「脳」・「体」の３つの領域に分け、それぞれの性質や治療法が異なることを述べてきたが、メンタルヘルスの問題の中には３つの領域のどれか１つに属するのではなく、原因が２つのタイプの中間的な性質を持つもの、あるいは病状の原因が２つ（以上）の領域に及ぶものがある。

　例えば、「心」と「脳」の中間にあると考えられる例として、「境界性パーソナリティ障害」を挙げることができる。境界性パーソナリティ障害では、親からの虐待など生育環境の問題（「心」の領域）がしばしば見出されるが、生まれつきの感情や対人面での過敏さが思春期を過ぎる頃より激しくなり、幻覚や妄想などの精神症状（「脳」の領域）が現れることもある。そのため、境界性パーソナリティ障害は「心」と「脳」の"境界"に位置していると考えられる。それにともない、治療法は専門的精神療法や人間関係の枠組みづくりのような心理社会的アプローチと、薬物療法のような生物学的アプローチを症状に応じて使い分けることが多い。

　「心」と「脳」の２つの領域にまたがりやすい例として、強い心理的ショックを受けた後に発症するPTSDがある。既に述べたようにPTSDの原因は心理的ショックであり、「心」の領域に属するが、治療を行わないまま症状を放置すると、脳組織の一部が委縮し、重症化することがある。

　次に、「体」と「心」にまたがる代表例は"心身症"である。心身症というのは特定の病気を指すのではなく、まず体の病気が存在し、その症状が心理社会的要因によって大きく変化（軽快、悪化）する場合を指す。アトピー性皮膚炎や気管支喘息などのアレルギー性疾患、円形脱毛症、過敏性腸症候群などは心身症によく見られる身体疾患である。皮膚科、小児科、消化器内科などで体の病気に対する治療を受けながら、メンタルヘルスの治療を並行して進めてゆく必要がある（文献１、４）。

3　実際の対応において重要となる点

１）子どもをとりまく大人が抱える心の問題（文献５）

　児童生徒に精神的不調が見られた際、2で述べたように「心」・「脳」・「体」の領域の問題の可能性を常に念頭において対応の方向性を探る必要があるが、この観点は、子どもの精神状態に大きな影響を与える大人（家族、教育関係者、各種指導者など）の様子を評価するうえでも役立つ。例えば、児童生徒の父親がアルコール依存症である場合、家族に精神症状が現れることが多く、例えば、母親が

うつ症状、姉が拒食症、生徒自身が不登校となるケースがある。一方、アルコール依存症は診断・治療を受けていないことが多く、家族以外からは気づかれないことが稀ではない。そのような場合、児童生徒の心の問題の原因に気づくためには、周囲の大人に対するアセスメントが不可欠となる。

　アルコール依存、ギャンブル依存、病的浪費を始めとする各種依存症や家庭内暴力（domestic violence、DV）のような家族病理、家族の精神疾患の罹病状況、保護者が発達障害（とりわけ自閉症スペクトラム障害）を有するかどうかについて、ある程度の見通しを持って対応にあたることが、適切な支援を開始するための重要なポイントである。

2）学校管理者の精神保健に対する理解

　校長は、本章の冒頭で述べたような児童生徒の心の健康問題の現状を認識し、学校における一貫性ある組織的支援、家族への対応、ケースに応じて医療機関へ紹介できる体制づくりをすることが求められている。その実現に向け、養護教諭は校長をはじめとする関係者に対し、精神保健への理解を促すことが重要である。そして、深刻な心の健康問題を抱えるすべての児童生徒の状況を校長が把握するようにし、養護教諭と協力して校内のメンタルヘルスを担う組織をリードしていく必要がある。

3）専門機関との連携

　医療的な対応や専門的支援が求められる問題に対して、精神医療機関をはじめとする専門機関と連携する必要がある。その際、生徒に一貫性ある対応が可能となるような学校側の窓口が求められる。医療機関に対してなるべく教育現場を理解してもらうように説明し、情報を提供するとともに、学校関係者はプライバシーや特殊な個人情報を扱う医療現場の特殊性を理解するように努め、専門機関との円滑な連携を築くことが肝要である。そのため、学校側の窓口担当者の役割は大切であり、当然ながら養護教諭はその候補者となる。

4　特別支援教育とメンタルヘルス

1）（神経）発達障害とは（文献5）

　現在、特別支援教育の主な対象となっている（神経）発達障害は、自閉症スペクトラム障害（autism spectrum disorder、ASD）（別名、広汎性発達障害：pervasive developmental disorder、PDD）、注意欠如多動性障害（attention deficit/hyperactivity disorder、ADHD）、学習障害（learning disorder、LD）の計3つの障害である。なかでも、ASDは対応の困難さから特別支援教育の中心的テーマとなっている。

　ASDは、円滑な意思疎通や仲間関係、集団行動、情緒的交わりなど、主に対人面や社会性に大きな困難を持つことが第1の特徴であり、同じ物事に固執し、過剰に没頭するという強迫的傾向が第2の特徴である。

　ADHDでは、不注意、落ち着きのなさ（多動）、衝動性を特徴とするが、対人交流は自然なことが多い。ただし、ASDとADHDを併せ持つ児童生徒は少なくない。近年、ADHDに対する行動療法的アプローチや保護者向けプログラムがしばしば導入されている。ASDやLDと異なり、ADHDでは薬物療法が有効なことがあり、奏功した場合には、不注意、多動、衝動性とも改善し、日常生活上の問題がかなり減少することがある。

　LDとは"読み"、"書き"、"計算"など基礎的な学習技能のうちいずれかに限定した（複数の領域にわたることがある）能力の生得的な障害であり、関心の持ち方や努力不足によるものではない。LDの児童生徒への支援は学習上（教材ややり方など）の工夫が中心となるが、自己評価の低下の防止など、メンタルヘルスのケアも重要となることが多い。LDのみを持つ児童生徒の場合、ASDに見られる対人面・社会性の問題やADHDに見られる不注意や衝動性は見られない。ただし、ASDとLD、またはADHDとLDの併存、さらにASDとADHDとLDの三者を併存するケースも存在する。

2）ASDの独自性

　ASDが以前から知られる精神疾患（すなわち、心因性精神疾患、内因性精神疾患、外因性精神疾患）

と異なる点は、その治療（適応改善）において教育が果たす役割の大きさである。発達障害以外の精神疾患の場合、治療は薬物療法や各種治療技法を用いて医療・専門機関で行い、学校は専らケアを担っている。それに対して、ASD の場合、学校における学習や集団参加、人間関係の持ち方が ASD の症状および適応を大きく左右する。学校生活において疎外やいじめなどの対人的ストレスが持続すると、二次障害という新たなメンタルヘルスの問題を生むことになる。その代表は、不登校や自傷などの原因となるうつ症状を始め、被害感、対人恐怖、依存症（インターネット、ギャンブルなど）などである。

そのため、学習指導、生徒指導、そして精神保健（保健指導）の3つの教育活動が融合して児童生徒の安定と成長を目指すという姿勢が求められる。その取り組みにあたり、ASD の児童生徒の基本的安全感が脅かされないような学内環境は特別支援教育の前提であり、担任および校長のしっかりした学級・学校運営が不可欠である。そのうえで、担任は養護教諭と協力し、ASD の児童生徒の自己評価、自己効能感に配慮することで積極性を引き出し、重要事項について教員と意思疎通を図る習慣をつくることにより、学校という社会とのつながりを築いていくことが二次障害を予防し、成長をもたらすと考えられる。

5　おわりに

冒頭で述べたように、教育現場で起きている児童生徒の精神保健の問題は多様で深刻なものが多い。すなわち、生徒指導やカウンセリングを始めとする教育相談のみでは対応し難い専門的、医療的な問題の占める割合が高い。養護教諭は、正しい精神保健の知識をもとにさらなる専門性の向上を図り、児童生徒の心の健康づくりを前進させるという重要な責務を担っている。その実現にあたり、医療機関をはじめとする専門機関との連携は、これからの学校保健において不可欠であり、校内にとどまらず校外との連携を推進する役割がこれまで以上に求められている。

187

> 参考　「メンタルヘルス」と「心の健康」
> 「メンタルヘルス」（精神保健）は、精神活動に関する専門分野の総称であり、心理面のみならず、認知機能、精神疾患の治療や予防も含め、脳のはたらきを常に念頭に置きながら精神的問題を扱うものである。一方、「心の健康」は特に定義されていない一般的な表現であり、使用する人によって意味が異なるが、学校教育では主として生活習慣、交友関係、悩み、ストレス対処など、生徒指導ないし教育相談の内容にあたるような事柄が想定されていることが多い。
> 　近年、教育現場で問題となっているのは、発達障害やPTSDを始めとする深刻な内容が多く、医療的視点を含むメンタルヘルスの知識が求められている。

【参考文献・引用資料】
1）『教職員のための子どもの健康観察の方法と問題への対応』文部科学省　2009年
2）『子どもの心のケアのために－災害や事件・事故発生時を中心に』文部科学省　2010年
3）『学校における子供の心のケア－サインを見逃さないために』文部科学省　2014年
4）『教職員のための子どもの健康相談および保健指導の手引』文部科学省　2011年
5）十一元三著『子供と大人のメンタルヘルスがわかる本』講談社　2014年
6）『子どものメンタルヘルスの理解とその対応』財団法人 日本学校保健会　2007年
7）『保健室利用状況に関する調査報告書（平成28年度調査結果）』公益財団法人 日本学校保健会　2018年

第2章　子どもの心のケア
―PTSDの理解とその予防―

1　近年、地震や台風などの自然災害や、子どもの誘拐殺人事件など事件・事故が発生しており、危機管理への対応と、それに伴う子どもの心のケアが重要な健康問題となっていることから、学校保健安全法（平成21年4月1日施行）に心のケアが位置付けられた。
2　自然災害や事件・事故に子どもが遭遇すると、恐怖や喪失体験などにより心に傷を受け、情緒不安定、睡眠障害などが現れ、生活に大きな支障をきたすことがある。このような状態が1か月以上長引く場合を「心的外傷後ストレス障害（Posttraumatic Stress Disorder 通称PTSD）」（以下PTSDという）という。
3　災害等によって心に傷を受けた子どもは、その後の成長・発達に大きな障害となることもあるため、適切な対応を図ることが大切である。
4　災害等の発生時に心のケアを適切に行うためには、子どもに現れるストレス症状の特徴や基本的な対応方法について、教職員や保護者等が理解しておくことが必要である。養護教諭は指導的役割を担っている。
5　メンタルヘルスに関する問題への対応にあたっては、校内組織、学校医、保護者、地域の関係機関等との連携を図りながら進めていく必要がある。養護教諭は、医療の必要性の見極めや専門家等との連携にあたり、中心的な役割を果たすことが求められている。

1　はじめに

　かつてない規模の東日本大震災が、平成23年3月11日（14時46分）に三陸沖の海底を震源とした地震によって発生した。阪神淡路大震災をはるかに上回るマグニチュード9.0を記録し、地震と大津波によって壊滅的な被害を受けた。死者・行方不明合わせて約2万人、さらに、津波による福島第一原子力発電所事故が発生し、広域にわたる放射能汚染という最悪の事態となった。多くの命が奪われ、これまで築き上げてきた生活の基盤を喪失させた大震災は、人々の心に大きな傷あとを残し、心のケアが重要な課題となっている。

　トラウマの概念が広く日本で一般的に認知されるようになったのは、阪神淡路大震災の体験などからであり、その体験がその後の自然災害や事件・事故発生時（以下、災害等という）においても教訓となって生かされているが、危険等発生時対処要領（危機管理マニュアル）に心のケアが位置付いていない学校も少なからずあるのが現状である。誰もが予想していなかったこの大震災の教訓を生かし、心のケアに関する基本的理解を深め、各学校での組織体制づくりを確立していくことが大切である。

2　災害時における子どもの心のケアの意義

　災害等に遭遇し、家族や友人、家を失うなど、生命にかかわる強い恐怖や衝撃を受けた場合、不安や不眠などのストレス症状が現れることが多い。こうした反応はだれにでも起こり得ることであり、時間の経過とともに薄らいでいくものであるが、場合によっては長引き、生活に支障をきたすなどして、その後の成長や発達に大きな障害となることもある。そのため、日ごろから子どもの健康観察を徹底し、情報の共有を図るなどして早期発見に努め、適切な対応と支援を行うことが必要である。

3　災害等の発生時における心のケアの基本的理解

　災害等の発生時に心のケアを適切に行うためには、子どもに現れるストレス症状の特徴や基本的な

対応方法を理解しておくことが必要である。

（１）災害等の発生時における子どものストレス症状の特徴

　災害等に遭遇すると、恐怖や喪失体験などの心理的ストレスによって、心の症状だけでなく身体の症状も現れやすいことが子どもの特徴である。また、症状は心理的ストレスの種類・内容、ストレスを受けてからの時期によって変化する。そのようなストレス症状には、情緒不安定、体調不良、睡眠障害など年齢を問わず見られる症状と、発達段階によって異なる症状が含まれる。

ア　幼稚園から小学校低学年

　腹痛、嘔吐、食欲不振、頭痛などの身体症状が現れやすく、それら以外にも興奮、混乱などの情緒不安定や、行動上の異変（落ち着きがなくなる、理由なくほかの子どもの持ち物を隠す等）などの症状が出現しやすい。

イ　小学校の高学年以降（中学校、高等学校を含む）

　身体症状（頭痛、腹痛、食欲不振等）とともに、元気がなくなって引きこもりがちになる（うつ状態）、ささいなことで驚く、夜間に何度も目覚める、集中できない、イライラするなどの症状が目立つようになり、大人と同じような症状が現れやすくなる。

　災害等における子どものストレス反応はだれでも起こり得ることであり、ストレスが強くない場合には、心身に現れる症状は悪化せず数日以内で消失することが多いが、激しいストレスにさらされた場合は、心的外傷後ストレス障害などの疾患を発症することがある。

（２）心的外傷後ストレス障害（Posttraumatic Stress Disorder　通称PTSD：以下、PTSDという）

ア　PTSDとは

　災害等に遭遇すると、恐怖や喪失体験などにより心に傷を受け、そのときの出来事を繰り返し思い出す、遊びの中で再現しようとするなどの症状に加え、情緒不安定や睡眠障害などが現れ、生活に大きな支障をきたすことがある。ほとんどは、時間の経過とともに薄れて行くが、この状態が１か月（４週間）以上長引く場合をPTSDという。

イ　PTSDの三大症状

PTSDの三大症状

（１）再体験症状

①体験した出来事を繰り返し思い出し、遊びの中で再現しようとする。

　小学校低学年頃までの子どもは、自分が体験したストレスを言葉などでうまく表現できず、自分の好きな人形やグッズを離そうとしない、ままごとで自分の体験したことを表現するなどの行動となって現れることがある。

②体験した出来事の悪夢を繰り返し見る（夢でうなされる、等）。

③体験した出来事が目の前で起きているかのような生々しい感覚がよみがえる（フラッシュバック、等）。

（２）回避症状

①体験した出来事と少しでも関係するような話題を避けようとする。

②体験した出来事を思い出すことができない（物忘れ、覚えられないなどの記憶障害、ボーッとしている、等）。

③人や物事への関心が薄らぎ、周囲と疎遠になる（孤立感、引きこもり、趣味への興味がなくなる、等）。

（３）覚醒・亢進症状

　不安になる、よく眠れない、イライラするなど怒りっぽくなる、攻撃的、物事に集中できない、ささいなことで驚く、落ち着きのなさ、極端な警戒心を持つ、等。

　さまざまな症状が現れるので、適切な対応を行い心配な症状や様子が見られたら、早期に医療機関等と連携し、PTSDの予防と早期発見に努めることが大切である。

（3）健康観察のポイント

　　子どもは、自分の気持ちを自覚していないことや、言葉でうまく表現できないことが多く、心の問題が行動や態度の変化、頭痛・腹痛などの身体症状となって現れることが多いため、きめ細かな観察が必要である。危機発生時の心身の健康観察のポイントとして、次のようなことが考えられる。

＜子どもに現れやすいストレス症状の健康観察のポイント＞

体の健康状態	心の健康状態
・食欲の異常（拒食・過食）はないか ・睡眠はとれているか ・吐き気、嘔吐が続いていないか ・下痢、便秘が続いていないか ・頭痛が持続していないか ・尿の回数が異常に増えていないか ・体がだるくないか	・心理的退行現象（幼児返り）が現れていないか ・落ち着きのなさ（多弁・多動）はないか ・イライラ、ビクビクしていないか ・攻撃的、乱暴になっていないか ・元気がなく、ぼんやりしていないか ・孤立や閉じこもりはないか ・無表情になっていないか

　　自然災害などによるPTSDは、最初は症状が目立たないケースや被災直後の症状が一度軽減した後の6か月後に発症するケースもある。このため、被災後の健康観察はなるべく長期にわたって実施することが必要である。健康観察などで、子どもが出しているサインを見逃さないように努めることが大切である。

4　災害時における子どもの心のケアの進め方

　　災害等が発生しており、子どもの安全確保と心のケアが重要な課題となっている中、学校保健法の一部改正が行われた。名称も学校保健安全法（平成21年4月施行）と改称され学校保健・安全の充実が図られた。安全については、新たに安全の章が設けられ、危険等発生時対処要領の作成や子どものみならず教職員・保護者等に対する心のケアに関する規定（法第29条3）も盛り込まれたところである。

　　学校全体で心のケアを進めるには、日ごろから心のケアを各学校の危機管理マニュアルに位置付け、具体的にその内容が記載されていることが求められる。

　　災害時の子どもの心のケアに関する主な取り組み事項としては、次のようなことがあげられる。

①子どもの被災状況の把握（安否確認等）
②子どもの心身の健康状態に関する教職員間の情報の共有
③必要に応じて家庭訪問や避難所訪問
④心のケアに向けた校内体制づくり・役割分担の確認
⑤心のケアへの対応方針の決定と推進計画の作成（中・長期的計画）
⑥地域の関係機関等（学校、教育委員会、医療機関等）との協力体制の確立
⑦緊急支援チーム・ボランティア等の受け入れの検討
⑧報道関係機関への対応
⑨障害（自閉症等）や慢性疾患のある子どもへの個別対応
⑩教職員や保護者等に対する心のケアに関する啓発資料の提供
⑪健康観察の強化（学校・家庭）
⑫臨時の健康診断の実施
⑬臨時の学校環境衛生検査の実施
⑭心のケアに関する校内・外における研修会の実施
⑮健康相談希望調査
⑯心身の健康にかかわる調査
⑰健康相談の実施
⑱個別の保健指導及び学級活動等における保健教育（ストレス・マネジメント等）の実施
⑲学校医・学校歯科医・学校薬剤師との連携

190

⑳医療機関・相談機関等の紹介
㉑スクールカウンセラー・心の相談員等との連携
㉒保護者や地域住民等との連携
㉓転校・転入生の子どもの心のケアへの配慮
㉔感染症の予防対策　　等

　災害等の内容に応じて、校長のリーダーシップの下に職員が一丸となって組織的に進めていくことが必要である。

5　心のケアに関する危機管理上の留意点

　災害等の発生時に求められる心のケアは、その種類や内容により異なるが、心のケアにかかわる基本的な留意点としては、次の事項が挙げられる。

①災害発生時などの場合は、迅速に安否確認や心身の健康状態の把握を行う。
・学校管理下（授業中、休憩時間、放課後、学校行事等）、休日、夜間などに発生した災害などでも、子ども、保護者、教職員の安否や所在等を確認できるよう事前に連絡方法を確認しておく（連絡網の整備）。
・子どもの心のケアにあたり、その家族・友人・関係者の安否や被災状況についてもできる限り把握しておくことが重要である。

②災害の場合には、まず子どもに安心感や安全感を取り戻させることが大切であることから、ライフラインの復旧を優先し、できるだけ早期に平常時の生活に戻すようにする。

③学校管理下におけるけがや事件・事故などによる子どもの命にかかわる出来事への対応は、迅速に適切な救命処置を行う。
・対応にあたっては、子どもたちに動揺や風評が広まることのないようにする。子どもや保護者への情報の伝え方（いつ・だれが・だれに・何を）については、教職員間で共通理解を図った上で行う。
・被害を受けた子どもの保護者へは、正確な情報提供（発生状況、健康被害状況、病院への搬送等）が、速やかに行えるように日頃から体制を整えておく。
・応急手当や救命処置等が適切に行えるように日頃から訓練を行うなど、救急体制の整備に努める。

④二次被害の防止を図る。
・災害時には、地域に多くの人が出入りするので登下校時の安全確保が重要となる。子どもが犯罪（性被害等）に巻き込まれやすいなどの環境が生じることから保護者や地域住民、警察等と連携して登下校時の安全確保を図ることが大切である。
・風評被害などで、再び心を傷つけられないようにする。

⑤災害等の内容によっては、心のケアの前提として体（命）を守るための対応が不可欠となる。例えば女子生徒が性被害を受けた場合、感染症及び産科的リスクの回避や外傷の有無確認が必要な場合もあるので、状況に応じて医療機関を受診させる。また、他の子どもの安全を確保するための措置と被害者のプライバシー保護の両方に配慮した対応が求められる。

⑥災害等の内容によっては法的事項を踏まえた対応が求められる。例えば、性的被害のケースでは、心のケアと合わせて事件にどう対処するか判断する上で法的事項の確認が必要となる。

⑦障害や慢性疾患のある子どもの場合、災害等の発生時には、平常時の状況に比べ様々な困難があ

191

る状況になっている。例えば、日常生活上の介助や支援が不足したり、必要な情報が伝わらないなどの不安をかかえていることも多い。そのため、これらの不安への配慮や障害特性及び症状の悪化に対する十分な配慮が必要となる。

⑧質問紙調査の実施の有無の判断にあたっては、学校内の状況を見極めた上で校長を中心に教職員間で十分検討を行う。事件・事故、災害のいずれの場合においても、子どもへの影響を考慮し、専門家を交えて検討することが大切である（子どもが、チェックリストを実施するまでは意識していなかったことを想起する可能性もあることを認識しておく）。

東日本大震災では、子どもが学校にいる時間帯に発生したことが、近年発生した地震災害との相違点の一つといえる。被災地の学校では、停電により放送が使えず、職員が肉声で子どもを避難させたことや、テレビのニュースが見られないなど正確な情報が得にくい中、情報を集め適切な判断を下す難しさ、学校自体が津波にのみこまれる危機が迫っている中での「緊急時の名簿等」の持ち出しの難しさとその重要性など、学校管理下で起きたこの体験から学んだことも多く聞かれた。さらに、防災教育や防災訓練が生かされた学校も多く、日ごろからの取り組みがいかに重要であるかがわかる。これらの教訓を今後の災害対策に生かすことが大切である。

6　ストレス症状のある子どもへの対応
（1）ストレス症状のある子どもへの対応方法

　災害等の発生時におけるストレス症状のある子どもへの対応は、基本的には平常時と同じである。すなわち、健康観察等により速やかに子どもの異変に気付き、問題の性質（「早急な対応が必要かどうか」、「医療を要するかどうか」等）を見極め、必要に応じて保護者や主治医等と連携を密に取り、学級担任や養護教諭をはじめ、校内組織（教育相談部等）と連携して組織的に支援にあたることである。

　健康観察では、災害等の発生時における子どものストレス症状の特徴を踏まえた上で、全職員で健康観察を行い、子どもが示す心身のサインを見過ごさないようにすることが重要である。そのため、養護教諭は、教職員や保護者等に健康観察のポイントについて資料提供などをして啓発しておくことが大切である。

　　①ストレス症状を示す子どもに対しては、普段と変わらない接し方を基本とし、優しく穏やかな声かけをするなど本人に安心感を与えるようにする。
　　②普段と変わらない環境で安心して学校生活を送れるようにすることで、落ち着きと安全感を取り戻させるようにする。
　　③子どもが自ら心配して訴えるときには、時間をとって子どもの話を十分聞けるようにする（子どもの話をよく聞く）。
　　④ストレスを受けたときに症状が現れるのは普通であることや、症状は必ず和らいで行くことを本人に伝え、一人で悩んだり孤独感を持たずに済むように、信頼できる人に相談したり、コミュニケーションをとることを勧める。
　　⑤甘えや赤ちゃん返りをするようになっても、受け入れて安心できるようにする。
　　⑥勉強に集中できなくとも、しばらくは静観する。
　　⑦子どもが努力したことをしっかりほめて、自信をもたせる。
　　⑧子どもがいやがることはしない。
　　⑨子どもに何か気になる行動や情緒反応が認められても、子ども自身が心配していなければその問題を積極的に取りあげない。
　　⑩ひきこもりや反抗的な行動に対しては、学校と家庭が協力して長期的に支援する。
　　⑪保護者に対しては、ストレス症状や対応方法についての知識をほけんだよりや保護者会等で啓発するとともに、学校と家庭での様子が大きく異なることがあるため、家庭での様子調査などを行い緊密に連絡を取り合う。

⑫症状から急性ストレス障害（ASD）＊やPTSDが疑われる場合には、児童精神科医などの専門医へ受診させる。

・学校医等の関係者と相談の上、受診の勧めを行い、専門医を紹介するなど適切な支援を行う。ASDやPTSDと診断された場合は、専門医との連携が不可欠となる。

・ASDやPTSDを発症した子どもは、自分は特殊で異常であると一人で悩んだり、自分の努力不足であると誤って自分を責めたりすることが多い。このため、保護者や子どもに、ショックの後にだれにでも起こり得る症状であることを説明し、安心感を与えるようにする。

⑬遊びや運動の機会を増やし、学校、家庭、地域社会での人間関係を良好にする。

＊強いストレスを受けた後、１か月（４週間）以内でPTSDの症状が続いた場合をASDと呼ぶ。

7　教職員、保護者の心のケアへの対応

　自然災害では、子どもや保護者のみならず同時に多くの教職員が被災している。教職員も両親や家族、友人を亡くしたり、家を喪失したりして、大きなストレスを受けている中で、子どもの心のケアにあたっていることが多い。子どもの心の回復には、子どもが安心できる環境が不可欠であり、それには、周りの大人の心の安定が大切である。第一線で子どもの心のケアにあたる教職員のメンタルヘルスにも十分な配慮を払うことが重要である。具体的には、管理職は、教職員の被災状況を十分把握し、「医療機関等の紹介」、「学年等の校内における協力体制づくり」、「外部からの支援体制づくり」など支え合える仲間づくりをする。さらに、教職員が情報を共有できる時間を設定（例：放課後の一定の時間に毎日実施等）し、お互いに語り合い共感できる時間をつくるなどして、教職員の心のケアにあたることが大切である。

　保護者も同様であり、被災状況を考慮した対応や日ごろからの信頼関係づくりなどが重要である。

8　障害のある子どもの心のケア

（１）障害のある子どもの理解

　災害等における心のケアはすべての子どもに必要であるが、特に障害のある子どもに対しては、それぞれの障害に応じた配慮が必要となる。思いがけない災害等への遭遇や、日常生活の急激な変化によって、①体調不良を起こす、②障害による困難さが強く現れる、③病気が重症化する、④行動面の不適応が増加するなどが見られる。日ごろから、①障害特性をよく理解して支援する、②心身や行動面に現れるストレス症状を理解しておく、③防災訓練や防災教育を地域の関係機関等と協力して実施するなどして、適切な支援が行えるように備えておくことが大切である。

（２）心身や行動面に現れるストレス症状

①身体面への現れ：発熱、嘔吐、けいれん等を起こしやすい。

②心理・行動面への現れ：パニックを起こす、落ち着きがない、興奮しやすい、奇声、独り言が増える、確認癖、こだわりが増える、活動性の低下、無気力、ボーッとしている、できていたことができなくなる（赤ちゃん返り）、自傷行為、他傷行為、基本的生活習慣や生活リズムが崩れる（拒食、過食、不眠、夜間の徘徊、排泄の失敗等）等。

（３）一般的な対応方法

①身体症状が出ている場合は、早めに医療機関の受診を勧める。

②心理や行動面の不調は、一時的なもので治まることも多いが、症状が強かったり、長引いたり、徐々にひどくなったりするようであれば、保護者に状態を話して、日ごろ利用している医療機関や相談機関への相談を勧める。

③薬が処方されている場合は継続しての服薬が必要である。薬が切れて慌てることのないように、早めの受診を勧める。てんかんなどの持病がある場合、平常時より悪化しやすい場合があるので、いつもと異なる様子が見られたら早期に対応することが大切である。

④自閉症の子どもは、こだわりが強いため、スケジュールの変更や場所が変わると落ち着きがな

くなり不安になる。また、さまざまな場面を想像することが苦手であるため、危険を予測することが難しく、災害の怖さや避難所の必要性がわからない。そのため、心のケアを考える際には、これらの不安等への配慮や、障害特性及び症状の悪化に対する十分な配慮をする。具体的な留意点は次の通りである。

ア　コミュニケーションの困難さにより、困っていることが伝えられない、声をかけられても反応しないことなどがあるので安否確認のときは留意が必要。

イ　感覚に鈍麻や過敏がある場合、痛みに鈍感であるためにけがをしていても気がつかなかったり、大きな声などにおびえやすかったりするので、注意が必要である。

ウ　対人関係の困難さがあるため、集団生活になじめないので避難所生活にも支援が必要である。地域によっては、障害者のための福祉避難所を設けているところもあるので、確認しておく。

エ　日ごろの備えとして、身分証を常に持たせておく、「助けて」と言えるようにしておく、並んで待つことができるようにしておく、などについて訓練をしておく等。

9　参考資料

資料１：新潟中越沖地震の被災地域の学校を対象とした調査結果

（出典：『子どもの心のケアのために―災害や事件・事故発生時を中心に―』文部科学省、2010年）

（１）新潟中越沖地震：平成19年７月16日発生、最大震度６強及び５弱以上、直下型地震、死者15人、負傷者2,345人

（２）調査月日：平成20年８月

（３）調査対象：小・中・中等・高校・特別支援学校合わせて323校、校長、担任、養護教諭

（４）調査結果：（一部抜粋）

【組織的な取組の中での養護教諭の活動】

１．養護教諭：児童生徒への心のケアに関して実施したこと（すべて）　　（％）

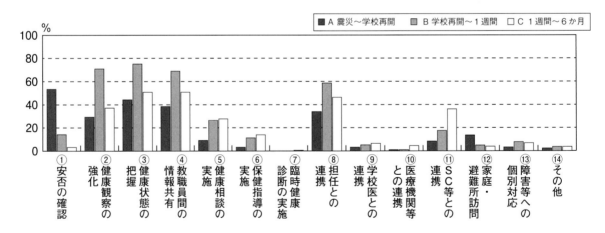

2.養護教諭:児童生徒への心のケアに関して実施したことの中で特に役立ったこと（5項目以内）（%）

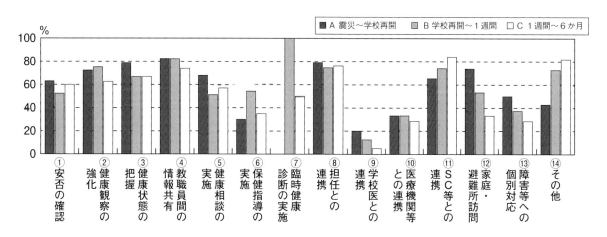

＊各項目の母数に差異があることから、比較検討するにあたっては同項目の実施率と比較のこと

出典：「子どもの心のケアのために」文部科学省 (http://www.mext.go.jp/a_menu/kenko/hoken/1297484.htm) 2010年より

○養護教諭の調査結果

　Aの期間（震災から学校再開まで）に実施率が高かったのは、「安否確認」、「健康状態の把握」、「教職員間の情報共有」、「担任との連携」、「健康観察の強化」などで、「安否確認」を中心に、教職員と連携して「心身の健康状態の把握」に当たっていた。震災後休校した学校では、家庭訪問を実施している養護教諭が多く、特に役立ったと回答している割合も高かった。養護教諭による家庭・避難所訪問は安否確認とともに専門的な立場から生活環境も含めた健康観察や、子どもと保護者への指導も行えることから、心のケアに有効である。

　A／B／Cの期間共通して実施率が高い事項は、「健康状態の把握」、「教職員間の情報共有」、「健康観察の強化」、「担任との連携」などで、いずれもBの期間がもっとも実施率が高かった。Cの期間になると「ＳＣ（スクールカウンセラー）等との連携」、「健康相談」の実施率が増え、連携を図りながら取り組んでいた。実施率の高かった学校は、ＡＢＣの期間共通しており、特に役立ったとの回答の割合も高かったことから、心のケアを行うにあたって基本的な取り組み事項といえる。

　また、Cの期間には、医療・相談機関の紹介が増えてきており、医療等との連携の必要性の有無を見極めるなど専門家との連携を視野に入れた支援を行っており、コーディネーターとしての役割を果たしていた。

　これらの結果から、養護教諭の支援を中心にして、組織的に子どもの心のケアに当たっていることが明らかになっている。また、自由記述に見る反省点、今後の課題、対応策（回答養護教諭）では、次のように述べている。

「安否確認に時間を要し手間取った」、「災害時の連絡網の整備が必要である」、「心のケアマニュアルを日頃から点検、訓練が必要」、「保護者に災害の対応をあらかじめ周知する」、「知的障害のある子どもの支援が十分できなかった」、「行政機関、関係学校、医療機関など地域との連携が十分できなかった」、「日頃から校内研修を実施するなど教職員の理解を深めておく」、「日頃からの健康観察、子どもとのコミュニケーションが大事」、「学級担任の情報を学年全員で共有することが有効」などであった。

資料２：平成24年度非常災害時の子どもの心のケアに関する調査報告書（文部科学省）

1　調査の目的

　東日本大震災に伴う子どもの心身の健康状態を的確に把握し、子どもの心身の健康状態に応じた行政、学校等の適切な対策を講じる際の基礎資料を得ることを目的とする。

2　調査対象

　平成23年（2011年）東北地方太平洋沖地震に係る災害救助法が適応された地域（帰宅困難者対

195

応を除く）に該当する国公私立幼稚園、小学校、中学校、高等学校（全日制のみ）、中等教育学校、特別支援学校の5,075校。

【参考】 平成23年東北地方太平洋沖地震に係る災害救助法適応地域（帰宅困難者対応を除く）：

193市区町村（青森県：２　岩手県全域：33　宮城県全域：39　福島県全域：59　茨城県：37　栃木県：15　千葉県：８）

（１）保護者調査「震災前と異なる現在の子どもの様子」

①PTSDが疑われる症状

単位：％

	幼稚園	小学校	中学校	高等学校	特別支援学校
災害のことを思い出して突然おびえたり、興奮や混乱することがある	7.1	4.3	1.4	0.9	9.1
災害を思い出すような話題やニュースになると、話題を変えたり、その場から立ち去ろうとする	7.7	8.0	4.8	3.7	8.2
無表情でぼんやりすることが多くなった	0.8	1.3	1.8	1.7	2.3
物音に敏感になったり、イライラするようになった	13.1	11.2	7.8	5.7	12.6

②PTSDに関連する症状等

単位：％

	幼稚園	小学校	中学校	高等学校	特別支援学校
よく甘えるようになった	25.2	16.9	4.6	2.4	12.0
以前は一人でできていたことができなくなった	10.8	7.2	1.7	0.6	4.6

③一般的な心身不良の症状

単位：％

	幼稚園	小学校	中学校	高等学校	特別支援学校
元気がなくなり意欲が低下した	1.2	1.8	2.4	2.4	3.3
あまり話さなくなった	0.5	0.8	1.7	1.9	2.5
睡眠が十分とれなくなった	1.9	2.7	3.4	3.3	5.6
食欲や体重に大きな変化があった	1.4	2.3	1.9	2.2	4.3
頭痛、腹痛、心臓の動悸、過呼吸、めまい等が起こるようになった	1.4	2.9	3.3	3.2	2.8

3　子どもの現状に関する考察（非常災害時の子どもの心のケア調査協力者会議まとめ）

＜PTSDが疑われる症状について＞

　本調査の結果、保護者の回答に基づくと14.1％（男子12.4％、女子16.0％）の子どもに「PTSDが疑われる症状」のうち少なくとも１つが見られた。症状別には、PTSDの３大症状のうち再体験症状が3.0％、回避・麻痺症状がそれぞれ6.2％・1.5％、過覚醒症状が9.1％という割合であった（症状の重複あり）。校種別に見ると、高等学校8.8％、中学校11.5％、小学校17.6％、幼稚園20.2％と年齢が低くなるほど増加する傾向を示し、特別支援学校20.5％は幼稚園と同程度の高い割合を示した。PTSDが疑われる子どもの割合は災害（地震・津波）による被害が大きい地域ほど高く、転校した子ども（38.6％）は転校しなかった子ども（13.5％）と比べて明らかに高い値を示した。本調査が被災後１年余り経た時点で行われたことを考慮すると、今回観察された症状は一過性のストレス反応とは考え難く、PTSDを強く示唆する症状であると推測される。この推測は、今回の結果が、年齢が低く、障害のある子どもほどPTSDを発症しやすいという精神医学の知見と合致していること、及び被害の程度が大きい地域ほど割合が高いことからも支持される。

出典：「平成24年度 非常災害時の子どもの心のケアに関する調査報告書」文部科学省（http://www.mext.go.jp/a_menu/kenko/hoken/1337762.htm）

【参考文献・引用資料】

『子どもの心のケアのために－災害や事件・事故発生時を中心に－』文部科学省　2010年

『非常災害時における子どもの心のケアのために』（改訂版）文部科学省　2002年

『子どもの心のケアのために－PTSDの理解とその予防（保護者用）－』（リーフレット）文部科学省　2005年

『平成24年度 非常災害時の子どもの心のケアに関する調査報告書』文部科学省　2013年

〈memo〉

第5部
学校安全と危機管理

point

1　学校安全とは安全教育と安全管理をいう　(文部科学省設置法)。
2　学校管理下で発生する事件・事故・災害の実情を踏まえ、学校安全や事故対応を含む学校安全の進め方を理解する。
3　学校安全は、学校保健安全法に基づいて学校安全計画等(第3次学校安全の推進に関する計画)を作成し、安全教育と安全管理を一体的に進める。
4　子どもの安全は、校長を中心に全教職員で取り組むものであり、救急体制づくりにおける養護教諭役割は重要である。

1　学校・子どもの安全をめぐる状況

　学校管理下での事故災害や交通事故の長期的な増加傾向、自然災害や、刑法犯の多発、校内外での深刻な犯罪被害の発生など学校・子どもの安全をめぐる状況は、きわめて深刻な状況にある。加えて、いじめや暴力など生徒指導上の問題も少なくない。その背景には、自己中心で自他の生命を軽視する風潮、家庭や地域の教育力の低下、ストレスの増大、少子化や生活・遊びの変化等による社会性の未発達などが指摘されている。

　このような個人、家庭、社会全体に生じている大きな環境の変化が、子どもや学校の安全に与えている影響には、計り知れないものがある。学校、家庭、地域社会が一丸となって多様な事件・事故から学校や子どもを守り育てる安全教育と危機管理を進める必要がある。養護教諭はその専門性を生かしてその重要な一翼を担うことが求められている。

　また、中教審答申（平成20年1月）においても、「安全については、子どもが安全に関する情報を正しく判断し、安全を確保するための行動に結び付けることができるようにすること、すなわち、自他の危険予測・危険回避の能力を身に付けることができるようにする観点から、発達の段階を踏まえつつ、学校教育活動全体で取り組むことが重要である。」と述べられている。

　さらに、平成20年6月に「学校保健法」が一部改正されて、「学校保健安全法」となり、安全管理に関する内容が大幅に盛り込まれ、平成21年4月より施行となった。

2　学校における危機管理の意義と基本的な考え方

　学校における危機管理は、安全管理の一環として事故の要因となる学校環境や子ども等の学校生活における行動等の危険を早期に発見し、あるいは、事前に予測し、それらの危険を速やかに除去するとともに、事件・事故や災害が発生した場合に、適切な応急手当や安全措置がとれるような体制を確立して、子どもの安全の確保を図り、教育活動を円滑に実施し、子どもが安全・安心してのびのびと生活できるようにする営みである。危機管理は、結果として子どもの安全を確保し、事件・事故を防

止することだけにとどまらない。環境や行動の改善への取り組みは、子どもがより安全な行動を意志決定・行動選択することや地域社会の一員として必要な資質や能力の育成を促すことにもつながる。

　ここでいう危機管理とは、人々の生命や心身等に危害をもたらすさまざまな危険が防止され、万が一事件・事故が発生した場合には、被害を最小限にするために適切かつ迅速に対処すること（『学校の安全管理に関する取組事例集』文部科学省）を指している。

　危機管理は、事前の危機管理（リスク・マネジメント）及び事後の危機管理（クライシス・マネジメント）の二つの側面がある。

　リスク・マネジメントは、早期に事件・事故が起こる危険を予測・発見し、その危険を確実に除去することに重点が置かれる。クライシス・マネジメントは、万が一事件・事故が発生した場合に、適切かつ迅速に対処し、被害を最小限におさえること、さらには、その再発の防止と通常の生活の再開に向けた対策を講じることを中心とした危機管理である。今後は、安全教育と一体的に、二つの側面を意識した危機管理の取り組みを進める必要がある。

　そのためには、各学校においては、授業中はもとより、登下校時、放課後、学校開放時、地域での生活等を含めた子どもの安全確保のために、家庭や地域社会との連携を図り、具体的な方策を講じる必要がある。

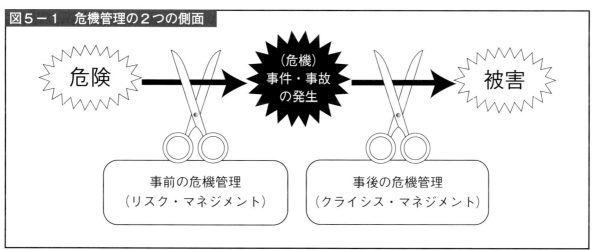

図５－１　危機管理の２つの側面

（危機）事件・事故の発生

危険

被害

事前の危機管理（リスク・マネジメント）

事後の危機管理（クライシス・マネジメント）

出典：「学校の安全管理に関する取組事例集」
文部科学省（http://www.mext.go.jp/component/a_menu/education/detail/__icsFiles/afieldfile/2010/01/20/010.pdf）2003年

3　危機管理の進め方

1）学校保健安全法に基づいて学校安全計画及び危険等発生時対処要領を作成する

　近年、社会の状況やライフスタイルの変化等により、子どもの犯罪被害や学校管理下の事故の多発など、子どもの安全に関する課題が指摘されている。そのような状況を改善するため、学校保健法が改正され、安全に関する内容が大幅に取り入れられることとなった。その目的は、学校における安全管理の充実により、子どもの知識や対応力を培い、健康に適した安全な学校環境を確保することで学校教育の円滑な実施とその成果の確保に資することとしている。

（1）学校安全計画の作成

　学校安全計画は、「生活安全（防犯を含む）」「交通安全」「災害安全」を含んだ学校における安全に関する総合的な基本計画であり、安全教育、安全管理、安全に関する組織活動の内容を明らかにした年間計画である。学校保健法では、学校保健安全計画の作成が、義務づけられていたが、これは保健と安全の内容を合わせて作成しても、別個に作成しても良いことになっていた。

　しかし、学校保健安全法では、「総合的な学校安全計画及び危険等発生時の対処要領を作成し、実施する」ものとされ、独立して作成することとなった。具体的な手順や内容等については、『「生きる力」をはぐくむ学校での安全教育』（文部科学省、平成22年3月改訂）を参照のこと。

　学校安全計画の作成や改善にあたっては、学校安全計画に入れる必須な内容として、「施設及び設備の安全点検」「日常生活における安全に関する指導」「職員の研修」「その他学校における

安全に関する事項」の4項目が示されていることに留意する必要がある。

　なお、「安全点検」については、回数・時期等は明記されていないので、各学校の実態に応じて計画する必要がある。しかし、中教審答申では、「日常又は毎学期1回以上定期に行う安全点検に加え、数年ごとなどの中長期的に行う」と述べられており、回数・時期等を決定するにあたっては、このことに十分に配慮することが望ましいと考えられる。

　また、「安全に関する指導」については、子ども自身に安全を守るための能力を身に付けさせることを目的としている。中教審答申では、「①日常生活における　事件・事故、自然災害などの現状、原因及び防止方法について理解を深め、現在や将来に直面する安全の課題に対して、的確な思考・判断に基づく適切な意志決定や行動選択ができるようにすること。②日常生活の中に潜む様々な危険を予測し、自他の安全に配慮して安全な行動をとるとともに、自ら危険な環境を改善できるようにすること。③自他の生命を尊重し、安全で安心な社会づくりの重要性を認識して、学校、家庭及び地域社会の安全活動に進んで参加し、貢献できるようにすること。」の3点が示されている。このような力を育成するためには、安全計画の作成にあたって、児童生徒等の発達段階や実態、地域の実情などを考慮して安全教育の内容を教育課程に位置づけ、計画に盛り込むことが重要である。

　「職員の研修」は、「危機管理マニュアルの共通理解」「応急手当の仕方」「危険等発生時の対応の仕方」「心のケア」「安全点検のポイント」「実験や実習時の事故防止」「校外学習時の安全確保」「休憩時の事故防止」「教材研究や指導法の研修」などが考えられる。

　「その他学校における安全に関する事項」とは、学校安全委員会の開催、児童生徒の安全に関する実態把握、学校安全取り組み状況等の評価、危機管理マニュアルの見直し、PTAと連携を図った登下校時の交通安全指導や防犯パトロールなどが想定される。

（2）危険等発生時対処要領の作成

　前述したように、危険等発生時対処要領の作成が法的に義務づけられた。盛り込む内容としては、危険等が発生した時の「職員がとるべき措置の具体的内容」「職員がとるべき措置の手順」の2点が示された。この要領は学校で起こるさまざまな事件・事故等に対応したものであり、転落等の日常生活での重大事故・不審者の侵入・地震の発生などのさまざまな場面に迅速・的確に対応できるものでなければならない。

　「職員がとるべき措置の具体的内容」とは、例えば、危険等発生時直後には「不審者・火災・施設の瑕疵等の事件・事故の主たる原因となっているものへの対応」「児童生徒等の避難誘導等」「負傷者等への対応」「関係機関・保護者等への対応」、「マスコミ等への対応」「再発防止対策」「児童生徒等への心のケア」「教育活動の再開」などがある。「職員がとるべき措置の手順」には、各担当が時系列で何をすればよいかを明確にすることである。なお、教職員の少ない学校にあっては、担当を兼務する必要もあり、兼務の仕方などについても明確にしておく必要がある。

　危険等発生時対処要領とは、『学校の危機管理マニュアル―子どもを犯罪から守るために―（文部科学省作成）』などを参考に、すでに多くの学校で作成している不審者侵入時の危機管理マニュアルや地震・火災、重大事故発生時など非常時の対応マニュアル等を指している。

　また、学校保健安全法第29条第2項における「その他の危険等発生時において職員が適切に対処するために必要な措置」とは、例えば「各担当が業務を行うのに必要な備品等の整備」「保護者・ボランティア等への危険等発生時の協力依頼」「関係機関等との共通理解」「緊急連絡網等の作成」などが考えられる。

　法第29条第3項における「その他の関係者」としては、「事故等により心理的外傷その他の心身の健康に対する影響を受けた保護者や教職員」が想定される。その際の「必要な支援」としては、スクールカウンセラー等による児童生徒等へのカウンセリング、関係医療機関の紹介などが想定されている。

　心のケアについては、事前に教育委員会などと連携を図り支援体制を構築しておく必要がある。

2）危機管理は、安全管理の一環として安全教育と一体的に進め、「安全文化」の創造を目指す

　健康、安全で幸福な生活のために必要な習慣を養い、心身の調和的発達を図ることは、学校教育の重要な目標である。

　さらに、現在の我が国の安全をめぐる状況を見ると、学校、家庭、そして地域社会において、さまざまな事故災害や凶悪な犯罪の多発などが深刻化しており、生命や安全を軽視するという憂慮すべき風潮が社会全体にまん延しているように感じられる。このような中で起きた、先の京都府や大阪府の児童殺傷事件、広島県、栃木県の下校時の誘拐殺人事件等を教訓とした類似の事件の再発防止を含めた学校・子どもの安全・安心な生活を守ることが、学校における重要な課題となっている。

　そのためには、個人だけではなく、社会全体として、単純にけがをしないための安全能力を身に付けるというだけでなく、犯罪被害の防止を含めて、自他の生命や人格を尊重し、経済や効率ではなく安全を最優先するというような「安全文化」を創造していくことが必要である。その一環として、家庭や地域社会と密接に連携した学校での幅広い安全教育と一体的に危機管理を進めていくことが求められている。

3）事前・事後の危機管理体制を整備し、実践する

　学校では、学校・子どもの安全を脅かすさまざまな事件・事故が発生する。そのような事件・事故に備えて、学校独自の危機管理マニュアルを作成し、適切かつ確実な危機管理体制を確立し、多様な側面から危機管理を包括的に進める必要がある。

　子どもを取り巻く安全環境を振り返ると、交通事故、自然災害、転落や衝突などによる傷害等、溺水、突然死などに加えて、誘拐や暴力により子どもが被害者となる事件・事故が発生している。防犯を含む「生活安全」、「交通安全」、「災害安全（防災）」の多様な側面から、組織的、継続的な対策が求められている。例えば、同じ通学路の安全点検でも、交通安全の視点だけでなく、防犯の視点を加えて実施したり、施設設備の安全点検の際に、単なる破損や故障の有無だけでなく、防災の視点からの危険（固定の有無・転倒・落下の危険性等）や防犯の視点からの危険（死角の有無、門の開閉、来校者の管理体制等）などの点検項目を明示し、多様な側面から包括的に実施することが望まれる。その際、「安全文化」の創造を目指しながら、短期及び中・長期にわたって息長く、家庭、学校及び地域社会それぞれにおける危機管理や安全教育・安全管理の在り方について再検討し、互いに連携しながら主体的な取り組みを進めなければならない。

4）教職員の役割の明確化や危機の際に機能する役割分担を行う

　事前及び事後の危機管理の観点から、学校独自の危機管理マニュアルに基づき、校長のリーダーシップのもとに、安全主任等の安全担当の教職員が中心になって活動を推進する。学校の危機管理には、養護教諭を始めすべての教職員が参画し、平時からそれぞれの役割を分担し、連携を深める必要がある。具体例については、文部科学省作成の『学校の危機管理マニュアル作成の手引き』（図5-2、5-3）及び『学校の安全管理に関する取組事例集』等を参照する。

5）家庭や地域社会との連携を深め、ネットワークづくり等を進める

　学校と子どもの安全・安心の確保は、地域社会の安全・安心が基盤となるため、保護者やスクールガードなどのボランティア、地域社会の関係機関・団体、例えば警察、消防、病院、防災自治会、「子ども110番の家」等と連携を深め、理解と協力を得る努力が必要である。とりわけ、学校の活動に対する参加・協力、地域ぐるみでの取り組みの実施、事件・事故に関する情報の迅速な収集・伝達などのネットワークの確立などが必要となってくる。

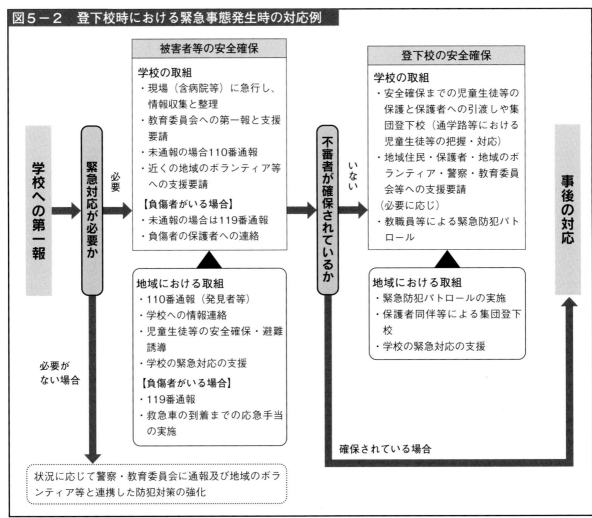

図5-2　登下校時における緊急事態発生時の対応例

被害者等の安全確保

学校の取組
・現場（含病院等）に急行し、情報収集と整理
・教育委員会への第一報と支援要請
・未通報の場合110番通報
・近くの地域のボランティア等への支援要請
【負傷者がいる場合】
・未通報の場合は119番通報
・負傷者の保護者への連絡

地域における取組
・110番通報（発見者等）
・学校への情報連絡
・児童生徒等の安全確保・避難誘導
・学校の緊急対応の支援
【負傷者がいる場合】
・119番通報
・救急車の到着までの応急手当の実施

登下校の安全確保

学校の取組
・安全確保までの児童生徒等の保護と保護者への引渡しや集団登下校（通学路等における児童生徒等の把握・対応）
・地域住民・保護者・地域のボランティア・警察・教育委員会等への支援要請（必要に応じ）
・教職員等による緊急防犯パトロール

地域における取組
・緊急防犯パトロールの実施
・保護者同伴等による集団登下校
・学校の緊急対応の支援

学校への第一報 → 緊急対応が必要か

必要

不審者が確保されているか

いない

事後の対応

必要がない場合

確保されている場合

状況に応じて警察・教育委員会に通報及び地域のボランティア等と連携した防犯対策の強化

出典：『学校の危機管理マニュアル作成の手引』文部科学省（https://anzenkyouiku.mext.go.jp/mextshiryou/data/aratanakikijisyou_all.pdf）2018年

図5-3　事故等発生時の対処、救急及び緊急連絡体制の一例

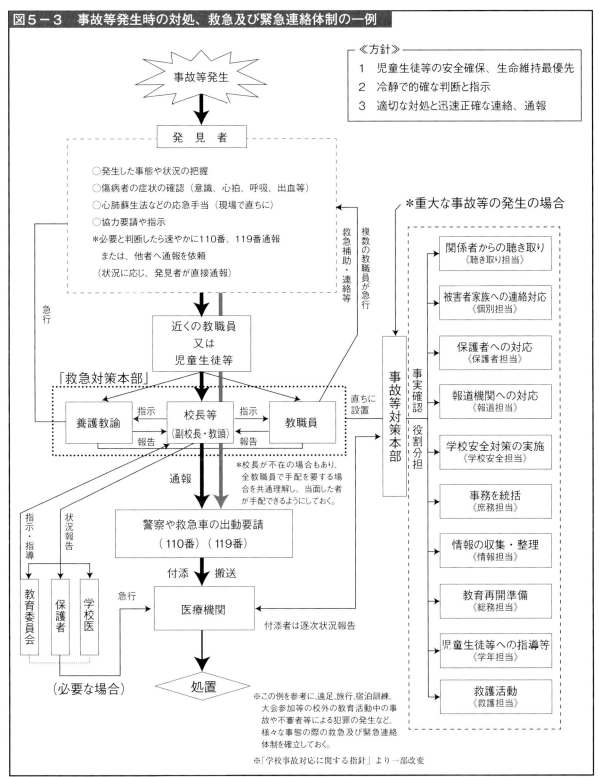

出典：『学校の危機管理マニュアル作成の手引』文部科学省（https://anzenkyouiku.mext.go.jp/mextshiryou/data/aratanakikijisyou_all.pdf）2018年

4　危機管理体制づくりにおける養護教諭の役割

　子どもの安全を取り巻く状況には厳しいものがあり、全教職員の危機管理意識の向上と校長の強いリーダーシップのもとでの連携した具体的な取り組みが求められる。その際、養護教諭が参画して取り組む危機管理の例には次のようなものがある。各学校の実情を踏まえ、積極的かつ柔軟に取り組む必要がある。

１）救急及び連絡体制の整備
（１）緊急時の校内の救急及び連絡体制の整備
　　　（図5－2）、（図5－3）、を参考に、登下校、校内及び校外学習、学校行事等の教育活動中の事件・事故等の発生を想定した教職員及び地域の関係機関等の救急及び連絡体制を整備する。

（２）関係機関等との連絡・連携体制の整備
　　　その際、近隣の学校、教育委員会（設置者）、学校医や医療機関、警察、消防等の連絡先などについて整理し、教職員の共通理解を図るとともに、職員室等に明示し、速やかに活用できるようにしておく。

（３）保護者との連絡体制づくり
　　　個人情報の保護に留意しながら、保護者に緊急な連絡をする必要があるときのために、保護者の連絡体制を整備する。

（４）保健室における救急処置基準等の整備
　　　年度や学期当初に、保健室の利用の仕方、保健室における救急処置の仕方、保護者との連絡、救急車の出動要請の目安（基準）等を確認し、共通理解を図る。

２）応急手当の研修の企画と実践
　止血法、心肺蘇生などの応急手当に関する資料の提供や研修の計画を立て、実施する。

３）避難訓練での実践と習熟
（１）火災、自然災害、犯罪被害等の避難訓練での救急処置の実施
　　　複数の子どもの負傷を想定し、ダミーを使用したりしてより実践的に行う。

（２）救急車への搬送のシミュレーションの実施
　　　訓練時に、記録（学年、氏名、負傷の状態、搬送先等）及び保護者への連絡、継続的情報収集等も想定する。（第2部 第3章 第1節「学校における救急処置」参照）

４）心のケアの体制づくり
（１）危機管理マニュアルの内容に、平時及び緊急時の心のケアの体制づくりを盛り込む。
　　　（第4部「子どもの精神保健」参照）
（２）教職員研修及び保護者等への啓発活動を実施する。

【参考文献・引用資料】
　『学校の危機管理マニュアル作成の手引』文部科学省　2018年
　『「生きる力」をはぐくむ学校での安全教育』改訂版　文部科学省　2010年
　『学校の安全管理に関する取組事例集』独立行政法人 日本スポーツ振興センター　2003年
　『学校の危機管理マニュアル』改訂版　文部科学省　2007年

〈memo〉

第6部
調査・研究・プレゼンテーションの進め方

1 養護教諭が専門職である限り、その専門性に立った研究活動は必須といえる。
2 日常の実践から生じた問題意識は研究の出発点であり、大切にされるべきであるが、意識された問題の解決がそのまま研究の課題・目的になるわけではない。
3 先行研究のレビューは、客観的に意味のある研究課題・目的を設定するために重要である。
4 研究方法は、設定された研究課題・目的に応じて適切なものを選択する必要がある。
5 質問紙調査は、比較的手軽でしばしば用いられるが、安易な実施は見当違いのデータを収集したり、誤った結果を招くこともある。基本的な事項を確実に踏まえる必要がある。
6 プレゼンテーションでは、聴衆に貴重な成果を正確にわかりやすく、かつ魅力的に伝えることが大切である。

1 養護教諭が行う実践的研究

　養護教諭が専門職である限り、その専門性に立った研究活動は必須といえる。「仕事にゆとりができたら研究しよう」、「本務に支障がない範囲で研究しよう」等といった的はずれの考えがあるならば、改められなければならない。専門職としての研究活動は、重要な本務の一つである。

　研究という言葉は一般的に、ある一つのことについて興味を持って見たり、考えたり、調べたりすることなどを広汎に意味する用語として使われる。しかし、ここではもう少し厳密に捉えて、日常的な用語と区別しておく。研究とは、「一つの問題意識のもとに、明確に設定された一つの課題を解決するために、計画的・系統的に情報を収集し、それを適切な認識的枠組み（理論あるいは仮説）のもとに分析解釈し、さらにその成果を第三者がアクセスできるような形にまとめて社会に公表する、という一連の知的活動のこと」である。

　養護教諭が行う研究とは、どのようなものであるべきだろうか。現職の立場を十分生かすという点から、学校現場においてこそ可能な実践的研究に取り組むことが望まれる。実践的研究は現状でも学校で盛んに行われていると思われるかもしれないが、正しく共通理解されて取り組まれているかというと、必ずしもそうではない。

　実践的研究は実践報告とは明確に異なるが、その点に気付かないまま取り組まれていることが少なくない。実践報告では、「ただ行った結果はこうだった」というところで留まることが多く、共通して指摘できるようなものを見いだすことは難しい。もちろん、日々の実践をまとめたり公表したりすることによって得られる示唆はさまざまあり、それなりに意味があることは言うまでもない。他方、実践的研究では仮説を立て、それを検証するというプロセスを経る。この過程において客観的または理論的な吟味が加えられるので、その結果には普遍性が備わり、大きな説得力を持つようになる。したがって、実践的研究により蓄積された成果は、共通の立場における共有財産として役立

てられ、多くの実践を効果的で確かな実践へと高めることを可能にする点で価値がある。

　養護教諭が行う実践的研究は、子どもの健康課題の解決を目的に、学校保健活動や教育実践にかかわる問題を取り上げ、自らの実践や学校としての組織的な取り組みの内容や方法についてどのように改善すべきか探究し、実践をさらに高めるものである。また、そこで導き出された普遍性のある成果は、多くの養護教諭において共有できるので、広く活用され、大きな発展に貢献することになる。いわゆる「養護学」の確立のためにも、こうした実践的研究を積み重ねて、体系化することが不可欠である。

２　実践的研究の進め方
１）実践的研究の流れ
　（図６−１）は、実践的研究の取り組みの手順として、基本的な流れを示したものである。

　ここで特に注意しておきたいことが２点ある。一つは、日常の実践から生じた問題意識は研究の出発点であり、研究のまとめに至るまで大切にされるべきであるが、意識された問題の解決がそのまま研究の課題・目的に成り得るとは限らないことを理解することである。もう一つは、研究を進める過程で常に研究の成果をフィードバックすることを念頭に置き、何よりも子どもに還元すること、教育関係者・保護者に還元することを強く意識して取り組んでいくことである。

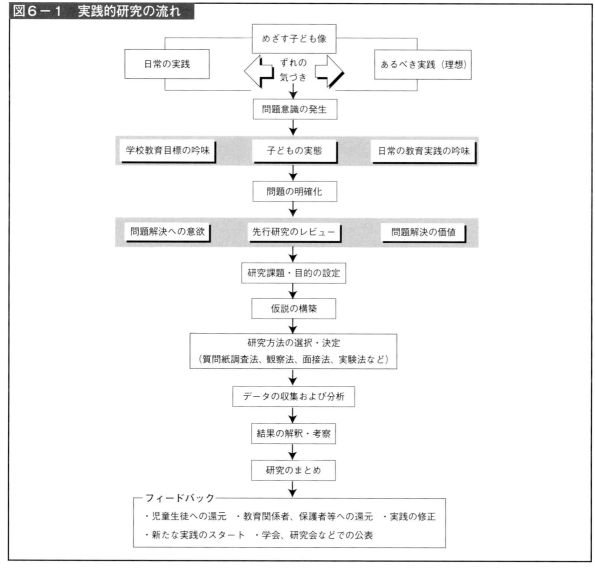

図６−１　実践的研究の流れ

群馬県教育研究所連盟「実践的研究の構想」より改変（野津有司）

207

2）先行研究のレビュー

　先行研究のレビューは、取り組む研究が独りよがりに陥ることを避け、客観的に意味のある研究課題・目的を設定するために重要な作業である。これによって、問題に関連して、これまでにだれが、どのような方法で、何をどこまで明らかにしているのかについて文献が整理され、先行研究の成果を学ぶことができ、取り組むべき研究課題・目的が明瞭になる。また同時に、妥当な研究方法の選定に有益な情報も読み取れるので、具体的な研究計画の立案にも役立つ。なお、学術雑誌に掲載されたレビュー論文を一読することは大いに参考になるので、推奨する。

　文献収集については、最近はインターネットの利用などで容易になっている。反面、収集される文献が多くなり、労力ばかり費やすことになりかねないことが懸念される。学術論文の収集にあたっては、可能であれば研究機関等が扱うデータベースの利用が望まれる。その際には、検索キーワードなどを十分に吟味し、一貫した方針で計画的に文献収集をすることが大切である。

3）研究方法の選択・決定

　研究方法は、設定された研究課題・目的に応じて適切なものを選択する必要がある。取り組もうとする課題を探究するためには、どのような方法が最も妥当であるのか、先行研究も踏まえて十分に吟味されることが求められる。また現実的な問題として、対象や時間・場の確保、費用、倫理面等についても検討されなければならない。詳細については、研究法に関する専門書に委ねるとして、ここでは調査研究で多用される質問紙調査法について若干触れる。

　質問紙調査は、比較的手軽でしばしば用いられるが、安易な実施は見当違いのデータを収集したり、誤った結果を招くことがあるので、基本的な事項を確実に踏まえる必要がある。

（1）調査目的を確認する（研究課題や仮説に基づいて、調査する目的を明確にする）。

（2）調査項目を決める（知識、意識、態度、行動、意見、経験等のさまざまな項目があり得るので焦点化する）。

（3）質問文を作る（専門的な表現になりすぎない、複数の内容を1問で質問しない、二重否定文は避ける）。

（4）回答形式を決める（統計的にデータを処理をする場合、選択肢を設定し、回答を尺度化する）。

（5）調査票を作成する（各質問項目の順番を決める、タイトル・目的・協力依頼・注意事項・連絡先を記載した表紙を作る）。

（6）予備調査を行う（ワーディングや回答時間等をチェックする）。

　さらに、対象者の抽出、調査票の配布と回収、データ解析、また、尺度を用いた調査では、その尺度の信頼性と妥当性の検討等も重要事項であるので、専門書や先行研究などを参考にして、あるべき正しい方法を理解し、実現するように努める。

　なお、実践的研究としては調査研究に限らず、さまざまな研究が考えられる。例えば、保健指導や教科保健の教材開発研究や授業研究についても、養護教諭がもっと盛んに取り組むようになり、これらの実践的研究がいっそう活性化され、質的にも量的にも高められることが期待されている。

3　プレゼンテーションの仕方

　研究成果の発表は、大変な労力を注いできた発表者にとっては晴れ舞台である。ここで最も大切なことは、聴衆に貴重な成果を正確に分かりやすく、かつ魅力的に伝えることである。プレゼンテーションでは、文字通り、聴衆にプレゼントするという姿勢で、聴衆の立場に立って発表の仕方を工夫することが肝要である。

1）発表内容の吟味

（1）研究の背景：研究として取り組む必要はどこにあったのか。先行研究では何がわかっているのか。

（2）研究目的：検証しようとする仮説は何か。

（3）研究方法：研究対象はだれか（基本属性）。どのような方法でデータを収集し、分析したのか。

（4）結果：どのような結果が得られたのか。図表で示すべきデータはどれか。

（5）考察：結果は何を意味しているのか。先行知見と比べてどうなのか。

（6）結論：仮説はどうだったのか。明らかになったことは何か。

（7）今後の課題：研究の限界は何か。今後の課題と展望はどうなのか。

2）視聴覚機器の活用

　研究発表では、スライド等で情報を視覚化して示し、口頭で説明する形式が望まれる。聴衆にとっては限られた時間で素早く理解でき、とても有効である。

　標準的なスライドの作成における具体的なポイントについて、参考までにいくつか示す。

　　○スライドの枚数は、全体の発表時間を十分考慮する（スライド1枚当たり1～2分が適当）。

　　○スライド1枚に、一つの項目・内容を割り当てる。

　　○横画面を基本とする（縦画面は映写時にスクリーンからはみ出し易く、下の部分が聴衆の頭で隠れる）。

　　○文章をできるだけ少なくして、図などでビジュアル化する。

　　○文字は大きく、余白を十分とる（文字は28ポイント以上、スライド1枚に8行以下が目安）。

　　○図表はスライド用に作り直す（紙面に記載した論文用の図表は詳細であり、数字が小さく見にくい）。

　　○引用した図表などは出典を明記する。

　なお最近では、パソコンのプレゼンテーション用ソフトが普及し便利になった。利用者の中には、多機能でいろいろ工夫できるソフトを上手に活用できず、情報量が多すぎたり、複雑な図となったり、色や文字飾りを使いすぎたりして失敗している例も見られるので、その点は注意する必要がある。

3）事前の発表練習

　事前に発表のリハーサルをして、第三者のチェックを受けることが望ましい。内容に不足はないか、わかりやすいか、言葉は聞きやすいか、スライドは見やすいか、提示画面や配付資料の該当箇所の指示タイミングは良いか、提示画面と聴衆への目線の配分は適当か、全体的に迫力を感じるか等、率直なコメントを聞くことが必要である。また、予想される質問やその応答についても検討しておく。

　なお発表は、スライドを補足するメモ的な原稿で話すことができればより魅力的に見えて望ましいが、発表時間を守ることは鉄則であることを絶対に忘れてはならない。特に、発表に慣れていない初心者の場合には、話し言葉で作成した原稿を準備した方が無難と言える。分量については、400字詰め原稿用紙1枚を1分10秒～20秒で読むことが目安になる。

【参考文献・引用資料】

高橋順一・渡辺文夫・大渕憲一編著『人間科学研究法ハンドブック』ナカニシヤ出版　2002年

福岡県教育研究所連盟編著『校内研究のすすめ方』第一法規出版　1982年

群馬県教育研究所連盟編著『改訂新版 実践的研究のすすめ方―創意工夫を生かした教育を求めて―』東洋館出版社　2001年

久保田浪之介著『研究者のための国際学会プレゼンテーション』共立出版　2005年

辻新六・有馬昌宏著『アンケート調査の方法―実践ノウハウとパソコン支援―』朝倉書店　1999年

小野義正著『ポイントで学ぶ英語口頭発表の心得』丸善　2005年

南風原朝和・市川伸一・下山晴彦編著『心理学研究法入門―調査・実験から実践まで―』東京大学出版会　2006年

野津有司著「学校保健の研究力を高める（第9回）研究を発表する」『学校保健研究』第55巻第3号 254-258頁　2013年

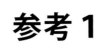

参考1
学校医・学校歯科医・学校薬剤師の役割と職務内容

1　学校医・学校歯科医・学校薬剤師は、学校保健安全法により規定され、非常勤職員として位置付けられている。
2　学校医・学校歯科医・学校薬剤師の職務は、学校保健安全法施行規則に規定されている。
3　学校医・学校歯科医・学校薬剤師が職務に従事したときは、それぞれ執務記録簿に記入して提出することが学校保健安全法施行規則に規定されている。
4　養護教諭は、学校医・学校歯科医・学校薬剤師から指導、助言を得ることにより、子どもの保健管理に関することや保健指導においてより適切な対応を図ることができる。

1　学校医・学校歯科医・学校薬剤師の設置の法的根拠

　学校保健安全法において、学校医・学校歯科医・学校薬剤師の設置について次のように規定されている。

> 学校保健安全法（昭和33年4月10日公布、平成27年6月24日最終改正）
> 第23条　学校には、学校医を置くものとする。
> 　　2　大学以外の学校には、学校歯科医及び学校薬剤師を置くものとする。　　　（後略）

2　学校医・学校歯科医・学校薬剤師の役割

　学校医・学校歯科医・学校薬剤師の役割については、次のように規定されている。

> 学校保健安全法（同上）
> 第23条　4　学校医、学校歯科医及び学校薬剤師は、学校における保健管理に関する専門的事項に関し、技術及び指導に従事する。　　　（抜粋）

　中教審答申（平成20年1月）において、学校医・学校歯科医・学校薬剤師の役割について次のとおり述べられている。
　「これまでの学校保健において、学校医、学校歯科医、学校薬剤師が専門的見地から果たした役割は大きいものであった。今後は、子どもの従来からの健康課題への対応に加え、メンタルヘルスやアレルギー疾患などの子どもの現代的な健康課題についても、学校と地域の専門的医療機関とのつなぎ役になるなど、引き続き積極的な貢献が期待される。」「また、学校医、学校歯科医、学校薬剤師は、学校保健委員会などの活動に関し、専門家の立場から指導・助言を行うなど、より一層、積極的な役割を果たすことが望まれる。」

3　学校医・学校歯科医・学校薬剤師の職務

　学校医・学校歯科医・学校薬剤師の職務については、学校保健安全法施行規則により規定されている。

1）学校医

> **学校保健安全法施行規則**　（昭和33年６月13日公布．令和５年４月28日最終改正）
> （学校医の職務執行の準則）
> 第22条　学校医の職務執行の準則は、次の各号に掲げるとおりとする。
> 　　一　学校保健計画及び学校安全計画の立案に参与すること。
> 　　二　学校の環境衛生の維持及び改善に関し、学校薬剤師と協力して、必要な指導及び助言を行うこと。
> 　　三　法第８条の健康相談に従事すること。
> 　　四　法第９条の保健指導に従事すること。
> 　　五　法第13条の健康診断に従事すること。
> 　　六　法第14条の疾病の予防処置に従事すること。
> 　　七　法第２章第４節の感染症の予防に関し必要な指導及び助言を行い、並びに学校における感染症及び食中毒の予防処置に従事すること。
> 　　八　校長の求めにより、救急処置に従事すること。
> 　　九　市町村の教育委員会又は学校の設置者の求めにより、法第11条の健康診断又は法第15条第１項の健康診断に従事すること。
> 　　十　前各号に掲げるもののほか、必要に応じ、学校における保健管理に関する専門的事項に関する指導に従事すること。

　学校医の職務については、上記の職務執行の準則に見られるように多岐にわたっている。このことを養護教諭は理解し、常日頃、子どもの健康管理に関する指導・助言を得る等の積極的な連携を図っておく必要がある。学校医は、多くの場合内科、眼科、耳鼻咽喉科の三校医制がとられてきている。近年の子どもの心身の健康問題等により、精神科、産婦人科、整形外科、皮膚科などの専門医も学校保健にかかわる必要性が大きくなっている。

211

2）学校歯科医

> **学校保健安全法施行規則**　（同上）
> （学校歯科医の職務執行の準則）
> 第23条　学校歯科医の職務執行の準則は、次の各号に掲げるとおりとする。
> 　　一　学校保健計画及び学校安全計画の立案に参与すること。
> 　　二　法第８条の健康相談に従事すること。
> 　　三　法第９条の保健指導に従事すること。
> 　　四　法第13条の健康診断のうち歯の検査に従事すること。
> 　　五　法第14条の疾病の予防処置のうち齲歯その他の歯疾の予防処置に従事すること。
> 　　六　市町村の教育委員会の求めにより、法第11条の健康診断のうち歯の検査に従事すること。
> 　　七　前各号に掲げるもののほか、必要に応じ、学校における保健管理に関する専門的事項に関する指導に従事すること。

　学校歯科保健は、歯の検査と予防を主としたものから現在はヘルスプロモーションの考え方に基づき、「要観察」の概念でＣＯ（要観察歯）、ＧＯ（歯周疾患要観察者）を取り入れていることや歯、口の健康は生活習慣とのかかわりが大きいことを念頭に置いた活動が展開されている。また、歯、

口の健康問題は、子ども自身で自分のう歯の有無などを確認しやすく、改善する過程も確認できることなどから身近な健康問題として、効果的な保健指導が展開できる。学校歯科保健活動においては、養護教諭は学校歯科医と連携することで多くの情報が得られることが期待できる。

3）学校薬剤師

> ■学校保健安全法施行規則■ （同上）
> （学校薬剤師の職務執行の準則）
> 第24条　学校薬剤師の職務執行の準則は、次の各号に掲げるとおりとする。
> 　一　学校保健計画及び学校安全計画の立案に参与すること。
> 　二　第1条の環境衛生検査に従事すること。
> 　三　学校の環境衛生の維持及び改善に関し、必要な指導及び助言を行うこと。
> 　四　法第8条の健康相談に従事すること。
> 　五　法第9条の保健指導に従事すること。
> 　六　学校において使用する医薬品、毒物、劇物並びに保健管理に必要な用具及び材料の管理に関し必要な指導及び助言を行い、及びこれらのものについて必要に応じ試験、検査又は鑑定を行うこと。
> 　七　前各号に掲げるもののほか、必要に応じ、学校における保健管理に関する専門的事項に関する技術及び指導に従事すること。

　学校薬剤師は、環境衛生検査に従事するとともに、学校施設設備全般の実態把握、医薬品等に関する指導、助言や薬物乱用防止教育等にかかわっている。学校という場所は子どもが一日の大部分を過ごすところであり、健康的で快適な学習環境をつくる必要があることから、学校薬剤師の指導・助言を得て学校の職員が行う日常の点検が大切である。学校の環境衛生水準を確保するための全国的な基準が、学校保健安全法に規定されたことを鑑み、これまで以上に養護教諭は学校環境衛生において学校薬剤師と連携を図ることが大切である。（第2部 第3章 第5節「学校環境衛生」参照）

4　学校医・学校歯科医・学校薬剤師の執務記録簿

　学校医・学校歯科医・学校薬剤師が職務に従事したときには、その状況の概要を執務記録簿に記入して校長に提出することが、学校保健安全法施行規則第22条第2項（学校医執務記録簿）、学校保健安全法施行規則第23条第2項（学校歯科医執務記録簿）、学校保健安全法施行規則第24条第2項（学校薬剤師執務記録簿）に規定されている。また、学校教育法施行規則第28条で、学校において備えなければならない表簿に学校医執務記録簿、学校歯科医執務記録簿、学校薬剤師執務記録簿が明記されている。

【参考文献・引用資料】
出井美智子他共著『養護教諭のための学校保健』少年写真新聞社　2018年
衛藤隆・中井俊隆編著『学校医・学校保健ハンドブック』文光堂　2006年

〈memo〉

213

参考2
職員の健康診断

1 職員の健康診断は、学校保健安全法に基づいて実施されるが、労働安全衛生法関連の改正で、学校保健安全法の関連部分も改正されている。また、健康診断に伴う事項で学校保健安全法に規定されていない部分については、労働安全衛生法に準じるものである。（産業医・衛生管理者・衛生推進者等）
2 職員の健康診断を学校保健安全法で規定しているのは、子どもに影響を与えるからである。

1 定期の健康診断

学校保健安全法第15条第1項により、「学校の設置者は、毎学年定期に、学校の職員の健康診断を行わなければならない。」と規定されている。

1）学校保健安全法において、学校の職員の健康診断を規定している理由

職員の健康診断は、健康の保持増進のためはもとより、職員の健康が子どもに影響を与えるからである。職員の健康診断の結果に基づく事後措置は、学校保健安全法関連法規に基づいて適正に実施されなければならない。

2）健康診断の時期及び検査の項目等

健康診断の時期は、学校保健安全法施行規則第12条において、毎学年、学校の設置者が定める適切な時期に行うものとし、疾病その他、やむを得ない事由によって当該期日に健康診断を受けることのできなかった職員に対しては、その事由のなくなった後すみやかに健康診断を行うものである。また、健康診断における結核の有無の検査において、結核発病のおそれがあると診断された職員については、おおむね6か月後に再度結核の有無の検査を行うこととなっている。

なお、「学校の設置者が行う職員の定期の健康診断の検査項目」及び、「方法及び技術的基準」については、学校保健安全法施行規則第13条及び同規則第14条でそれぞれ規定している。

職員の健康診断検査項目の「腹囲」については、学校保健法施行規則（当時）の一部改正により、平成20年4月1日より追加された。この改正の趣旨は、脳・心臓疾患につながる内臓脂肪症候群等の所見を有する労働者が増加しているなどの状況にかんがみ、健康増進法第9条第1項に規定する健康診査等指針の一部が改正される見込みであったことや、労働安全衛生規則等の一部が改正され、一般健康診断の項目の改正が行われたことを踏まえたものである。さらに、平成26年に行われた学校保健安全法の一部改正により、血圧と胃の検査方法及び技術的基準（学校保健安全法施行規則第14条関係）については、血圧は水銀血圧計以外の血圧計が利用できるように、胃の検査は胃部X線検査に加えて医師が適当と認める方法を新たに認めるよう改められ、平成28年4月から施行された。

３）事後措置

　学校保健安全法第16条で、「学校の設置者は、前条の健康診断の結果に基づき、治療を指示し、及び勤務を軽減する等適切な措置をとらなければならない。」と規定されており、それを受けて、学校保健安全法施行規則で次のように規定している。

学校保健安全法施行規則（昭和33年６月13日公布、令和５年４月28日最終改正）

第16条　法第15条第１項の健康診断に当たつた医師は、健康に異常があると認めた職員については、検査の結果を総合し、かつ、その職員の職務内容及び勤務の強度を考慮して、別表第二に定める生活規正の面及び医療の面の区分を組み合わせて指導区分を決定するものとする。

　２　学校の設置者は、前項の規定により医師が行つた指導区分に基づき、次の基準により、法第16条の措置をとらなければならない。

「Ａ」休暇又は休職等の方法で療養のため必要な期間勤務させないこと。

「Ｂ」勤務場所又は職務の変更、休暇による勤務時間の短縮等の方法で勤務を軽減し、かつ、深夜勤務、超過勤務、休日勤務及び宿日直勤務をさせないこと。

「Ｃ」超過勤務、休日勤務及び宿日直勤務をさせないか又はこれらの勤務を制限すること。

「Ｄ」勤務に制限を加えないこと。

「１」必要な医療を受けるよう指示すること。

「２」必要な検査、予防接種等を受けるよう指示すること。

「３」医療又は検査等の措置を必要としないこと。

別表第二

区　分		内　容
生活規正の面	Ａ（要休業）	勤務を休む必要のあるもの
	Ｂ（要軽業）	勤務に制限を加える必要のあるもの
	Ｃ（要注意）	勤務をほぼ平常に行つてよいもの
	Ｄ（健　康）	全く平常の生活でよいもの
医療の面	１（要医療）	医師による直接の医療行為を必要とするもの
	２（要観察）	医師による直接の医療行為を必要としないが、定期的に医師の観察指導を必要とするもの
	３（健　康）	医師による直接、間接の医療行為を全く必要としないもの

２　臨時の健康診断

　学校保健安全法第15条第２項で「学校の設置者は、必要があるときは、臨時に、学校の職員の健康診断を行うものとする。」と規定し、その健康診断については学校保健安全法施行規則第10条の規定を準用することとなっている（学校保健安全法施行規則第17条）。なお、この際の事後措置に関しては、定期の健康診断の事後措置に準じて行うことが適当である。

3　学校の職員の健康に関する法律等

関連法規

> **労働基準法**（昭和22年4月7日公布、令和4年6月17日最終改正）
>
> 第42条　労働者の安全及び衛生に関しては、労働安全衛生法（昭和47年法律第57号）の定めるところによる。
>
> **労働安全衛生法**（昭和47年6月8日公布、令和4年6月17日最終改正）
>
> （産業医等）
>
> 第13条　事業者は、政令で定める規模の事業場ごとに、厚生労働省令で定めるところにより、医師のうちから産業医を選任し、その者に労働者の健康管理その他の厚生労働省令で定める事項（以下「労働者の健康管理等」という。）を行わせなければならない。
>
> **感染症の予防及び感染症の患者に対する医療に関する法律**
>
> （平成10年10月2日公布、令和5年6月7日最終改正）
>
> 第53条の2　労働安全衛生法（昭和47年法律第57号）第2条第3号に規定する事業者（以下この章及び第12章において「事業者」という。）、学校（専修学校及び各種学校を含み、修業年限が1年未満のものを除く。以下同じ。）の長又は矯正施設その他の施設で政令で定めるもの（以下この章及び第12章において「施設」という。）の長は、それぞれ当該事業者の行う事業において業務に従事する者、当該学校の学生、生徒若しくは児童又は当該施設に収容されている者（小学校就学の始期に達しない者を除く。）であって政令で定めるものに対して、政令で定める定期において、期日又は期間を指定して、結核に係る定期の健康診断を行わなければならない。
>
> （通報又は報告）
>
> 第53条の7　健康診断実施者は、定期の健康診断を行ったときは、その健康診断（第53条の4又は第53条の5の規定による診断書その他の文書の提出を受けた健康診断を含む。）につき、受診者の数その他厚生労働省令で定める事項を当該健康診断を行った場所を管轄する保健所長（その場所が保健所を設置する市又は特別区の区域内であるときは、保健所長及び市長又は区長）を経由して、都道府県知事に通報又は報告しなければならない。

〈memo〉

スクールカウンセラー(SC)・スクールソーシャルワーカー(SSW)の役割と職務内容

1　スクールカウンセラー（SC）・スクールソーシャルワーカー（SSW）は、学校教育法施行規則に規定され、非常勤職員として位置付けられている
2　「学校教育法施行規則の一部改正(平成29年3月31日公布、平成29年4月1日施行)により、職務が新たに規定されている
3　養護教諭は、健康相談・保健指導、健康観察や健康診断結果等によるスクールカウンセラー・スクールソーシャルワーカーとの協働・連携が大切である。

1　スクールカウンセラー（SC）・スクールソーシャルワーカー（SSW）の法的位置付け

「学校教育法施行規則の一部改正」の中で、スクールカウンセラー・スクールソーシャルワーカーの名称及び職務等を明らかにするため、新たに規定されたものである

> 学校教育法施行規則 （平成29年3月31日公布、平成29年4月1日施行）
> 第65条の2　スクールカウンセラーは、小学校における児童の心理に関する支援に従事する。
> 第65条の3　スクールソーシャルワーカーは、小学校における児童の福祉に関する支援に従事する。

2　スクールカウンセラー(SC)・スクールソーシャルワーカー(SSW)の具体的な職務内容

具体的な職務内容については、文部科学省初等中等教育局長通知（平成29年3月31日付）により、次のように示している。

［スクールカウンセラー（SC）］
（不登校、いじめ等の未然防止、早期発見、支援・対応等）
・児童生徒及び保護者からの相談対応
・学級や学校集団に対する援助
・教職員や組織に対する助言・援助（コンサルテーション）
・児童生徒の心の教育、児童生徒及び保護者に対する啓発活動
（不登校、いじめ等を認知した場合又はその疑いが生じた場合、災害等が発生した際の援助）
・児童生徒への援助
・保護者への助言・援助（コンサルテーション）
・教職員や組織に対する助言・援助（コンサルテーション）
・事案に対する学校内連携・支援チーム体制の構築・支援

［スクールソーシャルワーカー（SSW）］
（不登校、いじめ等の未然防止、早期発見、支援・対応等） ・地方自治体アセスメントと教育委員会への働きかけ ・学校アセスメントと学校への働きかけ ・児童生徒及び保護者からの相談対応 ・地域アセスメントと関係機関・地域への働きかけ 　（不登校、いじめ等を認知した場合又はその疑いが生じた場合、災害等が発生した際の援助） ・児童生徒及び保護者との面談及びアセスメント ・事案に対する学校内連携・支援チーム体制の構築・支援 ・自治体における体制づくりへの働きかけ

引用資料：文部科学省初等中等教育局長通知（平成29年3月31日付）

〈memo〉

参考4
学校給食

point

1　わが国の学校給食の始まりは、明治22年山形県鶴岡町といわれている。戦時中は一時中断されたが、戦後の経済的困窮と食糧不足からの子どもの救済という栄養補給の観点から再び実施された。昭和29年に学校給食法が公布、施行された。

2　学校給食は、子どもたちが楽しく食べる場であることや、配膳や後片付け等を通して友達との協調性を身に付ける等の人間関係の育成の場とするような指導を心がけることが必要である。

3　学校給食には、徹底した衛生管理体制が重要である。

4　偏った栄養摂取、朝食欠食などの子どもの食生活の乱れや肥満傾向の増加等、また食品についての正しい知識・情報に基づいた判断能力を身に付けさせる必要性等から、平成17年4月から栄養教諭の制度が開始された。

5　食に関する教育を推進するために平成17年6月に食育基本法が制定された。

6　食育の推進が新たな目的に加わるなど学校給食法の一部改正（食育・学校給食）が平成20年6月に行われた。

7　平成20年3月に告示された学習指導要領（小・中学校）より、教育課程編成の一般方針3の学校における体育・健康に関する指導のなかに、食育の推進が入った。

8　養護教諭は、子どもの健康の保持増進に向け、学校における食育の推進のため、関係教職員と連携、協力しながら食に関する指導に当たることが大切である。

220

1　学校給食の役割
○ 栄養バランスのとれた食事を通しての栄養改善
○ 徹底した衛生管理による作業の実施
○ 子どもに望ましい食習慣を身に付けさせる

2　学校給食に起因する事故発生の予防
　平成24年12月20日に調布市立富士見台小学校で発生した、学校給食における食物アレルギーに起因する児童の死亡事故を受けて、給食等における食物アレルギーによる事故発生の防止策の策定が喫緊の課題となった。文部科学省は『学校給食における食物アレルギー対応指針（平成27年3月）』を作成し、学校給食における食物アレルギー対応の大原則を示した。

　○食物アレルギーを有する児童生徒にも、給食を提供する。そのためにも、安全性を最優先する。

　○食物アレルギー対応委員会により組織的に行う。

　○「学校のアレルギー疾患に対する取り組みガイドライン」に基づき医師の診断による「学校生活

管理指導表」の提出を必須とする。

○安全性確保のため、原因食物の完全除去対応（提供するかしないか）を大原則とする。

○学校及び調理場※1の施設設備、人員等を鑑み無理な（過度に複雑な）対応は行わない。

○教育委員会等※2は食物アレルギー対応について一定の方針を示すとともに、各学校の取組を支援する。

※1　本指針において「調理場」とは、特段の区分がない限り、単独校調理場・共同調理場等を含む、学校給食調理施設全体を指す。

※2　本指針において「教育委員会等」とは、公立学校における教育委員会のほか、国立大学附属学校における国立大学法人、私立学校における学校法人等、学校の設置者を指す。

3　栄養教諭の役割

「養護教諭及び栄養教諭の標準的な職務の明確化に係る学校管理規則の参考例等の送付について（通知）」（文部科学省 令和5年7月）により、栄養教諭の標準的な職務の内容は、次のように示された。

　①主として食育に関すること

　　給食の時間における食に関する指導

　　各教科等における指導に関すること

　　食に関する健康課題の相談指導に関すること

　②主として学校給食の管理に関すること

　　栄養管理に関すること

　　衛生管理に関すること

4　学校保健領域及び学校安全領域との連携

　平成9年9月保健体育審議会答申「生涯にわたる心身の健康の保持増進のための今後の健康に関する教育及びスポーツの振興の在り方について」において学校健康教育（学校保健・学校安全・学校給食）は、一体的な取り組みが必要であり、連携が大切であると述べている。

　養護教諭は、校務分掌上からも学校給食関係者の健康管理や衛生管理に関することのアドバイスをするなどの役割が求められる。養護教諭は、栄養教諭や学校栄養職員と連携して、健康教育の推進を図ることが大切である。

5　食育基本法

　食に関する適切な知識を身に付け、食に関する教育を推進するために食育基本法が制定された。その目的は、「国民が生涯にわたって健全な心身を培い、豊かな人間性をはぐくむための食育を推進することが緊要な課題となっている」ため、「食育に関する施策を総合的かつ計画的に推進」すること等であり、食育の推進については国、地方公共団体、教育関係者、農林漁業関係者、食品関連事業者、国民等に責務が定められている。その他、政府には、毎年、食育の推進に関して講じた施策の報告書を国会に提出する責務、その他食育推進基本計画の作成、基本的施策や食育推進会議について定められている。

6　学校給食法の一部改正（食育・学校給食）

　①学校給食を活用した食に関する指導の充実。

　　・食育の観点から学校給食の目標を改訂（4つから7つに）（平成21年4月1日施行）

> 学校給食の目標
> 1　適切な栄養の摂取による健康の保持増進を図ること。
> 2　日常生活における食事について正しい理解を深め、健全な食生活を営むことができる判断力を培い、及び望ましい食習慣を養うこと。
> 3　学校生活を豊かにし、明るい社交性及び協同の精神を養うこと。
> 4　食生活が自然の恩恵の上に成り立つものであることについての理解を深め、生命及び自然を尊重する精神並びに環境の保全に寄与する態度を養うこと。
> 5　食生活が食にかかわる人々の様々な活動に支えられていることについての理解を深め、勤労を重んずる態度を養うこと。
> 6　我が国や各地域の優れた伝統的な食文化についての理解を深めること。
> 7　食料の生産、流通及び消費について、正しい理解に導くこと。

　・栄養教諭による学校給食を活用した食に関する指導の推進
　　（食に関する指導の全体計画の策定・地場産物の活用）
②学校における学校給食の水準及び衛生管理を確保するための全国基準の法制化。

＊中教審答申（平成20年1月）における学校給食の充実を図るための方策については、参考7「中央教育審議会答申及び学校保健法の一部改正の概要」の項を参照のこと。

【参考文献・引用資料】

学校保健・安全実務研究会編著『新訂版　学校保健実務必携』第一法規　2006年
出井美智子他共著『養護教諭のための学校保健』少年写真新聞社　2012年
「学校保健法等の一部を改正する法律の公布について（通知）」文部科学省スポーツ・青少年局長通知　20文科ス第522号　平成20年7月9日
文部科学省「学校給食における食物アレルギー対応指針」平成27年3月
（https://www.mext.go.jp/component/a_menu/education/detail/_icsFiles/afieldfile/2015/03/26/1355518_1.pdf）
「養護教諭及び栄養教諭の標準的な職務の明確化に係る学校管理規則の参考例等の送付について（通知）」文部科学省初等中等教育局　2023年

222

〈memo〉

参考5
学校教育相談

1　学校における教育相談は、すべての子どもに対する、学習面、進路面、生活面（心理社会的適応面・健康面）での指導・援助である。その指導・援助実践は、各学校の実情やニーズに応じた計画を立てて実施することが望まれる。

2　学校における教育相談においては、アセスメント（子ども理解）はきわめて重要である。事実をもとに、子どもが、どのような関係性の中でどのような苦戦状況にあるのか、仮の理解（判断）をして、様々な資源を活用しながら苦戦状況の改善策を見出していくのである。アセスメントは、チームで行う指導・援助の柱となるものである。

3　養護教諭には、メンタルヘルスに関するアセスメント、カウンセリング（面接）、コンサルテーション、コーディネーションの役割遂行とその習熟が期待される。

4　養護教諭は、連携を推進していくにあたり、コンサルテーションの理論とスキルを習得し、組織での対応において推進役や調整役といった一定の役割を担うことが求められる。

1　学校における教育相談の基本的な考え方

　学校における教育相談は、すべての子どもを対象に、学習面、進路面、生活面（心理社会的適応面や健康面）での課題や問題を解決しながら、発達や適応のニーズに応える指導・援助である。

　子どもは、さまざまな課題や問題に直面する。例えば生活面において、部活動のキャプテンに選ばれ、リーダー性に磨きをかけることを課題とする子どももいれば、自己主張が強く、友人グループから孤立し始めた子ども、他者の目が気になり、長い間登校できないでいる子どももいる。各人の発達段階や適応状況に応じて起こるこうした問題の克服を図りながら、それぞれが持つ「社会性を育む」というニーズに応えるよう指導・援助していくことが学校における教育相談の目標となる。また、教育相談の目標達成にむけ、カウンセリング、コンサルテーション、コーディネーションといった相談機能を充実するため、校内研修会の企画・実施、相談活動の評価などを確実に行う必要がある。

　教育相談は、校務分掌として位置付けられる教育活動である。従って、教育相談に熱心な一部の教師が取り組めばよいというものではなく、どの教師も職務の一つとして担当する性質のものである。形態としては教育相談部として独立していたり、生徒指導部の中に置かれたり、係として単独で担当する場合もある。他分掌、特に生徒指導や進路指導、あるいは担任、学年、養護教諭等との連携を図りながら、実施していくべきものである。さらに、学校における教育相談においては、予防的・開発的な指導・援助に取り組むことが期待される。例えば、新入生が新しい学校環境の中で不適応状態に陥ることを予防するため、健康管理や生活管理の方法を教えるガイダンス、あるいは家庭学習と部活動の両立の仕方を学ぶための上級生によるピア・サポート、クラスでのよりよい人間関係づくりのためのソーシャルスキルトレーニングの提供などである。こうした予防・開発的な指導・援助ニーズは、各学校の教育目標や子ども、保護者のニーズを反映させたり、日常の教育実践から学び取るなどして

特定する。そして、何をねらいとして、いつ、だれが、だれに対し、どのような方法で実践するのかを明確にした「計画」として学校や学年、学級の年間行事計画に組み込むことが必要である。

用語解説　コンサルテーション

　異なる専門性や役割を持つ者（コンサルタント：例えば養護教諭やスクールカウンセラー）が、子どもの問題で悩む者（コンサルティ：例えば学級担任や保護者）に対して、より効果的な指導・援助のあり方を見つけられるように支援することをいう。チームを作ってアセスメントや対応策について話し合うことは、「相互コンサルテーション」と呼ばれている。

用語解説　ピア・サポート

　学校では、主に子ども同士の支援を意味する。友人関係や仲間作り、学習や部活動、行事などで悩んだり困ったりしている仲間に対する支援活動を教師の指導・援助のもとで行う。ピア・サポートは、支援を受ける側の利益だけでなく、支援する側の子どもにも、自己有用感（自分を他人の役に立つ価値ある存在と感じること）を育む効果が期待される。

用語解説　ソーシャルスキル

　周囲の人たちと良好な人間関係を築き、維持するために必要な知識や技術を意味する。挨拶の仕方、相手の話の聴き方、自分の考えをうまく主張する方法といったコミュニケーションスキルを中心に、問題解決スキル、ストレスや不安などへの対処スキルなど多岐にわたる。ソーシャルスキルは、後天的な学習によって身に付けたり、修正できると考える。

2　アセスメントの重要性

　指導・援助にあたって適切なアセスメントをすることは、きわめて重要である。「子どもの性格や行動の特徴などの内面的理解」「学習面、進路面、生活面での適応状況理解」「子どもを取り巻く友人や学校、家庭、地域社会などの環境理解」を土台に、「誰がどのようなニーズ（期待や必要性）をもっているのか」「子どもは環境との関係性のなかで、何に苦戦しているのか」「苦戦の改善のために活用できそうな人的・物的資源（リソース）は何か」を理解するのである。

　アセスメントは、チームで行うことが重要である。「みてみて、きいてみて、やらせてみて」得られた情報を多面的な視点から理解して対応を検討することで、「子どもの状況に合ういくつかの仮説」を抱えつつ、チームとして包括的な理解を図るのである。

　また、アセスメントは、苦戦状況が起こり始めた子どもや、苦戦状況が継続したり深刻化したりしている子どもへの指導・援助だけでなく、予防的・開発的な次元においても必要とされるものである。

　以下は、苦戦状況のアセスメントにおけるポイントを示したものである。

1）客観的・心理的事実（エピソード）の把握とそれに基づく仮の理解・判断

　アセスメントでは、まずは事実を具体的なエピソードとして把握する。事実と判断をしっかりと区別して、いつ・どこで・誰が・何を・どうしたか（客観的事実）、そして、認知面・感情面で、誰が、どのような出来事をどう受け止めたか（心理的事実）を理解する。そして、この客観的・心理的事実は、どのような苦戦を意味するのか、あるいは、苦戦の改善のためにどのように活用できる「資源」なのかを判断していくのである。

　その際、身体的な疾患や精神疾患、発達障害、知的能力の遅れ等がないかという視点をもちながら判断することが必要である。

２）苦戦状況及び資源状況の理解

　苦戦状況を理解することは、誰（何）との、どのような関係性の中で、どのような影響を受けて、その結果どのような苦戦状況が生まれたのか、さらにその後、どのような環境状況の変化の中で、現在の苦戦状況にまで至っているのか、時系列的、物語的、包括的に仮の理解をしようとすることである。

　また、いくつかのエピソードから、「○○○という状況や条件の下では、□□□といった感情が生じたり、認知や行動ができたりする（資源になる）のではないか」といった仮の理解をして、その資源を生かす（発揮させる）ことができる状況や条件を考えるのである。こうしたプロセスは、前向きな目標設定や具体的な対応のアイディアに結びつきやすく、また関係者の合意や良好な関係が作りやすくなる。

３）目標や対応策の決定

　対応の目標設定にあたっては、長期的には、どのような状態になったり、どのようなことができたりするようになればよいのかを考える。また、短期的には、まずはどのような状態になるようにするか（ならないようにするか）を考える。短期的な目標は、苦戦状況の度合いが強いほど、現状維持（少なくともこれ以上悪化させないようにしのぐこと）が必要となる。

　対応策を決める際、誰が、誰に、いつまでに、何をする（しない）か、役割分担や期限を具体的に決めることが大切である。また、いざ対応策を実行に移す際、大小様々な困難や不安、迷いが生じることが多い。コーディネーターは、こうしたことも想定して担当者の身になり、細やかにサポートする必要がある。

４）対応策の実行と見立て直し

　いろいろな対応策が出されても、一度にすべてを実行することは困難であり、優先順位をつけて対応することが必要である。緊急性の高いケースの場合、安全の確保や現状維持、とりあえず今の危機をどうしのぐかといったことが優先される。

　また、現時点でのアセスメントは、「仮の理解」であり、指導・援助の経過・結果に沿って変化し、深まっていく。対応の効果がうまく出てこなかったり、行き詰まってきたりしたときに、まずは「スモールステップの工夫」を考えてみる。

　例えば相談室登校の子どもがなかなか教室に足が向かない場合、「この子には安心するためのスモールステップがもっと必要なのではないか」と考え、相談室や家庭などで、この子が安心感を得られるような具体的なエピソードを拾い直しながら、スモールステップをさらに細かく工夫していくのである。

　さらに行き詰まったとき、仮説の修正を考えてみることも必要である。その際、行き詰まりは、苦戦のパターンやうまくいかない文脈をメタ認知し、問題の見方を広げるチャンスと捉え、具体的なエピソードを拾い直してみたり、チームメンバー以外の人に見立て（チーム）に入ってもらい、検討に加わってもらったりすることが有効である。他者の視点を入れることで、新たな気づきや理解が生まれることがある。

3　学校における教育相談で期待される養護教諭の役割

１）カウンセリング

　学校におけるカウンセリングは、子どもとの信頼関係の中で、子どもの内面や周囲の人々との関係性をアセスメントしながら、学校生活の中で出会う課題や問題を解決しようとするものである。また、カウンセリングでは、子どもをかけがえのない存在として尊重すること、児童生徒の内的世界を児童生徒の見方や感じ方にそって共感的に理解すること、課題や問題の解決に向けて共に歩もうとすることが大切である。

　カウンセリングの理論や技法は多種多様であるが、共通する基本的な技法は、うなずきやあいづちをうちながら「傾聴」し、その結果わかった事柄や感情を（表明されない感情も含めて）「伝え返す」

（「つまりあなたは～なので～と感じているのね」）ことである。さらに、もう少し詳しく、具体的に教えて欲しいと「質問」をすることで、子どもの考え方や感じ方を深く理解しようとすることである。カウンセリングの理論や技法は、児童生徒理解や指導・援助の柱であり、有効に活用することが大切である。特に心理社会的適応面や健康面、中でもメンタルヘルスに関する専門性を期待される養護教諭は、カウンセリングの理論や技法に習熟することで、メンタルヘルス問題における質の高いアセスメントと効果的な対応策を見出すことができる。

２）コンサルテーション

　コンサルテーションは、「異なる専門性をもつ複数の者が、援助の対象（例：子ども）の問題状況について検討し、よりよい援助の在り方について話し合うプロセス」とされる。例えば、メンタルヘルスに関するA子の問題状況について、養護教諭と担任や学年主任、保護者が、問題状況の理解や対応について話し合い、組織として指導・援助をしていくものである。このような組織的な対応によって、教師の力がまとまり、また保護者や専門機関等との連携も円滑に進めることができる。コンサルテーションは、学校における教育相談の中心的機能といえる。教育相談の組織的な取り組みについての意義は、

　　①多面的なアセスメントと多様な援助資源の発見
　　②すべての子どもに対する公平性や整合性のある指導・援助
　　③責任ある教育的判断
　　④役割を明確にした対応策の決定
　　⑤教師の学び合いや支え合い

などができることである。こうした組織的な取り組みにおいて養護教諭には、アセスメントへの習熟や、コンサルテーションの充実のためにコーディネーターとして校内外の資源をつなぐ推進役・調整役といった役割が求められると同時に、適切なマネジメントを図る専門性が期待される。

【参考文献・引用資料】
　大野精一『学校教育相談　理論化の試み』ほんの森出版　1997年
　大野精一『学校教育相談　具体化の試み』ほんの森出版　1997年
　大野精一「学校教育相談の実践を読み解く」『月刊学校教育相談』2003年4月号～2004年3月号　ほんの森出版　2003年・2004年
　石隈利紀『学校心理学』誠信書房　1999年
　学会連合資格「学校心理士」認定運営機構監修『講座「学校心理士－理論と実践」1～4』北大路書房　2004年
　八並光俊・木村慶「組織開発による協働的な生徒指導体制の構築に関する研究」『学校教育学研究12』兵庫教育大学学校教育研究センター2000年
　八並光俊「「柔軟にかかわり続ける」生徒指導体制の構築」『月刊生徒指導29(13)』学事出版　1999年
　佐藤一也「会議型コンサルテーション」『学校心理学ハンドブック』日本学校心理学会編　教育出版　2003年
　佐藤一也「作戦会議を核とするチームでの指導・援助体制づくり」『月刊学校教育相談』2004年11月号　ほんの森出版　2004年
　佐藤一也「作戦会議を中心とする教職員の連携」『高校教育展望』1999年2月号　小学館　1999年
　佐藤一也「学校コンサルテーション（チーム支援）の意義と実際」『学校教育相談の理論と実践』あいり出版　2018年
　岩手県立総合教育センター教育相談室「学校不適応児童生徒に対する指導・援助に関する研究」2005年

参考6
子どもの発育・発達

1　幼児期は社会的な人としての条件である会話や思考が発達し、集団への参加が可能になってくる。3歳前後は、自分を強力に主張し始め（「ご飯食べる？」と尋ねると「イヤ」といい、「じゃあ食べないのね」というと「食べる」と答えるなど）、親から離れて自立へ向かう。この時期を第一反抗期という。4歳ころ、相手の気持ちを考えたとらえ方ができるようになってくる（心の理論による）。

2　児童期は、社会で役立つスキル（読み、書き、計算）を学校の中で学習していく時期である。ことばの面では、書きことばが発達してくるとともに、自己の内面を反省的に見つめられるようになる。

3　青年期は中学時代、高校時代、大学時代に分けられる。中学生のころ、親や教師たちの権威に反抗的態度を示すことがある（例えば、母親が薦める洋服には手を通さず、自分で大人たちが嫌うような奇抜な洋服を着るなど）。これを第二反抗期という。
また、二次性徴が出現し、男女の性差がはっきりしてくる。性ホルモンの分泌が盛んになってくるため、何かにつけて「むかつく！」と怒ったりすることが多い。このように、体と心をまとめていくのが大変な時期である。

1　幼児期

　学校教育において、一般に見られる子どもの諸問題は、乳幼児期（乳児期は1歳まで、幼児期は1歳から5歳までをいう）に根ざしているといえる。養護教諭が、学齢期における子どもへの対応で悩む時に、乳幼児期の発育発達を理解することから、有益な資料を入手することができる。

1）体の発育

（1）出生時の平均体重は3kg、平均身長は50cmである。1歳では、それぞれ9kg、75cmとなる。2歳では、それぞれ12kg、80cm、5歳では19kg、110cmとなる。

（2）生後3か月で、首がすわり人の顔を凝視し笑うようになる（3か月微笑）。7か月で腰がすわり、ハイハイができるようになり、次につかまり立ちができるようになる。このころ物のやりとりができるようになる。生後1年で歩行が完成する。

（3）幼児期になると、走る、スキップ、リズム運動、手先を使う巧緻動作などができるようになる。

（4）食行動に関しては、生後3～4か月ころまでは、母乳もしくはミルク（人工栄養）を主として摂取している。その後、離乳食（液状、ペースト状）に移行する。1歳ころ歯がはえ、咀嚼能力が出てくる。そして固形物（穀類、肉、魚、野菜など）の摂取が可能となる。

（5）食行動の自律（空腹を意識化し食べ始める、満腹を意識化し食べ終わる）は2歳ころ完成する。このころから食事のしつけが開始される。

2）心の発達

（1）乳児期には自己意識の発達が見られる。また、知能は自分の体を使った知能（感覚運動的知能）が発達する。

（2）幼児期には表象機能（頭の中にイメージを思い浮かべる知能）が発達してくる。具体的にはごっこ遊びが盛んになってくる。また、表象に基づいた直観的思考が発生する。まだ、他者の視点に気づくことはないため、自己中心的思考と呼ばれる。

（3）心の理論課題では、4歳ころになると、他者の行動を推測できるようになるとされている。

（4）乳児期には世界に対する安心感（基本的信頼と呼ぶ）が獲得される。

（5）幼児期には社会化がテーマとなる。家族や親戚との付き合い、近隣の社会での付き合い、同年齢や異年齢の仲間集団（公園デビューや保育園、幼稚園における仲間）などで、社会で必要とされる習慣やしきたりを学んでいく。その際、重要になってくるのがコミュニケーション手段や思考の手段となることばの役割である。

（6）ことばは、生後間もないころに見られる同期行動や共鳴動作、また、母子間のやりとりに見られるサイクルの交換（活動と休止が交互になされる）といった生得的能力を基礎にして、発声、発音といった発語機能が、指差しなどの象徴機能などと関連して発達してくる。

（7）1歳ころから1語発話、1歳6か月ころから2語発話（語の組み合わせルールを獲得しているため、文法習得とされており言語獲得を保障するもの）、2歳ころ質問期を迎え、急速に語彙が増えていく。3歳ころ、大人と対話できるようになる。4歳ころから子ども同士の会話が可能になる。5歳ころから思考の道具としてことばを使ったり、自分の行動のコントロールにことばを使えるようになる（内言の行動調整機能）。

3）幼児期の課題

幼児期の発達課題は、ことばの獲得と基本的生活習慣（食事、排泄、睡眠）の確立である。また、自己制御機能や自律性の獲得が進む。これらの発達を支えるものは、乳児期に発達してくる基本的信頼の獲得と情動調律である。情動調律とは、「相手の行動からその人の情動状態を察知し、その情動状態を映し返して応答する現象」（下山、2004）であるという。下山は心理的問題として、以下のものをあげている。

（1）3〜4歳になっても分離不安を示す場合、愛着形成が不十分であり、基本的信頼が形成されていないことがある。

（2）偏食、遺尿、遺糞などは、自律性の遅れによる。

（3）環境へのストレス反応としては、指しゃぶり、爪かみ、吃音、不登園、選択性緘黙などがある。

2　児童期（小学生）

児童期は、おおよそ6歳から11歳までをいう。低学年においては、遊びから学習中心の生活へと変化する。また、両親への依存から脱して友達、学校中心の生活へ移行していく時期である。中高学年になると、友人との関係はいっそう深まり、自分を客観的に見つめることができるようになる。

1）体の発育

（1）6歳では、平均体重が23kg、平均身長は115〜116cmである。12歳ではそれぞれ36〜37kg、143〜145cmである。

（2）スキャモンの曲線によると、身長や体重に代表される一般型は、新生児・乳児期と思春期に大きく発育し、S字型の曲線を示す。頭囲に代表される脳、脊髄などを含む神経型は、乳幼児期にほぼ成人に近い段階まで発達している。リンパ系型（胸腺、リンパ組織などの免疫組織）は思春期までは成人を上回るほどの成長を示すが、その後成人の大きさまで縮小する。性腺に代表される生殖器型は、思春期に入ると急激に発達し、一気に成人の段階に達する。性腺刺激ホルモンの影響で、女子の思春期は男子より約2年早く到来するという（伊藤、2011）。

2）心の発達

（1）児童期になると記憶が意図的になってくる。リハーサルや項目間の関連づけなどによって、記憶しようとする。記憶の量、数の復唱に関しては、5歳が平均4桁、7歳で平均5桁、12歳で平均6桁となる。

（2）ピアジエによると、児童期には具体的操作が可能となるという。頭の中で、動作をイメージできることを操作といい、この操作が具体的な場面では、可逆的になってくる。自己中心的思考から脱却し、他者の立場にたって物を見たり、考えたりできる（脱中心化）ようになる。内言（頭の中でことばを使える）による思考も発達してきて、思考も論理的になってくる。

（3）児童期の情緒は、ゆっくりと安定した身体発達や、友人関係の拡大、読み書き能力の発達による自己統制能力の出現、会話能力の発達などによって比較的安定している。

（4）8〜9歳ころをギャング・エイジと呼ぶ。非常に未分化な自我が集団の中で溶け合うことによって著しい連帯感をもつようになり、集団で万引きや暴力行為に出たりすることがある。

（5）児童期は家庭の外で仲間や学級集団に帰属することで、個人的には家庭内で問題を持っていても表面的には安定していることが多い。しかし教師と1対1で対立する場合や、仲間や集団を背景に持っていない場合、乳児期から持続的に持っている問題が露見してくることがある。

（6）乳幼児期に発達することばは、場面を共有することで通じ合える一次的ことばである。児童期になると、見知らぬ人や不特定多数に向けて話される二次的ことばが発達してくる。それに伴って書きことばも発達してくる。日記を書いて自分を反省的に見つめることができ、腹の中で怒っていても顔には出さないでいる感情制御などができるようになる。

（7）ピアジエによると、善悪を判断する際に、幼児期は結果的状況（例えば、お皿を何枚割ったかなど）によるが、児童期になると、結果よりも動機（例えば、わざと割ったかどうかなど）によるようになるという。

（8）8〜9歳から性差を意識し始めるという。男女の区別がつき始める。家庭内の性役割意識にも気付き始める。

229

3）児童期に表面化してくる発達障害や問題行動

児童期は1日の大部分を学校で過ごすことになり、そこで親以外の人とつきあう社会的スキルをみがいていく時期である。乳幼児期に形成されている養育者との関係が社会的スキルの発達を支えている。

児童期に表面化してくる発達障害や問題行動には次のようなものがある。

（1）学習面や集団活動における問題として、学習障害（LD、主に読み書き計算能力のどれかひとつの障害）、注意欠陥多動性障害（ADHD、落ち着きのなさや多動、注意力がないことが特徴）がある。

（2）対人関係に問題をもつ自閉症は精神遅滞を伴う事がある。また、自閉症に類似した病態を示すものを広汎性発達障害（自閉症スペクトラム障害）と呼ぶ。この中には知的障害を伴わない高機能自閉症やアスペルガー障害が含まれている。この場合学習障害との鑑別が難しい。

（3）学校生活や友人関係などに関係する問題として、いじめや不登校がある。児童期の心理的問題は、教師が子どもの状態を適切に把握し、対応する必要がある。その際、家族がきちんとした機能を果たしているかどうかについて考えていくことも必要である。

注：LD（Learning Disorder）、ADHD（Attention-Deficit Hyperactivity Disorder）

3　青年前期（中学生）

1）体の発育

およそ12歳から14歳までを青年前期と呼ぶ。性衝動、二次性徴（男：声変わりや夢精など、女：初経）が見られ、とまどいや罪悪感をもつ生徒が出てくる。また、異性への関心も高まってくる。男子は筋肉が発達してきて男らしい体つきになり、女子は皮下脂肪が発達してきて女らしい体つきになってくる。このように体が急速に変化してくるため、子どもの情動は激しく揺れ動く。また、体は大人と同じかそれ以上になっていても、依然として親の保護下にあるため、心理的にきわめて不安定な時期で

ある。しかしながら徐々に二次性徴や性衝動に対する一定の対応も獲得してくる時期でもある。

2）心の発達

（1）ピアジエは青年期にかけて、形式的操作の知能が発達するという。現実には存在し得ないことなどを、可能性として考えたり、仮説検証的思考を系統的に進めることができる。しかし、このような知能の獲得は所属する文化に影響されることがわかってきている。

（2）青年期になると、短期記憶の範囲は7桁になり、大人の記憶範囲に近づいてくる。記憶の方略としては、項目の意味的関連性を考慮して記憶する方略が発達する。

（3）青年期は性役割意識が発達し、男性として、あるいは女性としての社会適応が可能になってくる。

3）青年前期の課題

（1）不登校生徒の増加が見られる。

（2）周囲と比べ、他人の視線を気にし、人間関係に心を悩ますようになる。病理的なものとして対人恐怖症がある。

注：不登校の定義として、文部科学省では「何らかの心理的、情緒的、身体的、あるいは社会的要因・背景により、児童生徒が登校しないあるいはしたくてもできない状態にある者（ただし、「病気」や「経済的理由」による者を除く。）をいう。」としている。

4　青年後期（高校生）

高校生から24歳までを青年後期と呼ぶ。この時期になると、心身の不安定さをカバーするための防衛機制が出現し、安定感が出てくる。

1）心の発達

（1）高校時代になると、異性に対して親和的になってくる。また、親の保護から離れ、心理的離乳が進む。

（2）自己同一性（自分が自分である事に確信がもてること、アイデンティティの獲得）が達成される。

2）青年後期の課題

（1）学業への意欲を失い、競争を避け、無気力、無関心、怠惰に陥ることがある。これをスチューデントアパシーと呼ぶ。

（2）本当の自分を探して自己を確立していくなかで、調子を崩すことがある。病理的なものとして摂食障害（拒食症、過食症）、過換気症候群、パニック障害などが見られる。

（3）青年前期から青年期にかけての心身の発達は個人差が大きいことが特徴である。発達のバランスという観点から個々の生徒をみる必要がある。体の発育は青年期に達していても、心の発達は児童期といった場合などがあるので、個別対応をこころがけることが望ましい。

【参考文献・引用資料】

浅井潔編他共著『人間理解のための発達心理学』日本文化科学社　1997年

岡本夏木著『ことばと発達』岩波新書　1985年

柏木恵子他共著『新版発達心理学への招待』ミネルヴァ書房　2005年

下山晴彦編他共著『よくわかる臨床心理学』ミネルヴァ書房　2004年

出井美智子他著『養護教諭のための学校保健』少年写真新聞社　2006年

二木武他編著『小児の栄養行動』医歯薬出版　1996年

森二三男編著　北守昭・山田弘司著『心理学—基礎と応用—』医歯薬出版　2003年

杉山登志郎他編著『高機能広汎性発達障害』ブレーン出版　2002年

伊藤亜矢子編著『エピソードでつかむ児童心理学』ミネルヴァ書房　2011年

D.F.ビョークランド・A.D.ペレグリーニ著　無藤隆監訳『進化発達心理学』新曜社　2008年

〈memo〉

〈memo〉

1　はじめに

　都市化、少子高齢化、情報化、国際化等による社会環境や生活様式の急激な変化は、子どもたちの心身の健康に大きな影響を与えており、いじめや不登校などのメンタルヘルスに関する課題、喫煙、飲酒、薬物乱用、性の問題行動、生活習慣の乱れ、アレルギー疾患の増加などの健康課題が顕在化している。さらに、新潟中越沖地震、岩手・宮城内陸地震などの自然災害のみならず事件・事故が発生しており、危機管理と、それに伴う子どもの心のケアが重要な課題となっている。また、児童虐待の増加や発達障害などの健康関連の問題も多様化しており、適切な対応が求められているところである。

　このような状況の中、文部科学大臣から中央教育審議会に対してなされた諮問「子どもの心身の健康を守り、安全・安心を確保するために学校全体としての取組を進めるための方策について」の審議が行われ、平成20年1月に答申が出された。この答申を踏まえて学校保健法の改正が6月に行われ、学校保健安全法となり平成21年度から実施された。

　学校保健法は昭和33年に制定され、昭和53年に安全に関する規定の一部改正があったが、大幅な改正は半世紀ぶりのことであり、歴史的な改正といえる。以下、中央教育審議会スポーツ青少年分科会学校健康・安全部会答申及び学校保健法の改正の概要について説明する。

2　中央教育審議会スポーツ・青少年分科会学校健康・安全部会答申（平成20年1月17日）

　今回の中央教育審議会の答申「子どもの心身の健康を守り、安全・安心を確保するために学校全体としての取組を進めるための方策について」の特徴は、子どもの現代的な心身の健康課題に適切に対応するために、養護教諭をはじめとする教職員等のそれぞれの役割の明確化及び校内外の連携体制づくりの2つの観点から検討が行われ、実現化を目指した具体的な提言がなされたことである。以下、答申の概要について述べる。

（1）中央教育審議会答申「子どもの心身の健康を守り、安全・安心を確保するために学校全体としての取組を進めるための方策について」の概要
①　子どもの健康・安全を守るための基本的な考え方
　　○　国民一人一人の健康を基礎にしながら、楽しみや生きがいを持てることや、社会が明るく活力のある状態であることなど生活の質をも含む概念として「健康」をとらえる。
　　○　学校は、心身の成長発達段階にある子どもが集い、人と人との触れ合いにより、人格の形成をしていく場であり、子どもの健康や安全の確保が保障されることが不可欠の前提となること。
　　○　子どもの健康と安全を確保する方策は、家庭と地域との連携の下に、効果的に実施されることが必要であること。
　　○　健康・安全にかかる連携は、学習指導面及び生徒指導面において必要となる家庭や地域との協力関係の基礎を形成するものとして取り組まれるべきものであること。
　　○　学校においては、生涯にわたり、自らの心身の健康をはぐくみ、安全を確保することのできる基礎的な素養を育成していくことが求められること。
　　○　世界保健機関（WHO）のオタワ憲章（1986年）において「人々が自らの健康をコントロー

ルし、改善することができるようにするプロセス」と表現されたヘルスプロモーションの考え方は重要であり、体育科・保健体育科の学習にも、ヘルスプロモーションの考え方が取り入れられていること。等

② 学校保健・学校給食・学校安全の充実を図るための方策の概要

【学校保健の充実を図るための方策について】
① 養護教諭の専門性を学校全体に生かす環境整備
② 学校保健活動の調整的役割を担う保健主事の機能の充実
③ 学級担任等による日常的な健康観察の充実
④ 学校医の専門的知見を学校保健活動に有効に活用
⑤ 学校保健に係る教育委員会の指導体制の充実
⑥ 子どもの健やかな学校生活を保障する学校環境衛生の実現
⑦ 学校と家庭・地域社会との連携による学校保健活動の実現

【学校給食の充実を図るための方策について】
① 生きた教材としての学校給食の充実
② 学校全体での食育の推進
③ 栄養教諭の配置促進及びその専門性を活用した食育の実現
④ 安全・安心な学校給食のための衛生管理の徹底
⑤ 家庭地域社会と連携した食育の推進

【学校安全の充実を図るための方策について】
① 総合的に子どもの安全を確保する学校安全計画の作成
② 学校施設の安全性の確保
③ 学校における安全管理体制の整備充実
④ 緊急時に的確な対応ができる学校内の体制の確立
⑤ 学校安全に関する教職員の資質能力の向上
⑥ 家庭・地域社会との連携による安全管理体制の強化

（2）学校保健の充実を図るための方策についての概要説明
① 養護教諭をはじめとする教職員、学校医等、教育委員会など、関係者の役割の明確化
　ア　養護教諭
　　養護教諭については、8項目にわたりその役割や課題について述べられている。学校保健活動の推進にあたって中核的な役割を果たしていることを明記し、その役割の明確化を図っている。主な役割は、校内関係者や地域の関係機関等との連携においてコーディネーターの役割、保健教育に果たす役割、いじめ・児童虐待などの早期発見・早期対応、学校保健活動のセンター的役割を果たしている保健室経営の充実等である。
　　職務については、5項目（保健管理、保健教育、健康相談、保健室経営、組織活動）に整理され述べられている。
　　養護教諭がこれらの期待されている役割を十分果たせるように、校内外の連携体制づくりを推進して行くことが求められている。
　　また、養護教諭の課題については、研修や養成教育の充実、退職養護教諭の活用、養護教諭の複数配置の促進などがあげられている。
　イ　保健主事
　　保健主事には、学校における保健に関する活動の調整にあたる教員として、すべての教職員が学校保健活動に関心を持ち、それぞれの役割を円滑に遂行できるように指導・助言をする役

233

割が求められている。
　ウ　学級担任や教科担任等
　　　学級担任等では、心身の健康問題の早期発見・早期対応にあたって重要な役割を果たしている健康観察、保健指導、学校環境衛生の日常的点検などを適切に行うこと、また、保健学習では、学級担任、保健体育教諭、養護教諭が連携して実施していくことが求められている。
　エ　校長・教頭等
　　　管理職には、学校保健を重視した学校経営、感染症などの蔓延防止、校内の組織体制づくり、地域社会の関係機関等との連携を図るための組織体制づくりなどの役割が求められている。
　オ　学校医、学校歯科医及び学校薬剤師
　　　学校医等には、学校と地域の医療機関とのつなぎ役、専門的な立場からの保健指導、疾病予防、学校保健委員会への積極的な参画などの役割が求められている。
　カ　学校保健担当指導主事
　　　学校保健担当指導主事の役割としては、学校の状況の適切な把握、指導助言、学校保健委員会・地域学校保健委員会などの組織づくり及びその活性化などの役割が求められている。
　キ　スクールカウンセラー
　　　スクールカウンセラーには、個別面接、教職員へのコンサルテーション、校内組織への参画、養護教諭及び教職員との共通理解、地域の専門機関との連携などの役割が求められている。

② 学校全体で学校保健を推進するための校内外における組織体制づくり
　ア　校内体制づくり
　　○　メンタルヘルスに関する課題やアレルギー疾患などの多様化・深刻化した子どもの心身の健康課題に適切に対応していくためには、学校内の組織体制が充実していることが基本となる。教職員が共通の認識を持ち、学校保健計画に基づき、教職員の保健部（係）などの学校内の関係組織が十分に機能していることが必要である。
　　○　そのためには、各学校において校長は、リーダーシップを発揮し、学校経営に学校保健を位置付け、全職員が連携して学校保健活動に取り組める校内体制づくりをすることが求められる。
　　○　また、校内体制を確立するにあたっては、校内の各種の組織（保健・生徒指導・特別支援教育・教育相談部等）が効率的に運営されることが求められる。

　イ　学校・家庭・地域の関係機関等との連携による学校保健活動の充実
　　○　学校保健委員会は、学校、家庭、地域の関係機関等との連携による効果的な保健活動が可能となることから、活性化を図る必要がある。
　　○　教育委員会は、学校保健委員会、地域学校保健委員会、関係者（関係機関を含む）による地域連絡協議会などが実施され、地域における組織体制づくりができるように指導的役割を果たす必要がある。
　　○　学校保健活動を充実させるためには、指導主事の適切な指導助言が必要であることから、学校保健担当指導主事の資質向上を図ることや複数配置が望まれる。
　　○　健康課題に関する子どもの支援にあたっては、保護者の理解と協力が不可欠なことから、日ごろから家庭に対する啓発活動を行うなど信頼関係の構築に努める。
　　○　ＰＴＡとの効果的な連携を図る。など

③ 法制度上の提言事項
　　○　学校教育法における養護教諭に関する規定を踏まえつつ、養護教諭を中核として、担任教諭等及び医療機関など学校内外の関係者と連携・協力しつつ、学校保健も重視した学校経営がなされることを担保するような法制度の整備について検討する必要がある。
　　○　「学校環境衛生の基準」の位置付けをより一層明確にするために法制度の整備を検討する

234

必要がある。

3　学校保健法等の一部を改正する法律の概要（平成20年6月18日公布）

「学校保健法の一部を改正する法律案」は、衆参両議院にて審議され、平成20年6月18日に名称を学校保健安全法として公布され、平成21年4月1日から施行となった。なお、両議院ともに附帯決議がなされた。

　今回の学校保健法の一部を改正する法律は、中央教育審議会・スポーツ青少年分科会学校健康・安全部会答申を踏まえ、学校保健及び学校安全に関して、地域の実情や児童生徒等の実態を踏まえつつ各学校において共通して取り組まれるべき事項について規定の整備を図るとともに、学校の設置者並びに国及び地方公共団体の責務を定めたものである。

〔学校保健法等の一部を改正する法律の概要〕

学校保健法の一部を改正（学校保健・学校安全）
ア　法律の題名を「学校保健安全法」に改称
イ　国・地方公共団体の責務（財政上の措置その他の必要な施策の実施、国による学校安全の推進に関する計画の策定等）を明記
ウ　学校の設置者の責務（学校の施設設備・管理運営体制の整備充実等）を明記

【学校保健】
ア　養護教諭を中心として関係教職員等と連携した組織的な保健指導の充実
イ　地域の医療関係機関等との連携による児童生徒等の保健管理の充実
ウ　全国的な学校の環境衛生水準を確保するための全国的な基準の法制化

【学校安全】
ア　子どもの安全を脅かす事件、事故及び自然災害に対応した総合的な学校安全計画の策定による学校安全の充実
イ　各学校における危険発生時の対処要領の策定による的確な対応の確保
ウ　警察等関係機関、地域のボランティア等との連携による学校安全体制の強化

（1）主な改正事項
　　○　学校保健法から学校保健安全法へ改称
　　　　近年、児童生徒等の安全を脅かす事件・事故が発生し、また、学校安全に対する意識が高まってきたことから、学校安全の章を新設し学校安全の規定を充実させ、保健と安全の両分野を規定した法律であることを明確にするために学校保健安全法へと改められた。
　　○　国及び地方公共団体の責務（第3条）
　　　　今回の改正により、国及び地方公共団体は、相互に連携を図り、各学校において保健及び安全にかかわる取り組みが確実かつ効果的に実施されるように、財政上の措置その他の必要な施策を講ずるものとされた。

　①　学校保健に関する事項
　　ア　学校保健に関する学校の設置者の責務（第4条）
　　　　メンタルヘルスに関する課題やアレルギー疾患など現代的な健康課題に学校が適切に対応することが求められている中、学校の設置者の果たすべき役割の重要性から、学校保健分野において学校の設置者が施設設備や管理運営体制の整備充実など必要な措置を講ずるよう努める旨の責務について法律上に明記された。
　　イ　学校環境衛生基準（第6条）

235

　　学校環境衛生の基準を学校保健安全法に明確に位置付け、学校における維持改善が確実に実施されるように、児童生徒等の健康を保護する上で維持されることが望ましい基準（学校環境衛生基準）を文部科学大臣が定めることになった。
　ウ　保健指導（第9条）
　　学校においては、児童生徒のさまざまな心身の健康課題に適切に対応するためには、健康相談や担任教諭等による日常的な健康観察等により児童生徒の健康状態を把握するとともに、健康上問題のあると認められる児童生徒等に指導を行うことや、さらに家庭において対応が求められる事項に関して、保護者への指導助言を行うことがより必要となっている状況から、養護教諭その他の教員は相互に連携して保健指導を行うべき旨規定された。
　エ　地域の医療機関等との連携（第10条）
　　児童生徒の心身の健康課題を解決するために、地域の医療機関等との連携を推進することが重要となっている中、救急処置、健康相談、保健指導を行うにあたっては、必要に応じ、地域の医療機関その他の関係機関との連携を図るように努めるものとすることとされた。

②　学校安全に関する事項
　ア　学校安全に関する学校の設置者の責務（第26条）
　　学校の設置者は、児童生徒等の安全の確保を図るため、事故や危険等発生時において適切に対処することができるように、学校の施設及び設備並びに管理運営体制の整備充実その他の必要な措置を講ずるよう努めるものとした。
　イ　総合的な学校安全計画の策定及び実施（第27条）
　　施設設備の安全点検、児童生徒等に対する通学を含めた学校生活その他の日常生活における安全に関する指導、職員研修に関する事項を新たに学校安全計画に記載し、実施すべき事項として規定された。
　ウ　危険等発生時対処要領（第29条）
　　現在、事件・事故や自然災害時に備えて学校においては、危機発生時において学校の職員がとるべき措置の具体的内容や手順を定めた対処要領（危機管理マニュアル）を作成することとし、校長は、対処要領の職員に対する周知、訓練の実施その他の、危険等の発生時に職員が適切に対処するために必要な措置を講ずることとされた。また、事件・事故等が発生した後、児童生徒等の心のケアが重要であることから、当該児童生徒等や関係者の心身の健康を回復させるため、必要な支援を行うものとされた。
　エ　地域の関係機関等との連携（第30条）
　　児童生徒等の安全の確保を図るため、保護者、警察署その他の関係機関、地域の安全を確保するための活動を行う団体、地域住民との連携を図るように努めるものとする規定がなされた。

4　おわりに
　各学校等においては、中央教育審議会スポーツ・青少年分科会学校健康・安全部会答申及び学校保健法の改正の趣旨をよく踏まえた上で、児童生徒の健康づくりに取り組むことが必要である。また、今回の改正により、学校保健活動の組織的な取り組みがより一層推進され、学校保健の充実が図られることを期待したい。

参考　学校保健法等の一部を改正する法律案に対する附帯決議

平成20年6月10日・参議院文教科学委員会

政府及び関係者は、本法の施行に当たり、次の事項について特段の配慮をすべきである。

一、近年、養護教諭に求められる、学校内外の連携を図るコーディネーター的役割や保健教育の推進、特別支援教育への対応等、その役割の増加にかんがみ、養護教諭の未配置校の解消・複数配置の拡充や退職養護教諭の活用の推進等、学校保健を支える人的資源及び学校における救急処置、健康相談又は保健指導を行うための保健室の施設設備など物的資源の一層の充実を図ること。

二、多様化・複雑化した子どもの健康上の課題への適切な対応が可能となるよう、養護教諭に対する研修及び教員養成段階における教育内容の充実を図ること。

三、学校保健の重要性に対する教職員の意識向上を図り、子どもの健康上の課題に学校全体で取り組む体制を整備するため、大学等における教員養成課程をはじめとして、現職教員研修、とりわけ管理職研修において、学校保健に係る知識や指導方法を習得するカリキュラムの一層の充実を図ること。

四、「学校環境衛生基準」の作成に当たっては、子どもにとって安全で快適な教育環境が確保されるよう、その完全実施に向けて万全を期すこと。

五、学校安全対策の実施に当たっては、学校、関係行政機関、児童生徒等の保護者、地域住民その他の多様な主体の連携が確保されるようにするほか、地域の特性、学校の規模、教職員の体制その他の学校の実情並びに児童生徒等の年齢及び心身の状況について適切な配慮を行うとともに、障がいを有する児童生徒等について合理的な配慮を行うこと。

六、各学校や学校の設置者が学校安全対策を円滑に実施することができるよう、財政的な措置を含めた支援を行うこと。

七、学校安全対策の実施に当たっては、学校安全に関する計画の策定等関係省庁が相互に連携を図り、施策の総合的な推進を図ること。また、地方公共団体において学校安全に関する計画の策定等関係機関の連携による施策の総合的な推進を図るため、必要な情報提供、指導助言に努めること。

八、各学校において、通学を含めた学校生活その他の日常生活における安全に関する指導が的確に実施されるよう、関係省庁の連携を充実させるとともに、各学校における実践的な事例の収集及びその提供その他の必要な支援に努めること。

九、各学校における学校安全対策が的確かつ円滑に行われるよう、専ら学校安全対策に従事する者、スクールガード・リーダー等の配置の充実等人的体制の整備を行うこと。

十、学校安全対策の推進に当たっては、各学校における取組の情報収集とその提供、学校安全対策に従事する者及び関係教職員の資質向上のための研修実施とその支援、必要な調査研究とその成果の普及に努めるとともに、学校安全対策の重要性について広く国民の理解を深めるよう、必要な措置を講ずること。

十一、放課後子どもプランの実施等学校における多様な教育活動の実施を踏まえ、学校において事故等により児童生徒等が被害に遭った場合の救済のため、共済給付の制度の充実その他の学校安全に係る被害救済のために必要な措置を講ずるよう努めること。

十二、学校における栄養教諭の役割が明確になることから、学校給食未実施校を含めた全国の義務教育諸学校等において、栄養教諭を中心とした食に関する指導が受けられるよう、栄養教諭等の定数改善を行うことを含め、計画を策定するなど着実に必要な措置を図ること。
　また、現行の学校栄養職員が栄養教諭免許状を取得するための認定講習の実施等、引き続き、その円滑な移行を図るための支援を充実し、栄養教諭制度の定着を図ること。

十三、「学校給食実施基準」の作成に当たっては、給食内容について、学校給食を実施する地方自治体の創意工夫が生かされるよう十分配慮すること。

十四、「学校給食衛生管理基準」の作成に当たっては、食中毒事例等の十分な検証と再発防止策を徹底し、その完全実施を図るとともに、食品の安全性の確保が喫緊の課題となっているこ

とにかんがみ、学校給食食材の安全性の確保に万全を期すこと。

十五、食育推進を明確にした学校給食の目的及び目標を十分に周知することにより、改めて学校給食を実施する意義について、保護者等関係者の理解を深め、給食費未納問題等の解決に努めること。

十六、本改正案の趣旨を十分周知するとともに、各学校における学校保健及び学校安全に係る取組が校長の適切なリーダーシップの下に行われるよう環境整備に努めること。

十七、各学校の設置者は、学校の環境衛生及び安全の確保、学校給食の実施及び衛生管理に当たり、当該学校の施設設備等について、適正を欠き又は支障があると認められる事項があり、当該学校長の申出がなされた場合、速やかに、明確な対応策を示すこと。

十八、新型インフルエンザ等国家的規模での緊急かつ総合的な対策が求められる課題について、学校における児童生徒等の健康と安全確保の観点から、速やかに、講ずべき具体的な措置を検討すること。

十九、公立学校施設の耐震化の一層の促進を図ること。特に、危険度の高い建物について、早急な耐震補強工事等の実施を促すとともに必要な支援を行うこと。

　　右決議する。

【参考文献・引用資料】
中央教育審議会スポーツ・青少年分科会学校健康・安全部会
「子どもの心身の健康を守り、安全・安心を確保するために学校全体としての取組を進めるための方策について」答申　平成20年1月17日
「学校保健法等の一部を改正する法律の公布について(通知)」文部科学省スポーツ・青少年局長通知　20文科ス第522号　平成20年7月9日

参考8　学校教育・学校保健・養護教諭に関する歴史と動向

西暦	年号	学校教育・学校保健・養護教諭に関する動向
1871	明治4年	○文部省設置（明治4年9月）
1872	明治5年	○学制発布（明治5年8月） ・小学校・中学校・大学校に単一化する。 ・小学校入学6歳 ○文部省に医務課を設置（明治5年3月）
1879	明治12年	○教育令公布（明治12年9月） ・学制を廃止し、教育令を公布、小学校、中学校、大学校、師範学校、専門学校、その他各種学校として学校体系を確立する。
1886	明治19年	○小学校令、中学校令、師範学校令公布 ・義務教育4年（明治41年から6年となる）
1888	明治21年	○文部省訓令により活力検査（体格・体力測定）を実施し報告を指示する。
1889	明治22年	○大日本帝国憲法発布
1890	明治23年	○小学校令改訂 ・小学校建設の基準となる規定が定められ、以後の学校衛生の発展の基盤となった。 ○教育ニ関スル勅語発布
1894	明治27年	○日清戦争（明治27年7月～28年4月） ☆終戦後トラコーマが全国に蔓延する。
1897	明治30年	○伝染病予防法制定
1898	明治31年	○学校医令公立学校に学校医を置くの件公布（明治31年1月） ・学校医制度の確立
1900	明治33年	○学生生徒身体検査規定の省令の公布（明治33年3月） ・明治21年の活力検査に関する訓令を廃止し、身体検査は学校医が行うこととなった。 ○未成年者喫煙禁止法公布
1904	明治37年	○日露戦争（明治37年2月～明治38年9月） ○結核予防令公布（明治37年2月4日内務省令）
1905	明治38年	○岐阜県の小学校に初めて校費で学校看護婦が採用される。 ・養護教諭の歴史は、明治38年（1905年）9月にトラコーマ対策として岐阜県の小学校に初めて学校看護婦が採用されたことから始まる。日清戦争により日本に持ちこまれ、当時流行していたトラコーマに対する洗眼・点眼が主な職務であった。その後、各地の自治体で学校看護婦が公費等により採用されるようになった。
1909	明治42年	○種痘法公布
1916	大正5年	○文部科学省に学校衛生官が配置される。
1919	大正8年	○トラホーム予防法公布 ○結核予防法公布 ○学校伝染病予防規定公布 ○学生生徒近視予防の訓令公布 ☆スペインかぜの流行（大正7年～10年）
1920	大正9年	○学生生徒身体検査規定の省令の改正（大正9年7月） ・健康診断としての色を濃くしていった。
1921	大正10年	○未成年者飲酒禁止法公布 ○流行性感冒の予防要項について（内務省訓令）
1922	大正11年	○日本赤十字社東京支部より看護婦2人が文部省に派遣され、東京女子師範学校附属小学校及び幼稚園に文部省学校看護婦を配置し、勤務に関し実際的な研究を開始した。 ○大正11年6月　学校看護婦107人
1923	大正12年	○盲学校及び聾唖学校令公布（大正12年8月28日） ☆関東大震災（大正12年9月1日）
1924	大正13年	○大正13年　学校看護婦316人

1928	昭和3年	○文部省：学校衛生課から体育課へ課名変更
1929	昭和4年	○「学校看護婦ニ関スル件」公布（文部省訓令　昭和4年10月） 我が国初めての学校看護婦に関する法令で、主として学校看護婦の職務内容を規定した。「その業務が教育に密接な関係がある上に、臨床看護婦とは異なり、一種の教育施設の中で保健養護に従事する。」という特殊性を考慮して業務の内容に関し統一した規定の制定を図ったとしている。配置の規定がないことや身分が教員の補助的仕事と見なされていたため、教育職員としての身分の確立を求める職制運動が展開された。 ＜学校看護婦ニ関スル規定ノ件＞ 近時学校衛生ノ発達ニ伴ヒ之ニ関する各種ノ施設漸ク其ノ普及ヲ見ルニ至レルハ児童生徒ノ健康増進上洵ニ慶ブベキコトナリトス惟フニ学校衛生ニ関シテハ学校教職員、学校医主トシテ之ニ従事スト雖モ就中幼弱ナル児童ヲ収容スル幼稚園、小学校等ニ於テハ学校看護婦ヲシテ其ノ職務ヲ補助セシメ以テ周到ナル注意ノ下ニ一層養護ノ徹底ヲ図ルハ極メテ適切ナルコトト云フベシ而シテ学校看護婦ノ業務ハ衛生上ノ知識技能並ニ教育ニ関スル十分ナル理解ヲ必要トスルヲ以テ之ニ対シテハ特殊ノ指導ヲナサザルベカラズ然ルニ未ダ規準ノ拠ルベキモノナク為ニ往々業務ノ実行上不便アルノミナラズ延イテ該事業ノ発達上支障無キヲ保シ難キハ甚ダ遺憾ナルコトト云ハザルベカラズ地方長官ハ叙上ノ趣旨ニ鑑ミ左記要項ニ準拠シ夫々適当ノ方法ヲ講ジ以テ学校衛生ノ実績ヲ挙グルニ力メラルベシ 1　学校看護婦ハ看護婦ノ資格ヲ有スルモノニシテ学校衛生ノ知識ヲ修得セル者ノ中ヨリ適任者ヲ採用スルコト但シ教育ノ実務ニ経験アルモノニシテ学校衛生ノ知識ヲ修得セル者ヲ採用スルモ妨ゲナキコト 2　学校看護婦ハ学校長、学校医其ノ他ノ関係職員ノ指揮ヲ受ケ概ネ左ノ職務ニ従事スルコト 　イ　疾病予防・診療介補消毒、救急処置及診療設備ノ整備並ニ監察ヲ要スル児童ノ保護ニ関スルコト 　ロ　身体検査、学校食事ノ補助ニ関スルコト 　ハ　身体、衣服ノ清潔其ノ他ノ衛生訓練ニ関スルコト 　ニ　家庭訪問ヲ行ヒテ疾病異常ノ治療矯正ヲ勧告シ又ハ必要ニ応ジテ適当ナル診療機関ニ同伴シ或ハ眼鏡ノ調達等ノ世話ヲ為シ尚病気欠席児童ノ調査、慰問等ヲ為スコト 　ホ　運動会、遠足、校外教授、休暇聚落等ノ衛生事務ニ関スルコト 　ヘ　学校衛生ニ関スル調査並ニ衛生講話ノ補助ニ関スルコト 　ト　校地、校舎其ノ他ノ設備ノ清潔、採光、換気、暖房ノ良否等設備ノ衛生ニ関スルコト 　チ　其ノ他ノ学校衛生ニ関スルコト 3　学校看護婦執務日誌其ノ他必要ナル諸簿冊ヲ学校ニ備フルコト 4　幼稚園其ノ他ノ教育機関ニ於テモ本訓令ニ準拠スルコト ○学校看護婦　1,438人
1931	昭和6年	○寄生虫予防法公布（昭和6年4月1日）
1934	昭和9年	○小学校令施行細則 ・小学校に衛生室を設けるように定められる。
1937	昭和12年	○保健所法公布
1938	昭和13年	○教育審議会答申（昭和13年12月） ・国民学校、師範学校及び幼稚園に関する件の答申として下記のことを述べている。 　　九　心身一体ノ訓練ヲ重視シテ児童ノ養護、鍛錬ニ関スル施設及制度ヲ整備拡充シ左ノ事項ニ留意スルコト 　（三）学校衛生職員ニ関スル制度ヲ整備スルコト ・この答申を受けて国民学校設置の大綱を設定「心身を一体として教育し教授、訓練、養護の分離を避けること」 ・「養護」は純然たる学校教育の内容であることが承認されるとともに教科そのものではないが教科の延長であると解釈されるようになった。 ・教科を扱うのが「訓導」であるならば、養護を扱う職員も訓導の身分を持つべきであるとした。 ○厚生省新設 ○国民健康保険法施行
1940	昭和15年	○学校看護婦　約5,900人 ○義務教育費国庫負担法公布（昭和15年3月29日） ○幼稚園令公布（昭和15年4月12日）
1941	昭和16年	○国民学校令（勅令第148号）公布（昭和16年3月） ・国民学校には「養護訓導ヲ置クコトヲ得」と規定。養護訓導は「学校長ノ命ヲ承ケ児童ノ養護ヲ掌ル」と規定。この時点では、全国のすべての学校に配置するのは実現不可能と判断されたため、「養護訓導ヲ置クコトヲ得」と規定された。第二次世界大戦への参戦を控えて富国強兵を意識した対策としての時代背景を見逃すことはできない。国民学校令施行規則により、養護訓導の免許状と検定に関する規定を設けた。 ○文部省：体育局を新設、体育、訓練、衛生課を置く。 ○保健婦規則（昭和16年7月）
1942	昭和17年	＜養護訓導執務要項（文部大臣訓令昭和17年7月）＞ ・昭和4年に示された「学校看護婦ニ関スル件」を廃止。特徴は、養護教諭の自律性、教育的任務の重視、児童の養護に限定したこと等である。 ＜養護訓導執務要項＞ 1　養護訓導ハ常ニ児童心身ノ情況ヲ査察シ特ニ衛生ノ躾、訓練ニ留意シ児童ノ養護ニ従事スルコト 2　養護訓導ハ児童ノ為、概ネ左ニ掲グル事項ニ関シ執務スルコト 　イ　身体検査ニ関スル事項　　　　　　　ロ　学校設備ノ衛生ニ関スル事項 　ハ　学校給食ソノ他児童ノ栄養ニ関スル事項　ニ　健康相談ニ関スル事項

1942	昭和17年	ホ　疾病ノ予防ニ関スル事項　　　　　　　　ヘ　救急看護ニ関スル事項 ト　学校歯科ニ関スル事項　　　　　　　　チ　要養護児童ノ特別養護ニ関スル事項 リ　其ノ他児童ノ衛生養護ニ関スル事項 3　養護訓導ハソノ執務ニ当リ他ノ職員ト十分ナル連絡ヲ図ルコト 4　養護訓導ハ医務ニ関シ学校医，学校歯科医ノ指導ヲ承クルコト 5　養護訓導ハ必要アル場合ニ於テハ児童ノ家庭ヲ訪問シ児童ノ養護ニ関シ学校ト家庭トノ連絡ニ努ムルコト
1943	昭和18年	○国民学校令改正（昭和18年6月） ・養護訓導が必置制となる。「国民学校ニハ学校長，訓導及養護訓導ヲ置クベシ」と規定 ・この時、すでに養護訓導の俸給、手当てなどが一般教員と同様に国庫補助を受けることが法制化され、財政上の措置がとられたことから必置制に踏み切った。ただし、養成が追いつかないことから「養護訓導は当分の間置かないことができる」の規定が付け加えられた。 ・欧米のスクールナースのように巡回制ではなく、常勤で1校1人制をとったところに日本の独自性が見られ、国の選択として特に評価されるところである。
1945	昭和20年	○文部省：体育局衛生課から保健課に課名変更 ○養護訓導　1,750人
1946	昭和21年	○「学校衛生刷新ニ関スル件」（体育局長通知 昭和21年2月） ・文部省、養護訓導の緊急な増員を勧告、戦後の著しい学徒の体力低下と疾病の蔓延状態の快復に最も寄与する職員として期待された。 ○国庫補助金を交付し、各都道府県に養護訓導養成講習会を開催させ、大量の仮免許者を養成、昭和21年から3年間にわたって実施された。 ○養護訓導　2,360人
1947	昭和22年	○教育基本法公布（昭和22年3月31日） ○学校教育法制定（昭和22年3月31日） ・養護訓導から養護教諭へ名称変更 ・「養護教諭は、児童の養護をつかさどる」と規定（中学校・高等学校準用） ○国民学校令廃止 ○児童福祉法公布（昭和22年12月12日） ○養護教諭　4,308人
1948	昭和23年	○教育委員会法公布（昭和23年7月15日） ○保健婦助産婦看護婦法の公布（昭和23年7月30日） ○「公立学校職員臨時設置制」の改正（昭和23年10月） ・養護助教諭制を設ける（旧制度による資格取得見込み者の免許切替え対応策）。
1949	昭和24年	○教育公務員特例法公布（昭和24年1月12日） ○教育職員免許法公布（昭和24年5月） ・養護教諭の養成コースを定める。 ・連合軍最高司令官総司令部（ＧＨＱ）の強い勧告を受け、看護婦資格を基礎資格とした養成制度となる。 ○保健体育審議会令公布（昭和24年7月5日） ○中等学校保健計画実施要領試案（昭和24年11月18日） ・学識経験者等により学校保健問題について審議を求め、試案に基づいて作成され、一つの参考指針として出されたものである。序論、健康に適した学校環境・学校生活、学校保健事業、健康教育を主項目としている。 ・学校保健計画における職務として、校長、学校保健主事、学校医等の職務も記載されており、養護教諭の職務に関しては、15項目あげられている。 ①学校保健事業遂行の援助　　　　　　②学校身体検査の準備と援助 ③身体検査結果処理の計画と実行　　　④伝染病予防補助 ⑤救急処置の助力　　　　　　　　　　⑥学校給食助言 ⑦環境衛生の援助と助言　　　　　　　⑧健康相談の準備と援助 ⑨健康教育の協力　　　　　　　　　　⑩健康資料の整理と活用 ⑪教職員健康保持の助言　　　　　　　⑫学校保健事業の評価の援助 ⑬環境調整の助力　　　　　　　　　　⑭保健情報の収集 ⑮家庭訪問と保健指導の助言
1951	昭和26年	○小学校保健計画実施要領試案（昭和26年2月26日） ○結核予防法公布（昭和26年3月31日）
1952	昭和27年	○サンフランシスコ条約（昭和27年4月28日） ・日本国の米による占領終結 ○教育職員免許法の改正（昭和27年7月） ・看護婦とは無関係の養護教諭養成コースを新設。 ・4年または2年の養成コースを認めたことから、各地に大学または短大の養成所が続々と設けられるようになった。 ・保健師の資格だけでは、養護教諭1級免許は取得できなくなった。 ○高知県立女子大学に養護教諭養成課程が設置された。
1954	昭和29年	○「保健室の設置並びに学校医及び学校歯科医等の職務について」通達（平成29年1月） ・保健室の設備基準が示された。 ○学校給食法公布（法律第103号 昭和29年6月3日）

1956	昭和31年	○幼稚園設置基準公布（昭和31年12月31日）
1958	昭和33年	○学校保健法の制定（法律第56号　昭和33年4月） ・戦後、新しい憲法の下に学校保健についても改革が行われ、昭和33年に学校保健法が制定された。以後、学校保健管理を進めるにあたっての基本法となった。 　第1章　総則 　第2章　健康診断及び健康相談 　第3章　伝染病の予防 　第4章　学校保健技師並びに学校医、学校歯科医及び学校薬剤師 　第5章　地方公共団体の援助及び国の補助 　第6章　雑則 からなり、主な内容は、身体検査から健康診断へ、就学時の健康診断を市町村教育委員会が実施、職員の健康診断、学校環境衛生の明文化、学校医、学校歯科医、学校薬剤師制度の規定等である。健康診断の技術的基準は、政令・省令にて規定した。 ○学校教育法施行規則の一部改正（昭和33年8月） ・保健主事制度の法制化、保健主事は教諭をもつて、これに充てる。保健主事は、校長の監督を受け、小学校における保健に関する事項の管理にあたる（中・高・盲聾養護学校準用）。 ○文部省：体育局を設置し、学校保健課を置く。
1962	昭和37年	○国立大学に1年課程（特別別科）の養護教諭養成が始まる（看護婦免所有者に対し1級免許状を与える。山形・茨城・金沢・愛知・神戸・岡山・徳島・熊本の各大学）。
1966	昭和41年	○国立大学に3年課程の養護教諭養成が始まる（高等学校卒に養護教諭2種、中学校保健2級免許を与える。北海道教育・弘前・茨城・千葉・愛知教育・大阪教育・岡山・徳島・熊本の各大学）。
1972	昭和47年	○保健体育審議会答申（昭和47年12月） 「児童生徒等の健康の保持増進に関する施策について」 ・養護教諭に関しては、養成機関が多岐にわたっていること、修業年限も幅がある等の問題点を指摘し、将来は4年制大学を中心として養成するよう検討する必要があるとした。この提言を受け、昭和50（1975）年に国立大学に4年制の養成課程ができるに至った。 ・養護教諭の役割については、次のように述べている。 養護教諭は、専門的立場からすべての児童生徒の実態を的確に把握して、疾病や情緒障害、体力、栄養に関する問題等心身の健康に問題を持つ児童生徒の個別の指導にあたり、また、健康な児童生徒についても健康の増進に関する指導にあたるのみならず、一般教員の行う日常の教育活動にも積極的に協力する役割を持つものである。
1975	昭和50年	○国立大学に4年制の養護教諭養成課程を新設。
1980	昭和55年	○第5次公立義務教育諸学校学級編制及び教職員定数改善計画（昭和55年〜12年間） ①小・中学校の1学級当たりの児童生徒数の基準を45人から40人にする、いわゆる40人学級の実施 ②教頭の専任化や小学校の音楽、図画工作、体育等を専門に担当する専科教員の配置等を可能にするための教員定数の改善 ③養護教員、事務職員、学校栄養職員の配置改善等
1988	昭和63年	○教育職員免許法の一部改正 ・専修免許状の新設、従来の1級・2級免許状を1種・2種免許状に名称変更等が行われた。 ○「教育公務員特例法及び地方教育行政の組織及び運営に関する法律の一部改正 ・初任者研修の制度化、新規採用された教員に対して、採用の日から1年間、実践的指導力と使命感を養うとともに、幅広い知見を得させるため、学級や教科・科目を担当しながらの実践的研修（初任者研修）を行う。 （養護教諭は対象外となる、平成元年から段階別に実施） ○文部省：学校保健課と学校給食課が統合され学校健康教育課として発足
1989	平成元年	○初任者研修実施 ○新規採用養護教諭研修
1993	平成5年	○第6次公立義務教育諸学校教職員定数配置改善計画（平成5年〜12年） ・養護教諭の複数配置が始まる。30学級以上の大規模校における複数配置が進められることになった。
1995	平成7年	○学校教育法施行規則の一部改正（平成7年3月） ・保健主事に幅広く人材を求める観点から、保健主事には、教諭に限らず、養護教諭も充てることができるようになった。また、これにより、養護教諭が学校全体のいじめ対策等においてより積極的な役割を果せるようにしたものである。 ☆阪神・淡路大震災（平成7年1月17日5時46分、淡路島北部の北緯34度36分、東経135度02分、深さ16kmを震源とするマグニチュード7.3の地震が発生した。この災害による人的被害は、死者6,434名、行方不明者3名、負傷者43,792名という戦後最悪の極めて深刻な被害をもたらした（消防庁調べ、平成17年12月22日現在）。住家については、全壊が約10万5,000棟、半壊が約14万4,000棟にものぼった。この災害により日本において、心的外傷後ストレス障害（PTSD）が広く国民に周知されようになるとともに、災害時の心のケアが課題となった。
1996	平成8年	☆O157食中毒事件（平成8年7月に大阪府堺市で発生した学校給食による食中毒）では患者数9,000人を超え、児童3人が死亡し社会的に大きな影響を与えた。この事件をきっかけに、厚生省をはじめ、各都道府県は腸管出血性大腸菌O157による食中毒の発生の防止対策に取り組むことになった。

1997	平成 9 年	○保健体育審議会答申（平成9年9月） 「生涯にわたる心身の健康の保持増進のための今後の健康に関する教育及びスポーツの振興の在り方について」 ・児童生徒の心の健康問題等の深刻化に伴い、児童生徒の身体的な不調の背景にいじめなどの心の健康問題がかかわっていること等のサインにいち早く気付く立場にある養護教諭の行うヘルスカウンセリング（健康相談活動）が一層重要な役割を持ってきていると提言され、広く周知されるに至った。 　また、平成7年3月に法改正が行われ、養護教諭も保健主事への登用の道が開けたことから企画力、実行力、調整能力を身に付けることが求められた。
1998	平成10年	○教育職員免許法の一部改正（平成10年6月10日公布、平成10年7月1日施行） ・養護教諭の免許状を有し3年以上の勤務経験がある者で、現に養護教諭として勤務しているものは、保健の教科の領域に係る事項の教授を担任する教諭または講師となることができるようになる。 ・養護教諭の養成カリキュラムの改善。養護に関する科目「健康相談活動の理論及び方法」及び「養護概説」の新設（「学校保健（養護教諭の職務を含む）」から独立） ○中央教育審議会答申（平成10年9月） 「今後の地方教育行政の在り方について」 ・これからの学校が、より自主性、自律性をもって、校長のリーダーシップのもと組織的、機動的に運営され、幼児児童生徒の実態や地域の実情に応じた特色ある学校づくりを展開することができるよう、校長及び教頭の資格要件を緩和するとともに職員会議及び学校評議委員に関する規定等を提言した。
2000	平成12年	○学校教育法施行規則の一部改正（平成12年1月） ・平成10年の中央教育審議会答申を受けて、第8条、10条改正、校長、教頭の資格の規制緩和が行われた。これにより養護教諭の管理職への登用が法的に可能となった。その後、各都道府県において養護教諭出身の管理職が徐々に増えている。また、民間人の学校管理職への登用が可能となった。 ○教育公務員特例法等の一部改正（平成12年4月） ・大学院修学休業制度発足 　小学校等の教諭、養護教諭又は講師で、教員の1種免許状又は特別免許状を有する等の要件を満たすものは、任命権者の許可を受けて、3年を超えない範囲で年を定める期間、専修免許状の取得を目的として、大学院の課程等に在学してその課程を履修するため、大学院修学休業を行うことができるようになる。
2001	平成13年	○第7次義務教育諸学校教員配置改善計画（平成13年〜17年、高校は第6次） ・小学校は児童851人以上、中・高等学校801人以上、養護学校61人以上に複数配置が進められることになった。健康課題のある学校への加配措置を養護教諭にも適応。 ・平成13年度から、特に必要と認められる場合には、各都道府県教育委員会の判断により、特例的に国の標準（40人）を下回る少人数（20人程度）の学級編制基準を設けることを可能にした。 ○文部省：中央省庁再編成により文部科学省となる。 ☆大阪教育大学附属池田小学校不審者侵入事件（平成13年6月8日、児童8人が殺傷される）
2002	平成14年	○学校教育法の一部改正（平成14年11月29日） ・専門職大学院の創設、高度専門職業人の養成 ○教育公務員特例法の一部改正（平成14年6月12日公布、平成15年4月1日施行） ・教諭等としての在職期間が10年に達した者に対する個々の能力、適性等に応じた研修を制度化。
2004	平成16年	○高等学校設置基準の全部を改正する省令（平成16年3月31日） ・高等学校を設置するのに必要な最低の基準を定めた文部科学省の省令である。 ・第9条　養護教諭を置くように努めなければならない。 ○学校教育法の一部改正（平成16年5月21日） ・栄養教諭の創設 ○「盲・聾・養護学校におけるたんの吸引等の取り扱いについて」厚生労働省医政局長及び初等中等教育局長通知（平成16年10月22日） ・厚生労働省が、「特殊教育における福祉・医療等との連携に関する実践研究」等の成果を踏まえ、一定の条件が満たされていれば、医師又は看護職員の資格を有しない教員によるたんの吸引、経管栄養及び導尿を盲・聾・養護学校全体に許容することを認める。基本的には看護師を増員していく方針が固まる。 ○発達障害者支援法公布（平成16年12月10日） ・児童の発達障害の早期発見及び発達障害者の支援のための施策等を規定。
2005	平成17年	○栄養教諭の配置が始まる。 ○食育基本法（平成17年6月10日） ○医師法第17条歯科医師法17条及び保健師助産師看護師法第31条の解釈について（厚生労働省医政局長通知　平成17年7月26日） ・医療機関以外の高齢者介護、障害者介護の現場等において判断に疑義が生じることが多い行為であって原則として医行為でないと考えるものを列挙 ○障害者自立支援法公布（平成17年10月31日）
2006	平成18年	○『子どもの心のケアのために（PTSDの理解とその予防）』保護者向けリーフレットの作成（文部科学省　平成18年3月） ○薬事法の一部改正（平成18年6月14日、平成21年6月施行） ・医薬品販売制度の見直し、医療用医薬品と一般用医薬品の区別の明確化、適切な情報提供及び相談対応のための環境整備等 ○学校教育法の改正（平成18年6月21日） ・教育の目標、盲・聾・養護学校から特別支援学校へ一本化、発達障害を含む障害のある児童生徒等への教育支援等

243

2006	平成18年	○国の補助金の整備及び合理化等に伴う義務教育費国庫負担法等の一部改正（平成18年11月30日） ・義務教育費国庫負担金の国庫負担率を変更（1/2→1/3）する等 ○教育基本法の一部改正（平成18年12月22日） ・教育の目標を明示、学校、家庭、地域との連携協力、教育振興基本計画の策定等
2007	平成19年	○『子どものメンタルヘルスの理解とその対応』指導資料作成（財団法人日本学校保健会　平成19年2月） ・心の健康に関する調査の実施により、児童生徒の実態を明らかにした。 ○学校教育法施行規則の一部改正（平成19年6月27日） ・各学校種の教育の目標の見直し、学校の組織運営体制の確立のため副校長・主幹教諭（主幹養護教諭・主幹栄養教諭）・指導教諭の設置、学校評価、保護者等への情報提供等。 ○教育職員免許法の一部改正（平成21年4月施行） ・教員免許更新制の導入（① 教員免許状に10年間の有効期間が定められる。② 免許状の有効期間を更新するため、30時間の免許状更新講習を受講・修了することが必要。③ 教員免許更新制の導入前に授与された旧免許状を持っている教諭や校長等の教育の職にある方も、10年ごとの修了確認期限までに免許状更新講習を受講・修了することが必要等） ○『養護教諭のための児童虐待対応の手引』作成（文部科学省　平成19年10月）
2008	平成20年	○中央教育審議会答申（平成20年1月） 「子どもの心身の健康を守り、安全・安心を確保するために学校全体としての取組を進めるための方策について」 概要 ①養護教諭の専門性を学校全体に生かす環境整備 ②学校保健活動の中核を担う保健主事の機能の充実 ③学級担任等による日常的な健康観察の充実 ④学校保健に係る教育委員会の指導体制の充実 ⑤学校医の専門的知見を学校保健活動に有効に活用 ⑥子どもの健やかな学校生活を保障する学校環境衛生の実現 ⑦学校と家庭・地域社会との連携による学校保健活動の実現 ・この答申は、学校保健関係者の役割の明確化及び校内外の組織体制づくりに焦点を当て審議が行われた。養護教諭については、8項目にわたり述べられており、学校保健活動の推進にあたって中核的な役割が求められた。養護教諭の役割として、 ①校内及び地域の関係機関等との連携におけるコーディネーターの役割 ②いじめや児童虐待等の早期発見・早期対応 ③保健教育（保健学習、保健指導）に果たす役割 ④学校保健活動のセンター的役割を果たしている保健室経営の充実（保健室経営計画の作成） ⑤学級担任等をはじめとする学校保健関係者との連携 　等があげられた。 　養護教諭の職務については、学校教育法、昭和47年及び平成9年の保健体育審議会答申を踏まえ、 ①保健管理　②保健教育　③健康相談活動　④保健室経営　⑤学校保健組織活動 の5項目に整理され述べられた。 ・養護教諭の行う健康相談は、期待されている役割の一つであることや、保健管理のみならず児童生徒の健全な発育・発達に大きく寄与していることから強調されている。養護教諭の職務として中教審答申に明記されたことの意義は大きいと考える。 ・養護教諭の課題としては、①養護教諭の研修制度の充実　②退職養護教諭の活用　③養護教諭養成カリキュラムの充実　④養護教諭の複数配置の促進があげられた ○『保健室利用状況に関する調査報告書』の作成（財団法人日本学校保健会　平成20年2月） ○学習指導要領の改訂（小学校・中学校、平成20年3月告示） ○『学校のアレルギー疾患に対する取り組みガイドライン』の作成（財団法人日本学校保健会　平成20年3月） ・生活管理指導表にアレルギーが追加されるとともに、エピペンの取り扱い等について記載。 ○学校保健法施行規則の一部改正（平成20年5月） ・学校における伝染病の規定に新型インフルエンザを1種に追加 ○学校保健法の一部改正（学校保健安全法に改称、平成20年6月18日公布） ①養護教諭を中心として関係教職員等と連携した組織的な保健指導、健康観察、健康相談の充実 ②地域の医療関係機関等との連携による児童生徒等の保健管理の充実 ③学校の環境衛生水準を確保するための全国的な基準の法制化 ④子どもの安全を脅かす事件、事故及び自然災害に対応した総合的な学校安全計画の策定による学校安全の充実 ⑤各学校における危険発生時の対処要領の策定による的確な対応の確保 ⑥警察等関係機関、地域のボランティア等との連携による学校安全体制の強化 ○学校給食法の一部改正（平成20年6月18日） ・学校給食実施基準の規定 ・学校給食衛生管理基準規定
2009	平成21年	○『教職員のための子どもの健康観察の方法と問題への対応』指導資料の作成（文部科学省　平成21年3月） ・健康観察が学校保健安全法に規定されたことから教職員向けに手引書を作成。 ○学習指導要領の改訂（高等学校・特別支援学校、平成21年3月告示） ○『養護教諭研修プログラム作成委員会報告書』の作成（財団法人日本学校保健会　平成21年4月） ・新採用研修・10年経験者研修の国の方針を示すとともに研修プログラムを開発。 ○『保健室経営計画作成の手引』の作成（財団法人日本学校保健会　平成21年4月）

2009	平成21年	・課題解決型の保健室経営計画の作成方法を示す。 ○学校環境衛生基準文部科学省告示（平成21年3月31日告示、21年4月1日施行） ○学校保健法等の一部を改正する法律の施行に伴う関係省令等の施行について（通知） ・学校保健法施行令、学校保健法施行規則、学校給食法施行令、学校給食法施行規則の一部改正　等 ○学校給食実施基準、夜間学校給食実施基準、特別支援学校の幼稚部及び高等部における学校給食実施基準 　文部科学省告示（平成21年3月31日告示、21年4月1日施行） ☆新型インフルエンザの世界的流行（6月にはWHOフェーズ6を宣言、メキシコから発生し世界へ広がる、 　若年層を中心に流行、弱毒性であるが変異が懸念されている） ○各都道府県、指定都市宛新型インフルエンザの対応について通知の発出 ・新型インフルエンザ（H1N1）の流行への対応 ○「救急救命処置の範囲等について」の一部改正について（依頼）文部科学省スポーツ・青少年局学校健康 　教育課長（平成21年7月30日） ・アナフィラキシーショックで生命が危険な状態にある児童生徒に対し、救命の現場に居合わせた教職員 　が、アドレナリン自己注射を自ら注射できない本人に代わって注射することは、反復継続する意図がない 　ものと認められるため、医師法違反にならないとの解釈が厚生労働省に認められる。
2010	平成22年	○『子どもの自殺が起きたときの緊急対応の手引き』の作成（文部科学省　平成22年3月） ○「児童生徒が抱える問題に対しての教育相談の徹底について」（通知）（文部科学省初中局　平成22年5月） ○『子どもの心のケアのために―災害や事件・事故発生時を中心に―』指導資料作成（文部科学省　平成22 　年7月） ○養護教諭の職務に関する全国調査の実施（財団法人日本学校保健会　平成22年12月）
2011	平成23年	☆東日本大震災（平成23年3月11日）地震と津波による死者行方不明約2万人 ・津波による福島第一原発事故発生放射能漏れ、子どもへの健康被害が懸念される。 ○「東日本大震災への対応のための教職員の加配定数について」通知（文部科学省　平成23年6月追加内示） ・養護教諭の加配措置も行われ、各都道府県から現役の養護教諭が多数派遣された。 ○『教職員のための健康相談及び保健指導の手引』の作成（文部科学省　平成23年8月） ・学校保健安全法に養護教諭等が行う健康相談、保健指導が規定されたことから周知を図るために作成された。 ☆さいたま市小6女児駅伝死亡事故（平成23年9月） ○保健室利用状況調査の実施（財団法人日本学校保健会　平成23年10月） ○「放射線等に関する副読本」の作成（文部科学省　平成23年11月）
2012	平成24年	○「学校保健の課題とその対応―養護教諭の職務に関する調査結果から―」教員用指導資料の作成（公益財 　団法人日本学校保健会　平成24年3月） ○学校保健安全法施行規則の一部を改正する省令（平成24年文部科学省令11号）」が4月1日から施行され 　た。主な改正内容は、①結核の有無の検査方法の技術的な基準について、児童生徒の定期健康診断における結 　核の有無の検査方法に関して、教育委員会に設置された結核対策委員会からの意見を聞かずに、精密検査を 　行うことができることとした。②感染症の予防方法について、髄膜炎菌性髄膜炎を、学校において予防すべ 　き感染症のうち第2種感染症に追加、インフルエンザ、百日咳、流行性耳下腺炎について出席停止の期間を 　訂正した。 ☆東京調布市小学校学校給食女児死亡事故（平成24年12月） ・食物アレルギーのある児童が、給食の誤食により体調を悪くして死亡する事故発生
2013	平成25年	○『保健室利用状況調査報告書』（公益財団法人日本学校保健会　平成25年2月） ○いじめ防止対策推進法の制定（文部科学省　平成25年6月公布） ・いじめの定義 　いじめを「児童生徒に対して、当該児童生徒が在籍する学校に在籍している等該児童生徒と一定の人間関係 　にある他の児童生徒が行う心理的又は物理的な影響を与える行為（インターネットを通じて行われるものを 　含む）であって、当該行為の対象となった児童生徒が心身の苦痛を感じているもの」と定められた。 ・国、地方公共団体、学校の各主体による「いじめ防止等のための対策に関する基本的な方針」の策定等が 　求められた。 ○「平成24年度非常災害時の子どもの心のケアに関する調査報告書」（文部科学省　平成25年8月） ○『学校において予防すべき感染症の解説』（文部科学省　平成25年8月） ○「子宮頸がん予防ワクチンの接種に関連したと思われる症状により教育活動の制限が生じた生徒への適切 　な対応について」（事務連絡）（文部科学省　平成25年9月）
2014	平成26年	○『子供たちを児童虐待から守るために―養護教諭のための児童虐待対応マニュアル―』（公益財団法人日 　本学校保健会　平成26年3月） ○『学校における子供の心のケア』（文部科学省　平成26年3月） ○学校保健安全法施行規則の一部改正（平成26年4月） ＜児童生徒の健康診断＞ ①検査項目並びに方法及び技術的基準（第6条及び第7条関係） ・座高の検査及び寄生虫卵の有無の検査について、必須項目から削除 ・四肢の状態を必須項目に追加、四肢の状態を検査する際は、四肢の形態及び発育並びに運動機能の状態に 　注意すること。 ②保健調査（第11条関係） ・健康診断を行うための保健調査の実施時期を、小学校入学時及び必要と認めるときから、小学校、中学 　校、高等学校及び高等専門学校においては全学年、幼稚園及び大学においては必要と認めるときとした。

245

2014	平成26年	＜職員の健康診断＞ ①方法及び技術的基準（第14条関係） ・血圧の検査の方法について、水銀血圧計以外の血圧計が利用できるように改めた。 ・胃の検査の方法について、胃部X線検査に加えて、医師が適当と認める方法を新たに認めるように改めた。 ○児童生徒の自殺予防に関する調査研究協力者会議の審議のまとめ「子供に伝えたい自殺予防」及び「子供の自殺等の実態分析」について（周知）（文部科学省　平成26年7月）
2015	平成27年	○「子供の心のケアのために（保護者用）」リーフレット（改訂）（文部科学省　平成27年2月） ○『保健室経営計画作成の手引』（平成26年度改訂）（公益財団法人 日本学校保健会　平成27年2月） ○『学校のアレルギー疾患に対する取り組みガイドライン 要約版』（文部科学省　平成27年2月） ○「学校のアレルギー疾患対応資料」（DVD）（文部科学省　平成27年2月） ○『学校給食における食物アレルギー対応指針』の作成（文部科学省　平成27年3月） ○「学校におけるがん教育の在り方について（報告）」（文部科学省　平成27年3月） ○「性同一性障害に係る児童生徒に対するきめ細かな対応の実施等について」通達発出（文部科学省　平成27年4月） ・性同一性障害に係る児童生徒についての特有の支援 ・性同一性障害に係る児童生徒や「性的マイノリティ」とされる児童生徒に対する相談体制等の充実 ○『児童生徒等の健康診断マニュアル』（平成27年度改訂）の作成（公益財団法人 日本学校保健会　平成27年8月） ○「児童、生徒、学生、幼児及び職員の健康診断の方法及び技術的基準の補足的事項及び健康診断票の様式例の取扱いについて」事務連絡（文部科学省スポーツ・青少年局　平成27年9月） ・児童生徒健康診断票（一般、歯・口腔） ・児童、生徒、学生、幼児及び職員の健康診断の方法及び技術的基準の補足の事項について ○「JRC蘇生ガイドライン2015」（一般社団法人 日本蘇生協議会（JRC）平成27年10月） ○「これからの学校教育を担う教員の資質能力の向上について」（答申）（文部科学省　平成27年12月） ○「アレルギー疾患対策基本法の施行について」（厚生労働省　平成27年12月） ○「チームとしての学校の在り方と今後の改善方策について」（答申）（文部科学省　平成27年12月）
2016	平成28年	○「学校における水泳プールの保健衛生管理 平成28年度改訂」（公益財団法人日本学校保健会　平成28年2月） ○「学校保健委員会に関する調査報告書」（日本学校保健会　平成28年3月） ○「学習指導要領の一部改正に伴う小学校、中学校及び特別支援学校小学部・中学部における児童生徒の学習評価及び指導要録の改善等について（通知）」（文部科学省初等中等教育局　平成28年7月） ○「幼稚園、小学校、中学校、高等学校及び特別支援学校の学習指導要領等の改善及び必要な方策について」（答申）（文部科学省　平成28年12月）
2017	平成29年	○「第2次学校安全の推進に関する計画の策定について」（答申）（文部科学省　平成29年2月） ○「がん教育推進のための教材」（文部科学省　平成29年3月） ○「健康な生活を送るために」高校生用平成28年度版（文部科学省　平成29年3月） ○「現代的健康課題を抱える子供たちへの支援〜養護教諭の役割を中心として〜」（文部科学省　平成29年3月） ○「学校におけるスポーツ外傷による脳脊髄液減少症への適切な対応について」（事務連絡）（文部科学省　平成29年3月） ○幼稚園教育要領、小学校及び中学校学習指導要領改訂（文部科学省　平成29年3月告示） ○学校教育法施行規則にスクールカウンセラーとスクールソーシャルワーカーが位置づく（文部科学省　平成29年4月） 　第六十五条の二　スクールカウンセラーは、小学校における児童の心理に関する支援に従事する。 　第六十五条の三　スクールソーシャルワーカーは、小学校における児童の福祉に関する支援に従事する。 ○特別支援学校学習指導要領等改訂（文部科学省　平成29年4月告示） ○「ヒアリに関する周知について」（依頼　事務連絡）（文部科学省　平成29年7月） ○「小学校及び中学校の学習指導要領等に関する移行措置並びに移行期間中における学習指導等について（通知）」文部科学事務次官（文部科学省　平成29年7月） ○「てんかんへの座薬挿入について」（事務連絡）（文部科学省　平成29年8月）
2018	平成30年	○『保健室利用状況に関する調査報告書 平成28年度調査結果』（公益財団法人日本学校保健会　平成30年2月） ○『学校における麻しん対策ガイドライン　第二版』（国立感染症研究所感染症疫学センター　平成30年2月） ○『就学時の健康診断マニュアル（平成29年度改訂）』（公益財団法人日本学校保健会　平成30年3月） ○『教職員のための指導の手引〜UPDATE! エイズ・性感染症〜』（公益財団法人日本学校保健会　平成30年3月） ○『学校において予防すべき感染症の解説』（公益財団法人日本学校保健会　平成30年3月） ○資料「わたしの健康」（小学生用）（文部科学省　平成30年3月） ○「学校環境衛生基準の一部改正について」（通知）（文部科学省　平成30年4月） ○「学校環境衛生管理マニュアル「学校環境衛生基準」の理論と実践」（平成30年度改訂版）（文部科学省　平成30年5月） ○「学校における医療的ケアの実施に関する検討会議の中間まとめについて」（通知）（文部科学省　平成30年6月） ○第五次薬物乱用防止五か年戦略（薬物乱用対策推進会議決定　平成30年8月） ○『学校における心肺蘇生とAEDに関する調査報告書』（公益財団法人日本学校保健会・学校における心肺蘇生（AED）支援委員会　平成30年11月） ○「薬物乱用防止教育の充実について」（通知）（文部科学省　平成30年12月）

2019	平成31年 令和元年	○中央教育審議会答申「新しい時代の教育に向けた持続可能な学校指導・運営体制の構築のための学校における働き方改革に関する総合的な方策について」（文部科学省　平成31年1月25日） ○「興味をもって取り組める医薬品の教育」（公益財団法人日本学校保健会　平成31年3月） ○「実践!! 思春期の歯・口の健康づくり」（公益財団法人日本学校保健会　平成31年3月） ○学習指導要領小・中学校先行実施（令和元年度） ○教職課程の改定（文部科学省　2019年度） ・教職課程に新たに加えられた内容は、小学校の外国語（英語）教育、ICTを用いた指導法、特別支援教育の充実、学校安全への対応、道徳教育の充実、チーム学校運営への対応などである。 ○「学校・教育委員会等向け虐待対応の手引き」（文部科学省　令和元年5月） ○「大学等における修学の支援に関する法律」（令和元年法律第8号）（令和元年5月17日公布、令和2年4月1日施行） ○「学校教育の情報化の推進に関する法律」（令和元年法律第47号）（令和元年6月28日公布・施行） ○2019年度（令和元年度）の「全国体力・運動能力、運動習慣等調査（全国体力テスト）」の結果を発表（スポーツ庁　令和元年12月） ・体力合計点は、小・中学校の男女ともに前年度から低下し、小学生男子は調査開始以来、過去最低を記録した。 ○児童虐待防止対策の強化を図るための児童福祉法等の一部を改正する法律 （令和元年法律第46号　令和元年6月公布、令和2年4月施行・一部令和5年4月施行） ・改正趣旨：児童の権利擁護、児童相談所の体制強化及び関係機関間の連携強化等の所要の措置を講ずる ○中国・武漢市で新型コロナウイルス感染症のアウトブレイクが起きて発見される（令和元年12月）
2020	令和2年	○日本で初めて神奈川県内で中国・武漢市からの帰国者から新型コロナウイルスの感染症例を確認（令和2年1月） ○新型コロナウイルス感染症が日本で指定感染症となる（令和2年2月） ○世界保健機関(WHO)は新型コロナウイルス感染症をCOVID-19と命名（令和2年2月） ○『「生きる力」を育む学校での歯・口の健康づくり』（令和元年度改訂）（公益財団法人日本学校保健会　令和2年2月） ○『学校のアレルギー疾患に対する取り組みガイドライン』（令和元年度改訂）（公益財団法人日本学校保健会 令和2年3月） ○『喫煙・飲酒・薬物乱用防止に関する指導参考資料　小学校編』（令和元年度改訂）（公益財団法人日本学校保健会 令和2年3月） ○WHOがCOVID-19のパンデミックを宣言（令和2年3月） ○「児童福祉法の一部改正」（令和2年4月）　・体罰の禁止　・児童相談所の業務の明確化 ○「学校における新型コロナウイルス感染症に関する衛生管理マニュアル～「新しい学校の生活様式」～」文部科学省（令和2年5月Ver.1発行） ○「児童虐待の防止等に関する法律の一部改正」（令和2年6月）・児童虐待の早期発見（第5条） ○『学校・教育委員会等向け虐待対応の手引き』（改訂）（文部科学省 令和2年6月）・児童福祉法の一部を改正する法律により親権者等による体罰が禁止されたこと等を踏まえて改訂 ○「JRC蘇生ガイドライン　2020」（一般社団法人 日本蘇生協議会（JRC）令和2年10月） ○「学校保健安全法施行規則の一部改正」（文部科学省　令和2年11月） ・予防接種法施行令の一部を改正する政令において、定期予防接種の対象が追加されたこと ・押印原則等に関する慣行の見直しの観点から押印を省略可能とし、就学時健康診断票、職員健康診断票、児童生徒等の健康診断票には担当医師等の氏名を記入することとした ○「学校環境衛生基準の一部改正」（文部科学省 令和2年12月）・換気及び保湿等 (8) キシレンの基準値の改訂
2021	令和3年	○学校教育法施行規則の一部改正（文部科学省　令和3年8月） 医療的ケア看護職員、スクールカウンセラー（SC）、スクールソーシャルワーカー（ＳＳＷ）、教員業務支援員、学校保健支援員、こころの教育支援員などの学校教員の支援スタッフの名称と職務内容、SCとＳＳＷの学校への規定を幼稚園に準用すること等を規定
2022	令和4年	○養護教諭及び栄養教諭の資質能力の向上に関する調査研究協力者会議設置（文部科学省　令和4年3月） ○「アレルギー疾患対策の推進に関する基本的な指針の一部を改正」（厚生労働省　令和4年3月） ○「診療報酬の算定方法の一部改正」（厚生労働省　令和4年3月） ・保険医療機関が交付するアレルギー疾患に係る学校生活管理指導表の保険適用 ○『学校における感染症対策事例・実践集』（公益財団法人日本学校保健会　令和4年3月） ○『喫煙、飲酒、薬物乱用防止に関する指導参考資料－高等学校編－』（公益財団法人日本学校保健会　令和4年3月） ○保健教育推進委員会報告書（公益財団法人日本学校保健会　令和4年3月） ○『教職員のための子供の健康相談及び保健指導の手引―令和3年度改訂―』（公益財団法人日本学校保健会　令和4年3月） ○「学校環境衛生基準の一部改正について(通知)」（文部科学省　令和4年5月　令和4年4月1日施行） ・「建築物における衛生的環境の確保に関する法律施行令の一部を改正する政令」において温度及び一酸化炭素の基準が見直されたことを踏まえ、学校環境衛生基準における温度及び一酸化炭素の基準の改正がなされた ○「教育公務員特例法及び教育職員免許法の一部を改正する法律等について（通知）」（文部科学省　令和4年6月） ・「新たな教師の学びの姿」を実現するため、公立の小学校等の校長及び教員の任命権者等による研修会等に関する記録の作成並びに資質向上に関する指導及び助言等に関する規定を整備し、普通免許状及び特別免許状の更新制を発展的に解消する等の措置を講ずるものである。

2022	令和4年	○医薬品、医療機器等の品質、有効性及び安全性の確保等に関する法律第二条第十五項に規定する指定薬物及び同法第七十六条の四に規定する医療等の用途を定める省令の一部改正（厚生労働省　令和4年6月） ○麻薬、麻薬原料植物、向精神薬及び麻薬向精神薬原料を指定する政令及び麻薬及び向精神薬取締法施行令の一部を改正（厚生労働省　令和4年7月） ○学校等におけるてんかん発作時の口腔用液（ブコラム®）の投与について（文部科学省　令和4年7月） ○保健室利用状況に関する調査（公益財団法人日本学校保健会　令和4年10月） ○アレルギー疾患に関する調査（公益財団法人日本学校保健会　令和4年11月）
2023	令和5年	○養護教諭及び栄養教諭の資質能力の向上に関する調査研究協力者会議の議論の取りまとめを公表　（文部科学省　令和5年1月） ○「教育職員免許法施行規則等の一部を改正する省令等の施行について（通知）」（文部科学省　令和5年2月28日公布、令和5年4月1日施行） ・令和2年度から令和5年度までの間に教育実習の科目の授業を実施できないことにより、科目の単位を修得できないときは、課程認定を受けた教育実習以外の科目の単位をもってあてることができることとした ○「学校保健安全法施行規則の一部改正」（文部科学省　令和5年4月28日公布、令和5年5月8日施行） ・新型コロナウイルス感染症の第二種感染症への追加 ・新型コロナウイルス感染症にかかる出席停止期間の規準の設定 ・感染症の予防及び感染症の患者に対する医療に関する法律施行規則の一部を改正する省令（厚生労働省）による変更を踏まえたものである ○「学校における新型コロナウイルス感染症に関する衛生管理マニュアル」文部科学省　（令和5年5月） ○「養護教諭及び栄養教諭の標準的な職務の明確化に係る学校管理規則の参考例等の送付について（通知）」（文部科学省　令和5年7月） ・養護教諭及び栄養教諭の資質能力の向上に関する調査研究協力者会議の議論の取りまとめを踏まえたもので、標準的な職務の内容を定めるに当たっては、地域の実情等を考慮した上で定めることが求められている。

248

〈memo〉

参考9　学習指導要領における健康教育関連項目　保健教育／小学校の学習内容

	健康と生活習慣	歯と口の健康	病気(感染症)の予防	けがの予防と応急手当	飲酒・喫煙・薬物乱用防止	心の健康	
総則	学校における体育・健康に関する指導を、児童の発達段階を考慮して、学校の教育活動全体を通じて適切に行うことにより、健康で安全する指導及び心身の健康の保持増進に関する指導については、体育科、家庭科及び特別活動の時間はもとより、各教科、道徳科、外国語連携を図りながら、日常生活において適切な体育・健康に関する活動の実践を促し、生涯を通じた健康・安全で活力ある生活を送るため						
小学1年生	健康や安全に気を付け、物や金銭を大切にし、身の回りを整え、わがままをしないで、規則正しい生活をする（1-2年道徳）			造形活動で使用する材料や用具、活動場所については、安全な扱い方について指導する、事前に点検するなどして、事故防止に留意する（1-6年図画工作）			
小学2年生	規則正しく健康に気を付けて生活しようとする（1-2年生活）						
小学3年生	毎日を健康に過ごすには、運動、食事、休養及び睡眠の調和のとれた生活を続けること／健康な生活について課題を見付け、その解決に向けて考え、それを表現すること（3年体育）		毎日を健康に過ごすには、体の清潔を保つことなどが必要であること>学校でも健康診断や学校給食など様々な活動が行われていることについて触れるものとする（3年体育）	観察・実験などの指導に当たっては、事故防止に十分留意すること（3-6年理科）		心や体の調子がよいなどの健康の状態は、主体の要因や周囲の環境の要因が関わっていること（3年体育）	
小学4年生	体をよりよく発育・発達させるためには、適切な運動、食事、休養及び睡眠が必要であること（4年体育）						
小学5年生	安全に気を付けることや、生活習慣の大切さについて理解し、自分の生活を見直し、節度を守り節制に心掛ける（5-6年道徳）	>食物アレルギーについても配慮すること(5-6年家庭)	調理に必要な用具や食器の安全で衛生的な取扱い及び加熱用調理器具の安全な取扱いについて理解し、適切に使用できること／調理に用いる食品については、生の魚や肉は扱わないなど安全衛生に留意すること（5-6年家庭）	交通事故や身の回りの生活の危険が原因となって起こるけがの防止には、周囲の危険に気付くこと、的確な判断の下に安全に行動すること、環境を安全に整えることが必要であること／けがなどの簡単な手当は、速やかに行う必要があること（5年体育）		心は、いろいろな生活経験を通して、年齢に伴って発達すること／心と体には、密接な関係があること／不安や悩みへの対処には、大人や友達に相談する、仲間と遊ぶ、運動をするなどのいろいろな方法があること（5年体育）	
小学6年生	生活習慣病など生活行動が主な要因となって起こる病気の予防には、適切な栄養、栄養の偏りのない食事をとること、口腔の衛生を保つことなど、望ましい生活習慣を身に付ける必要があること（6年体育）	生活習慣病など生活行動が主な要因となって起こる病気の予防には、栄養の偏りのない食事をとること、口腔の衛生を保つことなど、望ましい生活習慣を身につける必要があること（6年体育）	病気は、病原体、体の抵抗力、生活行動、環境が関わりあって起こること／病原体が主な要因となって起こる病気の予防には、病原体が体に入るのを防ぐことや病原体に対する体の抵抗力を高めることが必要であること（6年体育）	けがや病気からの回復についても触れるものとする（5-6年保健）	喫煙、飲酒、薬物乱用などの行為は、健康を損なう原因となること>薬物については、有機溶剤の心身への影響を中心に取り扱うものとする。また、覚せい剤等についても触れるものとする（6年体育）		
小学特活	心身ともに健康で安全な生活態度の形成／食育の観点を踏まえた学校給食と望ましい食習慣の形成>給食時間を中心としながら健康による身の健康を保持増進することや、事件や事故、災害等から身を守り安全に行動すること>心身の健全な発達や健康の保持増進、事件事故、						
小学総合	探究課題については、学校の実態に応じて、例えば国際理解、情報、環境、福祉、健康などの現代的な諸課題に対応する横断的・総合的						

>以下は内容取扱いの注意事項。

（平成 29 年 3 月改訂）

からだとその成長	性といのち	食育	環境と健康	安全・防災	運動と健康
な生活と豊かなスポーツライフの実現を目指した教育の充実に努めること。特に学校における食育の推進並びに体力の向上に関する指導、安全に関活動及び総合的な学習の時間などにおいてもそれぞれの特質に応じて適切に行うよう努めること。またそれらの指導を通して、家庭や地域社会との の基礎が培われるよう配慮すること。					
自分自身の生活や成長を振り返る活動を通して、自分のことや支えてくれた人々について考えることができ、自分が大きくなったこと、自分でできるようになったこと、役割が増えたことなどが分かるとともに、これまでの生活や成長を支えてくれた人々に感謝の気持ちをもち、これからの成長への願いをもって、意欲的に生活しようとする（1-2年生活）	生きることのすばらしさを知り、生命を大切にすること（1-2年道徳）動物を飼ったり植物を育てたりする活動を通して、それらの育つ場所、変化や成長の様子に関心をもって働きかけることができ、それらは生命をもっていることや成長していることに気付くとともに、生き物への親しみをもち、大切にしようとすること（1-2年生活）			通学路の様子やその安全を守っている人々などについて考える／安全な登下校をする／安全に生活する／公共物や公共施設を安全に気を付けて正しく利用しようとする（1-2年生活）	運動と健康が関わっていることについての具体的な考えがもてるよう指導すること（1-2年体育）
体は年齢に伴って変化すること。また、体の発育・発達には個人差があること＞自分と他の人では発育・発達などに違いがあることに気付き、それらを肯定的に受け止めることが大切であることについて触れる（4年体育）人の体には骨と筋肉があること。人が体を動かすことができるのは、骨、筋肉の働きによること（4年理科）	生命の尊さを知り、生命あるものを大切にすること（3-4年道徳）体は、思春期になると次第に大人の体に近づき、体つきが変わったり、初経、精通などが起こりすること。異性への関心が芽生えること＞自分と他の人では発育・発達などに違いがあることに気付き、それらを肯定的に受け止めることが大切であることについて触れる（4年体育）	学校でも健康診断や学校給食など様々な活動が行われていること（3-4年体育）	毎日を健康に過ごすには、明るさの調節、換気などの生活環境を整えることが必要であること（3年体育）飲料水、電気、ガスを供給する事業は、安全で安定的に供給できるよう進められていることや、地域の人々の健康な生活の維持と向上に役立っていること（4年社会）	消防署や警察署などの関係機関は、地域の安全を守るため、相互に連携して緊急時に対処する体制をとっていることや地域の人々と協力して火災や事故などの防止に努めていること（3年社会）地域の関係機関や人々は、自然災害に対し、様々な協力をして対処してきたことや、今後想定される災害に対し、様々な備えをしていること＞地域で起こり得る災害を想定し、日頃から備えをするなど、自分たちでできることなどを考えたり選択・判断したりできる（4年社会）	運動と健康が密接に関連していることについての具体的な考えがもてるように指導すること（3-4年体育）
自分の成長を自覚し、家庭生活と家族の大切さや家庭生活が家族の協力によって営まれていることに気付く（5年家庭）	人は、母体内で成長して生まれること＞人の受精に至る過程は取り扱わないものとする（5年理科）異性についても理解しながら、人間関係を築いていくこと／生命が多くの生命のつながりの中にあるかけがえのないものであることを理解し、生命を尊重すること／よりよく生きようとする人間の強さや気高さを理解し、人間として生きる喜びを感じること（5-6年道徳）	食事の役割が分かり、日常の食事の大切さと食事の仕方について理解すること／体に必要な栄養素の種類と主な働きについて理解すること／食品の栄養的な特徴が分かり、料理や食品を組み合わせてとる必要があることを理解すること＞五大栄養素と食品の体内での主な働きを中心に扱うこと／食物アレルギーについても配慮すること（5-6年家庭）食料生産は、国民の食料を確保する重要な役割を果たしていること（5年社会）	衣服の主な働きが分かり、季節や状況に応じた日常着の快適な着方について理解すること／季節の変化に合わせた住まい方、整理・整頓や清掃の仕方を考え、快適な住まい方を工夫する＞主として暑さ・寒さ、通風・換気、採光、及び音を取り上げる（5-6年家庭）公害から国土の環境や国民の健康な生活を守ることの大切さを理解すること（5年社会）	土地の変化や天気の変化では、自然災害についても触れること（5年理科）自然災害から国土を保全し国民の生活を守るために国や県などが様々な対策や事業を進めていること／地震災害、津波災害／風水害、火山災害／雪害などを取り上げること（5年社会）安全に気を付け、よく考えて行動し、節度ある生活をすること（3-4年道徳）	運動領域と保健領域との関連を図る指導をすること（5-6年保健）
体内に酸素が取り入れられ、体外に二酸化炭素などが出されていること／食べ物は、口、胃、腸などを通る間に消化、吸収され、吸収されなかった物は排出されること／血液は、心臓の働きで体内を巡り、養分、酸素、及び二酸化炭素などを運んでいること＞心臓の拍動と脈拍とが関係することにも触れること／体内には、生命活動を維持するための様々な臓器があること＞主な臓器として、肺、胃、小腸、大腸、肝臓、腎臓、心臓を扱うこと（6年理科）		生活習慣病など生活行動が主な要因となって起こる病気の予防には、栄養の偏りのない食事をとること、口腔の衛生を保つことなど、望ましい生活習慣を身につける必要があること（6年体育）	地域では、保健に関わる様々な活動が行われていること（6年体育）人は、環境と関わり、工夫して生活していること（6年理科）		
い食事のとり方など、望ましい食習慣の形成を図るとともに、食事を通して人間関係をよりよくすること（学級活動）、現在及び生涯にわたって心災害等から身を守る安全な行動や規律ある集団行動の体得（健康安全・体育的行事）					
な課題、地域の人々の暮らし、伝統と文化など地域や学校の特色に応じた課題、児童の興味・関心に基づく課題などを踏まえて設定すること					

251

保健教育／中学校の学習内容

	健康と生活習慣	歯と口の健康	病気（感染症）の予防	けがの予防と応急手当	飲酒・喫煙・薬物乱用防止	心の健康
総則	学校における体育・健康に関する指導を、生徒の発達段階を考慮して、学校の教育活動全体を通じて適切に行うことにより、健康で安全する指導及び心身の健康の保持増進に関する指導については、保健体育科、技術・家庭科及び特別活動の時間はもとより、各教科、道徳携を図りながら、日常生活において適切な体育・健康に関する活動の実践を促し、生涯を通じた健康・安全で活力ある生活を送るための					
中学1年生	健康は、主体と環境の相互作用の下に成り立っていること。また、疾病は、主体の要因と環境の要因が関わりあって発生すること／健康の保持増進には、年齢、生活環境等に応じた運動、食事、休養、及び睡眠の調和のとれた生活を続ける必要があること（1年保健）健康の保持増進と疾病の予防に加えて、疾病の回復についても取り扱う（1-3年保健）		健康の保持増進と疾病の予防に加えて、疾病の回復についても取り扱う（1-3年保健）調理実習については、食物アレルギーにも配慮する（1-3年家庭）			知的機能、情意機能、社会性などの精神機能は、生活経験などの影響を受けて発達すること。また、思春期においては、自己の認識が深まり、自己形成がなされること／精神と身体は、相互に影響を与え、関わっていること。欲求やストレスは、心身に影響を与えることがあること。また、心の健康を保つには、欲求やストレスに適切に対処する必要があること（1年保健）
中学2年生	生活習慣病などは、運動不足、食事の量や質の偏り、休養や睡眠の不足などの生活習慣の乱れが主な要因となって起こること。また、生活習慣病などの多くは、適切な運動、食事、休養及び睡眠の調和のとれた生活を実践することによって予防できること（2年保健）＞食育の観点も踏まえつつ健康的な生活習慣の形成に結びつくように配慮するとともに、必要に応じて、コンピュータなどの情報機器の使用と健康との関わりについて取り扱うことにも配慮する。また、がんについても取り扱う（1-2年保健）			応急手当を適切に行うことによって、傷害の悪化を防止することができること。また、心肺蘇生法などを行うこと＞包帯法、止血法など傷害時の応急手当も取り扱い、実習を行うものとする。また、効果的な指導を行うため、水泳など体育分野の内容との関連を図る（2年保健）	喫煙、飲酒、薬物乱用などの行為は、心身にさまざまな影響を与え、健康を損なう原因となること。また、これらの行為には、個人の心理状態や人間関係、社会環境が影響することから、それぞれの要因に適切に対処する必要があること＞心身への急性影響及び依存性について取り扱うこと。また、薬物は、覚せい剤や大麻等を取り扱う（2年保健）	
中学3年生	望ましい生活習慣を身に付け、心身の健康の増進を図り、節度を守り節制を心掛け、安全で調和のある生活をすること（1-3年道徳）心身ともに健康で安全な生活態度や習慣の形成／節度ある生活を送るなど現在及び生涯にわたって心身の健康を保持増進すること／生活習慣病とその予防／食事、運動、休養の効用と余暇の活動（1-3年特活・特活解説）	心身ともに健康で安全な生活態度や習慣の形成／口腔の衛生（1-3年特活・特活解説）	感染症は、病原体が主な要因となって発生すること。また、感染症の多くは、発生源をなくすこと、感染経路を遮断すること、主体の抵抗力を高めることによって予防できること＞後天性免疫不全症候群（エイズ）及び性感染症についても取り扱う／健康の保持増進や疾病の予防には、保健・医療機関を有効に利用すること、また、医薬品は、正しく使用すること（3年保健）		心身ともに健康で安全な生活態度や習慣の形成／喫煙・飲酒・薬物乱用などの害に関すること（1-3年特活・特活解説）	心身ともに健康で安全な生活態度や習慣の形成／心の健康／ストレスへの対処と自己管理（1-3年特活・特活解説）
中学総合	探究活動については、学校の実態に応じて、例えば国際理解、情報、環境、福祉・健康などの現代的な諸課題に対応する横断的・総合的					

＞以下は内容取扱いの注意事項。

（平成 29 年 3 月改訂）

からだとその成長	性といのち	食育	環境と健康	安全・防災	運動と健康
な生活と豊かなスポーツライフの実現を目指した教育の充実に努めること。特に学校における食育の推進並びに体力の向上に関する指導、安全に関 科及び総合的な学習の時間などにおいてもそれぞれの特質に応じて適切に行うよう努めること。またそれらの指導を通して、家庭や地域社会との連 基礎が培われるよう配慮すること					
身体には、多くの器官が発育し、それに伴い、様々な機能が発達する時期があること。また、発育・発達の時期やその程度には、個人差があること（1年保健）消化や呼吸についての観察、実験などを行い、動物の体が必要な物質を取り入れ運搬している仕組みを観察し、実験の結果などと関連付けて理解すること。また、不要となった物質を排出する仕組みがあることについて理解すること＞各器官の働きを中心に扱うこと「消化」については、代表的な消化酵素の働きを扱うこと。また、摂取された食物が消化によって小腸の壁から吸収される物質になることにも触れること。血液の循環に関連して、血液成分の働き、腎臓や肝臓の働きにも触れること／動物が外界の刺激に適切に反応している様子の観察を行い、その仕組みを感覚器官、神経系及び運動器官のつくりと関連付けて理解すること＞各器官の働きを中心に扱うこと（2年理科）	思春期には、内分泌の働きによって生殖にかかわる機能が成熟すること。また、成熟に伴う変化に対応した適切な行動が必要となること＞受精・妊娠を取り扱うものとし、妊娠の経過は取り扱わない／身体の機能の成熟とともに、性衝動が生じたり、異性への関心が高まったりすることから、異性の尊重、情報への適切な対処や行動の選択が必要となることについて取り扱う（1年保健） 生物の殖え方を観察し、有性生殖と無性生殖の特徴を見いだして理解するとともに、生物が殖えていくときに親の形質が子に伝わることを見いだして理解すること（3年理科）異性についての理解を深め、悩みや葛藤も経験しながら人間関係を深めていくこと／生命の尊さについて、その連続性や有限性なども含めて理解し、かけがえのない生命を尊重すること／人間には自らの弱さや醜さを克服する強さや気高く生きようとする心があることを理解し、人間として生きることに喜びを見いだすこと(1-3年道徳)男女相互について理解するとともに、ともに協力し尊重し合い、充実した生活づくりに参画すること／思春期の不安や悩みの解決、性的な発達への対応／生徒の発達の段階や実態、心身の発育・発達における個人差などにも留意する／性情報への対応、エイズや性感染症、友情と恋愛と結婚などについての題材を設定すること(1-3年特活・特活解説)	生活の中で食事が果たす役割について理解すること＞食事を共にする意義や食文化を継承することについても扱うこと／中学生に必要な栄養の特徴が分かり、健康によい食習慣について考え、理解すること／栄養素の種類と働きが分かり、心身ともに健康で安全な生活態度や習慣の形成をはかり、食品の栄養素的な特質について理解すること＞水の働きや食物繊維についても触れること／食品や調理器具等の安全と衛生に留意した管理について理解し、適切にできること／指導に当たっては、施設設備の安全管理に配慮し、学習環境を整備するとともに、火気、用具、材料などの取扱いに注意して事故防止の指導を徹底し、安全と衛生に十分留意するものとす（1-3年家庭）食育の観点を踏まえた学校給食と望ましい食習慣の形成。給食の時間を中心としながら、成長や健康管理を意識するなど、望ましい食習慣の形成を図るとともに、食事を通して人間関係をよりよくすること／給食は楽しく食事をすること、栄養に偏りのない健康によい食事の取り方、食中毒の予防に関わる衛生管理、準備や後片付けを通して奉仕や協力・協調の精神を養うこと／自然の恩恵などへの感謝、食文化、食糧事情などについても教科等の指導と関連を図りつつ指導を行うこと（1-3年特活・特活解説）	社会資本の整備、公害の防止など環境の保全、少子高齢社会における社会保障の充実・安定化、消費者の保護について、それらの意義を理解する（3年公民）身体には、環境に対してある程度まで適応能力があること。身体の適応能力を超えた環境は、健康に影響を及ぼすことがあること。また、快適で能率のよい生活を送るための温度、湿度や明るさには一定の範囲があること／飲料水や空気は、健康と密接な関わりがあること／自然の恩恵などへの感謝、食文化、食糧事情などについて、基準に適合するよう管理する必要があること／人間の生活によって生じた廃棄物は、環境の保全に十分配慮し、環境を汚染しないように衛生的に処理する必要があること＞地域の実態に即して公害と健康との関係を取り扱うことにも配慮するものとする。また、生態系については、取り扱わない（3年保健）	地震の体験や記録を基に　その揺れの大きさや伝わり方の規則性に気付くとともに、地震の原因を地球内部の働きと関連付けて理解し、地震に伴う土地の変化の様子を理解すること＞「地球内部の働き」については日本付近のプレートの動きにも触れること。その際、津波発生の仕組みについても触れること／「火山災害と地震災害」については、記録や資料などを用いて調べること（1年理科）家庭内の事故の防ぎ方など家族の安全を考えた住空間の整え方について理解すること（1-3年家庭） 気象現象がもたらす恵みと気象災害について調べ、これらを天気の変化や日本の気象と関連付けて理解すること（2年理科）交通事故や自然災害などによる傷害は、人的要因や環境要因などが関わって発生すること／交通事故などによる傷害の多くは、安全な行動、環境の改善によって防止できること／自然災害による傷害は、災害発生時だけでなく、二次災害によっても生じること。また、自然災害による傷害の多くは、災害に備えておくこと、安全に避難することによって防止できること（2年保健）事故防止のため、特に、刃物類、塗料、器具などの使い方の指導と保管、活動場所における安全指導などを徹底する（1-3年美術） 地域の自然災害について総合的に調べ、自然と人間との関わり方について認識すること（3年理科）観察、実験、野外観察の指導に当たっては、特に事故防止に十分留意するとともに、使用薬品の管理及び廃棄についても適切な措置をとるよう配慮する（1-3年理科）製作・制作・育成場面で使用する工具・機器や材料等については、図画工作等の学習経験を踏まえるとともに、安全や健康に十分に配慮して選択すること（1-3年技術）事件や事故、災害等から身を守り安全に行動すること／生活安全や自転車運転時の交通安全に関すること、インターネットの利用に伴う危険性や弊害などに関すること(1-3年特活・特活解説)	欲求やストレスの適切な対処は、「体つくり運動」の指導との関連を図って指導する（1年保健） 体育分野と保健分野で示された内容については、相互の関連が図られるよう留意すること（1-3年保健） 体力の向上に関すること（特活解説）
な課題、地域の学校や特色に応じた課題、生徒の興味・関心に基づく課題、職業や自己の将来に関する課題などを踏まえて設定すること					

253

関連法等

○教育基本法
（最終改正　平成十八年十二月二十二日　法律第百二十号）

　教育基本法（昭和二十二年法律第二十五号）の全部を改正する。我々日本国民は、たゆまぬ努力によって築いてきた民主的で文化的な国家を更に発展させるとともに、世界の平和と人類の福祉の向上に貢献することを願うものである。我々は、この理想を実現するため、個人の尊厳を重んじ、真理と正義を希求し、公共の精神を尊び、豊かな人間性と創造性を備えた人間の育成を期するとともに、伝統を継承し、新しい文化の創造を目指す教育を推進する。ここに、我々は、日本国憲法の精神にのっとり、我が国の未来を切り拓く教育の基本を確立し、その振興を図るため、この法律を制定する。

前文
第一章　教育の目的及び理念（第一条—第四条）
第二章　教育の実施に関する基本（第五条—第十五条）
第三章　教育行政（第十六条・第十七条）
第四章　法令の制定（第十八条）
附則

　　第一章　教育の目的及び理念
（教育の目的）
第一条　教育は、人格の完成を目指し、平和で民主的な国家及び社会の形成者として必要な資質を備えた心身ともに健康な国民の育成を期して行われなければならない。
（教育の目標）
第二条　教育は、その目的を実現するため、学問の自由を尊重しつつ、次に掲げる目標を達成するよう行われるものとする。
　一　幅広い知識と教養を身に付け、真理を求める態度を養い、豊かな情操と道徳心を培うとともに、健やかな身体を養うこと。
　二　個人の価値を尊重して、その能力を伸ばし、創造性を培い、自主及び自律の精神を養うとともに、職業及び生活との関連を重視し、勤労を重んずる態度を養うこと。
　三　正義と責任、男女の平等、自他の敬愛と協力を重んずるとともに、公共の精神に基づき、主体的に社会の形成に参画し、その発展に寄与する態度を養うこと。
　四　生命を尊び、自然を大切にし、環境の保全に寄与する態度を養うこと。
　五　伝統と文化を尊重し、それらをはぐくんできた我が国と郷土を愛するとともに、他国を尊重し、国際社会の平和と発展に寄与する態度を養うこと。
（生涯学習の理念）
第三条　国民一人一人が、自己の人格を磨き、豊かな人生を送ることができるよう、その生涯にわたって、あらゆる機会に、あらゆる場所において学習することができ、その成果を適切に生かすことのできる社会の実現が図られなければならない。
（教育の機会均等）
第四条　すべて国民は、ひとしく、その能力に応じた教育を受ける機会を与えられなければならず、人種、信条、性別、社会的身分、経済的地位又は門地によって、教育上差別されない。
2　国及び地方公共団体は、障害のある者が、その障害の状態に応じ、十分な教育を受けられるよう、教育上必要な支援を講じなければならない。
3　国及び地方公共団体は、能力があるにもかかわらず、経済的理由によって修学が困難な者に対して、奨学の措置を講じなければならない。

　　第二章　教育の実施に関する基本
（義務教育）
第五条　国民は、その保護する子に、別に法律で定めるところにより、普通教育を受けさせる義務を負う。
2　義務教育として行われる普通教育は、各個人の有する能力を伸ばしつつ社会において自立的に生きる基礎を培い、また、国家及び社会の形成者として必要とされる基本的な資質を養うことを目的として行われるものとする。
3　国及び地方公共団体は、義務教育の機会を保障し、その水準を確保するため、適切な役割分担及び相互の協力の下、その実施に責任を負う。
4　国又は地方公共団体の設置する学校における義務教育については、授業料を徴収しない。
（学校教育）
第六条　法律に定める学校は、公の性質を有するものであって、国、地方公共団体及び法律に定める法人のみが、これを設置することができる。
2　前項の学校においては、教育の目標が達成されるよう、教育を受ける者の心身の発達に応じて、体系的な教育が組織的に行われなければならない。この場合において、教育を受ける者が、学校生活を営む上で必要な規律を重んずるとともに、自ら進んで学習に取り組む意欲を高めることを重視して行われなければならない。
（大学）
第七条　大学は、学術の中心として、高い教養と専門的能力を培うとともに、深く真理を探究して新たな知見を創造し、これらの成果を広く社会に提供することにより、社会の発展に寄与するものとする。
2　大学については、自主性、自律性その他の大学における教育及び研究の特性が尊重されなければならない。
（私立学校）
第八条　私立学校の有する公の性質及び学校教育において果たす重要

な役割にかんがみ、国及び地方公共団体は、その自主性を尊重しつつ、助成その他の適当な方法によって私立学校教育の振興に努めなければならない。

（教員）
第九条　法律に定める学校の教員は、自己の崇高な使命を深く自覚し、絶えず研究と修養に励み、その職責の遂行に努めなければならない。
2　前項の教員については、その使命と職責の重要性にかんがみ、その身分は尊重され、待遇の適正が期せられるとともに、養成と研修の充実が図られなければならない。

（家庭教育）
第十条　父母その他の保護者は、子の教育について第一義的責任を有するものであって、生活のために必要な習慣を身に付けさせるとともに、自立心を育成し、心身の調和のとれた発達を図るよう努めるものとする。
2　国及び地方公共団体は、家庭教育の自主性を尊重しつつ、保護者に対する学習の機会及び情報の提供その他の家庭教育を支援するために必要な施策を講ずるよう努めなければならない。

（幼児期の教育）
第十一条　幼児期の教育は、生涯にわたる人格形成の基礎を培う重要なものであることにかんがみ、国及び地方公共団体は、幼児の健やかな成長に資する良好な環境の整備その他適当な方法によって、その振興に努めなければならない。

（社会教育）
第十二条　個人の要望や社会の要請にこたえ、社会において行われる教育は、国及び地方公共団体によって奨励されなければならない。
2　国及び地方公共団体は、図書館、博物館、公民館その他の社会教育施設の設置、学校の施設の利用、学習の機会及び情報の提供その他の適当な方法によって社会教育の振興に努めなければならない。

（学校、家庭及び地域住民等の相互の連携協力）
第十三条　学校、家庭及び地域住民その他の関係者は、教育におけるそれぞれの役割と責任を自覚するとともに、相互の連携及び協力に努めるものとする。

（政治教育）
第十四条　良識ある公民として必要な政治的教養は、教育上尊重されなければならない。
2　法律に定める学校は、特定の政党を支持し、又はこれに反対する

ための政治教育その他政治的活動をしてはならない。

（宗教教育）
第十五条　宗教に関する寛容の態度、宗教に関する一般的な教養及び宗教の社会生活における地位は、教育上尊重されなければならない。
2　国及び地方公共団体が設置する学校は、特定の宗教のための宗教教育その他宗教的活動をしてはならない。

第三章　教育行政

（教育行政）
第十六条　教育は、不当な支配に服することなく、この法律及び他の法律の定めるところにより行われるべきものであり、教育行政は、国と地方公共団体との適切な役割分担及び相互の協力の下、公正かつ適正に行われなければならない。
2　国は、全国的な教育の機会均等と教育水準の維持向上を図るため、教育に関する施策を総合的に策定し、実施しなければならない。
3　地方公共団体は、その地域における教育の振興を図るため、その実情に応じた教育に関する施策を策定し、実施しなければならない。
4　国及び地方公共団体は、教育が円滑かつ継続的に実施されるよう、必要な財政上の措置を講じなければならない。

（教育振興基本計画）
第十七条　政府は、教育の振興に関する施策の総合的かつ計画的な推進を図るため、教育の振興に関する施策についての基本的な方針及び講ずべき施策その他必要な事項について、基本的な計画を定め、これを国会に報告するとともに、公表しなければならない。
2　地方公共団体は、前項の計画を参酌し、その地域の実情に応じ、当該地方公共団体における教育の振興のための施策に関する基本的な計画を定めるよう努めなければならない。

第四章　法令の制定
第十八条　この法律に規定する諸条項を実施するため、必要な法令が制定されなければならない。

附　則　抄

（施行期日）
1　この法律は、公布の日から施行する。

○学校教育法（抜粋）

（最終改正　令和四年六月二十二日
　　　　　　法律第七十六号　）

第一章　総則
第一条　この法律で、学校とは、幼稚園、小学校、中学校、義務教育学校、高等学校、中等教育学校、特別支援学校、大学及び高等専門学校とする。
第二条　学校は、国（国立大学法人法（平成十五年法律第百十二号）第二条第一項に規定する国立大学法人及び独立行政法人国立高等専門学校機構を含む。以下同じ。）、地方公共団体（地方独立行政法人法（平成十五年法律第百十八号）第六十八条第一項に規定する公立大学法人（以下「公立大学法人」という。）を含む。次項及び第百二十七条において同じ。）及び私立学校法（昭和二十四年法律第二百七十号）第三条に規定する学校法人（以下「学校法人」という。）のみが、これを設置することができる。
○2　この法律で、国立学校とは、国の設置する学校を、公立学校とは、地方公共団体の設置する学校を、私立学校とは、学校法人の設置する学校をいう。
第三条　学校を設置しようとする者は、学校の種類に応じ、文部科学大臣の定める設備、編制その他に関する設置基準に従い、これを設置しなければならない。
第四条　次の各号に掲げる学校の設置廃止、設置者の変更その他政令で定める事項（次条において「設置廃止等」という。）は、それぞれ当該各号に定める者の認可を受けなければならない。これらの学校のうち、高等学校（中等教育学校の後期課程を含む。）の通常の課程（以下「全日制の課程」という。）、夜間その他特別の時間又は時期において授業を行う課程（以下「定時制の課程」という。）及び通信による教育を行う課程（以下「通信制の課程」という。）、大学の学部、大学院及び大学院の研究科並びに第百八条第二項の大学の学科についても、同様とする。
一　公立又は私立の大学及び高等専門学校　文部科学大臣
二　市町村（市町村が単独で又は他の市町村と共同して設立する公立大学法人を含む。次条、第十三条第二項、第十四条、第百三十条第一項及び第百三十一条において同じ。）の設置する高等学校、中等教育学校及び特

255

別支援学校　都道府県の教育委員会

三　私立の幼稚園、小学校、中学校、義務教育学校、高等学校、中等教育学校及び特別支援学校　都道府県知事

○2　前項の規定にかかわらず、同項第一号に掲げる学校を設置する者は、次に掲げる事項を行うときは、同項の認可を受けることを要しない。この場合において、当該学校を設置する者は、文部科学大臣の定めるところにより、あらかじめ、文部科学大臣に届け出なければならない。

一　大学の学部若しくは大学院の研究科又は第百八条第二項の大学の学科の設置であつて、当該大学が授与する学位の種類及び分野の変更を伴わないもの

二　大学の学部若しくは大学院の研究科又は第百八条第二項の大学の学科の廃止

三　前二号に掲げるもののほか、政令で定める事項

○3　文部科学大臣は、前項の届出があつた場合において、その届出に係る事項が、設備、授業その他の事項に関する法令の規定に適合しないと認めるときは、その届出をした者に対し、必要な措置をとるべきことを命ずることができる。

○4　地方自治法（昭和二十二年法律第六十七号）第二百五十二条の十九第一項の指定都市（以下「指定都市」という。）（指定都市が単独で又は他の市町村と共同して設立する公立大学法人を含む。）の設置する高等学校、中等教育学校及び特別支援学校については、第一項の規定は、適用しない。この場合において、当該高等学校、中等教育学校及び特別支援学校を設置する者は、同項の規定により認可を受けなければならないとされている事項を行おうとするときは、あらかじめ、都道府県の教育委員会に届け出なければならない。

○5　第二項第一号の学位の種類及び分野の変更に関する基準は、文部科学大臣が、これを定める。

第四条の二　市町村は、その設置する幼稚園の設置廃止等を行おうとするときは、あらかじめ、都道府県の教育委員会に届け出なければならない。

第五条　学校の設置者は、その設置する学校を管理し、法令に特別の定のある場合を除いては、その学校の経費を負担する。

第六条　学校においては、授業料を徴収することができる。ただし、国立又は公立の小学校及び中学校、義務教育学校、中等教育学校の前期課程又は特別支援学校の小学部及び中学部における義務教育については、これを徴収することができない。

第七条　学校には、校長及び相当数の教員を置かなければならない。

第八条　校長及び教員（教育職員免許法（昭和二十四年法律第百四十七号）の適用を受ける者を除く。）の資格に関する事項は、別に法律で定めるもののほか、文部科学大臣がこれを定める。

第九条　次の各号のいずれかに該当する者は、校長又は教員となることができない。

一　禁錮以上の刑に処せられた者

二　教育職員免許法第十条第一項第二号又は第三号に該当することにより免許状がその効力を失い、当該失効の日から三年を経過しない者

三　教育職員免許法第十一条第一項から第三項までの規定により免許状取上げの処分を受け、三年を経過しない者

四　日本国憲法施行の日以後において、日本国憲法又はその下に成立した政府を暴力で破壊することを主張する政党その他の団体を結成し、又はこれに加入した者

第十条　私立学校は、校長を定め、大学及び高等専門学校にあつては文部科学大臣に、大学及び高等専門学校以外の学校にあつては都道府県知事に届け出なければならない。

第十一条　校長及び教員は、教育上必要があると認めるときは、文部科学大臣の定めるところにより、児童、生徒及び学生に懲戒を加えることができる。ただし、体罰を加えることはできない。

第十二条　学校においては、別に法律で定めるところにより、幼児、児童、生徒及び学生並びに職員の健康の保持増進を図るため、健康診断を行い、その他その保健に必要な措置を講じなければならない。

第十三条　第四条第一項各号に掲げる学校が次の各号のいずれかに該当する場合においては、それぞれ同項各号に定める者は、当該学校の閉鎖を命ずることができる。

一　法令の規定に故意に違反したとき

二　法令の規定によりその者がした命令に違反したとき

三　六箇月以上授業を行わなかつたとき

○2　前項の規定は、市町村の設置する幼稚園に準用する。この場合において、同項中「それぞれ同項各号に定める者」とあり、及び同項第二号中「その者」とあるのは、「都道府県の教育委員会」と読み替えるものとする。

第十四条　大学及び高等専門学校以外の市町村の設置する学校については都道府県の教育委員会、大学及び高等専門学校以外の私立学校については都道府県知事は、当該学校が、設備、授業その他の事項について、法令の規定又は都道府県の教育委員会若しくは都道府県知事の定める規程に違反したときは、その変更を命ずることができる。

第十五条　文部科学大臣は、公立又は私立の大学及び高等専門学校が、設備、授業その他の事項について、法令の規定に違反していると認めるときは、当該学校に対し、必要な措置をとるべきことを勧告することができる。

○2　文部科学大臣は、前項の規定による勧告によつてもなお当該勧告に係る事項（次項において「勧告事項」という。）が改善されない場合には、当該学校に対し、その変更を命ずることができる。

○3　文部科学大臣は、前項の規定による命令によつてもなお勧告事項が改善されない場合には、当該学校に対し、当該勧告事項に係る組織の廃止を命ずることができる。

○4　文部科学大臣は、第一項の規定による勧告又は第二項若しくは前項の規定による命令を行うために必要があると認めるときは、当該学校に対し、報告又は資料の提出を求めることができる。

第二章　義務教育

第十六条　保護者（子に対して親権を行う者（親権を行う者のないときは、未成年後見人）をいう。以下同じ。）は、次条に定めるところにより、子に九年の普通教育を受けさせる義務を負う。

第十七条　保護者は、子の満六歳に達した日の翌日以後における最初の学年の初めから、満十二歳に達した日の属する学年の終わりまで、これを小学校、義務教育学校の前期課程又は特別支援学校の小学部に就学させる義務を負う。ただし、子が、満十二歳に達した日の属する学年の終わりまでに小学校の課程、義務教育学校の前期課程又は特別支援学校の小学部の課

程を修了しないときは、満十五歳に達した日の属する学年の終わり（それまでの間においてこれらの課程を修了したときは、その修了した日の属する学年の終わり）までとする。

○2　保護者は、子が小学校の課程、義務教育学校の前期課程又は特別支援学校の小学部の課程を修了した日の翌日以後における最初の学年の初めから、満十五歳に達した日の属する学年の終わりまで、これを中学校、義務教育学校の後期課程、中等教育学校の前期課程又は特別支援学校の中学部に就学させる義務を負う。

○3　前二項の義務の履行の督促その他これらの義務の履行に関し必要な事項は、政令で定める。

第十八条　前条第一項又は第二項の規定によつて、保護者が就学させなければならない子（以下それぞれ「学齢児童」又は「学齢生徒」という。）で、病弱、発育不完全その他やむを得ない事由のため、就学困難と認められる者の保護者に対しては、市町村の教育委員会は、文部科学大臣の定めるところにより、同条第一項又は第二項の義務を猶予又は免除することができる。

第十九条　経済的理由によつて、就学困難と認められる学齢児童又は学齢生徒の保護者に対しては、市町村は、必要な援助を与えなければならない。

第二十条　学齢児童又は学齢生徒を使用する者は、その使用によつて、当該学齢児童又は学齢生徒が、義務教育を受けることを妨げてはならない。

第二十一条　義務教育として行われる普通教育は、教育基本法（平成十八年法律第百二十号）第五条第二項に規定する目的を実現するため、次に掲げる目標を達成するよう行われるものとする。

一　学校内外における社会的活動を促進し、自主、自律及び協同の精神、規範意識、公正な判断力並びに公共の精神に基づき主体的に社会の形成に参画し、その発展に寄与する態度を養うこと。

二　学校内外における自然体験活動を促進し、生命及び自然を尊重する精神並びに環境の保全に寄与する態度を養うこと。

三　我が国と郷土の現状と歴史について、正しい理解に導き、伝統と文化を尊重し、それらをはぐくんできた我が国と郷土を愛する態度を養うとともに、進んで外国の文化の理解を通じて、他国を尊重し、国際社会の平和と発展に寄与する態度を養うこと。

四　家族と家庭の役割、生活に必要な衣、食、住、情報、産業その他の事項について基礎的な理解と技能を養うこと。

五　読書に親しませ、生活に必要な国語を正しく理解し、使用する基礎的な能力を養うこと。

六　生活に必要な数量的な関係を正しく理解し、処理する基礎的な能力を養うこと。

七　生活にかかわる自然現象について、観察及び実験を通じて、科学的に理解し、処理する基礎的な能力を養うこと。

八　健康、安全で幸福な生活のために必要な習慣を養うとともに、運動を通じて体力を養い、心身の調和的発達を図ること。

九　生活を明るく豊かにする音楽、美術、文芸その他の芸術について基礎的な理解と技能を養うこと。

十　職業についての基礎的な知識と技能、勤労を重んずる態度及び個性に応じて将来の進路を選択する能力を養うこと。

第三章　幼稚園

第二十二条　幼稚園は、義務教育及びその後の教育の基礎を培うものとして、幼児を保育し、幼児の健やかな成長のために適当な環境を与えて、その心身の発達を助長することを目的とする。

第二十三条　幼稚園における教育は、前条に規定する目的を実現するため、次に掲げる目標を達成するよう行われるものとする。

一　健康、安全で幸福な生活のために必要な基本的な習慣を養い、身体諸機能の調和的発達を図ること。

二　集団生活を通じて、喜んでこれに参加する態度を養うとともに家族や身近な人への信頼感を深め、自主、自律及び協同の精神並びに規範意識の芽生えを養うこと。

三　身近な社会生活、生命及び自然に対する興味を養い、それらに対する正しい理解と態度及び思考力の芽生えを養うこと。

四　日常の会話や、絵本、童話等に親しむことを通じて、言葉の使い方を正しく導くとともに、相手の話を理解しようとする態度を養うこと。

五　音楽、身体による表現、造形等に親しむことを通じて、豊かな感性と表現力の芽生えを養うこと。

第二十四条　幼稚園においては、第二十二条に規定する目的を実現するための教育を行うほか、幼児期の教育に関する各般の問題につき、保護者及び地域住民その他の関係者からの相談に応じ、必要な情報の提供及び助言を行うなど、家庭及び地域における幼児期の教育の支援に努めるものとする。

第二十五条　幼稚園の教育課程その他の保育内容に関する事項は、第二十二条及び第二十三条の規定に従い、文部科学大臣が定める。

第二十六条　幼稚園に入園することのできる者は、満三歳から、小学校就学の始期に達するまでの幼児とする。

第二十七条　幼稚園には、園長、教頭及び教諭を置かなければならない。

○2　幼稚園には、前項に規定するもののほか、副園長、主幹教諭、指導教諭、養護教諭、栄養教諭、事務職員、養護助教諭その他必要な職員を置くことができる。

○3　第一項の規定にかかわらず、副園長を置くときその他特別の事情のあるときは、教頭を置かないことができる。

○4　園長は、園務をつかさどり、所属職員を監督する。

○5　副園長は、園長を助け、命を受けて園務をつかさどる。

○6　教頭は、園長（副園長を置く幼稚園にあつては、園長及び副園長）を助け、園務を整理し、及び必要に応じ幼児の保育をつかさどる。

○7　主幹教諭は、園長（副園長を置く幼稚園にあつては、園長及び副園長）及び教頭を助け、命を受けて園務の一部を整理し、並びに幼児の保育をつかさどる。

○8　指導教諭は、幼児の保育をつかさどり、並びに教諭その他の職員に対して、保育の改善及び充実のために必要な指導及び助言を行う。

○9　教諭は、幼児の保育をつかさどる。

○10　特別の事情のあるときは、第一項の規定にかかわらず、教諭に代えて助教諭又は講師を置くことができる。

○11　学校の実情に照らし必要があると認めるときは、第七項の規定にかかわらず、園長（副園長を置く幼稚園にあつては、園長及び副園長）及び教頭を助け、命を受けて園務の一部を整理し、並びに

学校教育法

幼児の養護又は栄養の指導及び管理をつかさどる主幹教諭を置くことができる。

第二十八条　第三十七条第六項、第八項及び第十二項から第十七項まで並びに第四十二条から第四十四条までの規定は、幼稚園に準用する。

第四章　小学校

第二十九条　小学校は、心身の発達に応じて、義務教育として行われる普通教育のうち基礎的なものを施すことを目的とする。

第三十条　小学校における教育は、前条に規定する目的を実現するために必要な程度において第二十一条各号に掲げる目標を達成するよう行われるものとする。

○2　前項の場合においては、生涯にわたり学習する基盤が培われるよう、基礎的な知識及び技能を習得させるとともに、これらを活用して課題を解決するために必要な思考力、判断力、表現力その他の能力をはぐくみ、主体的に学習に取り組む態度を養うことに、特に意を用いなければならない。

第三十一条　小学校においては、前条第一項の規定による目標の達成に資するよう、教育指導を行うに当たり、児童の体験的な学習活動、特にボランティア活動など社会奉仕体験活動、自然体験活動その他の体験活動の充実に努めるものとする。この場合において、社会教育関係団体その他の関係団体及び関係機関との連携に十分配慮しなければならない。

第三十二条　小学校の修業年限は、六年とする。

第三十三条　小学校の教育課程に関する事項は、第二十九条及び第三十条の規定に従い、文部科学大臣が定める。

第三十四条　小学校においては、文部科学大臣の検定を経た教科用図書又は文部科学省が著作の名義を有する教科用図書を使用しなければならない。

○2　前項に規定する教科用図書（以下この条において「教科用図書」という。）の内容を文部科学大臣の定めるところにより記録した電磁的記録（電子的方式、磁気的方式その他人の知覚によつては認識することができない方式で作られる記録であつて、電子計算機による情報処理の用に供されるものをいう。）である教材がある場合には、同項の規定にかかわらず、文部科学大臣の定めるところによ

り、児童の教育の充実を図るため必要があると認められる教育課程の一部において、教科用図書に代えて当該教材を使用することができる。

○3　前項に規定する場合において、視覚障害、発達障害その他の文部科学大臣の定める事由により教科用図書を使用して学習することが困難な児童に対し、教科用図書に用いられた文字、図形等の拡大又は音声への変換その他の同項に規定する教材を電子計算機において用いることにより可能となる方法で指導することにより当該児童の学習上の困難の程度を低減させる必要があると認められるときは、文部科学大臣の定めるところにより、教育課程の全部又は一部において、教科用図書に代えて当該教材を使用することができる。

○4　教科用図書及び第二項に規定する教材以外の教材で、有益適切なものは、これを使用することができる。

○5　第一項の検定の申請に係る教科用図書に関し調査審議させるための審議会等（国家行政組織法（昭和二十三年法律第百二十号）第八条に規定する機関をいう。以下同じ。）については、政令で定める。

第三十五条　市町村の教育委員会は、次に掲げる行為の一又は二以上を繰り返し行う等性行不良であつて他の児童の教育に妨げがあると認める児童があるときは、その保護者に対して、児童の出席停止を命ずることができる。

一　他の児童に傷害、心身の苦痛又は財産上の損失を与える行為

二　職員に傷害又は心身の苦痛を与える行為

三　施設又は設備を損壊する行為

四　授業その他の教育活動の実施を妨げる行為

○2　市町村の教育委員会は、前項の規定により出席停止を命ずる場合には、あらかじめ保護者の意見を聴取するとともに、理由及び期間を記載した文書を交付しなければならない。

○3　前項に規定するもののほか、出席停止の命令の手続に関し必要な事項は、教育委員会規則で定めるものとする。

○4　市町村の教育委員会は、出席停止の命令に係る児童の出席停止の期間における学習に対する支援その他の教育上必要な措置を講ずるものとする。

第三十六条　学齢に達しない子は、

小学校に入学させることができない。

第三十七条　小学校には、校長、教頭、教諭、養護教諭及び事務職員を置かなければならない。

○2　小学校には、前項に規定するもののほか、副校長、主幹教諭、指導教諭、栄養教諭その他必要な職員を置くことができる。

○3　第一項の規定にかかわらず、副校長を置くときその他特別の事情のあるときは教頭を、養護をつかさどる主幹教諭を置くときは養護教諭を、特別の事情のあるときは事務職員を、それぞれ置かないことができる。

○4　校長は、校務をつかさどり、所属職員を監督する。

○5　副校長は、校長を助け、命を受けて校務をつかさどる。

○6　副校長は、校長に事故があるときはその職務を代理し、校長が欠けたときはその職務を行う。この場合において、副校長が二人以上あるときは、あらかじめ校長が定めた順序で、その職務を代理し、又は行う。

○7　教頭は、校長（副校長を置く小学校にあつては、校長及び副校長）を助け、校務を整理し、及び必要に応じ児童の教育をつかさどる。

○8　教頭は、校長（副校長を置く小学校にあつては、校長及び副校長）に事故があるときは校長の職務を代理し、校長（副校長を置く小学校にあつては、校長及び副校長）が欠けたときは校長の職務を行う。この場合において、教頭が二人以上あるときは、あらかじめ校長が定めた順序で、校長の職務を代理し、又は行う。

○9　主幹教諭は、校長（副校長を置く小学校にあつては、校長及び副校長）及び教頭を助け、命を受けて校務の一部を整理し、並びに児童の教育をつかさどる。

○10　指導教諭は、児童の教育をつかさどり、並びに教諭その他の職員に対して、教育指導の改善及び充実のために必要な指導及び助言を行う。

○11　教諭は、児童の教育をつかさどる。

○12　養護教諭は、児童の養護をつかさどる。

○13　栄養教諭は、児童の栄養の指導及び管理をつかさどる。

○14　事務職員は、事務をつかさどる。

○15　助教諭は、教諭の職務を助ける。

○16　講師は、教諭又は助教諭に準ずる職務に従事する。

○17　養護助教諭は、養護教諭の職務を助ける。

○18　特別の事情のあるときは、第一項の規定にかかわらず、教諭に代えて助教諭又は講師を、養護教諭に代えて養護助教諭を置くことができる。

○19　学校の実情に照らし必要があると認めるときは、第九項の規定にかかわらず、校長（副校長を置く小学校にあつては、校長及び副校長）及び教頭を助け、命を受けて校務の一部を整理し、並びに児童の養護又は栄養の指導及び管理をつかさどる主幹教諭を置くことができる。

第三十八条　市町村は、その区域内にある学齢児童を就学させるに必要な小学校を設置しなければならない。ただし、教育上有益かつ適切であると認めるときは、義務教育学校の設置をもつてこれに代えることができる。

第三十九条　市町村は、適当と認めるときは、前条の規定による事務の全部又は一部を処理するため、市町村の組合を設けることができる。

第四十条　市町村は、前二条の規定によることを不可能又は不適当と認めるときは、小学校又は義務教育学校の設置に代え、学齢児童の全部又は一部の教育事務を、他の市町村又は前条の市町村の組合に委託することができる。

○2　前項の場合においては、地方自治法第二百五十二条の十四第三項において準用する同法第二百五十二条の二の二第二項中「都道府県知事」とあるのは、「都道府県知事及び都道府県の教育委員会」と読み替えるものとする。

第四十一条　町村が、前二条の規定による負担に堪えないと都道府県の教育委員会が認めるときは、都道府県は、その町村に対して、必要な補助を与えなければならない。

第四十二条　小学校は、文部科学大臣の定めるところにより当該小学校の教育活動その他の学校運営の状況について評価を行い、その結果に基づき学校運営の改善を図るため必要な措置を講ずることにより、その教育水準の向上に努めなければならない。

第四十三条　小学校は、当該小学校に関する保護者及び地域住民その他の関係者の理解を深めるとともに、これらの者との連携及び協力の推進に資するため、当該小学校の教育活動その他の学校運営の状況に関する情報を積極的に提供するものとする。

第四十四条　私立の小学校は、都道府県知事の所管に属する。

第五章　中学校

第四十五条　中学校は、小学校における教育の基礎の上に、心身の発達に応じて、義務教育として行われる普通教育を施すことを目的とする。

第四十六条　中学校における教育は、前条に規定する目的を実現するため、第二十一条各号に掲げる目標を達成するよう行われるものとする。

第四十七条　中学校の修業年限は、三年とする。

第四十八条　中学校の教育課程に関する事項は、第四十五条及び第四十六条の規定並びに次条において読み替えて準用する第三十条第二項の規定に従い、文部科学大臣が定める。

第四十九条　第三十条第二項、第三十一条、第三十四条、第三十五条及び第三十七条から第四十四条までの規定は、中学校に準用する。この場合において、第三十条第二項中「前項」とあるのは「第四十六条」と、第三十一条中「前条第一項」とあるのは「第四十六条」と読み替えるものとする。

第五章の二　義務教育学校

第四十九条の二　義務教育学校は、心身の発達に応じて、義務教育として行われる普通教育を基礎的なものから一貫して施すことを目的とする。

第四十九条の三　義務教育学校における教育は、前条に規定する目的を実現するため、第二十一条各号に掲げる目標を達成するよう行われるものとする。

第四十九条の四　義務教育学校の修業年限は、九年とする。

第四十九条の五　義務教育学校の課程は、これを前期六年の前期課程及び後期三年の後期課程に区分する。

第四十九条の六　義務教育学校の前期課程における教育は、第四十九条の二に規定する目的のうち、心身の発達に応じて、義務教育として行われる普通教育のうち基礎的なものを施すことを実現するために必要な程度において第二十一条各号に掲げる目標を達成するよう行われるものとする。

○2　義務教育学校の後期課程における教育は、第四十九条の二に規定する目的のうち、前期課程における教育の基礎の上に、心身の発達に応じて、義務教育として行われる普通教育を施すことを実現するため、第二十一条各号に掲げる目標を達成するよう行われるものとする。

第四十九条の七　義務教育学校の前期課程及び後期課程の教育課程に関する事項は、第四十九条の二、第四十九条の三及び前条の規定並びに次条において読み替えて準用する第三十条第二項の規定に従い、文部科学大臣が定める。

第四十九条の八　第三十条第二項、第三十一条、第三十四条から第三十七条まで及び第四十二条から第四十四条までの規定は、義務教育学校に準用する。この場合において、第三十条第二項中「前項」とあるのは「第四十九条の三」と、第三十一条中「前条第一項」とあるのは「第四十九条の三」と読み替えるものとする。

第六章　高等学校

第五十条　高等学校は、中学校における教育の基礎の上に、心身の発達及び進路に応じて、高度な普通教育及び専門教育を施すことを目的とする。

第五十一条　高等学校における教育は、前条に規定する目的を実現するため、次に掲げる目標を達成するよう行われるものとする。

一　義務教育として行われる普通教育の成果を更に発展拡充させて、豊かな人間性、創造性及び健やかな身体を養い、国家及び社会の形成者として必要な資質を養うこと。

二　社会において果たさなければならない使命の自覚に基づき、個性に応じて将来の進路を決定させ、一般的な教養を高め、専門的な知識、技術及び技能を習得させること。

三　個性の確立に努めるとともに、社会について、広く深い理解と健全な批判力を養い、社会の発展に寄与する態度を養うこと。

第五十二条　高等学校の学科及び教育課程に関する事項は、前二条の規定及び第六十二条において読み替えて準用する第三十条第二項の規定に従い、文部科学大臣が定める。

第五十三条　高等学校には、全日制の課程のほか、定時制の課程を置くことができる。

○2　高等学校には、定時制の課程のみを置くことができる。

第五十四条　高等学校には、全日制の課程又は定時制の課程のほか、通信制の課程を置くことができる。

○2　高等学校には、通信制の課程のみを置くことができる。

○3　市（指定都市を除く。以下この項において同じ。）町村（市町村が単独で又は他の市町村と共同して設立する公立大学法人を含む。）の設置する高等学校については都道府県の教育委員会、私立の高等学校については都道府県知事は、高等学校の通信制の課程のうち、当該高等学校の所在する都道府県の区域内に住所を有する者のほか、全国的に他の都道府県の区域内に住所を有する者を併せて生徒とするものその他政令で定めるもの（以下この項において「広域の通信制の課程」という。）に係る第四条第一項に規定する認可（政令で定める事項に係るものに限る。）を行うときは、あらかじめ、文部科学大臣に届け出なければならない。都道府県（都道府県が単独で又は他の地方公共団体と共同して設立する公立大学法人を含む。）又は指定都市（指定都市が単独で又は他の指定都市若しくは市町村と共同して設立する公立大学法人を含む。）の設置する高等学校の広域の通信制の課程について、当該都道府県又は指定都市の教育委員会（公立大学法人の設置する高等学校にあつては、当該公立大学法人）がこの項前段の政令で定める事項を行うときも、同様とする。

○4　通信制の課程に関し必要な事項は、文部科学大臣が、これを定める。

第五十五条　高等学校の定時制の課程又は通信制の課程に在学する生徒が、技能教育のための施設で当該施設の所在地の都道府県の教育委員会の指定するものにおいて教育を受けているときは、校長は、文部科学大臣の定めるところにより、当該施設における学習を当該高等学校における教科の一部の履修とみなすことができる。

○2　前項の施設の指定に関し必要な事項は、政令で、これを定める。

第五十六条　高等学校の修業年限は、全日制の課程については、三年とし、定時制の課程及び通信制の課程については、三年以上とする。

第五十七条　高等学校に入学することのできる者は、中学校若しくは

これに準ずる学校若しくは義務教育学校を卒業した者若しくは中等教育学校の前期課程を修了した者又は文部科学大臣の定めるところにより、これと同等以上の学力があると認められた者とする。

第五十八条　高等学校には、専攻科及び別科を置くことができる。

○2　高等学校の専攻科は、高等学校若しくはこれに準ずる学校若しくは中等教育学校を卒業した者又は文部科学大臣の定めるところにより、これと同等以上の学力があると認められた者に対して、精深な程度において、特別の事項を教授し、その研究を指導することを目的とし、その修業年限は、一年以上とする。

○3　高等学校の別科は、前条に規定する入学資格を有する者に対して、簡易な程度において、特別の技能教育を施すことを目的とし、その修業年限は、一年以上とする。

第五十八条の二　高等学校の専攻科の課程（修業年限が二年以上であることその他の文部科学大臣の定める基準を満たすものに限る。）を修了した者（第九十条第一項に規定する者に限る。）は、文部科学大臣の定めるところにより、大学に編入学することができる。

第五十九条　高等学校に関する入学、退学、転学その他必要な事項は、文部科学大臣が、これを定める。

第六十条　高等学校には、校長、教頭、教諭及び事務職員を置かなければならない。

○2　高等学校には、前項に規定するもののほか、副校長、主幹教諭、指導教諭、養護教諭、栄養教諭、養護助教諭、実習助手、技術職員その他必要な職員を置くことができる。

○3　第一項の規定にかかわらず、副校長を置くときは、教頭を置かないことができる。

○4　実習助手は、実験又は実習について、教諭の職務を助ける。

○5　特別の事情のあるときは、第一項の規定にかかわらず、教諭に代えて助教諭又は講師を置くことができる。

○6　技術職員は、技術に従事する。

第六十一条　高等学校に、全日制の課程、定時制の課程又は通信制の課程のうち二以上の課程を置くときは、それぞれの課程に関する校務を分担して整理する教頭を置かなければならない。ただし、命を受けて当該課程に関する校務をつかさどる副校長が置かれる一の課

程については、この限りでない。

第六十二条　第三十条第二項、第三十一条、第三十四条、第三十七条第四項から第十七項まで及び第十九項並びに第四十二条から第四十四条までの規定は、高等学校に準用する。この場合において、第三十条第二項中「前項」とあるのは「第五十一条」と、第三十一条中「前条第一項」とあるのは「第五十一条」と読み替えるものとする。

第七章　中等教育学校

第六十三条　中等教育学校は、小学校における教育の基礎の上に、心身の発達及び進路に応じて、義務教育として行われる普通教育並びに高度な普通教育及び専門教育を一貫して施すことを目的とする。

第六十四条　中等教育学校における教育は、前条に規定する目的を実現するため、次に掲げる目標を達成するよう行われるものとする。

一　豊かな人間性、創造性及び健やかな身体を養い、国家及び社会の形成者として必要な資質を養うこと。

二　社会において果たさなければならない使命の自覚に基づき、個性に応じて将来の進路を決定させ、一般的な教養を高め、専門的な知識、技術及び技能を習得させること。

三　個性の確立に努めるとともに、社会について、広く深い理解と健全な批判力を養い、社会の発展に寄与する態度を養うこと。

第六十五条　中等教育学校の修業年限は、六年とする。

第六十六条　中等教育学校の課程は、これを前期三年の前期課程及び後期三年の後期課程に区分する。

第六十七条　中等教育学校の前期課程における教育は、第六十三条に規定する目的のうち、小学校における教育の基礎の上に、心身の発達に応じて、義務教育として行われる普通教育を施すことを実現するため、第二十一条各号に掲げる目標を達成するよう行われるものとする。

○2　中等教育学校の後期課程における教育は、第六十三条に規定する目的のうち、心身の発達及び進路に応じて、高度な普通教育及び専門教育を施すことを実現するため、第六十四条各号に掲げる目標を達成するよう行われるものとする。

第六十八条　中等教育学校の前期課程の教育課程に関する事項並びに後期課程の学科及び教育課程に関

する事項は、第六十三条、第六十四条及び前条の規定並びに第七十条第一項において読み替えて準用する第三十条第二項の規定に従い、文部科学大臣が定める。

第六十九条　中等教育学校には、校長、教頭、教諭、養護教諭及び事務職員を置かなければならない。

○2　中等教育学校には、前項に規定するもののほか、副校長、主幹教諭、指導教諭、栄養教諭、実習助手、技術職員その他必要な職員を置くことができる。

○3　第一項の規定にかかわらず、副校長を置くときは教頭を、養護をつかさどる主幹教諭を置くときは養護教諭を、それぞれ置かないことができる。

○4　特別の事情のあるときは、第一項の規定にかかわらず、教諭に代えて助教諭又は講師を、養護教諭に代えて養護助教諭を置くことができる。

第七十条　第三十条第二項、第三十一条、第三十四条、第三十七条第四項から第十七項まで及び第十九項、第四十二条から第四十四条まで、第五十九条並びに第六十条第四項及び第六項の規定は中等教育学校に、第五十三条から第五十五条まで、第五十八条、第五十八条の二及び第六十一条の規定は中等教育学校の後期課程に、それぞれ準用する。この場合において、第三十条第二項中「前項」とあるのは「第六十四条」と、第三十一条中「前条第一項」とあるのは「第六十四条」と読み替えるものとする。

○2　前項において準用する第五十三条又は第五十四条の規定により後期課程に定時制の課程又は通信制の課程を置く中等教育学校については、第六十五条の規定にかかわらず、当該定時制の課程又は通信制の課程に係る修業年限は、六年以上とする。この場合において、第六十六条中「後期三年の後期課程」とあるのは、「後期三年以上の後期課程」とする。

第七十一条　同一の設置者が設置する中学校及び高等学校においては、文部科学大臣の定めるところにより、中等教育学校に準じて、中学校における教育と高等学校における教育を一貫して施すことができる。

第八章　特別支援教育

第七十二条　特別支援学校は、視覚障害者、聴覚障害者、知的障害者、肢体不自由者又は病弱者（身体虚弱者を含む。以下同じ。）に対して、幼稚園、小学校、中学校又は高等学校に準ずる教育を施すとともに、障害による学習上又は生活上の困難を克服し自立を図るために必要な知識技能を授けることを目的とする。

第七十三条　特別支援学校においては、文部科学大臣の定めるところにより、前条に規定する者に対する教育のうち当該学校が行うものを明らかにするものとする。

第七十四条　特別支援学校においては、第七十二条に規定する目的を実現するための教育を行うほか、幼稚園、小学校、中学校、義務教育学校、高等学校又は中等教育学校の要請に応じて、第八十一条第一項に規定する幼児、児童又は生徒の教育に関し必要な助言又は援助を行うよう努めるものとする。

第七十五条　第七十二条に規定する視覚障害者、聴覚障害者、知的障害者、肢体不自由者又は病弱者の障害の程度は、政令で定める。

第七十六条　特別支援学校には、小学部及び中学部を置かなければならない。ただし、特別の必要のある場合においては、そのいずれかのみを置くことができる。

○2　特別支援学校には、小学部及び中学部のほか、幼稚部又は高等部を置くことができ、また、特別の必要のある場合においては、前項の規定にかかわらず、小学部及び中学部を置かないで幼稚部又は高等部のみを置くことができる。

第七十七条　特別支援学校の幼稚部の教育課程その他の保育内容、小学部及び中学部の教育課程又は高等部の学科及び教育課程に関する事項は、幼稚園、小学校、中学校又は高等学校に準じて、文部科学大臣が定める。

第七十八条　特別支援学校には、寄宿舎を設けなければならない。ただし、特別の事情のあるときは、これを設けないことができる。

第七十九条　寄宿舎を設ける特別支援学校には、寄宿舎指導員を置かなければならない。

○2　寄宿舎指導員は、寄宿舎における幼児、児童又は生徒の日常生活上の世話及び生活指導に従事する。

第八十条　都道府県は、その区域内にある学齢児童及び学齢生徒のうち、視覚障害者、聴覚障害者、知的障害者、肢体不自由者又は病弱者で、その障害が第七十五条の政令で定める程度のものを就学させるに必要な特別支援学校を設置しなければならない。

第八十一条　幼稚園、小学校、中学校、義務教育学校、高等学校及び中等教育学校においては、次項各号のいずれかに該当する幼児、児童及び生徒その他教育上特別の支援を必要とする幼児、児童及び生徒に対し、文部科学大臣の定めるところにより、障害による学習上又は生活上の困難を克服するための教育を行うものとする。

○2　小学校、中学校、義務教育学校、高等学校及び中等教育学校には、次の各号のいずれかに該当する児童及び生徒のために、特別支援学級を置くことができる。

一　知的障害者
二　肢体不自由者
三　身体虚弱者
四　弱視者
五　難聴者
六　その他障害のある者で、特別支援学級において教育を行うことが適当なもの

○3　前項に規定する学校においては、疾病により療養中の児童及び生徒に対して、特別支援学級を設け、又は教員を派遣して、教育を行うことができる。

第八十二条　第二十六条、第二十七条、第三十一条（第四十九条及び第六十二条において読み替えて準用する場合を含む。）、第三十二条、第三十四条（第四十九条及び第六十二条において準用する場合を含む。）、第三十六条、第三十七条（第二十八条、第四十九条及び第六十二条において準用する場合を含む。）、第四十二条から第四十四条まで、第四十七条及び第五十六条から第六十条までの規定は特別支援学校に、第八十四条の規定は特別支援学校の高等部に、それぞれ準用する。

○学校教育法施行規則（抜粋）

（最終改正　令和五年三月三十一日　文部科学省令第十八号）

第四章　小学校
第一節　設備編制

第四十条　小学校の設備、編制その他設置に関する事項は、この節に定めるもののほか、小学校設置基準（平成十四年文部科学省令第十四号）の定めるところによる。

第四十一条　小学校の学級数は、十二学級以上十八学級以下を標準とする。ただし、地域の実態その他により特別の事情のあるとき

は、この限りでない。

第四十二条　小学校の分校の学級数は、特別の事情のある場合を除き、五学級以下とし、前条の学級数に算入しないものとする。

第四十三条　小学校においては、調和のとれた学校運営が行われるためにふさわしい校務分掌の仕組みを整えるものとする。

第四十四条　小学校には、教務主任及び学年主任を置くものとする。

2　前項の規定にかかわらず、第四項に規定する教務主任の担当する校務を整理する主幹教諭を置くときその他特別の事情のあるときは教務主任を、第五項に規定する学年主任の担当する校務を整理する主幹教諭を置くときその他特別の事情のあるときは学年主任を、それぞれ置かないことができる。

3　教務主任及び学年主任は、指導教諭又は教諭をもつて、これに充てる。

4　教務主任は、校長の監督を受け、教育計画の立案その他の教務に関する事項について連絡調整及び指導、助言に当たる。

5　学年主任は、校長の監督を受け、当該学年の教育活動に関する事項について連絡調整及び指導、助言に当たる。

第四十五条　小学校においては、保健主事を置くものとする。

2　前項の規定にかかわらず、第四項に規定する保健主事の担当する校務を整理する主幹教諭を置くときその他特別の事情のあるときは、保健主事を置かないことができる。

3　保健主事は、指導教諭、教諭又は養護教諭をもつて、これに充てる。

4　保健主事は、校長の監督を受け、小学校における保健に関する事項の管理に当たる。

第四十六条　小学校には、事務長又は事務主任を置くことができる。

2　事務長及び事務主任は、事務職員をもつて、これに充てる。

3　事務長は、校長の監督を受け、事務職員その他の職員が行う事務を総括する。

4　事務主任は、校長の監督を受け、事務に関する事項について連絡調整及び指導、助言に当たる。

第四十七条　小学校においては、前三条に規定する教務主任、学年主任、保健主事及び事務主任のほか、必要に応じ、校務を分担する主任等を置くことができる。

第四十八条　小学校には、設置者の定めるところにより、校長の職務

の円滑な執行に資するため、職員会議を置くことができる。

2　職員会議は、校長が主宰する。

第四十九条　小学校には、設置者の定めるところにより、学校評議員を置くことができる。

2　学校評議員は、校長の求めに応じ、学校運営に関し意見を述べることができる。

3　学校評議員は、当該小学校の職員以外の者で教育に関する理解及び識見を有するもののうちから、校長の推薦により、当該小学校の設置者が委嘱する。

第二節　教育課程

第五十条　小学校の教育課程は、国語、社会、算数、理科、生活、音楽、図画工作、家庭、体育及び外国語の各教科（以下この節において「各教科」という。）、特別の教科である道徳、外国語活動、総合的な学習の時間並びに特別活動によつて編成するものとする。

2　私立の小学校の教育課程を編成する場合は、前項の規定にかかわらず、宗教を加えることができる。この場合においては、宗教をもつて前項の特別の教科である道徳に代えることができる。

第五十一条　小学校（第五十二条の二第二項に規定する中学校連携型小学校及び第七十九条の九第二項に規定する中学校併設型小学校を除く。）の各学年における各教科、特別の教科である道徳、外国語活動、総合的な学習の時間及び特別活動のそれぞれの授業時数並びに各学年におけるこれらの総授業時数は、別表第一に定める授業時数を標準とする。

第五十二条　小学校の教育課程については、この節に定めるもののほか、教育課程の基準として文部科学大臣が別に公示する小学校学習指導要領によるものとする。

第五十二条の二　小学校（第七十九条の九第二項に規定する中学校併設型小学校を除く。）においては、中学校における教育との一貫性に配慮した教育を施すため、当該小学校の設置者が当該中学校の設置者との協議に基づき定めるところにより、教育課程を編成することができる。

2　前項の規定により教育課程を編成する小学校（以下「中学校連携型小学校」という。）は、第七十四条の二第一項の規定により教育課程を編成する中学校と連携し、その教育課程を実施するもの

とする。

第五十二条の三　中学校連携型小学校の各学年における各教科、特別の教科である道徳、外国語活動、総合的な学習の時間及び特別活動のそれぞれの授業時数並びに各学年におけるこれらの総授業時数は、別表第二の二に定める授業時数を標準とする。

第五十二条の四　中学校連携型小学校の教育課程については、この章に定めるもののほか、教育課程の基準の特例として文部科学大臣が別に定めるところによるものとする。

第五十三条　小学校においては、必要がある場合には、一部の各教科について、これらを合わせて授業を行うことができる。

第五十四条　児童が心身の状況によつて履修することが困難な各教科は、その児童の心身の状況に適合するように課さなければならない。

第五十五条　小学校の教育課程に関し、その改善に資する研究を行うため特に必要があり、かつ、児童の教育上適切な配慮がなされていると文部科学大臣が認める場合においては、文部科学大臣が別に定めるところにより、第五十条第一項、第五十一条（中学校連携型小学校にあつては第五十二条の三、第七十九条の九第二項に規定する中学校併設型小学校にあつては第七十九条の十二において準用する第七十九条の五第一項）又は第五十二条の規定によらないことができる。

第五十五条の二　文部科学大臣が、小学校において、当該小学校又は当該小学校が設置されている地域の実態に照らし、より効果的な教育を実施するため、当該小学校又は当該地域の特色を生かした特別の教育課程を編成して教育を実施する必要があり、かつ、当該特別の教育課程について、教育基本法（平成十八年法律第百二十号）及び学校教育法第三十条第一項の規定等に照らして適切であり、児童の教育上適切な配慮がなされているものとして文部科学大臣が定める基準を満たしていると認める場合においては、文部科学大臣が別に定めるところにより、第五十条第一項、第五十一条（中学校連携型小学校にあつては第五十二条の三、第七十九条の九第二項に規定する中学校併設型小学校にあつては第七十九条の十二において準用する第七十九条の五第一項）又は第五十二条の規定の全部又は一部

によらないことができる。

第五十六条　小学校において、学校生活への適応が困難であるため相当の期間小学校を欠席し引き続き欠席すると認められる児童を対象として、その実態に配慮した特別の教育課程を編成して教育を実施する必要があると文部科学大臣が認める場合においては、文部科学大臣が別に定めるところにより、第五十条第一項、第五十一条（中学校連携型小学校にあつては第五十二条の三、第七十九条の九第二項に規定する中学校併設型小学校にあつては第七十九条の十二において準用する第七十九条の五第一項）又は第五十二条の規定によらないことができる。

第五十六条の二　小学校において、日本語に通じない児童のうち、当該児童の日本語を理解し、使用する能力に応じた特別の指導を行う必要があるものを教育する場合には、文部科学大臣が別に定めるところにより、第五十条第一項、第五十一条（中学校連携型小学校にあつては第五十二条の三、第七十九条の九第二項に規定する中学校併設型小学校にあつては第七十九条の十二において準用する第七十九条の五第一項）及び第五十二条の規定にかかわらず、特別の教育課程によることができる。

第五十六条の三　前条の規定により特別の教育課程による場合においては、校長は、児童が設置者の定めるところにより他の小学校、義務教育学校の前期課程又は特別支援学校の小学部において受けた授業を、当該児童の在学する小学校において受けた当該特別の教育課程に係る授業とみなすことができる。

第五十六条の四　小学校において、学齢を経過した者のうち、その者の年齢、経験又は勤労の状況その他の実情に応じた特別の指導を行う必要があるものを夜間その他特別の時間において教育する場合には、文部科学大臣が別に定めるところにより、第五十条第一項、第五十一条（中学校連携型小学校にあつては第五十二条の三、第七十九条の九第二項に規定する中学校併設型小学校にあつては第七十九条の十二において準用する第七十九条の五第一項）及び第五十二条の規定にかかわらず、特別の教育課程によることができる。

第五十七条　小学校において、各学年の課程の修了又は卒業を認めるに当たつては、児童の平素の成績を評価して、これを定めなければならない。

第五十八条　校長は、小学校の全課程を修了したと認めた者には、卒業証書を授与しなければならない。

○学校保健安全法

（最終改正　平成二十七年六月二十四日法律第四十六号）

第一章　総則

（目的）
第一条　この法律は、学校における児童生徒等及び職員の健康の保持増進を図るため、学校における保健管理に関し必要な事項を定めるとともに、学校における教育活動が安全な環境において実施され、児童生徒等の安全の確保が図られるよう、学校における安全管理に関し必要な事項を定め、もつて学校教育の円滑な実施とその成果の確保に資することを目的とする。

（定義）
第二条　この法律において「学校」とは、学校教育法（昭和二十二年法律第二十六号）第一条に規定する学校をいう。

2　この法律において「児童生徒等」とは、学校に在学する幼児、児童、生徒又は学生をいう。

（国及び地方公共団体の責務）
第三条　国及び地方公共団体は、相互に連携を図り、各学校において保健及び安全に係る取組が確実かつ効果的に実施されるようにするため、学校における保健及び安全に関する最新の知見及び事例を踏まえつつ、財政上の措置その他の必要な施策を講ずるものとする。

2　国は、各学校における安全に係る取組を総合的かつ効果的に推進するため、学校安全の推進に関する計画の策定その他所要の措置を講ずるものとする。

3　地方公共団体は、国が講ずる前項の措置に準じた措置を講ずるように努めなければならない。

第二章　学校保健

第一節　学校の管理運営等
（学校保健に関する学校の設置者の責務）
第四条　学校の設置者は、その設置する学校の児童生徒等及び職員の心身の健康の保持増進を図るため、当該学校の施設及び設備並びに管理運営体制の整備充実その他の必要な措置を講ずるよう努めるものとする。

（学校保健計画の策定等）
第五条　学校においては、児童生徒等及び職員の心身の健康の保持増進を図るため、児童生徒等及び職員の健康診断、環境衛生検査、児童生徒等に対する指導その他保健に関する事項について計画を策定し、これを実施しなければならない。

（学校環境衛生基準）
第六条　文部科学大臣は、学校における換気、採光、照明、保温、清潔保持その他環境衛生に係る事項（学校給食法（昭和二十九年法律第百六十号）第九条第一項（夜間課程を置く高等学校における学校給食に関する法律（昭和三十一年法律第百五十七号）第七条及び特別支援学校の幼稚部及び高等部における学校給食に関する法律（昭和三十二年法律第百十八号）第六条において準用する場合を含む。）に規定する事項を除く。）について、児童生徒等及び職員の健康を保護する上で維持されることが望ましい基準（以下この条において「学校環境衛生基準」という。）を定めるものとする。

2　学校の設置者は、学校環境衛生基準に照らしてその設置する学校の適切な環境の維持に努めなければならない。

3　校長は、学校環境衛生基準に照らし、学校の環境衛生に関し適正を欠く事項があると認めた場合には、遅滞なく、その改善のために必要な措置を講じ、又は当該措置を講ずることができないときは、当該学校の設置者に対し、その旨を申し出るものとする。

（保健室）
第七条　学校には、健康診断、健康相談、保健指導、救急処置その他の保健に関する措置を行うため、保健室を設けるものとする。

第二節　健康相談等
（健康相談）
第八条　学校においては、児童生徒等の心身の健康に関し、健康相談を行うものとする。

（保健指導）
第九条　養護教諭その他の職員は、相互に連携して、健康相談又は児童生徒等の健康状態の日常的な観察により、児童生徒等の心身の状況を把握し、健康上の問題があると認めるときは、遅滞なく、当該児童生徒等に対して必要な指導を行うとともに、必要に応じ、その保護者（学校教育法第十六条に規定する保護者をいう。第二十四条及び第三十条において同じ。）に対

して必要な助言を行うものとする。

（地域の医療機関等との連携）

第十条　学校においては、救急処置、健康相談又は保健指導を行うに当たつては、必要に応じ、当該学校の所在する地域の医療機関その他の関係機関との連携を図るよう努めるものとする。

第三節　健康診断

（就学時の健康診断）

第十一条　市（特別区を含む。以下同じ。）町村の教育委員会は、学校教育法第十七条第一項の規定により翌学年の初めから同項に規定する学校に就学させるべき者で、当該市町村の区域内に住所を有するものの就学に当たつて、その健康診断を行わなければならない。

第十二条　市町村の教育委員会は、前条の健康診断の結果に基づき、治療を勧告し、保健上必要な助言を行い、及び学校教育法第十七条第一項に規定する義務の猶予若しくは免除又は特別支援学校への就学に関し指導を行う等適切な措置をとらなければならない。

（児童生徒等の健康診断）

第十三条　学校においては、毎学年定期に、児童生徒等（通信による教育を受ける学生を除く。）の健康診断を行わなければならない。

2　学校においては、必要があるときは、臨時に、児童生徒等の健康診断を行うものとする。

第十四条　学校においては、前条の健康診断の結果に基づき、疾病の予防処置を行い、又は治療を指示し、並びに運動及び作業を軽減する等適切な措置をとらなければならない。

（職員の健康診断）

第十五条　学校の設置者は、毎学年定期に、学校の職員の健康診断を行わなければならない。

2　学校の設置者は、必要があるときは、臨時に、学校の職員の健康診断を行うものとする。

第十六条　学校の設置者は、前条の健康診断の結果に基づき、治療を指示し、及び勤務を軽減する等適切な措置をとらなければならない。

（健康診断の方法及び技術的基準等）

第十七条　健康診断の方法及び技術的基準については、文部科学省令で定める。

2　第十一条から前条までに定めるもののほか、健康診断の時期及び検査の項目その他健康診断に関し必要な事項は、前項に規定するものを除き、第十一条の健康診断に関するものについては政令で、第十三条及び第十五条の健康診断に関するものについては文部科学省令で定める。

3　前二項の文部科学省令は、健康増進法（平成十四年法律第百三号）第九条第一項に規定する健康診査等指針と調和が保たれたものでなければならない。

（保健所との連絡）

第十八条　学校の設置者は、この法律の規定による健康診断を行おうとする場合その他政令で定める場合においては、保健所と連絡するものとする。

第四節　感染症の予防

（出席停止）

第十九条　校長は、感染症にかかつており、かかつている疑いがあり、又はかかるおそれのある児童生徒等があるときは、政令で定めるところにより、出席を停止させることができる。

（臨時休業）

第二十条　学校の設置者は、感染症の予防上必要があるときは、臨時に、学校の全部又は一部の休業を行うことができる。

（文部科学省令への委任）

第二十一条　前二条（第十九条の規定に基づく政令を含む。）及び感染症の予防及び感染症の患者に対する医療に関する法律（平成十年法律第百十四号）その他感染症の予防に関して規定する法律（これらの法律に基づく命令を含む。）に定めるもののほか、学校における感染症の予防に関し必要な事項は、文部科学省令で定める。

第五節　学校保健技師並びに学校医、学校歯科医及び学校薬剤師

（学校保健技師）

第二十二条　都道府県の教育委員会の事務局に、学校保健技師を置くことができる。

2　学校保健技師は、学校における保健管理に関する専門的事項について学識経験がある者でなければならない。

3　学校保健技師は、上司の命を受け、学校における保健管理に関し、専門的技術的指導及び技術に従事する。

（学校医、学校歯科医及び学校薬剤師）

第二十三条　学校には、学校医を置くものとする。

2　大学以外の学校には、学校歯科医及び学校薬剤師を置くものとする。

3　学校医、学校歯科医及び学校薬剤師は、それぞれ医師、歯科医師又は薬剤師のうちから、任命し、又は委嘱する。

4　学校医、学校歯科医及び学校薬剤師は、学校における保健管理に関する専門的事項に関し、技術及び指導に従事する。

5　学校医、学校歯科医及び学校薬剤師の職務執行の準則は、文部科学省令で定める。

第六節　地方公共団体の援助及び国の補助

（地方公共団体の援助）

第二十四条　地方公共団体は、その設置する小学校、中学校、義務教育学校、中等教育学校の前期課程又は特別支援学校の小学部若しくは中学部の児童又は生徒が、感染性又は学習に支障を生ずるおそれのある疾病で政令で定めるものにかかり、学校において治療の指示を受けたときは、当該児童又は生徒の保護者で次の各号のいずれかに該当するものに対して、その疾病の治療のための医療に要する費用について必要な援助を行うものとする。

一　生活保護法（昭和二十五年法律第百四十四号）第六条第二項に規定する要保護者

二　生活保護法第六条第二項に規定する要保護者に準ずる程度に困窮している者で政令で定めるもの

（国の補助）

第二十五条　国は、地方公共団体が前条の規定により同条第一号に掲げる者に対して援助を行う場合には、予算の範囲内において、その援助に要する経費の一部を補助することができる。

2　前項の規定により国が補助を行う場合の補助の基準については、政令で定める。

第三章　学校安全

（学校安全に関する学校の設置者の責務）

第二十六条　学校の設置者は、児童生徒等の安全の確保を図るため、その設置する学校において、事故、加害行為、災害等（以下この条及び第二十九条第三項において「事故等」という。）により児童生徒等に生ずる危険を防止し、及び事故等により児童生徒等に危険又は危害が現に生じた場合（同条第一項及び第二項において「危険等発生時」という。）において適切に対処することができるよう、当該学校の

施設及び設備並びに管理運営体制の整備充実その他の必要な措置を講ずるよう努めるものとする。

（学校安全計画の策定等）

第二十七条　学校においては、児童生徒等の安全の確保を図るため、当該学校の施設及び設備の安全点検、児童生徒等に対する通学を含めた学校生活その他の日常生活における安全に関する指導、職員の研修その他学校における安全に関する事項について計画を策定し、これを実施しなければならない。

（学校環境の安全の確保）

第二十八条　校長は、当該学校の施設又は設備について、児童生徒等の安全の確保を図る上で支障となる事項があると認めた場合には、遅滞なく、その改善を図るために必要な措置を講じ、又は当該措置を講ずることができないときは、当該学校の設置者に対し、その旨を申し出るものとする。

（危険等発生時対処要領の作成等）

第二十九条　学校においては、児童生徒等の安全の確保を図るため、当該学校の実情に応じて、危険等発生時において当該学校の職員がとるべき措置の具体的内容及び手順を定めた対処要領（次項において「危険等発生時対処要領」という。）を作成するものとする。

2　校長は、危険等発生時対処要領の職員に対する周知、訓練の実施その他の危険等発生時において職員が適切に対処するために必要な措置を講ずるものとする。

3　学校においては、事故等により児童生徒等に危害が生じた場合において、当該児童生徒等及び当該事故等により心理的外傷その他の心身の健康に対する影響を受けた児童生徒等その他の関係者の心身の健康を回復させるため、これらの者に対して必要な支援を行うものとする。この場合において、第十条の規定を準用する。

（地域の関係機関等との連携）

第三十条　学校においては、児童生徒等の安全の確保を図るため、児童生徒等の保護者との連携を図るとともに、当該学校が所在する地域の実情に応じて、当該地域を管轄する警察署その他の関係機関、地域の安全を確保するための活動を行う団体その他の関係団体、当該地域の住民その他の関係者との連携を図るよう努めるものとする。

第四章　雑則

（学校の設置者の事務の委任）

第三十一条　学校の設置者は、他の法律に特別の定めがある場合のほか、この法律に基づき処理すべき事務を校長に委任することができる。

（専修学校の保健管理等）

第三十二条　専修学校には、保健管理に関する専門的事項に関し、技術及び指導を行う医師を置くように努めなければならない。

2　専修学校には、健康診断、健康相談、保健指導、救急処置等を行うため、保健室を設けるように努めなければならない。

3　第三条から第六条まで、第八条から第十条まで、第十三条から第二十一条まで及び第二十六条から前条までの規定は、専修学校に準用する。

附　則　抄

（施行期日）

1　この法律中第十七条及び第十八条第一項の規定は昭和三十三年十月一日から、その他の規定は同年六月一日から施行する。

附　則（昭和五〇年七月一一日法律第五九号）　抄

（施行期日）

第一条　この法律は、公布の日から起算して六月を経過した日から施行する。

附　則（昭和五三年三月三一日法律第一四号）　抄

1　この法律は、昭和五十三年四月一日から施行する。ただし、第二条の規定中学校保健法第八条第二項を削る改正規定、同条第三項及び第九条第一項の改正規定、同条第二項を削る改正規定、第十七条の改正規定、第十八条第二項を削る改正規定並びに同条第三項の改正規定は、昭和五十四年四月一日から施行する。

附　則（昭和六〇年七月一二日法律第九〇号）　抄

（施行期日）

第一条　この法律は、公布の日から施行する。

附　則（平成一〇年六月一二日法律第一〇一号）　抄

（施行期日）

第一条　この法律は、平成十一年四月一日から施行する。

附　則（平成一〇年一〇月二日法律第一一四号）　抄

（施行期日）

第一条　この法律は、平成十一年四月一日から施行する。

附　則（平成一一年一二月二二日法律第一六〇号）　抄

（施行期日）

第一条　この法律（第二条及び第三条を除く。）は、平成十三年一月六日から施行する。ただし、次の各号に掲げる規定は、当該各号に定める日から施行する。

一　第九百九十五条（核原料物質、核燃料物質及び原子炉の規制に関する法律の一部を改正する法律附則の改正規定に係る部分に限る。）、第千三百五条、第千三百六条、第千三百二十四条第二項、第千三百二十六条第二項及び第千三百四十四条の規定
公布の日

附　則（平成一四年八月二日法律第一〇三号）　抄

（施行期日）

第一条　この法律は、公布の日から起算して九月を超えない範囲内において政令で定める日から施行する。ただし、第九条及び附則第八条から第十九条までの規定は、公布の日から起算して二年を超えない範囲内において政令で定める日から施行する。

附　則（平成一七年三月三一日法律第二三号）　抄

（施行期日）

1　この法律は、平成十七年四月一日から施行する。

附　則（平成一八年六月二一日法律第八〇号）　抄

（施行期日）

第一条　この法律は、平成十九年四月一日から施行する。

附　則（平成一九年六月二七日法律第九六号）　抄

（施行期日）

第一条　この法律は、公布の日から起算して六月を超えない範囲内において政令で定める日から施行する。

附　則（平成二〇年六月一八日法律第七三号）　抄

（施行期日）

第一条　この法律は、平成二十一年四月一日から施行する。

（検討）

第二条　政府は、この法律の施行後五年を経過した場合において、この法律による改正後の規定の施行の状況について検討を加え、必要があると認めるときは、その結果に基づいて所要の措置を講ずるものとする。

附　則（平成二七年六月二四日法律第四六号）　抄

（施行期日）

第一条　この法律は、平成二十八年四月一日から施行する。

施行規則

学校保健安全法施行令・学校保健安全法

266

○学校保健安全法施行令（抜粋）

（最終改正　平成二十七年十二月十六日
政令第四百二十一号）

（就学時の健康診断の時期）

第一条　学校保健安全法（昭和三十三年法律第五十六号。以下「法」という。）第十一条の健康診断（以下「就学時の健康診断」という。）は、学校教育法施行令（昭和二十八年政令第三百四十号）第二条の規定により学齢簿が作成された後翌学年の初めから四月前（同令第五条、第七条、第十一条、第十四条、第十五条及び第十八条の二に規定する就学に関する手続の実施に支障がない場合にあつては、三月前）までの間に行うものとする。

2　前項の規定にかかわらず、市町村の教育委員会は、同項の規定により定めた就学時の健康診断の実施日の翌日以後に当該市町村の教育委員会が作成した学齢簿に新たに就学予定者（学校教育法施行令第五条第一項に規定する就学予定者をいう。以下この項において同じ。）が記載された場合において、当該就学予定者が他の市町村の教育委員会が行う就学時の健康診断を受けていないときは、当該就学予定者について、速やかに就学時の健康診断を行うものとする。

（検査の項目）

第二条　就学時の健康診断における検査の項目は、次のとおりとする。

一　栄養状態
二　脊（せき）柱及び胸郭の疾病及び異常の有無
三　視力及び聴力
四　眼の疾病及び異常の有無
五　耳鼻咽（いん）頭疾患及び皮膚疾患の有無
六　歯及び口腔（くう）の疾病及び異常の有無
七　その他の疾病及び異常の有無

（保護者への通知）

第三条　市（特別区を含む。以下同じ。）町村の教育委員会は、就学時の健康診断を行うに当たつて、あらかじめ、その日時、場所及び実施の要領等を法第十一条に規定する者の学校教育法（昭和二十二年法律第二十六号）第十六条に規定する保護者（以下「保護者」という。）に通知しなければならない。

（就学時健康診断票）

第四条　市町村の教育委員会は、就学時の健康診断を行つたときは、文部科学省令で定める様式により、就学時健康診断票を作成しなければならない。

2　市町村の教育委員会は、翌学年の初めから十五日前までに、就学時健康診断票を就学時の健康診断を受けた者の入学する学校の校長に送付しなければならない。

（保健所と連絡すべき場合）

第五条　法第十八条の政令で定める場合は、次に掲げる場合とする。

一　法第十九条の規定による出席停止が行われた場合
二　法第二十条の規定による学校の休業を行つた場合

（出席停止の指示）

第六条　校長は、法第十九条の規定により出席を停止させようとするときは、その理由及び期間を明らかにして、幼児、児童又は生徒（高等学校（中等教育学校の後期課程及び特別支援学校の高等部を含む。以下同じ。）の生徒を除く。）にあつてはその保護者に、高等学校の生徒又は学生にあつては当該生徒又は学生にこれを指示しなければならない。

2　出席停止の期間は、感染症の種類等に応じて、文部科学省令で定める基準による。

（出席停止の報告）

第七条　校長は、前条第一項の規定による指示をしたときは、文部科学省令で定めるところにより、その旨を学校の設置者に報告しなければならない。

（感染性又は学習に支障を生ずるおそれのある疾病）

第八条　法第二十四条の政令で定める疾病は、次に掲げるものとする。

一　トラコーマ及び結膜炎
二　白癬（せん）、疥（かい）癬（せん）及び膿（のう）痂（か）疹（しん）
三　中耳炎
四　慢性副鼻腔（くう）炎及びアデノイド
五　齲（う）歯
六　寄生虫病（虫卵保有を含む。）

（要保護者に準ずる程度に困窮している者）

第九条　法第二十四条第二号の政令で定める者は、当該義務教育諸学校（小学校、中学校、義務教育学校、中等教育学校の前期課程又は特別支援学校の小学部若しくは中学部をいう。）を設置する地方公共団体の教育委員会が、生活保護法（昭和二十五年法律第百四十四号）第六条第二項に規定する要保護者（以下「要保護者」という。）に準ずる程度に困窮していると認

める者とする。

2　教育委員会は、前項に規定する認定を行うため必要があるときは、社会福祉法（昭和二十六年法律第四十五号）に定める福祉に関する事務所の長及び民生委員法（昭和二十三年法律第百九十八号）に定める民生委員に対して、助言を求めることができる。

○学校保健安全法施行規則（抜粋）

（最終改正　令和五年四月二十八日
文部科学省令第二十二号）

第一章　環境衛生検査等

（環境衛生検査）

第一条　学校保健安全法（昭和三十三年法律第五十六号。以下「法」という。）第五条の環境衛生検査は、他の法令に基づくもののほか、毎学年定期に、法第六条に規定する学校環境衛生基準に基づき行わなければならない。

2　学校においては、必要があるときは、臨時に、環境衛生検査を行うものとする。

（日常における環境衛生）

第二条　学校においては、前条の環境衛生検査のほか、日常的な点検を行い、環境衛生の維持又は改善を図らなければならない。

第二章　健康診断

第一節　就学時の健康診断

（方法及び技術的基準）

第三条　法第十一条の健康診断の方法及び技術的基準は、次の各号に掲げる検査の項目につき、当該各号に定めるとおりとする。

一　栄養状態は、皮膚の色沢、皮下脂肪の充実、筋骨の発達、貧血の有無等について検査し、栄養不良又は肥満傾向で特に注意を要する者の発見につとめる。
二　脊柱の疾病及び異常の有無は、形態等について検査し、側わん症等に注意する。
三　胸郭の異常の有無は、形態及び発育について検査する。
四　視力は、国際標準に準拠した視力表を用いて左右各別に裸眼視力を検査し、眼鏡を使用している者については、当該眼鏡を使用している場合の矯正視力についても検査する。
五　聴力は、オージオメータを用いて検査し、左右各別に聴力障害の有無を明らかにする。
六　眼の疾病及び異常の有無は、感染性眼疾患その他の外眼部疾患及び眼位の異常等に注意する。

七　耳鼻咽頭疾患の有無は、耳疾患、鼻・副鼻腔疾患、口腔咽喉頭疾患及び音声言語異常等に注意する。

八　皮膚疾患の有無は、感染性皮膚疾患、アレルギー疾患等による皮膚の状態に注意する。

九　歯及び口腔の疾病及び異常の有無は、齲歯、歯周疾患、不正咬合その他の疾病及び異常について検査する。

十　その他の疾病及び異常の有無は、知能及び呼吸器、循環器、消化器、神経系等について検査するものとし、知能については適切な検査によつて知的障害の発見につとめ、呼吸器、循環器、消化器、神経系等については臨床医学的検査その他の検査によつて結核疾患、心臓疾患、腎臓疾患、ヘルニア、言語障害、精神神経症その他の精神障害、骨、関節の異常及び四肢運動障害等の発見につとめる。

（就学時健康診断票）

第四条　学校保健安全法施行令（昭和三十三年政令第百七十四号。以下「令」という。）第四条第一項に規定する就学時健康診断票の様式は、第一号様式とする。

第二節　児童生徒等の健康診断

（時期）

第五条　法第十三条第一項の健康診断は、毎学年、六月三十日までに行うものとする。ただし、疾病その他やむを得ない事由によつて当該期日に健康診断を受けることのできなかつた者に対しては、その事由のなくなつた後すみやかに健康診断を行うものとする。

2　第一項の健康診断における結核の有無の検査において結核発病のおそれがあると診断された者（第六条第三項第四号に該当する者に限る。）については、おおむね六か月の後に再度結核の有無の検査を行うものとする。

（検査の項目）

第六条　法第十三条第一項の健康診断における検査の項目は、次のとおりとする。

一　身長及び体重

二　栄養状態

三　脊柱及び胸郭の疾病及び異常の有無並びに四肢の状態

四　視力及び聴力

五　眼の疾病及び異常の有無

六　耳鼻咽頭疾患及び皮膚疾患の有無

七　歯及び口腔の疾病及び異常の

有無

八　結核の有無

九　心臓の疾病及び異常の有無

十　尿

十一　その他の疾病及び異常の有無

2　前項各号に掲げるもののほか、胸囲及び肺活量、背筋力、握力等の機能を、検査の項目に加えることができる。

3　第一項第八号に掲げるものの検査は、次の各号に掲げる学年において行うものとする。

一　小学校（義務教育学校の前期課程及び特別支援学校の小学部を含む。以下この条、第七条第六項及び第十一条において同じ。）の全学年

二　中学校（義務教育学校の後期課程、中等教育学校の前期課程及び特別支援学校の中学部を含む。以下この条、第七条第六項及び第十一条において同じ。）の全学年

三　高等学校（中等教育学校の後期課程及び特別支援学校の高等部を含む。以下この条、第七条第六項及び第十一条において同じ。）及び高等専門学校の第一学年

四　大学の第一学年

4　第一項各号に掲げる検査の項目のうち、小学校の第四学年及び第六学年、中学校及び高等学校の第二学年並びに高等専門学校の第二学年及び第四学年においては第四号に掲げるもののうち聴力を、大学においては第三号、第四号、第七号及び第十号に掲げるものを、それぞれ検査の項目から除くことができる。

（方法及び技術的基準）

第七条　法第十三条第一項の健康診断の方法及び技術的基準については、次項から第九項までに定めるもののほか、第三条の規定（同条第十号中知能に関する部分を除く。）を準用する。この場合において、同条第四号中「検査する。」とあるのは「検査する。ただし、眼鏡を使用している者の裸眼視力の検査はこれを除くことができる。」と読み替えるものとする。

2　前条第一項第一号の身長は、靴下等を脱ぎ、両かかとを密接し、背、臀部及びかかとを身長計の尺柱に接して直立し、両上肢を体側に垂れ、頭部を正位に保たせて測定する。

3　前条第一項第一号の体重は、衣服を脱ぎ、体重計のはかり台の中

央に静止させて測定する。ただし、衣服を着たまま測定したときは、その衣服の重量を控除する。

4　前条第一項第三号の四肢の状態は、四肢の形態及び発育並びに運動器の機能の状態に注意する。

5　前条第一項第八号の結核の有無は、問診、胸部エックス線検査、喀痰検査、聴診、打診その他必要な検査によつて検査するものとし、その技術的基準は、次の各号に定めるとおりとする。

一　前条第三項第一号又は第二号に該当する者に対しては、問診を行うものとする。

二　前条第三項第三号又は第四号に該当する者（結核患者及び結核発病のおそれがあると診断されている者を除く。）に対しては、胸部エックス線検査を行うものとする。

三　第一号の問診を踏まえて学校医その他の担当の医師において必要と認める者であつて、当該者の在学する学校の設置者において必要と認めるものに対しては、胸部エックス線検査、喀痰検査その他の必要な検査を行うものとする。

四　第二号の胸部エックス線検査によつて病変の発見された者及びその疑いのある者、結核患者並びに結核発病のおそれがあると診断されている者に対しては、胸部エックス線検査及び喀痰検査を行い、更に必要に応じ聴診、打診その他必要な検査を行う。

6　前条第一項第九号の心臓の疾病及び異常の有無は、心電図検査その他の臨床医学的検査によつて検査するものとする。ただし、幼稚園（特別支援学校の幼稚部を含む。以下この条及び第十一条において同じ。）の全幼児、小学校の第二学年以上の児童、中学校及び高等学校の第二学年以上の生徒、高等専門学校の第二学年以上の学生並びに大学の全学生については、心電図検査を除くことができる。

7　前条第一項第十号の尿は、尿中の蛋白、糖等について試験紙法により検査する。ただし、幼稚園においては、糖の検査を除くことができる。

8　身体計測、視力及び聴力の検査、問診、胸部エックス線検査、尿の検査その他の予診的事項に属する検査は、学校医又は学校歯科医による診断の前に実施するものとし、学校医又は学校歯科医は、そ

れらの検査の結果及び第十一条の保健調査を活用して診断に当たるものとする。

（健康診断票）

第八条　学校においては、法第十三条第一項の健康診断を行つたときは、児童生徒等の健康診断票を作成しなければならない。

2　校長は、児童又は生徒が進学した場合においては、その作成に係る当該児童又は生徒の健康診断票を進学先の校長に送付しなければならない。

3　校長は、児童生徒等が転学した場合においては、その作成に係る当該児童生徒等の健康診断票を転学先の校長、保育所の長又は認定こども園の長に送付しなければならない。

4　児童生徒等の健康診断票は、五年間保存しなければならない。ただし、第二項の規定により送付を受けた児童又は生徒の健康診断票は、当該健康診断票に係る児童又は生徒が進学前の学校を卒業した日から五年間とする。

（事後措置）

第九条　学校においては、法第十三条第一項の健康診断を行つたときは、二十一日以内にその結果を幼児、児童又は生徒にあつては当該幼児、児童又は生徒及びその保護者（学校教育法（昭和二十二年法律第二十六号）第十六条に規定する保護者をいう。）に、学生にあつては当該学生に通知するとともに、次の各号に定める基準により、法第十四条の措置をとらなければならない。

一　疾病の予防処置を行うこと。

二　必要な医療を受けるよう指示すること。

三　必要な検査、予防接種等を受けるよう指示すること。

四　療養のため必要な期間学校において学習しないよう指導すること。

五　特別支援学級への編入について指導及び助言を行うこと。

六　学習又は運動・作業の軽減、停止、変更等を行うこと。

七　修学旅行、対外運動競技等への参加を制限すること。

八　机又は腰掛の調整、座席の変更及び学級の編制の適正を図ること。

九　その他発育、健康状態等に応じて適当な保健指導を行うこと。

2　前項の場合において、結核の有無の検査の結果に基づく措置については、当該健康診断に当たつた学校医その他の医師が別表第一に定める生活規正の面及び医療の面の区分を組み合わせて決定する指導区分に基づいて、とるものとする。

（臨時の健康診断）

第十条　法第十三条第二項の健康診断は、次に掲げるような場合で必要があるときに、必要な検査の項目について行うものとする。

一　感染症又は食中毒の発生したとき。

二　風水害等により感染症の発生のおそれのあるとき。

三　夏季における休業日の直前又は直後

四　結核、寄生虫病その他の疾病の有無について検査を行う必要のあるとき。

五　卒業のとき。

（保健調査）

第十一条　法第十三条の健康診断を的確かつ円滑に実施するため、当該健康診断を行うに当たつては、小学校、中学校、高等学校及び高等専門学校においては全学年において、幼稚園及び大学においては必要と認めるときに、あらかじめ児童生徒等の発育、健康状態等に関する調査を行うものとする。

第三節　職員の健康診断

（時期）

第十二条　法第十五条第一項の健康診断の時期については、第五条の規定を準用する。この場合において、同条第一項中「六月三十日までに」とあるのは、「学校の設置者が定める適切な時期に」と読み替えるものとする。

（検査の項目）

第十三条　法第十五条第一項の健康診断における検査の項目は、次のとおりとする。

一　身長、体重及び腹囲

二　視力及び聴力

三　結核の有無

四　血圧

五　尿

六　胃の疾病及び異常の有無

七　貧血検査

八　肝機能検査

九　血中脂質検査

十　血糖検査

十一　心電図検査

十二　その他の疾病及び異常の有無

2　妊娠中の女性職員においては、前項第六号に掲げる検査の項目を除くものとする。

3　第一項各号に掲げる検査の項目のうち、二十歳以上の職員においては第一号の身長を、三十五歳未満の職員及び三十六歳以上四十歳未満の職員、妊娠中の女性職員その他の職員であつて腹囲が内臓脂肪の蓄積を反映していないと診断されたもの、ＢＭＩ（次の算式により算出した値をいう。以下同じ。）が二十未満である職員並びに自ら腹囲を測定し、その値を申告した職員（ＢＭＩが二十二未満である職員に限る。）においては第一号の腹囲を、二十歳未満の職員、二十一歳以上二十五歳未満の職員、二十六歳以上三十歳未満の職員、三十一歳以上三十五歳未満の職員又は三十六歳以上四十歳未満の職員であつて感染症の予防及び感染症の患者に対する医療に関する法律施行令（平成十年政令第四百二十号）第十二条第一項第一号又はじん肺法（昭和三十五年法律第三十号）第八条第一項第一号若しくは第三号に掲げる者に該当しないものにおいては第三号に掲げるものを、四十歳未満の職員においては第六号に掲げるものを、三十五歳未満の職員及び三十六歳以上四十歳未満の職員においては第七号から第十一号に掲げるものを、それぞれ検査の項目から除くことができる。

$$ＢＭＩ＝体重(kg)／身長(m)^2$$

（方法及び技術的基準）

第十四条　法第十五条第一項の健康診断の方法及び技術的基準については、次項から第九項までに定めるもののほか、第三条（同条第十号中知能に関する部分を除く。）の規定を準用する。

2　前条第一項第二号の聴力は、千ヘルツ及び四千ヘルツの音に係る検査を行う。ただし、四十五歳未満の職員（三十五歳及び四十歳の職員を除く。）においては、医師が適当と認める方法によつて行うことができる。

3　前条第一項第三号の結核の有無は、胸部エックス線検査により検査するものとし、胸部エックス線検査によつて病変の発見された者及びその疑いのある者、結核患者並びに結核発病のおそれがあると診断されている者に対しては、胸部エックス線検査及び喀痰検査を行い、更に必要に応じ聴診、打診その他必要な検査を行う。

4　前条第一項第四号の血圧は、血圧計を用いて測定するものとする。

5　前条第一項第五号の尿は、尿中の蛋白及び糖について試験紙法により検査する。

6 前条第一項第六号の胃の疾病及び異常の有無は、胃部エックス線検査その他の医師が適当と認める方法により検査するものとし、癌その他の疾病及び異常の発見に努める。

7 前条第一項第七号の貧血検査は、血色素量及び赤血球数の検査を行う。

8 前条第一項第八号の肝機能検査は、血清グルタミックオキサロアセチックトランスアミナーゼ（GOT）、血清グルタミックピルビックトランスアミナーゼ（GPT）及びガンマーグルタミルトランスペプチダーゼ（γ－GTP）の検査を行う。

9 前条第一項第九号の血中脂質検査は、低比重リポ蛋白コレステロール（LDLコレステロール）、高比重リポ蛋白コレステロール（HDLコレステロール）及び血清トリグリセライドの量の検査を行う。

（健康診断票）

第十五条 学校の設置者は、法第十五条第一項の健康診断を行つたときは、第二号様式によつて、職員健康診断票を作成しなければならない。

2 学校の設置者は、当該学校の職員がその管理する学校から他の学校又は幼保連携型認定こども園へ移つた場合においては、その作成に係る当該職員の健康診断票を異動後の学校又は幼保連携型認定こども園の設置者へ送付しなければならない。

3 職員健康診断票は、五年間保存しなければならない。

（事後措置）

第十六条 法第十五条第一項の健康診断に当たつた医師は、健康に異常があると認めた職員については、検査の結果を総合し、かつ、その職員の職務内容及び勤務の強度を考慮して、別表第二に定める生活規正の面及び医療の面の区分を組み合わせて指導区分を決定するものとする。

2 学校の設置者は、前項の規定により医師が行つた指導区分に基づき、次の基準により、法第十六条の措置をとらなければならない。

「A」 休暇又は休職等の方法で療養のため必要な期間勤務させないこと。

「B」 勤務場所又は職務の変更、休暇による勤務時間の短縮等の方法で勤務を軽減し、かつ、深夜勤務、超過勤務、休日勤務及び宿日直勤務をさせないこと。

「C」 超過勤務、休日勤務及び宿日直勤務をさせないか又はこれらの勤務を制限すること。

「D」 勤務に制限を加えないこと。

「1」 必要な医療を受けるよう指示すること。

「2」 必要な検査、予防接種等を受けるよう指示すること。

「3」 医療又は検査等の措置を必要としないこと。

（臨時の健康診断）

第十七条 法第十五条第二項の健康診断については、第十条の規定を準用する。

　　　第三章　感染症の予防

（感染症の種類）

第十八条 学校において予防すべき感染症の種類は、次のとおりとする。

一 第一種 エボラ出血熱、クリミア・コンゴ出血熱、痘そう、南米出血熱、ペスト、マールブルグ病、ラッサ熱、急性灰白髄炎、ジフテリア、重症急性呼吸器症候群（病原体がベータコロナウイルス属SARSコロナウイルスであるものに限る。）、中東呼吸器症候群（病原体がベータコロナウイルス属MERSコロナウイルスであるものに限る。）及び特定鳥インフルエンザ（感染症の予防及び感染症の患者に対する医療に関する法律（平成十年法律第百十四号）第六条第三項第六号に規定する特定鳥インフルエンザをいう。次号及び第十九条第二号イにおいて同じ。）

二 第二種 インフルエンザ（特定鳥インフルエンザを除く。）、百日咳、麻しん、流行性耳下腺炎、風しん、水痘、咽頭結膜熱、新型コロナウイルス感染症（病原体がベータコロナウイルス属のコロナウイルス（令和二年一月に、中華人民共和国から世界保健機関に対して、人に伝染する能力を有することが新たに報告されたものに限る。）であるものに限る。次条第二号チにおいて同じ。）、結核及び髄膜炎菌性髄膜炎

三 第三種 コレラ、細菌性赤痢、腸管出血性大腸菌感染症、腸チフス、パラチフス、流行性角結膜炎、急性出血性結膜炎その他の感染症

2 感染症の予防及び感染症の患者に対する医療に関する法律第六条第七項から第九項までに規定する新型インフルエンザ等感染症、指定感染症及び新感染症は、前項の規定にかかわらず、第一種の感染症とみなす。

（出席停止の期間の基準）

第十九条 令第六条第二項の出席停止の期間の基準は、前条の感染症の種類に従い、次のとおりとする。

一 第一種の感染症にかかつた者については、治癒するまで。

二 第二種の感染症（結核及び髄膜炎菌性髄膜炎を除く。）にかかつた者については、次の期間。ただし、病状により学校医その他の医師において感染のおそれがないと認めたときは、この限りでない。

イ インフルエンザ（特定鳥インフルエンザ及び新型インフルエンザ等感染症を除く。）にあつては、発症した後五日を経過し、かつ、解熱した後二日（幼児にあつては、三日）を経過するまで。

ロ 百日咳にあつては、特有の咳が消失するまで又は五日間の適正な抗菌性物質製剤による治療が終了するまで。

ハ 麻しんにあつては、解熱した後三日を経過するまで。

ニ 流行性耳下腺炎にあつては、耳下腺、顎下腺又は舌下腺の腫脹が発現した後五日を経過し、かつ、全身状態が良好になるまで。

ホ 風しんにあつては、発しんが消失するまで。

ヘ 水痘にあつては、すべての発しんが痂皮化するまで。

ト 咽頭結膜熱にあつては、主要症状が消退した後二日を経過するまで。

三 結核、髄膜炎菌性髄膜炎及び第三種の感染症にかかつた者については、病状により学校医その他の医師において感染のおそれがないと認めるまで。

四 第一種若しくは第二種の感染症患者のある家に居住する者又はこれらの感染症にかかつている疑いがある者については、予防処置の施行の状況その他の事情により学校医その他の医師において感染のおそれがないと認めるまで。

五 第一種又は第二種の感染症が発生した地域から通学する者については、その発生状況により必要と認めたとき、学校医の意見を聞いて適当と認める期間。

六 第一種又は第二種の感染症の流行地を旅行した者について

は、その状況により必要と認めたとき、学校医の意見を聞いて適当と認める期間。

（出席停止の報告事項）

第二十条　令第七条の規定による報告は、次の事項を記載した書面をもつてするものとする。

一　学校の名称

二　出席を停止させた理由及び期間

三　出席停止を指示した年月日

四　出席を停止させた児童生徒等の学年別人員数

五　その他参考となる事項

（感染症の予防に関する細目）

第二十一条　校長は、学校内において、感染症にかかつており、又はかかつている疑いがある児童生徒等を発見した場合において、必要と認めるときは、学校医に診断させ、法第十九条の規定による出席停止の指示をするほか、消毒その他適当な処置をするものとする。

2　校長は、学校内に、感染症の病毒に汚染し、又は汚染した疑いがある物件があるときは、消毒その他適当な処置をするものとする。

3　学校においては、その附近において、第一種又は第二種の感染症が発生したときは、その状況により適当な清潔方法を行うものとする。

第四章　学校医、学校歯科医及び学校薬剤師の職務執行の準則

（学校医の職務執行の準則）

第二十二条　学校医の職務執行の準則は、次の各号に掲げるとおりとする。

一　学校保健計画及び学校安全計画の立案に参与すること。

二　学校の環境衛生の維持及び改善に関し、学校薬剤師と協力して、必要な指導及び助言を行うこと。

三　法第八条の健康相談に従事すること。

四　法第九条の保健指導に従事すること。

五　法第十三条の健康診断に従事すること。

六　法第十四条の疾病の予防処置に従事すること。

七　法第二章第四節の感染症の予防に関し必要な指導及び助言を行い、並びに学校における感染症及び食中毒の予防処置に従事すること。

八　校長の求めにより、救急処置に従事すること。

九　市町村の教育委員会又は学校の設置者の求めにより、法第十一条の健康診断又は法第十五条第一項の健康診断に従事すること。

十　前各号に掲げるもののほか、必要に応じ、学校における保健管理に関する専門的事項に関する指導に従事すること。

2　学校医は、前項の職務に従事したときは、その状況の概要を学校医執務記録簿に記入して校長に提出するものとする。

（学校歯科医の職務執行の準則）

第二十三条　学校歯科医の職務執行の準則は、次の各号に掲げるとおりとする。

一　学校保健計画及び学校安全計画の立案に参与すること。

二　法第八条の健康相談に従事すること。

三　法第九条の保健指導に従事すること。

四　法第十三条の健康診断のうち歯の検査に従事すること。

五　法第十四条の疾病の予防処置のうち齲歯その他の歯疾の予防処置に従事すること。

六　市町村の教育委員会の求めにより、法第十一条の健康診断のうち歯の検査に従事すること。

七　前各号に掲げるもののほか、必要に応じ、学校における保健管理に関する専門的事項に関する指導に従事すること。

2　学校歯科医は、前項の職務に従事したときは、その状況の概要を学校歯科医執務記録簿に記入して校長に提出するものとする。

（学校薬剤師の職務執行の準則）

第二十四条　学校薬剤師の職務執行の準則は、次の各号に掲げるとおりとする。

一　学校保健計画及び学校安全計画の立案に参与すること。

二　第一条の環境衛生検査に従事すること。

三　学校の環境衛生の維持及び改善に関し、必要な指導及び助言を行うこと。

四　法第八条の健康相談に従事すること。

五　法第九条の保健指導に従事すること。

六　学校において使用する医薬品、毒物、劇物並びに保健管理に必要な用具及び材料の管理に関し必要な指導及び助言を行い、及びこれらのものについて必要に応じ試験、検査又は鑑定を行うこと。

七　前各号に掲げるもののほか、必要に応じ、学校における保健管理に関する専門的事項に関する技術及び指導に従事すること。

2　学校薬剤師は、前項の職務に従事したときは、その状況の概要を学校薬剤師執務記録簿に記入して校長に提出するものとする。

第五章　国の補助

（児童生徒数の配分の基礎となる資料の提出）

第二十五条　都道府県の教育委員会は、毎年度、七月一日現在において当該都道府県立の小学校、中学校及び義務教育学校並びに中等教育学校の前期課程又は特別支援学校の小学部及び中学部の児童及び生徒のうち教育扶助（生活保護法（昭和二十五年法律第百四十四号）に規定する教育扶助をいう。以下同じ。）を受けている者の総数を、第三号様式により一月十日までに文部科学大臣に報告しなければならない。

2　市町村の教育委員会は、毎年度、七月一日現在において当該市町村立の小学校、中学校及び義務教育学校並びに中等教育学校の前期課程又は特別支援学校の小学部及び中学部の児童及び生徒のうち教育扶助を受けている者の総数を、第四号様式により十二月二十日までに都道府県の教育委員会に報告しなければならない。

3　都道府県の教育委員会は、前項の規定により市町村の教育委員会から報告を受けたときは、これを第五号様式により一月十日までに文部科学大臣に報告しなければならない。

（児童生徒数の配分方法）

第二十六条　令第十条第三項の規定により都道府県の教育委員会が行う配分は、付録の算式により算定した数を基準として行うものとする。

（配分した児童生徒数の通知）

第二十七条　都道府県の教育委員会は、令第十条第三項及び前条の規定により各市町村ごとの小学校、中学校及び義務教育学校並びに中等教育学校の前期課程又は特別支援学校の小学部及び中学部の児童及び生徒の被患者の延数の配分を行つたときは、文部科学大臣に対しては第六号様式により、各市町村の教育委員会に対しては第七号様式によりすみやかにこれを通知しなければならない。

第六章　安全点検等

（安全点検）

第二十八条　法第二十七条の安全点検は、他の法令に基づくもののほか、毎学期一回以上、児童生徒等が通常使用する施設及び設備の異常の有無について系統的に行わなければならない。

2　学校においては、必要があるときは、臨時に、安全点検を行うものとする。

（日常における環境の安全）

第二十九条　学校においては、前条の安全点検のほか、設備等について日常的な点検を行い、環境の安全の確保を図らなければならない。

第七章　雑則

（専修学校）

第三十条　第一条、第二条、第五条、第六条（同条第三項及び第四項については、大学に関する部分に限る。）、第七条（同条第六項については、大学に関する部分に限る。）、第八条、第九条（同条第一項については、学生に関する部分に限る。）、第十条、第十一条（大学に関する部分に限る。）、第十二条から第二十一条まで、第二十八条及び前条の規定は、専修学校に準用する。この場合において、第五条第一項中「六月三十日までに」とあるのは「当該学年の始期から起算して三月以内に」と、第七条第八項中「学校医又は学校歯科医」とあるのは「医師」と、第九条第二項中「学校医その他の医師」とあるのは「医師」と、第十二条中「第五条」とあるのは「第三十条において準用する第五条」と、第十九条第二号、第三号及び第四号中「学校医その他の医師」とあるのは「医師」と、第十九条第五号及び第六号並びに第二十一条第一項中「学校医」とあるのは「医師」とそれぞれ読み替えるものとする。

2　第二十二条の規定は、専修学校の医師の職務執行の準則について準用する。

別表第一

区分		内容
生活規正の面	A（要休業）	授業を休む必要のあるもの
	B（要軽業）	授業に制限を加える必要のあるもの
	C（要注意）	授業をほぼ平常に行つてよいもの
	D（健康）	全く平常の生活でよいもの

別表第二

区分		内容
生活規正の面	A（要休業）	勤務を休む必要のあるもの
	B（要軽業）	勤務に制限を加える必要のあるもの
	C（要注意）	勤務をほぼ平常に行つてよいもの
	D（健康）	全く平常の生活でよいもの
医療の面	1（要医療）	医師による直接の医療行為を必要とするもの
	2（要観察）	医師による直接の医療行為を必要としないが、定期的に医師の観察指導を必要とするもの
	3（健康）	医師による直接、間接の医療行為を全く必要としないもの

○児童憲章

（昭和二十六年五月五日　児童憲章制定会議制定）

　われらは、日本国憲法の精神にしたがい、児童に対する正しい観念を確立し、すべての児童の幸福をはかるために、この憲章を定める。

　児童は、人として尊ばれる。

　児童は、社会の一員として重んぜられる。

　児童は、よい環境の中で育てられる。

1　すべての児童は、心身ともに健やかにうまれ、育てられ、その生活を保障される。

2　すべての児童は、家庭で、正しい愛情と知識と技術をもつて育てられ、家庭に恵まれない児童には、これにかわる環境が与えられる。

3　すべての児童は、適当な栄養と住居と被服が与えられ、また、疾病と災害からまもられる。

4　すべての児童は、個性と能力に応じて教育され、社会の一員としての責任を自主的に果たすように、みちびかれる。

5　すべての児童は、自然を愛し、科学と芸術を尊ぶように、みちびかれ、また、道徳的心情がつちかわれる。

6　すべての児童は、就学のみちを

確保され、また、十分に整つた教育の施設を用意される。

7　すべての児童は、職業指導を受ける機会が与えられる。

8　すべての児童は、その労働において、心身の発育が阻害されず、教育を受ける機会が失われず、また、児童としての生活がさまたげられないように、十分に保護される。

9　すべての児童は、よい遊び場と文化財を用意され、わるい環境からまもられる。

10　すべての児童は、虐待・酷使・放任その他不当な取扱いからまもられる。

　あやまちをおかした児童は、適切に保護指導される。

11　すべての児童は、身体が不自由な場合、または精神の機能が不十分な場合に、適切な治療と教育と保護が与えられる。

12　すべての児童は、愛とまことによつて結ばれ、よい国民として人類の平和と文化に貢献するように、みちびかれる。

○小学校学習指導要領（抜粋）

（平成二十九年三月三十一日　公示）

第1章　総則

第1　小学校教育の基本と教育課程の役割

2（3）学校における体育・健康に関する指導を，児童の発達の段階を考慮して，学校の教育活動全体を通じて適切に行うことにより，健康で安全な生活と豊かなスポーツライフの実現を目指した教育の充実に努めること。特に，学校における食の推進並びに体力の向上に関する指導，安全に関する指導及び心身の健康の保持増進に関する指導については，体育科，家庭科及び特別活動の時間はもとより，各教科，道徳科，外国語活動及び総合的な学習の時間などにおいてもそれぞれの特質に応じて適切に行うよう努めること。また，それらの指導を通して，家庭や地域社会との連携を図りながら，日常生活において適切な体育・健康に関する活動の実践を促し，生涯を通じて健康・安全で活力ある生活を送るための基礎が培われるよう配慮すること。

（中略）

第2章　各教科

第9節　体育

第1　目標

体育や保健の見方・考え方を働かせ，課題を見付け，その解決に向けた学習過程を通して，心と体を一体として捉え，生涯にわたって心身の健康を保持増進し豊かなスポーツライフを実現するための資質・能力を次のとおり育成することを目指す。

（1）その特性に応じた各種の運動の行い方及び身近な生活における健康・安全について理解するとともに，基本的な動きや技能を身に付けるようにする。

（2）運動や健康についての自己の課題を見付け，その解決に向けて思考し判断するとともに，他者に伝える力を養う。

（3）運動に親しむとともに健康の保持増進と体力の向上を目指し，楽しく明るい生活を営む態度を養う。

第2　各学年の目標及び内容
〔第3学年及び第4学年〕
1　目標

（1）各種の運動の楽しさや喜びに触れ，その行い方及び健康で安全な生活や体の発育・発達について理解するとともに，基本的な動きや技能を身に付けるようにする。

（2）自己の運動や身近な生活における健康の課題を見付け，その解決のための方法や活動を工夫するとともに，考えたことを他者に伝える力を養う。

（3）各種の運動に進んで取り組み，きまりを守り誰とでも仲よく運動をしたり，友達の考えを認めたり，場や用具の安全に留意したりし，最後まで努力して運動をする態度を養う。また，健康の大切さに気付き，自己の健康の保持増進に進んで取り組む態度を養う。

2　内容
G　保健

（1）健康な生活について，課題を見付け，その解決を目指した活動を通して，次の事項を身に付けることができるよう指導する。

ア　健康な生活について理解すること。

（ア）心や体の調子がよいなどの健康の状態は，主体の要因や周囲の環境の要因が関わっていること。

（イ）毎日を健康に過ごすには，運動，食事，休養及び睡眠の調和のとれた生活を続けること，また，体の清潔を保つことなどが必要であること。

（ウ）毎日を健康に過ごすには，明るさの調節，換気などの生活

環境を整えることなどが必要であること。

イ　健康な生活について課題を見付け，その解決に向けて考え，それを表現すること。

（2）体の発育・発達について，課題を見付け，その解決を目指した活動を通して，次の事項を身に付けることができるよう指導する。

ア　体の発育・発達について理解すること。

（ア）体は，年齢に伴って変化すること。また，体の発育・発達には，個人差があること。

（イ）体は，思春期になると次第に大人の体に近づき，体つきが変わったり，初経，精通などが起こったりすること。また，異性への関心が芽生えること。

（ウ）体をよりよく発育・発達させるには，適切な運動，食事，休養及び睡眠が必要であること。

イ　体がよりよく発育・発達するために，課題を見付け，その解決に向けて考え，それを表現すること。

3　内容の取扱い
（中略）

（5）内容の「G保健」については，（1）を第3学年，（2）を第4学年で指導するものとする。

（6）内容の「G保健」の（1）については，学校でも，健康診断や学校給食など様々な活動が行われていることについて触れるものとする。

（7）内容の「G保健」の（2）については，自分と他の人では発育・発達などに違いがあることに気付き，それらを肯定的に受け止めることが大切であることについて触れるものとする。

（8）各領域の各内容については，運動と健康が密接に関連していることについての具体的な考えがもてるよう指導すること。

〔第5学年及び第6学年〕
1　目標

（1）各種の運動の楽しさや喜びを味わい，その行い方及び心の健康やけがの防止，病気の予防について理解するとともに，各種の運動の特性に応じた基本的な技能及び健康で安全な生活を営むための技能を身に付けるようにする。

（2）自己やグループの運動の課題や身近な健康に関わる課題を見付け，その解決のための方法や活動を工夫するとともに，自己や仲間の考えたことを他者に伝える力を養う。

（3）各種の運動に積極的に取り組み，約束を守り助け合って運動をしたり，仲間の考えや取組を認めたり，場や用具の安全に留意したりし，自己の最善を尽くして運動をする態度を養う。また，健康・安全の大切さに気付き，自己の健康の保持増進や回復に進んで取り組む態度を養う。

2　内容
G　保健

（1）心の健康について，課題を見付け，その解決を目指した活動を通して，次の事項を身に付けることができるよう指導する。

ア　心の発達及び不安や悩みへの対処について理解するとともに，簡単な対処をすること。

（ア）心は，いろいろな生活経験を通して，年齢に伴って発達すること。

（イ）心と体には，密接な関係があること。

（ウ）不安や悩みへの対処には，大人や友達に相談する，仲間と遊ぶ，運動をするなどいろいろな方法があること。

イ　心の健康について，課題を見付け，その解決に向けて思考し判断するとともに，それらを表現すること。

（2）けがの防止について，課題を見付け，その解決を目指した活動を通して，次の事項を身に付けることができるよう指導する。

ア　けがの防止に関する次の事項を理解するとともに，けがなどの簡単な手当をすること。

（ア）交通事故や身の回りの生活の危険が原因となって起こるけがの防止には，周囲の危険に気付くこと，的確な判断の下に安全に行動すること，環境を安全に整えることが必要であること。

（イ）けがなどの簡単な手当は，速やかに行う必要があること。

イ　けがを防止するために，危険の予測や回避の方法を考え，それらを表現すること。

（3）病気の予防について，課題を見付け，その解決を目指した活動を通して，次の事項を身に付けることができるよう指導する。

ア　病気の予防について理解すること。

（ア）病気は，病原体，体の抵抗力，生活行動，環境が関わりあって起こること。

（イ）病原体が主な要因となって起こる病気の予防には，病原体

が体に入るのを防ぐことや病原体に対する体の抵抗力を高めることが必要であること。
（ウ）生活習慣病など生活行動が主な要因となって起こる病気の予防には，適切な運動，栄養の偏りのない食事をとること，口腔の衛生を保つことなど，望ましい生活習慣を身に付ける必要があること。
（エ）喫煙，飲酒，薬物乱用などの行為は，健康を損なう原因となること。
（オ）地域では，保健に関わる様々な活動が行われていること。
イ　病気を予防するために，課題を見付け，その解決に向けて思考し判断するとともに，それらを表現すること。
3　内容の取扱い
（中略）
（7）内容の「G保健」については，（1）及び（2）を第5学年，（3）を第6学年で指導するものとする。また，けがや病気からの回復についても触れるものとする。
（8）内容の「G保健」の（3）のアの（エ）の薬物については，有機溶剤の心身への影響を中心に取り扱うものとする。また，覚醒剤等についても触れるものとする。
（9）各領域の各内容については，運動領域と保健領域との関連を図る指導に留意すること。

第3　指導計画の作成と内容の取扱い
1　指導計画の作成に当たっては，次の事項に配慮するものとする。
（1）単元など内容や時間のまとまりを見通して，その中で育む資質・能力の育成に向けて，児童の主体的・対話的で深い学びの実現を図るようにすること。その際，体育や保健の見方・考え方を働かせ，運動や健康についての自己の課題を見付け，その解決のための活動を選んだり工夫したりする活動の充実を図ること。また，運動の楽しさや喜びを味わったり，健康の大切さを実感したりすることができるよう留意すること。
（2）一部の領域の指導に偏ることのないよう授業時数を配当すること。
（3）第2の第3学年及び第4学年の内容の「G保健」に配当する授業時数は，2学年間で8単位時間程度，また，第2の第5学年及び第6学年の内容の「G保健」に配当する授業時数は，2学年間で

16単位時間程度とすること。
（4）第2の第3学年及び第4学年の内容の「G保健」並びに第5学年及び第6学年の内容の「G保健」（以下「保健」という。）については，効果的な学習が行われるよう適切な時期に，ある程度まとまった時間を配当すること。
（5）低学年においては，第1章総則の第2の4の（1）を踏まえ，他教科等との関連を積極的に図り，指導の効果を高めるようにするとともに，幼稚園教育要領等に示す幼児期の終わりまでに育ってほしい姿との関連を考慮すること。特に，小学校入学当初においては，生活科を中心とした合科的・関連的な指導や，弾力的な時間割の設定を行うなどの工夫をすること。
（6）障害のある児童などについては，学習活動を行う場合に生じる困難さに応じた指導内容や指導方法の工夫を計画的，組織的に行うこと。
（7）第1章総則の第1の2の（2）に示す道徳教育の目標に基づき，道徳科などとの関連を考慮しながら，第3章特別の教科道徳の第2に示す内容について，体育科の特質に応じて適切な指導をすること。
2　第2の内容の取扱いについては，次の事項に配慮するものとする。
（中略）
（10）保健の内容のうち運動，食事，休養及び睡眠については，食育の観点も踏まえつつ，健康的な生活習慣の形成に結び付くよう配慮するとともに，保健を除く第3学年以上の各領域及び学校給食に関する指導においても関連した指導を行うようにすること。
（11）保健の指導に当たっては，健康に関心をもてるようにし，健康に関する課題を解決する学習活動を取り入れるなどの指導方法の工夫を行うこと。

○中学校学習指導要領（抜粋）
（平成二十九年三月三十一日　公示）

第1章　総則
第1　中学校教育の基本と教育課程の役割
2（3）学校における体育・健康に関する指導を，生徒の発達の段階を考慮して，学校の教育活動全体を通じて適切に行うことにより，

健康で安全な生活と豊かなスポーツライフの実現を目指した教育の充実に努めること。特に，学校における食育の推進並びに体力の向上に関する指導，安全に関する指導及び心身の健康の保持増進に関する指導については，保健体育科，技術・家庭科及び特別活動の時間はもとより，各教科，道徳科及び総合的な学習の時間などにおいてもそれぞれの特質に応じて適切に行うよう努めること。また，それらの指導を通して，家庭や地域社会との連携を図りながら，日常生活において適切な体育・健康に関する活動の実践を促し，生涯を通じて健康・安全で活力ある生活を送るための基礎が培われるよう配慮すること。
（中略）

第2章　各教科
第7節　保健体育
第1　目標
体育や保健の見方・考え方を働かせ，課題を発見し，合理的な解決に向けた学習過程を通して，心と体を一体として捉え，生涯にわたって心身の健康を保持増進し豊かなスポーツライフを実現するための資質・能力を次のとおり育成することを目指す。
（1）各種の運動の特性に応じた技能等及び個人生活における健康・安全について理解するとともに，基本的な技能を身に付けるようにする。
（2）運動や健康についての自他の課題を発見し，合理的な解決に向けて思考し判断するとともに，他者に伝える力を養う。
（3）生涯にわたって運動に親しむとともに健康の保持増進と体力の向上を目指し，明るく豊かな生活を営む態度を養う。

第2　各学年の目標及び内容
〔保健分野〕
1　目標
（1）個人生活における健康・安全について理解するとともに，基本的な技能を身に付けるようにする。
（2）健康についての自他の課題を発見し，よりよい解決に向けて思考し判断するとともに，他者に伝える力を養う。
（3）生涯を通じて心身の健康の保持増進を目指し，明るく豊かな生活を営む態度を養う。
2　内容

（1）健康な生活と疾病の予防について，課題を発見し，その解決を目指した活動を通して，次の事項を身に付けることができるよう指導する。

ア　健康な生活と疾病の予防について理解を深めること。

（ア）健康は，主体と環境の相互作用の下に成り立っていること。また，疾病は，主体の要因と環境の要因が関わり合って発生すること。

（イ）健康の保持増進には，年齢，生活環境等に応じた運動，食事，休養及び睡眠の調和のとれた生活を続ける必要があること。

（ウ）生活習慣病などは，運動不足，食事の量や質の偏り，休養や睡眠の不足などの生活習慣の乱れが主な要因となって起こること。また，生活習慣病などの多くは，適切な運動，食事，休養及び睡眠の調和のとれた生活を実践することによって予防できること。

（エ）喫煙，飲酒，薬物乱用などの行為は，心身に様々な影響を与え，健康を損なう原因となること。また，これらの行為には，個人の心理状態や人間関係，社会環境が影響することから，それぞれの要因に適切に対処する必要があること。

（オ）感染症は，病原体が主な要因となって発生すること。また，感染症の多くは，発生源をなくすこと，感染経路を遮断すること，主体の抵抗力を高めることによって予防できること。

（カ）健康の保持増進や疾病の予防のためには，個人や社会の取組が重要であり，保健・医療機関を有効に利用することが必要であること。また，医薬品は，正しく使用すること。

イ　健康な生活と疾病の予防について，課題を発見し，その解決に向けて思考し判断するとともに，それらを表現すること。

（2）心身の機能の発達と心の健康について，課題を発見し，その解決を目指した活動を通して，次の事項を身に付けることができるよう指導する。

ア　心身の機能の発達と心の健康について理解を深めるとともに，ストレスへの対処をすること。

（ア）身体には，多くの器官が発育し，それに伴い，様々な機能が発達する時期があること。ま

た，発育・発達の時期やその程度には，個人差があること。

（イ）思春期には，内分泌の働きによって生殖に関わる機能が成熟すること。また，成熟に伴う変化に対応した適切な行動が必要となること。

（ウ）知的機能，情意機能，社会性などの精神機能は，生活経験などの影響を受けて発達すること。また，思春期においては，自己の認識が深まり，自己形成がなされること。

（エ）精神と身体は，相互に影響を与え，関わっていること。欲求やストレスは，心身に影響を与えることがあること。また，心の健康を保つには，欲求やストレスに適切に対処する必要があること。

イ　心身の機能の発達と心の健康について，課題を発見し，その解決に向けて思考し判断するとともに，それらを表現すること。

（3）傷害の防止について，課題を発見し，その解決を目指した活動を通して，次の事項を身に付けることができるよう指導する。

ア　傷害の防止について理解を深めるとともに，応急手当をすること。

（ア）交通事故や自然災害などによる傷害は，人的要因や環境要因などが関わって発生すること。

（イ）交通事故などによる傷害の多くは，安全な行動，環境の改善によって防止できること。

（ウ）自然災害による傷害は，災害発生時だけでなく，二次災害によっても生じること。また，自然災害による傷害の多くは，災害に備えておくこと，安全に避難することによって防止できること。

（エ）応急手当を適切に行うことによって，傷害の悪化を防止することができること。また，心肺蘇生法などを行うこと。

イ　傷害の防止について，危険の予測やその回避の方法を考え，それらを表現すること。

（4）健康と環境について，課題を発見し，その解決を目指した活動を通して，次の事項を身に付けることができるよう指導する。

ア　健康と環境について理解を深めること。

（ア）身体には，環境に対してある程度まで適応能力があること。身体の適応能力を超えた環境は，健康に影響を及ぼすこと

があること。また，快適で能率のよい生活を送るための温度，湿度や明るさには一定の範囲があること。

（イ）飲料水や空気は，健康と密接な関わりがあること。また，飲料水や空気を衛生的に保つには，基準に適合するよう管理する必要があること。

（ウ）人間の生活によって生じた廃棄物は，環境の保全に十分配慮し，環境を汚染しないように衛生的に処理する必要があること。

イ　健康と環境に関する情報から課題を発見し，その解決に向けて思考し判断するとともに，それらを表現すること。

3　内容の取扱い

（1）内容の（1）のアの（ア）及び（イ）は第1学年，（1）のアの（ウ）及び（エ）は第2学年，（1）のアの（オ）及び（カ）は第3学年で取り扱うものとし，（1）のイは全ての学年で取り扱うものとする。内容の（2）は第1学年，（3）は第2学年，（4）は第3学年で取り扱うものとする。

（2）内容の（1）のアについては，健康の保持増進と疾病の予防に加えて，疾病の回復についても取り扱うものとする。

（3）内容の（1）のアの（イ）及び（ウ）については，食育の観点も踏まえつつ健康的な生活習慣の形成に結び付くように配慮するとともに，必要に応じて，コンピュータなどの情報機器の使用と健康との関わりについて取り扱うことにも配慮するものとする。また，がんについても取り扱うものとする。

（4）内容の（1）のアの（エ）については，心身への急性影響及び依存性について取り扱うこと。また，薬物は，覚醒剤や大麻等を取り扱うものとする。

（5）内容の（1）のアの（オ）については，後天性免疫不全症候群（エイズ）及び性感染症についても取り扱うものとする。

（6）内容の（2）のアの（ア）については，呼吸器，循環器を中心に取り扱うものとする。

（7）内容の（2）のアの（イ）については，妊娠や出産が可能となるような成熟が始まるという観点から，受精・妊娠を取り扱うものとし，妊娠の経過は取り扱わないものとする。また，身体の機能の成熟とともに，性衝動が生じたり，

異性への関心が高まったりすることなどから，異性の尊重，情報への適切な対処や行動の選択が必要となることについて取り扱うものとする。

（8）内容の（2）のアの（エ）については，体育分野の内容の「A体つくり運動」の（1）のアの指導との関連を図って指導するものとする。

（9）内容の（3）のアの（エ）については，包帯法，止血法など傷害時の応急手当も取り扱い，実習を行うものとする。また，効果的な指導を行うため，水泳など体育分野の内容との関連を図るものとする。

（10）内容の（4）については，地域の実態に即して公害と健康との関係を取り扱うことにも配慮するものとする。また，生態系については，取り扱わないものとする。

（11）保健分野の指導に際しては，自他の健康に関心をもてるようにし，健康に関する課題を解決する学習活動を取り入れるなどの指導方法の工夫を行うものとする。

第3　指導計画の作成と内容の取扱い

1　指導計画の作成に当たっては，次の事項に配慮するものとする。

（1）単元など内容や時間のまとまりを見通して，その中で育む資質・能力の育成に向けて，生徒の主体的・対話的で深い学びの実現を図るようにすること。その際，体育や保健の見方・考え方を働かせながら，運動や健康についての自他の課題を発見し，その合理的な解決のための活動の充実を図ること。また，運動の楽しさや喜びを味わったり，健康の大切さを実感したりすることができるよう留意すること。

（2）授業時数の配当については，次のとおり扱うこと。

ア　保健分野の授業時数は，3学年間で48単位時間程度配当すること。

イ　保健分野の授業時数は，3学年間を通じて適切に配当し，各学年において効果的な学習が行われるよう考慮して配当すること。

ウ　体育分野の授業時数は，各学年にわたって適切に配当すること。その際，体育分野の内容の「A体つくり運動」については，各学年で7単位時間以上を，「H体育理論」については，各学年で3単位時間以上を配当すること。

エ　体育分野の内容の「B器械運動」から「Gダンス」までの領域の授業時数は，それらの内容の習熟を図ることができるよう考慮して配当すること。

（3）障害のある生徒などについては，学習活動を行う場合に生じる困難さに応じた指導内容や指導方法の工夫を計画的，組織的に行うこと。

（4）第1章総則の第1の2の（2）に示す道徳教育の目標に基づき，道徳科などとの関連を考慮しながら，第3章特別の教科道徳の第2に示す内容について，保健体育科の特質に応じて適切な指導をすること。

2　第2の内容の取扱いについては，次の事項に配慮するものとする。

（中略）

（4）体育分野におけるスポーツとの多様な関わり方や保健分野の指導については，具体的な体験を伴う学習の工夫を行うよう留意すること。

（5）生徒が学習内容を確実に身に付けることができるよう，学校や生徒の実態に応じ，学習内容の習熟の程度に応じた指導，個別指導との連携を踏まえた教師間の協力的な指導などを工夫改善し，個に応じた指導の充実が図られるよう留意すること。

（6）第1章総則の第1の2の（3）に示す学校における体育・健康に関する指導の趣旨を生かし，特別活動，運動部の活動などとの関連を図り，日常生活における体育・健康に関する活動が適切かつ継続的に実践できるよう留意すること。なお，体力の測定については，計画的に実施し，運動の指導及び体力の向上に活用するようにすること。

（7）体育分野と保健分野で示された内容については，相互の関連が図られるよう留意すること。

○高等学校学習指導要領（抜粋）

（平成三十年三月三十日
公示）

第1章　総則
第1款　高等学校教育の基本と教育課程の役割

2（3）学校における体育・健康に関する指導を，生徒の発達の段階を考慮して，学校の教育活動全体を通じて適切に行うことにより，健康で安全な生活と豊かなスポーツライフの実現を目指した教育の充実に努めること。特に，学校における食育の推進並びに体力の向上に関する指導，安全に関する指導及び心身の健康の保持増進に関する指導については，保健体育科，家庭科及び特別活動の時間はもとより，各教科・科目及び総合的な探究の時間などにおいてもそれぞれの特質に応じて適切に行うよう努めること。また，それらの指導を通して，家庭や地域社会との連携を図りながら，日常生活において適切な体育・健康に関する活動の実践を促し，生涯を通じて健康・安全で活力ある生活を送るための基礎が培われるよう配慮すること。

（中略）

第2章　各学科に共通する各教科
第6節　保健体育
第1款　目標

体育や保健の見方・考え方を働かせ，課題を発見し，合理的，計画的な解決に向けた学習過程を通して，心と体を一体として捉え，生涯にわたって心身の健康を保持増進し豊かなスポーツライフを継続するための資質・能力を次のとおり育成することを目指す。

（1）各種の運動の特性に応じた技能等及び社会生活における健康・安全について理解するとともに，技能を身に付けるようにする。

（2）運動や健康についての自他や社会の課題を発見し，合理的，計画的な解決に向けて思考し判断するとともに，他者に伝える力を養う。

（3）生涯にわたって継続して運動に親しむとともに健康の保持増進と体力の向上を目指し，明るく豊かで活力ある生活を営む態度を養う。

第2款　各科目　第2　保健
1　目標

保健の見方・考え方を働かせ，合理的，計画的な解決に向けた学習過程を通して，生涯を通じて人々が自らの健康や環境を適切に管理し，改善していくための資質・能力を次のとおり育成する。

（1）個人及び社会生活における健康・安全について理解を深めるとともに，技能を身に付けるようにする。

（2）健康についての自他や社会の課題を発見し，合理的，計画的な解決に向けて思考し判断するとともに，目的や状況に応じて他者に伝える力を養う。

276

（3）生涯を通じて自他の健康の保持増進やそれを支える環境づくりを目指し，明るく豊かで活力ある生活を営む態度を養う。

2　内容

（1）現代社会と健康について，自他や社会の課題を発見し，その解決を目指した活動を通して，次の事項を身に付けることができるよう指導する。

ア　現代社会と健康について理解を深めること。

（ア）健康の考え方

国民の健康課題や健康の考え方は，国民の健康水準の向上や疾病構造の変化に伴って変わってきていること。また，健康は，様々な要因の影響を受けながら，主体と環境の相互作用の下に成り立っていること。

健康の保持増進には，ヘルスプロモーションの考え方を踏まえた個人の適切な意思決定や行動選択及び環境づくりが関わること。

（イ）現代の感染症とその予防

感染症の発生や流行には，時代や地域によって違いがみられること。その予防には，個人の取組及び社会的な対策を行う必要があること。

（ウ）生活習慣病などの予防と回復

健康の保持増進と生活習慣病などの予防と回復には，運動，食事，休養及び睡眠の調和のとれた生活の実践や疾病の早期発見，及び社会的な対策が必要であること。

（エ）喫煙，飲酒，薬物乱用と健康

喫煙と飲酒は，生活習慣病などの要因になること。また，薬物乱用は，心身の健康や社会に深刻な影響を与えることから行ってはならないこと。それらの対策には，個人や社会環境への対策が必要であること。

（オ）精神疾患の予防と回復

精神疾患の予防と回復には，運動，食事，休養及び睡眠の調和のとれた生活を実践するとともに，心身の不調に気付くことが重要であること。また，疾病の早期発見及び社会的な対策が必要であること。

イ　現代社会と健康について，課題を発見し，健康や安全に関する原則や概念に着目して解決の方法を思考し判断するとともに，それらを表現すること。

（2）安全な社会生活について，自他や社会の課題を発見し，その解決を目指した活動を通して，次の事項を身に付けることができるよう指導する。

ア　安全な社会生活について理解を深めるとともに，応急手当を適切にすること。

（ア）安全な社会づくり

安全な社会づくりには，環境の整備とそれに応じた個人の取組が必要であること。また，交通事故を防止するには，車両の特性の理解，安全な運転や歩行など適切な行動，自他の生命を尊重する態度，交通環境の整備が関わること。交通事故には補償をはじめとした責任が生じること。

（イ）応急手当

適切な応急手当は，傷害や疾病の悪化を軽減できること。応急手当には，正しい手順や方法があること。また，応急手当は，傷害や疾病によって身体が時間の経過とともに損なわれていく場合があることから，速やかに行う必要があること。心肺蘇生法などの応急手当を適切に行うこと。

イ　安全な社会生活について，安全に関する原則や概念に着目して危険の予測やその回避の方法を考え，それらを表現すること。

（3）生涯を通じる健康について，自他や社会の課題を発見し，その解決を目指した活動を通して，次の事項を身に付けることができるよう指導する。

ア　生涯を通じる健康について理解を深めること。

（ア）生涯の各段階における健康

生涯を通じる健康の保持増進や回復には，生涯の各段階の健康課題に応じた自己の健康管理及び環境づくりが関わっていること。

（イ）労働と健康

労働災害の防止には，労働環境の変化に起因する傷害や職業病などを踏まえた適切な健康管理及び安全管理をする必要があること。

イ　生涯を通じる健康に関する情報から課題を発見し，健康に関する原則や概念に着目して解決の方法を思考し判断するとともに，それらを表現すること。

（4）健康を支える環境づくりについて，自他や社会の課題を発見し，その解決を目指した活動を通して，次の事項を身に付けることができるよう指導する。

ア　健康を支える環境づくりについて理解を深めること。

（ア）環境と健康

人間の生活や産業活動は，自然環境を汚染し健康に影響を及ぼすことがあること。それらを防ぐには，汚染の防止及び改善の対策をとる必要があること。また，環境衛生活動は，学校や地域の環境を健康に適したものとするよう基準が設定され，それに基づき行われていること。

（イ）食品と健康

食品の安全性を確保することは健康を保持増進する上で重要であること。また，食品衛生活動は，食品の安全性を確保するよう基準が設定され，それに基づき行われていること。

（ウ）保健・医療制度及び地域の保健・医療機関

生涯を通じて健康を保持増進するには，保健・医療制度や地域の保健所，保健センター，医療機関などを適切に活用することが必要であること。また，医薬品は，有効性や安全性が審査されており，販売には制限があること。疾病からの回復や悪化の防止には，医薬品を正しく使用することが有効であること。

（エ）様々な保健活動や社会的対策

我が国や世界では，健康課題に対応して様々な保健活動や社会的対策などが行われていること。

（オ）健康に関する環境づくりと社会参加

自他の健康を保持増進するには，ヘルスプロモーションの考え方を生かした健康に関する環境づくりが重要であり，それに積極的に参加していくことが必要であること。また，それらを実現するには，適切な健康情報の活用が有効であること。

イ　健康を支える環境づくりに関する情報から課題を発見し，健康に関する原則や概念に着目して解決の方法を思考し判断するとともに，それらを表現すること。

3　内容の取扱い

（1）内容の（1）のアの（ウ）及び（4）のアの（イ）については，食育の観点を踏まえつつ，健康的な生活習慣の形成に結び付くよう配慮するものとする。また，（1）のアの（ウ）については，がんについても取り扱うものとする。

（2）内容の（1）のアの（ウ）及び（4）のアの（ウ）については，健康とスポーツの関連について取り扱うものとする。

（3）内容の（1）のアの（エ）については，疾病との関連，社会への影響などについて総合的に取り扱い，薬物については，麻薬，覚醒剤，大麻等を取り扱うものとす

る。
（4）内容の（1）のアの（オ）について は，大脳の機能，神経系及び内分泌系の機能について必要に応じ関連付けて扱う程度とする。また，「体育」の「Ａ 体つくり運動」における体ほぐしの運動との関連を図るよう配慮するものとする。
（5）内容の（2）のアの（ア）については，犯罪や自然災害などによる傷害の防止についても，必要に応じ関連付けて扱うよう配慮するものとする。また，交通安全については，二輪車や自動車を中心に取り上げるものとする。
（6）内容の（2）のアの（イ）については，実習を行うものとし，呼吸器系及び循環器系の機能については，必要に応じ関連付けて扱う程度とする。また，効果的な指導を行うため，「体育」の「Ｄ 水泳」などとの関連を図るよう配慮するものとする。
（7）内容の（3）のアの（ア）については，思春期と健康，結婚生活と健康及び加齢と健康を取り扱うものとする。また，生殖に関する機能については，必要に応じ関連付けて扱う程度とする。責任感を涵養することや異性を尊重する態度が必要であること，及び性に関する情報等への適切な対処についても扱うよう配慮するものとする。
（8）内容の（4）のアの（ア）については，廃棄物の処理と健康についても触れるものとする。
（9）指導に際しては，自他の健康やそれを支える環境づくりに関心をもてるようにし，健康に関する課題を解決する学習活動を取り入れるなどの指導方法の工夫を行うものとする。

第3款　各科目にわたる指導計画の作成と内容の取扱い
1　指導計画の作成に当たっては，次の事項に配慮するものとする。
（1）単元など内容や時間のまとまりを見通して，その中で育む資質・能力の育成に向けて，生徒の主体的・対話的で深い学びの実現を図るようにすること。その際，体育や保健の見方・考え方を働かせながら，運動や健康についての自他や社会の課題を発見し，その合理的，計画的な解決のための活動の充実を図ること。また，運動の楽しさや喜びを深く味わったり，健康の大切さを実感したりすること

ができるよう留意すること。
（2）第1章第1款の2の（3）に示す学校における体育・健康に関する指導の趣旨を生かし，特別活動，運動部の活動などとの関連を図り，日常生活における体育・健康に関する活動が適切かつ継続的に実践できるよう留意すること。なお，体力の測定については，計画的に実施し，運動の指導及び体力の向上に活用するようにすること。
（3）「体育」は，各年次継続して履修できるようにし，各年次の単位数はなるべく均分して配当すること。なお，内容の「Ａ 体つくり運動」に対する授業時数については，各年次で7～10単位時間程度を，内容の「Ｈ 体育理論」に対する授業時数については，各年次で6単位時間以上を配当するとともに，内容の「Ｂ 器械運動」から「Ｇ ダンス」までの領域に対する授業時数の配当については，その内容の習熟を図ることができるよう考慮すること。
（4）「保健」は，原則として入学年次及びその次の年次の2か年にわたり履修させること。
（5）義務教育段階との接続を重視し，中学校保健体育科との関連に留意すること。
（6）障害のある生徒などについては，学習活動を行う場合に生じる困難さに応じた指導内容や指導方法の工夫を計画的，組織的に行うこと。
2　内容の取扱いに当たっては，次の事項に配慮するものとする。
（中略）
（3）体力や技能の程度，性別や障害の有無等にかかわらず，運動の多様な楽しみ方を社会で実践することができるよう留意すること。
（4）「体育」におけるスポーツとの多様な関わり方や「保健」の指導については，具体的な体験を伴う学習の工夫を行うよう留意すること。
（5）「体育」と「保健」で示された内容については，相互の関連が図られるよう，それぞれの内容を適切に指導した上で，学習成果の関連が実感できるよう留意すること。

277

索引

278

279

■編集委員代表・執筆

采女智津江

昭和52年から群馬県公立中学校養護教諭、平成3年から群馬県教育委員会保健体育課指導主事、平成8年から群馬県立高等学校養護教諭、平成15年から文部科学省スポーツ・青少年局学校健康教育課健康教育企画室健康教育調査官。平成23年より、名古屋学芸大学大学院教授。平成27年より、順天堂大学スポーツ健康科学部教授（博士（情報科学））。令和3年4月より順天堂大学スポーツ健康科学部客員教授。名古屋学芸大学名誉教授。

■編集委員・執筆

戸田芳雄

山形県の小中学校4校に教諭として勤務。昭和61年山形県教育庁体育保健課指導主事として勤務。平成6年文部省（現 文部科学省）体育局学校健康教育課教科調査官を務め、平成14年、スポーツ・青少年局体育官となる。国立淡路青少年交流の家所長、浜松大学健康プロデュース学部教授、東京女子体育大学体育学部教授を経て、明海大学客員教授。著書『新訂版 学校保健実務必携第4次改訂版』（編集代表 第一法規株式会社 平成29年）

出井美智子

昭和33年3月東京大学医学部衛生看護学科卒業後、同大学医学部衛生看護学科助手。昭和50年より平成7年3月まで文部省体育局学校保健課・学校健康教育課教科調査官を務め、杏林大学保健学部看護学科教授（平成7年4月〜12年3月）を経て岐阜県立看護大学教授（平成12年4月〜17年3月）。

佐藤紀久榮

昭和38年4月から東京都衛生局・伊豆長岡児童福祉園に保健婦として勤務。昭和39年11月から養護教諭として東京都公立小学校3校、都立高等学校3校に勤務。杏林大学非常勤講師を経て、民生委員・児童委員（平成14年〜19年）。

松野智子

岩手県立高等学校養護教諭、岩手県教育委員会事務局保健体育課指導主事兼保健体育主事を務め、十文字学園女子大学講師、准教授（平成16年4月〜23年3月）を経て同大学非常勤講師（平成23年4月〜平成28年3月）、名古屋学芸大学非常勤講師（平成25年4月〜27年3月）。

岩崎信子

びわこ学院大学教育福祉学部子ども学科教授、前文部科学省初等中等教育局健康教育・食育課健康教育調査官

松崎美枝

文部科学省初等中等教育局 健康教育・食育課 健康教育調査官

■執筆者（執筆順）※単独著作のみ〈 〉内に担当章節を表示。他は、執筆者と編集委員会との共著。

十一元三〈第4部：子どもの精神保健〉
京都大学医学部保健学科教授（医学博士）

野津有司〈第6部：調査・研究・プレゼンテーションの進め方〉
筑波大学名誉教授（博士（医学））

佐藤一也〈参考5：学校教育相談〉
スクールカウンセラー。前岩手県立釜石高等学校校長、元岩手県立総合教育センター主任研修指導主事

岡村佳子〈参考6：子どもの発育・発達〉
NPO法人青い鳥なんでも相談室副理事長、元東京未来大学こども心理学部教授

新養護概説

2024年3月25日　第13版　第1刷　発行

編集委員代表　采女智津江
発　行　人　松本 恒
発　行　所　株式会社　少年写真新聞社　〒102-8232 東京都千代田区九段南3-9-14
　　　　　　　　　　　　　　　　　TEL　03-3264-2624　FAX　03-5276-7785
　　　　　　　　　　　　　　　　　URL　https://www.schoolpress.co.jp/
印　　　刷　図書印刷株式会社
　　　　　　© Chizue Uneme ほか 2007, 2024 Printed in Japan
　　　　　　ISBN978-4-87981-791-4　C3037